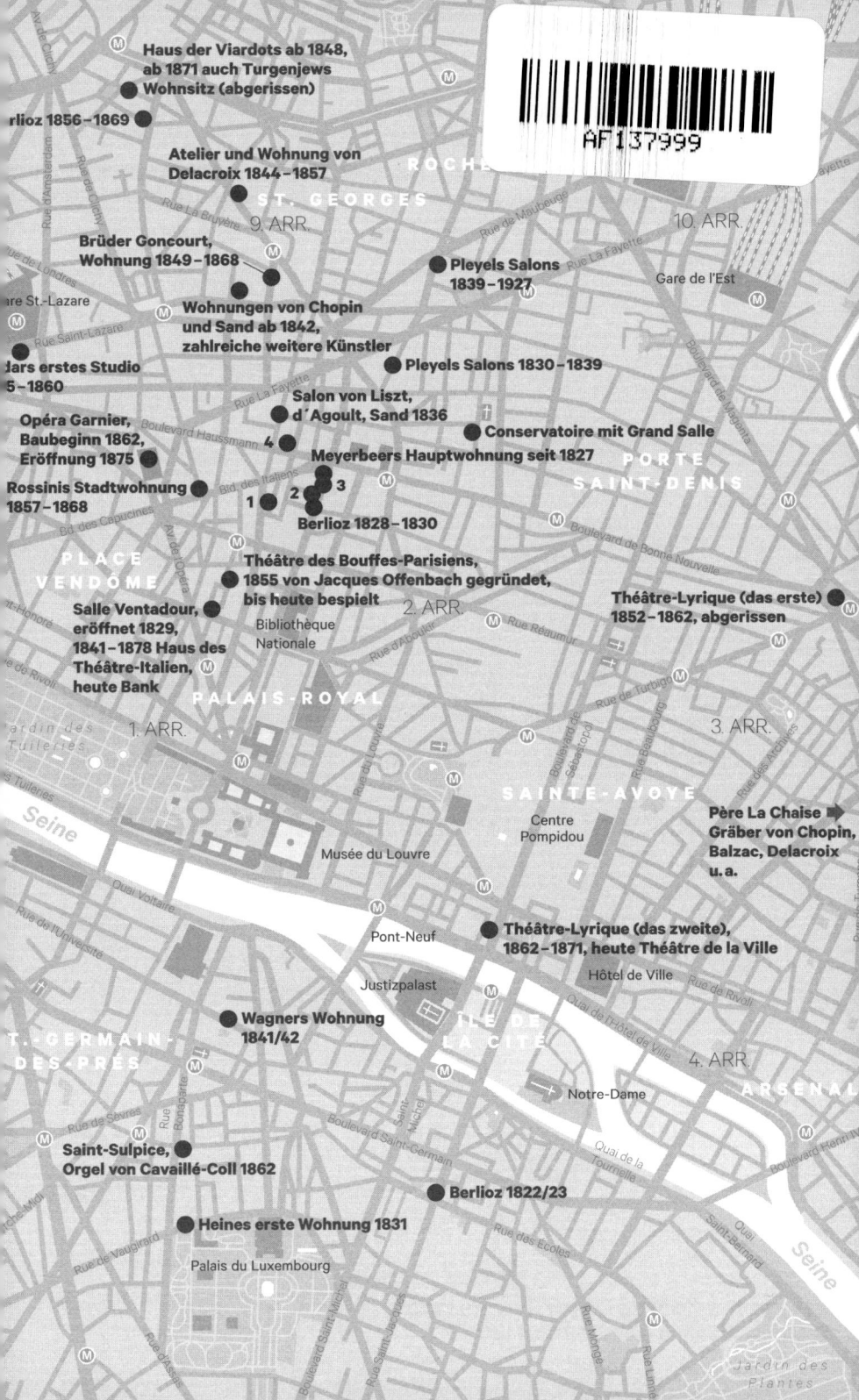

Haus der Viardots ab 1848,
ab 1871 auch Turgenjews
Wohnsitz (abgerissen)

Berlioz 1856–1869

Atelier und Wohnung von
Delacroix 1844–1857

ROCHE

ST. GEORGES

9. ARR.

10. ARR.

Brüder Goncourt,
Wohnung 1849–1868

Pleyels Salons
1839–1927

Gare de l'Est

Wohnungen von Chopin
und Sand ab 1842,
zahlreiche weitere Künstler

are St.-Lazare

dars erstes Studio
5–1860

Pleyels Salons 1830–1839

Salon von Liszt,
d'Agoult, Sand 1836

Opéra Garnier,
Baubeginn 1862,
Eröffnung 1875

4

Conservatoire mit Grand Salle

Meyerbeers Hauptwohnung seit 1827

PORTE
SAINT-DENIS

Rossinis Stadtwohnung
1857–1868

2   3

1   2

Berlioz 1828–1830

PLACE
VENDÔME

Théâtre des Bouffes-Parisiens,
1855 von Jacques Offenbach gegründet,
bis heute bespielt

Salle Ventadour,
eröffnet 1829,
1841–1878 Haus des
Théâtre-Italien,
heute Bank

Bibliothèque
Nationale

2. ARR.

Théâtre-Lyrique (das erste)
1852–1862, abgerissen

-Honoré

PALAIS-ROYAL

1. ARR.

3. ARR.

Jardin des
Tuileries

de Rivoli

SAINTE-AVOYE

Père La Chaise ➡
Gräber von Chopin,
Balzac, Delacroix
u. a.

Seine

Centre
Pompidou

Musée du Louvre

Quai Voltaire

Pont-Neuf

Théâtre-Lyrique (das zweite),
1862–1871, heute Théâtre de la Ville

Justizpalast

Hôtel de Ville

Rue de l'Université

Wagners Wohnung
1841/42

ILE DE
LA CITÉ

4. ARR.

ARSENAL

T.-GERMAIN-
DES-PRÉS

Notre-Dame

Saint-Sulpice,
Orgel von Cavaillé-Coll 1862

Berlioz 1822/23

Rue de Sèvres

Heines erste Wohnung 1831

Palais du Luxembourg

Jardin des
Plantes

VOLKER HAGEDORN

Der Klang von Paris

Eine Reise in die musikalische
Metropole des 19. Jahrhunderts

ROWOHLT

2. Auflage Februar 2020
Copyright © 2019 by Rowohlt Verlag GmbH,
Reinbek bei Hamburg
Lektorat Uwe Naumann
Vorsatzkarte Peter Palm, Berlin
Satz aus der Adriane Text, InDesign,
bei Dörlemann Satz, Lemförde
Druck und Bindung CPI books GmbH, Leck, Germany
ISBN 978 3 498 03035 3

Aber Paris ist wirklich ein Ozean.

Honoré de Balzac, *Le Père Goriot*

INHALT

KAPITEL 1

Ein junger Mann aus der Provinz
1821 – 1830

Rue St. Jacques, ein paar Treppen hoch.
Balzac und Berlioz gehen in die Oper. Paris stinkt.
Charles X. hört Rossini und wird verjagt.
Eine Liebe wird zur «Symphonie fantastique».

Da, das ist für dich», ruft er, das Schulterblatt seines Objekts in der Hand. Die Kommilitonen lachen, als der zierliche, kaum achtzehn Jahre alte Kerl mit den ungebändigten Haaren die *scapula*, den flachen Knochen, vor die Pfoten der dicken Ratte schleudert, die neben einem der Gewölbepfeiler hockt und hungrig auf das Gemetzel im Anatomiesaal starrt. Spatzenschwärme schwirren aus und ein durch die großen Fenster, geöffnet trotz der Winterkälte, weil sonst der Gestank nicht zu ertragen wäre. «Jouissez du destin propice … Erfreut euch an des Schicksals Güte», singt Berlioz nun mit seinem schönen Bariton und macht sich beiläufig daran, den Schädel aufzusägen. «Bleib doch bei der Sache!», schreit ihn Alphonse an, sein zwei Jahre älterer Cousin, «wir schaffen ja nichts! In drei Tagen wird unser Objekt verwest sein, es kostet achtzehn Francs! Wir müssen doch vernünftig sein!» Aber er will nicht vernünftig sein, er kann nicht. In blutigem Schlamm stehend, im befleckten Leinenkittel, sieht er die Bühne vor sich. «Oh Gottheit, die nach Blute dürstet!» Er singt mit Inbrunst die Hymne an die Rache aus der wunderbaren Oper, die er vor wenigen Tagen hörte, der ersten Oper seines Lebens. Die «Danaiden» des Antonio Salieri, ein schon dreißig Jahre altes Meisterwerk. Welch unfassbarer Glanz, welcher Rausch der Schönheit in diesem neuen Opernhaus! Das hat ihn gestärkt. Er will durchhalten, für seinen Vater, der ihn Medizin studieren lässt, und für die Musik. Er hat sich zurückgewagt in dieses Menschenschlachthaus westlich des Jardin du Roi, aus dem er beim ersten Besuch entsetzt durch das offene Fenster floh. Am Boden benagen Ratten die Reste der Unglücklichen, an denen man hier die Anatomie studiert, mit dem aufgeklappten Lehrbuch von Xavier Bichat daneben, der «Anatomie générale» von 1802, nach 20 Jahren noch ein Standardwerk. Ist das zu ertragen, wenn man außerdem Partituren von Salieri und Gluck studiert und für dreieinhalb Francs im Opernparkett sitzt? Mitten in dieser Stadt Paris, in deren Mauern sich 750 000 Menschen drängen und täglich mehr?

Bis in die letzten Oktobertage des Jahres 1821 ist Louis Hector Berlioz ein junger Mann in der Provinz gewesen, in La Côte-Saint-André, einem Städtchen von 3500 Einwohnern, zwischen Lyon und Grenoble und sanften Anhöhen gelegen, von denen aus man bei klarem Wetter im Nordosten den Mont Blanc erkennen kann. Zu den Landbesitzern und Honoratioren zählt sein Vater, der Arzt Louis Berlioz; man bewohnt ein stattliches Haus, man erntet Wein, man blickt stolz auf die Vorfahren. Er ist streng, dieser Vater, mit seinen 47 Jahren, fleißig, stolz, pflichtbewusst. Er hat Hector selbst unterrichtet, den Erstgeborenen, der ihm im Beruf folgen soll. Dann ist da die Mutter, Marie-Antoinette-Josephine, gerade 37 Jahre alt geworden, mit dem einjährigen Jüngsten auf dem Arm, Prosper. Und zwei Schwestern hat Hector, Anne Marguerite, Nanci genannt, fünfzehn, und Adèle, sieben Jahre alt, geboren in dem Jahr, als eine andere Schwester mit sieben Jahren starb. Ein weiterer Sohn wurde nur drei Jahre alt. Hector, «der Widerstehende», ist der Hoffnungsträger. Seine Begabung ist spät zum Vorschein gekommen, zuerst gefiel sie dem Vater. Mit elf, zwölf Jahren findet Hector in einer Schublade ein Flageolett, eine französische Blockflöte, und versucht sich daran. Dr. Berlioz lehrt ihn die Griffe, nach zwei Tagen beherrscht der Sohn das Volkslied «Marlborough s'en va t'en guerre». Nun lernt er das Notenlesen, er bekommt auch die Querflöte des Vaters und die Flötenschule von Devienne, aus der schon der junge Louis Berlioz lernte. Ein Jahr später, im Frühjahr 1817, wird ein Orchestermusiker aus Lyon in das Städtchen verpflichtet. Er soll zwölf Schüler unterrichten und die heruntergekommene Kapelle der Nationalgarde auf Vordermann bringen – mit rund 20 Bläsern und Trommlern das größte Ensemble, das der Junge bis auf weiteres erlebt, vom katholischen Kirchenchor abgesehen. Ab und zu trifft sich der Musiklehrer mit Dilettanten zum Streichquartett, man spielt Pleyel. Die «große Literatur» beschränkt sich auf ein paar Arien aus Glucks «Orphée», mit Gitarrenbegleitung, die Hector im Regal des Vaters findet. Für den genügt so viel Musik, sie ziert den Gebildeten, und ihre Großen sind wie alle anderen sicher aufgehoben in den 18 Bänden der «Biographie universelle ancienne et moderne» des Joseph Michaud, zu deren Subskribenten der Doktor zählt. Kann er ahnen, dass Hector den Artikel über Gluck liest wie einen Ruf in die Welt?

Seine enorme Phantasie spürt in der Musik eine Freiheit, die der Blick auf nahe und ferne Berge nicht gewährt, er spürt seine Begabung wie eine Naturgewalt, einen Liebesschmerz, er folgt ihr in großen Schritten. Mit fünfzehn komponiert er ein Potpourri für Flöte, Horn, vier Streicher, eine Besetzung, die er im Städtchen zusammenbekommt. Man lobt das Ergebnis, und da sendet er schon einen Brief an Ignaz Pleyel, den Komponisten, Klavierfabrikanten, Musikverleger in Paris: «Ich möchte Sie bitten, auf Ihre Rechnung ein Pot-pourri concertant zu drucken, aus ausgewählten Stücken komponiert ... Bitte lassen Sie mich wissen, wieviele Exemplare Sie mir zur Verfügung stellen können ...» Von dem Brief weiß sein Vater nichts. Vom Eifer des Sohns so beunruhigt wie gerührt, gewährt er zusätzlich Gitarrenunterricht (ein Klavier gibt es im Städtchen nicht) und versucht, ihn mit sanfter Erpressung zur Medizin zu bringen: «Wenn du mir versprechen willst, dich ernsthaft mit der Knochenlehre zu beschäftigen, werde ich dir in Lyon eine wunderbare Flöte mit all den neuartigen Klappen besorgen.» Das tut er tatsächlich, das Instrument aus Ebenholz mit acht Silberklappen ist im Haushaltsbuch verzeichnet. Und tatsächlich willigt Hector ein. Ende Oktober 1821 begeben er und sein Cousin Alphonse Robert sich auf die Reise zum Medizinstudium in Paris.

Von La Côte-Saint-André bis zur Poststation La Frette sind es drei Kilometer, und von dort brauchen sie ganze acht Stunden für die 50 Kilometer bis Lyon, gleichsam auf Napoléons Spuren. In La Frette standen vor gut sechs Jahren die Leute aus der Dauphiné Spalier für den alten, neuen Helden, über die Alpen zurückgekehrt aus Elba, auf dem Weg nach Paris, bereit für Waterloo ... Nach dem Desaster dieser Schlacht folgte noch im selben Jahr die zweite Verbannung, und auf der Insel St. Helena im Südatlantik ist der legendäre Mann im Mai dieses Jahres gestorben, mit 51 Jahren. Eine seltsame Ermattung liegt nun auf der Welt, nicht nur in Frankreich. Abwarten zwischen Epochen, ein Grau und eine Windstille wie in diesen kalten Herbsttagen. «Eine jener schwer zu bestimmenden Übergangszeiten, in denen es Müdigkeit gibt, dumpfen Lärm, Gemurmel, Schläfrigkeit und Unruhe, und die nichts anderes bedeuten, als dass eine große Nation eine Pause auf ihrem Weg macht», wie Victor Hugo über die Restauration schreibt. Überall in Europa streben Politiker

Verhältnisse wie vor der Französischen Revolution an, und in der Mitte des Netzes zupft als klügste aller Spinnen Fürst Metternich an den Fäden. Seit Napoléons finalem Sturz herrscht wieder ein Bourbone über Frankreich, Louis XVIII., überzeugt vom Gottesgnadentum. Mit blutiger Rache an den Gefolgsleuten Napoléons, darunter besten Kräften, hat dieser König seine Regentschaft begonnen, sich dann auf eine liberale Phase eingelassen und sie Anfang 1820 beendet. Ein Gesetz zur Verhaftung von Verdächtigen wird erlassen, die Pressefreiheit eingeschränkt, vermögenden Wahlberechtigten eine Doppelstimme übertragen, die katholische Kirche gestärkt. Das Panthéon, seit 1790 Beinhaus und Ruhmeshalle für Frankreichs größte Geister, wird religiösen Zwecken zugeführt.

Die Diligence ab Lyon wird mit ihren zwölf Passagieren vier Tage und Nächte für die 500 Kilometer nach Paris brauchen. Berlioz hat nichts über diese Fahrt notiert, doch lässt sich mit ihr vieles verbinden, was man von Ort und Zeit weiß, was ihn selbst bewegt auf dieser ersten großen Reise von vielen, die folgen werden bis zu jenem fernen Jahr 1867, als Berlioz dieselbe Strecke in nur noch elf Stunden zurücklegt. Bis dahin werden wir erleben, wie Paris nicht nur zu seiner Schicksalsstadt wird. Wir werden in Revolutionen und Großbaustellen geraten, in Ruinen, Paläste und Absteigen, Musikern begegnen, die sich durchschlagen oder triumphieren, während eine ungeheure Beschleunigung der Technik in der stets wachsenden Stadt ihren Anfang nimmt. Den jungen Rossini werden wir zum Essen begleiten und den alten zum Fotografen, mit Flaubert werden wir Pauline Viardot in ihrer letzten Rolle bewundern und mit Balzac die erste Oper besuchen, die Berlioz sah. Liszt wird vor der Cholera in nächtliche Improvisationen fliehen, Wagner sich in Paris finden und es der Stadt nie verzeihen, Chopin nicht als einziger eine große Liebe gewinnen und verlieren, am Klavier nur scheinbar fern von der Welt. Meyerbeer wird vollendet den riesigen Seismographen mitten in der Hauptstadt Europas beherrschen, die Grand Opéra, deren Besuch für die Mehrheit der Pariser nicht zu bezahlen ist. Alles gerät hinein in die Musik dieses 19. Jahrhunderts, die unser Hören nicht von ungefähr bis heute prägt. Und Offenbach wird all seine Kollegen auf einem Nebengleis überholen, neben dem ein letzter französischer Kaiser das erste Fax verschickt. Berlioz fährt hinein in den Vormittag unserer Moderne.

Sie fahren noch gar nicht lange an der Saône entlang nach Norden, da ruft kurz vor Neuville l'Archévêque ein Geschäftsmann: «Hier war es!» Und er berichtet, wie hier vor einem Jahr die Pferde scheu geworden seien und den Wagen in den Fluss gerissen hätten: «Drei Passagiere sind ertrunken, neun wurden gerettet!» Ein anderer wartet mit der nächsten Schreckensgeschichte auf, auch nicht lange her: Da sei die Diligence von Marseille nach Lyon überfallen worden, neun Räuber hätten alle Reisenden genötigt, sich platt auf den Boden zu legen, und seien im Gepäck prompt fündig geworden: vier Stangen Gold, 20000 Francs! «Pah! Davon können Sie in Paris keine vier Jahre lang leben», brummt einer mit Kennermiene, und Hector denkt besorgt an die 530 Francs, die ihm sein Vater mitgegeben hat für die ersten Monate. Er schaut in seiner Tasche nach. Der Umschlag ist noch da, und Notenpapier, leeres ... Pleyel wollte nicht einmal die Noten des Sextetts sehen, aber immerhin kam eine Antwort, eine klare Absage. Hector hat die Noten bis vor wenigen Tagen aufgehoben, auch die eines Quintetts und einer Romanze, für Stimme und Gitarre. Dann hat er alles verbrannt. Und sich doch alles gemerkt.

Er summt, während er hinausschaut: «Drum lass ich nun für alle Zeit / Mein schönes Land, mein süßes Lieb ...» «Was ist das, ein Liebeslied?», fragt Alphonse neben ihm spöttisch.

«Ein Klagegesang», sagt Hector nur und sieht Estelle vor sich, Estelle, die sieben Jahre Ältere, Estelle, die er als Zwölfjähriger in der Sommerfrische von Meylan kennenlernte, um sich für immer zu verlieben, sie, die von der Höhe ihrer Schönheit mild spöttisch auf ihn herabschaute, aber doch gern den kleinen Bewunderer in ihrer Nähe hatte, der Qualen litt, wenn sein lebenslustiger Onkel Felix mit der Neunzehnjährigen tanzte... oh, ihre rosa Schnürstiefel! Ihre Augen, lächelnd und kampfbereit! Bei Hector dringt immer alles tief, und nichts wird vergessen. Die ganze Welt wird später hören, wie der Schmerz so früher Liebe klingt.

Zweimal täglich eine Pause von 45 Minuten, alle paar Stunden ein Wechsel der sechs Pferde, die die schwere Kutsche mit zwölf Personen und ihrem Gepäck ziehen, nachts unruhiger Schlaf über rumpelnden Rädern. Die Gespräche sind seltener geworden, die Cousins blättern vor Langweile in ihren Lehrbüchern. Der Mann mit der Kennermiene hat längst alles erzählt, was ihm zu Paris einfällt. Ah, die königliche Oper! Die sei abgerissen worden, hat er dem entsetzten Hector am zweiten Reisetag mitgeteilt, im vorigen Jahr schon, das wisse er nicht? Nach dem Attentat! Auf den Duc de Berry, den Neffen des Königs, sei beim Verlassen der Oper ein Sattler zugetreten und habe ihm den Dolch in die rechte Seite gestoßen. Der Bourbone sei noch am Tatort gestorben, der König habe den Bau daraufhin niederreißen lassen. «Aber, junger Mann, es gibt ja noch die Opéra-Comique, das Théâtre-Italien, das Odéon, und vor allem: Sie glauben doch nicht, dass man in Paris ein Theater niederreißt, ohne ein neues zu bauen? Eigens für Sie!» Er lacht, ihm ist nicht entgangen, dass diese angehenden Medizinstudenten sich mehr über Musik als über Anatomie unterhalten. Vor kurzem erst, im August, ist ein weit größeres Haus für die Académie Royale de Musique eröffnet worden, mit beinahe 2000 Plätzen anstelle von 1300. Der wahre Grund für den Abriss des älteren Theaters dürfte die Gefahr eines Theaterbrandes gewesen sein, der in der schmalen Rue de Richelieu auch gleich die königliche Bibliothek bedroht hätte. Ernstere Folgen hatte das Attentat am 14. Februar 1820 für die Politik, denn Louis XVIII. nutzte es als Vorwand, seine liberale Phase zu beenden.

Ein letzter Pferdewechsel, man vertritt sich im Morgengrauen die Beine und fröstelt. «Paris», sagt der Postillon knapp und mürrisch und deutet vage nach Norden, als sei da schon etwas zu erkennen. Hector sieht nur flaches, leicht gewelltes Land im Nebel, grau und schwarz schraffiert, die Berge sind längst gewichen. Als nach weiterer Fahrt rechts der Seine zwischen Hügeln die Stadt erscheint, ist sie fast so übersichtlich wie auf einem Kupferstich. Sie wuchert noch nicht, wie das dreimal so große London, mit Vororten, Baracken, Fabriken ins Umland hinein. Brachliegendes Land, verlassene weite Flächen, halb besiedelt zwischen Steinbrüchen und Friedhöfen, reichen bis an die Stadtmauer, die als Zollgrenze dient, gut drei Meter hoch, rund um ein Areal von nicht einmal 40 Quadratkilometern. Im Nordwesten endet die Stadt mit einer Bauruine, dem unter Napoléon begonnenen Triumphbogen, der derzeit Arc d'Angoulême heißt, im Norden erhebt sich Montmartre mit der Telegraphenstation als separater Ort, vor den südlichen und östlichen Mauern befinden sich auf Anhöhen die Friedhöfe Montparnasse und Père La Chaise, wie es noch geschrieben wird.

Als sich die Diligence auf der Rue de Charenton am nördlichen Seineufer der Stadt nähert, sieht Hector, nach links hinausschauend, die hohe Kuppel des Panthéon. «Pont d'Austerlitz», endlich meldet sich der Mann mit der Kennermiene wieder zu Wort und weist auf eine Brücke, deren Bögen aus Eisen gefügt sind. Ein anderer hat einen Stadtplan entfaltet und widerspricht: Bei ihm heiße die Brücke «Pont du Jardin-du-Roi». «Jaja, so heißt sie seit ein paar Jahren. Der König will nicht an Napoléon erinnert werden!» Er beugt sich vor und raunt Hector zu: «Behalten Sie's für sich, junger Mann, aber Sie werden es erleben, dass wir ihn wieder feiern!» Sie passieren die Barrière de Charenton, und selbst jetzt noch, innerhalb der Mauern, sieht Berlioz Wiesen und Äcker zwischen vereinzelten Bauten. Doch bald stehen die Häuser dicht an dicht und immer höher, aus ihrer Mitte ragen düster die Viereckstürme von Notre-Dame.

Als man die Place de la Bastille erreicht, stößt Alphonse seinen Cousin an: «Ein Elefant!» Tatsächlich steht am südöstlichen Rand des Platzes still und starr ein gewaltiges Rüsseltier mit einem hausähnlichen Turm auf dem Rücken. Eine Erinnerung an Napoléon, aus Gips und Holz: Der Kaiser wollte den Elefanten als triumphales Monument aus der Bronze erbeuteter Kanonen gießen lassen, von einem Bassin umgeben, doch als er stürzte, stand da erst dieses Modell, fünfzehn Meter hoch, und dabei blieb es. Es wird noch sehr lange dort bleiben, exotisches Inbild des Verfalls, schon jetzt etwas fleckig und von einem Zaun umgeben. Rund 750 000 Menschen leben in Paris, die um diese Zeit alle schon auf den Beinen zu sein scheinen. Es schwindelt Hector Berlioz, als er das Gewimmel in den Straßen wahrnimmt, die Höhe der Gebäude, den Lärm, das Rasseln der Wagen und Geklapper der Hufe, sofern eine Straße gepflastert ist, den Rauch von Zehntausenden Feuern, aus Holz oder Steinkohle entflammt. Von der Bastille geht es nach Norden, schließlich zur Messagerie Royale, dem Knotenpunkt aller Kutschenlinien im Zentrum. Von hier ein Cabriolet zur Rue St. Jacques, quer durch die Stadt nach Süden, über die Île de la Cité, diese Straße ist eine der Hauptschlagadern seit römischer Zeit.

In der Nr. 104 werden die beiden jungen Männer von Monsieur Drouault erwartet, dem Vermieter ihrer möblierten Bleibe, die man durch einen nach Katzenurin duftenden Hinterhof ein paar Treppen hoch erreicht. Aus dem Fenster sich beugend, kann Berlioz unverhofft die Landschaft über der Stadt entdecken – eine Ebene von braunen, grauen und roten Dächern aus Schiefern oder Ziegeln, von gelben oder grünen Moosflecken besetzt, während in den Dachrinnen eine kümmerliche Vegetation verdorrt. Das ist die Savanne von Paris, wie Balzac sie in diesen Jahren erlebt, auch er in einem billigen Zimmer: «Dach an Dach zu einer Ebene geformt, unter der sich Abgründe voller Menschen verbergen.» Aus Hinterhöfen hört man Hühner gackern und Schweine grunzen. Abends sieht man helle Lichtstreifen aus schlecht geschlossenen Fensterläden, und manchmal dringt von unten blasser Schein von den Reflektoren der Öllaternen gelblich durch den Nebel und lässt die Wellenlinien der dichtgedrängten Dächer über den Straßen ahnen.

Nur wenige Minuten muss Berlioz von der Rue St. Jacques bis zu den Kolonnaden der École de médecine gehen, in Richtung Odéon. Schon dabei erhält er die erste Lektion: Paris ist dreckig, besonders im nassen November. Viele Straßen sind nicht gepflastert, Bürgersteige gibt es kaum, den Kehricht befördern die Leute auf die Straße. Manche Gossen kann man kaum überqueren, so hoch stehen Matsch und Dreck. Feine Damen schnallen sich Holzsohlen unter ihre Schuhe, sogenannte *socques articulés*, um sie halbwegs sauber zu halten. Unachtsame Fußgänger werden von vorbeifahrenden Kutschen von oben bis unten bespritzt. Was neu gebaut wird von öffentlicher Hand, sind Kirchen, Paläste, Theater, luxuriöse Einkaufsgalerien, Straßen und Plätze. Doch bis 1830 wird Paris erst fünfzehn Kilometer Bürgersteige haben, unter denen halb so viele Abwasserkanäle den Dreck der wachsenden Stadt kaum fassen können. Es stinkt an der Seine, in die sich 21 Röhren ergießen. Deren größte, unter der Bastille entlangführend, ist immer wieder verstopft, mitunter steigt der Kloakensud in den Straßen empor und flutet Höfe und Keller, häufig ersticken Arbeiter, die den gefürchteten Égout Amelot säubern sollen.

Für Ärmere wird der Wohnraum knapp. Sie ziehen in billige Bauten, wie sie am Rand der gewaltigen Senkgrube im Norden der Stadt hochgezogen werden oder der Grube im Faubourg Saint-Antoine im Osten, beide ständig überfüllt und bestialisch stinkend. Dagegen bewegt man sich an der École de médecine auf der Höhe der Zeit, das neu erfundene Stethoskop in der Hand. Paris gilt als medizinisches Zentrum der Welt, und der später berühmt gewordene Thomas Hodgkin aus England immatrikuliert sich zugleich mit Berlioz. In den steilen Rängen des Hörsaals schreibt der Arztsohn mit, was der junge Jean-Zuléma Amussat vorträgt, der sich mit der minimalinvasiven Entfernung von Nierensteinen befasst und den Neuling durch seine Leidenschaft beeindruckt; er hält ihn für einen «Künstler auf dem Gebiet der Anatomie».

Auch 2017 schwingen die Kolonnaden sich noch immer in leichtem Bogen entlang der Rue de l'École de Médecine, nun als Teil der Université René Descartes, um die herum überwiegend Studenten unterwegs sind, wie schon vor zweihundert Jahren. Die Atmosphäre der Stadt ist eine andere hier, wo die Straßen ein Gefälle bekommen, nicht steil, aber doch die Anhöhe merken lassend, auf der schon das Lutetia römischer Zeit nach Süden hinaufwuchs. Hier sind andere Menschen unterwegs, nicht die Angestellten, Geschäftsleute, Manager des zweiten Arrondissements nördlich der Seine, aus dem ich an diesem Märztag komme, zwischen denen Touristen und Obdachlose sich bewegen wie in einer Dimension, von der das Geld keine Notiz nimmt, während es einen Präsidentschaftskandidaten, der das Geld zu sehr liebt, kurz vor der Wahl stürzen lässt. Hier, im Universitätsviertel, ist es bei denselben lauen Märztemperaturen wärmer, lichter und heiterer als bei den Investoren rund um den Louvre, man spürt zwischen den Studenten eine andere Zukunft als die «alternativlose», die so viele lähmt. Auf dem Weg zur Rue St. Jacques, an der Sorbonne, am fein in Bronze lächelnden Michel de Montaigne vorbei, gehe ich über die Straße mit Berlioz' erster Adresse zuerst hinweg, ohne sie zu bemerken, und lande am Panthéon. Dieser Koloss ist auf weitem Platz umgeben von jungen Männern und mindestens ebenso vielen Frauen, die auf dafür eigens installierten dicken Bohlen oder einfach auf dem Pflaster sitzend pausieren zwischen Vorlesungen, aus Papiertüten ihre Snacks holen und aus den Jacken ihre Smartphones. Ein paar Meter hinunter nach Westen, den fernen Eiffelturm im Blick, bin ich dann doch auf der Rue St. Jacques. Ich verstehe, was es bedeuten kann, voller Hoffnungen von hier aus, von dieser Anhöhe, auf Paris hinabzublicken, über den Dächern am Seineufer die Türme von Notre-Dame zu sehen: Es lässt die Zuversicht steigen, sie erobern zu können, diese Stadt, mit der Mittagssonne im Rücken. Berlioz' erste Adresse, das Haus Nr. 104, existiert nicht mehr, auf diesem Teil der Straße wurden Gebäude der Pariser Universität errichtet. Also ein Stückchen hinab, zur Nr. 71.

An der École Polytechnique, unfern dem Sezierkeller am Jardin du Roi, hört Berlioz Vorlesungen bei Louis-Jacques Thénard, dem 54-jährigen Erfinder des Kobaltblau und Entdecker des Wasserstoffperoxid, einem der größten Chemiker der Zeit, Freund von Joseph-Louis Gay-Lussac, zu dessen physikalischen Vorlesungen der Student im nächsten Jahr geht. Gay-Lussac ist schon 1804 mit einem Wasserstoffballon in vier Kilometer Höhe aufgestiegen, um von dort aus das Erdmagnetfeld zu untersuchen. Berlioz ist beeindruckt von seinem Kurs über experimentelle Elektrizität – vermutlich knüpft der Physiker dort an die große Entdeckung seines Kollegen André-Marie Ampère an, der 1820 in Paris das Magnetfeld stromdurchflossener Leiter nachweisen konnte. Die Zeit beschleunigter Fortschritte in Wissenschaft und Technik hat begonnen.

So ist der Student aus der französischen Provinz im wahrsten Sinne geblendet, als er zum ersten Mal in die Oper geht. Vor kurzem erst, im August 1821, ist das neue Opernhaus an der Rue Le Peletier eröffnet worden mit knapp 2000 Plätzen. Ein besonders helles Licht erfüllt die Korridore und wird vom gewaltigen Kronleuchter über ausgedehntem Parkett verströmt: Gaslicht, nach Londoner Vorbild. Acht Jahre, ehe die erste Pariser Straße so beleuchtet wird, verstärkt es die Pracht des neuen Hauses. Logen, von schlanken Säulen gestützt und von sanften Bögen gekrönt, in der Mitte die Loge des Königs, wie in allen Theatern mit blauem Samt ausgeschlagen. Wer in diesen Logen sitzt, wer sie abonniert hat, das interessiert Berlioz so wenig, wie sich die Vornehmen für einen Studenten interessieren, der an seiner Kleidung sofort als Provinzler zu erkennen ist. Vermutlich hat er sich nach Kräften fein gemacht. Vielleicht stellt er fest, dass seine Nankinghosen aus der Mode sind, die mit den Absätzen seiner geliebten grünen Stiefel zusammenstoßen – während hier alle Männer Hosen mit Steg tragen, strahlend weiß oder aus Phantasiestoffen gefertigt –, dass seine Weste zu kurz ist und die weiße Krawatte, deren Enden seine Schwester Nanci bestickt hat, ganz unmöglich. Doch für so etwas hat er ein weniger scharfes Auge als ein anderer junger Mann, der schon einige Jahre länger in Paris lebt und uns genauestens überliefert, wozu man in die Oper geht. Die Musik spielt kaum eine Rolle auf den Seiten der «Verlorenen Illusionen», auf denen Lucien Chardon anno 1821 erstmals die Oper besucht und, genau wie Hector Berlioz, die «Danaiden» des Antonio Salieri erlebt – sofern er mal zur Bühne schaut.

Lucien ist ein *alter ego* seines Autors Honoré de Balzac. Möglich also, dass Balzac, im Jahre 1821 noch ein unbekannter 22-jähriger Kolportageromancier, dieselbe Vorstellung am 14. November besucht wie Hector Berlioz. Beide sitzen hier zwischen Leuten, die über mindestens das Zwanzig- bis Dreißigfache jener gut 500 Francs im Jahr verfügen, die das durchschnittliche Jahreseinkommen in Paris darstellen und damit den Betrag, mit dem Balzacs Romanfigur Père Goriot im nackten Elend lebt – im selben ärmlichen Quartier Latin, in dem Berlioz logiert. Eine sitzengelassene Frau wie Fantine in Hugos «Misérables» arbeitet siebzehn Stunden am Tag für neun Sous, das sind 45 Centimes – der sichere Weg in die Prostitution. Die reichsten 0,5 Prozent jener Erben, Männer und Frauen, die es auf 10 000 bis 50 000 Francs im Jahr bringen, können unbeschwert und in Würde leben – rund 3500 Pariser, zu denen Balzac gehören möchte ebenso wie die jungen Aufsteiger seiner Romane «Père Goriot», der 1819 spielt, und «Illusions perdues», der drei Jahre später ansetzt. Im ersten dieser beiden Romane heißt der arme Jüngling aus der Provinz Eugène de Rastignac. «Wenn Sie dreißig sind», erklärt ihm Vautrin, ein Zyniker, der die Welt kennt, «werden Sie Richter mit zwölfhundert Francs im Jahr, falls Sie die Robe noch nicht auf den Kehricht geworfen haben. Und mit vierzig heiraten Sie irgendeine Müllerstochter mit 6000 Francs Rente. Besten Dank! Oder Sie genießen Protektion, dann sind Sie mit dreißig Staatsanwalt, verdienen 5000 Francs und kriegen die Tochter eines Bürgermeisters.» Mit anderen Worten, wirklichen Wohlstand werde er nie mit Arbeit, sondern nur durch die Rente erlangen, die ein Kapital von einer Million Francs abwirft.

Ein paar Jahre später, im November 1821, in den «Verlorenen Illusionen», bewegt sich Eugène schon in glänzender Gesellschaft, in der Oper. Und dorthin verschlägt es auch Lucien Chardon, neu in der Stadt, junger Kavalier einer Dame aus der Provinz. Sie befinden sich in der Loge ihrer Cousine, einer Marquise, die den beiden nicht nur zwischen den Akten die Welt in den bestens beleuchteten Logen erklärt. «Dort sind Monsieur de Rastignac und Madame de Nucingen. Sie ist die Frau eines Heereslieferanten, eines Bankiers, eines Spekulanten, eines Trödlers en gros, der sich der vornehmen Welt von Paris mit Hilfe seines Vermögens aufgedrängt hat; es heißt, er mache sich wenig Skrupel über die Mittel, es zu vergrößern; er gibt sich größte Mühe, seine Treue für die Bourbonen zu beweisen; er hat schon versucht, bei mir Zutritt zu erlangen. Seine Frau hat sich jedenfalls gedacht, wenn sie die Loge der Madame de Langeais nähme, bekäme sie auch deren Anmut, Geist und Erfolg! Immer die alte Fabel vom hässlichen Vogel, der sich mit Pfauenfedern schmückt!» Nach dem ersten Akt bequemen sich vier Herren der Gesellschaft zur Marquise und begutachten die herausgeputzten Provinzler in ihrer Loge. «Marsay nahm seine Lorgnette, als er den Ankömmling anschaute, obwohl er nur zwei Schritte von ihm entfernt war … er prüfte sie wie zwei absonderliche Tiere und lächelte.»

Während des zweiten Akts werden dann die Geprüften in einer weiteren Loge durchgehechelt: «Es schien dort ein lebhaftes Gespräch im Gange zu sein, in dem es sich um Madame de Bargeton und Lucien handelte. Der junge Rastignac war offenbar der amüsante Plauderer dieser Loge, er rief das typische Pariser Lachen hervor, das sich jeden Tag einen neuen Gegenstand sucht und es eilig hat, jedes Thema sofort zu erschöpfen und etwas Altes und Abgetanes daraus zu machen.» Und das alles, während auf der Bühne König Danaus ein Bündel Dolche auspackt und seinen fünfzig Töchtern befiehlt, nach der anstehenden Massenhochzeit ihre Männer in den Ehebetten zu ermorden – was 49 von ihnen im vierten Akt auch tun werden. «Lucien war glücklich über die Ablenkung durch die Vorgänge auf der Bühne», schreibt Balzac lapidar.

Berlioz lauscht in dieser Vorstellung einem exzellenten Orchester, dem grandios schroffen Bariton Louis Dérivis als Danaus, der berühmten Sopranistin Caroline Branchu als dessen widerspenstiger Tochter Hypermnestra, dem Chor der Danaiden, die über rasenden Streichern und Blechbläsern dem Blutrausch entgegentaumeln. «Stell dir vor», schreibt er vier Wochen später seiner Schwester Nanci, «ein Orchester von achtzig Musikern, die mit solcher Präzision spielen, dass du denken könntest, es wäre ein einziges Instrument.» Es ist das erste Orchester, das er in seinem Leben hört, aber sein Eindruck trügt ihn nicht. Die verwöhnten Autoren des englischen Reiseführers «A new picture of Paris» vermerken: «Musik und Tanz sowie die Mechanik und Abläufe der Szenerie können nicht überboten werden. Sie übertreffen die Erwartungen jedes Fremden, ganz gleich, was er schon darüber gehört haben mag ... Das Orchester wird von keinem Theater in Europa übertroffen.»

So kommt es, dass ein paar Tage später zwischen Ratten und Spatzen, Skalpellen und Sägen, Studenten und «Objekten» einschlägige Themen aus den blutigen «Danaiden» im Seziergewölbe an der Rue de la Pitié zu hören sind. Dabei steht Berlioz die Begegnung mit einem Idol seiner Jugend erst noch bevor, mit der Musik jenes Christoph Willibald Gluck, auf dessen Spuren Salieris Oper ebenso komponiert ist wie die «Stratonice» des Étienne Méhul, die er auch hört. Am 26. November ist es so weit: Glucks «Iphigenie auf Tauris» wird gespielt, radikalstes Werk des Reformers, seit dessen Pariser Uraufführung mehr als vierzig Jahre vergangen sind. Wieder sitzt der Student im Parkett, gespannt, welche Szenerie der prachtvoll bemalte Vorhang mit den Goldfransen diesmal freigeben wird. «In der Ferne», schreibt er darüber an Nanci, «sieht man eine weite Ebene (Oh! Die Illusion ist perfekt!) und in noch weiterer Entfernung das Meer. Ein Sturm kündigt sich im Orchester an, dunkle Wolken senken sich langsam herab und bedecken die ganze Ebene, die Bühne wird nur vom zitternden Licht der Blitze erhellt, die die Wolken durchzucken, das aber mit einer Wirklichkeit und Perfektion, die man gesehen haben muss, um es zu glauben. Für einen Moment Stille, kein Schauspieler ist zu sehen, das Orchester murmelt leise, es ist, als könne man den Wind hören (du weißt, wenn man im Winter allein ist und den Nordwind flüstern hört). Genau so ist das; dann wächst unmerklich die Spannung, der Sturm bricht aus, und man sieht Orest und Pylades ankommen, in Ketten, geführt von den Barbaren von Tauris, die diesen furchtbaren Chor singen: ‹Blut wird gebraucht, um unsere Verbrechen zu sühnen.› Man hält das nicht aus ... Und es ist seine Schwester, es ist Iphigenie, Priesterin der Diana, die ihn schlachten soll. Das ist entsetzlich, siehst du; ich könnte dir niemals wahrhaftig beschreiben, welches Gefühl des Grauens man erlebt, wenn Orest zu Boden sinkt und sagt: ‹Friede kehrt in mein Herz zurück.› Er schläft ein, und man sieht den Schatten seiner Mutter, die er getötet hat, um ihn herum schleichen, mit mehreren Geistern, die in ihren Händen zwei höllische Fackeln halten. Und das Orchester! All das war auch im Orchester. Wenn du hören würdest, wie er alle diese Situationen malt ...»

Berlioz weiß nicht, dass die Blitze, die ihn so beeindrucken, sich einem rasch entflammbaren Pulver aus Bärlappsporen verdanken – dieses Lycopodium, nicht synthetisierbar, wird bis heute auf Bühnen eingesetzt. Aber wenn er es wüsste, würde es den Eindruck so wenig mindern, wie unser Wissen um die digitale Matrix die Saurier und Raumschiffe unattraktiv werden lässt, die sich durch Blockbuster und Onlinegames bewegen. «Die Kunst der Inszenierung», schreibt Louis-Désiré Véron, Intendant ab 1831, «besteht darin, das Auge des Zuschauers zu täuschen, reale Objekte zu simulieren, mit Geschicklichkeit und Talent.» Die Dimensionen, die diese Kunst im Kino und im digitalen Design erreicht hat, machen es schwer zu begreifen, was Berlioz erlebte: Was die Oper, zumal die Pariser, zu bieten hat, ist noch bis zur Mitte des 19. Jahrhunderts, bis zum elektrischen Licht im «Propheten», der absolute Gipfel der Illusionskunst, der bewegten und tönenden Bilder, ehe ihr Realismus, wie der der Malerei, neben der Fotografie durchscheinend wird. Und Berlioz ist schon zu einem Zeitpunkt beeindruckt, als der Umbau der Szenen noch ganz desillusionierend bei geöffnetem Vorhang stattfindet und die spektakulärste Novität noch in Arbeit ist: Gaslicht auf der Bühne! Den Rekordbetrag von 188 260 Francs gibt die Intendanz für das Bühnenbild von «Aladin, ou La Lampe merveilleuse» aus, in dem man am 6. Februar 1822 sogar erstmals eine leuchtende Sonne ihre Bahn ziehen sieht. Realisiert hat das ein Bühnenbildner, der der Welt noch ganz andere Innovationen bescheren wird, der 34-jährige Louis-Jacques-Mandé Daguerre.

Eine so drastische Partitur wie die von Gluck verbindet sich unmittelbar mit einer Bühne, die die symmetrisch gestaffelten Kulissen «à l'italienne» zugunsten der «illusion naturelle» hinter sich lässt. Die Tonsprache der Affekte muss ohnehin keinem erklärt werden; Musiker wie Hörer sind damit aufgewachsen, gerade deshalb lässt sich mit bedeutsamen Abweichungen von ihren Regeln effektvoll spielen wie in den unruhigen Streicherfiguren zur Arie des Orest – sie vor allem begeistert Berlioz. Wir können diese Musik mit zwei Klicks oder einem Griff ins altmodische CD-Regal erreichen, aber gerade darum ist uns die Wirkung kaum nachvollziehbar, die sie auf diesen hochsensiblen Mann aus der Provinz hat, der angewiesen ist auf die Aufführung, auf diese unwiederholbaren drei Stunden. Der zudem nicht, wie Balzacs abgebrühte und so verblüffend modern wirkende Schickeria, das reiche Angebot der Stadt für selbstverständlich hält oder gar, wie sie, daran dächte, das Haus während eines Aktes zu verlassen – was im Parkett auch weniger leicht fällt als auf einem Logenplatz für sechs bis zehn Francs. Ihm bleibt nach der Aufführung nur ein Weg zur Musik – die Partitur. Und er findet sie ein paar Straßen östlich der Oper im Conservatoire.

1822 heißt das Institut «École Royale de Musique et de Déclamation», und jeder, ob Student oder Lehrer oder einfach nur interessiert, kann sich die Schätze der Notenbibliothek aushändigen lassen, externe Besucher von 10 bis 15 Uhr, und sie am großen runden Tisch in der Mitte studieren. Und kopieren. Wann immer es die Vorlesungen an der Universität erlauben, begibt sich Hector nun vom Süden der Seine in den Norden, zum Conservatoire in der Rue Bergère. Er beginnt, Glucks Musik abzuschreiben, insgesamt 120 große Partiturseiten wird er füllen mit dem Besten aus «Iphigénie en Tauride» und «Iphigénie en Aulide». Eines Morgens stoppt ihn mitten im Hof ein Diener: Er habe umzukehren und durch den Eingang in der Rue du Faubourg Poissonnière zu kommen. Wie das? Anweisung des neuen Direktors. Weibliche Studenten haben durch den Eingang in der Rue Bergère einzutreten, männliche: Poissonnière. Berlioz hat diesen Direktor schon gesehen, einen so berühmten wie vergrämten Mann Anfang 60.

Luigi Cherubinis große Zeit als Opernkomponist ist vorbei, er hat es sich eingerichtet als Superintendent der Chapelle Royale, und für die frommen Bourbonen schreibt er fast nur noch Sakralmusik. Aber er ist ein effizienter Chef auf seinem zusätzlichen neuen Posten, er räumt auf. Denn als revolutionäres Erbe ist das Konservatorium in der Restauration heruntergekommen – Cherubinis Vorgänger sah sich wegen des knappen Budgets sogar veranlasst, das Gebäude mit alten Cembali zu heizen. Alle Studenten müssen sich im Juni 1822 einem Examen unterziehen, danach wird ihre Zahl von 473 auf 317 reduziert. Ein Drittel der Studenten sind Frauen. Das ist ein für diese Zeit außergewöhnlich hoher Anteil, mit steigender Tendenz sogar, der dem konservativen Alten Sorge bereitet. Eben darum richtet er getrennte Eingänge ein. Hector marschiert am empörten Diener vorbei in die Bibliothek.

Eine Viertelstunde später, der junge Mann ist schon in Glucks Noten versunken, betritt der Chef den Lesesaal, «mit meinem Denunzianten im Schlepptau», wie sich Berlioz an Cherubini erinnert, «das Gesicht noch leichenhafter, den Schopf noch gesträubter, die Augen noch böser und der Gang noch ruckartiger als gewöhnlich.» Die beiden umrunden den Tisch, mustern die Leser, die sich über ihr Material beugen, dann zeigt der Diener auf den Delinquenten. «Das ist er!» «A-a-a'a, Sie sind das», ruft der Alte wütend. «Sie sind das, der nimmt den Eingang, de-de-de-den ik verboten 'abe!» «Monsieur, ich wusste nichts von Ihrem Verbot, das nächste Mal werde ich mich daran halten.» «Näkste Mal, näkste Mal! Was kommen Sie 'ier-ä maken?» «Sie sehen doch, Monsieur, ich studiere die Partituren von Gluck.» «Und wa-wa-wa-was wo-wo-wollen Sie mit Partituren von-ä Gluck? Und wer 'at Sie erlaubt kommen i-i-i-in die Bibliothek?» «Monsieur … ich brauche niemandes Erlaubnis, um sie hier anzusehen. Von zehn bis drei Uhr steht die Bibliothek jedermann offen, und ich habe das Recht, davon Gebrauch zu machen.» «Da-da-das Rekt-ä?» «Jawohl, Monsieur.» «Ik! Ik-ä verbiete, dass Sie kommen wieder!» «Ich werde trotzdem wiederkommen.» «'alt ihn, 'a-a-a-alt ihn fest, Hottin, da-da-damit ik ihn einssperren lasse!» Daraufhin beginnt eine wilde Jagd rund um den Tisch, Hocker und Pulte fallen um, Hector entkommt.

Es ist nicht fair, wie Berlioz in seinen Memoiren den Chef des Conservatoire inszeniert, denn vier Jahre nach der Jagd durch die Bibliothek wird er als Student aufgenommen, obwohl Cherubini dafür Regeln brechen muss, die er selbst etabliert hat. Starrsinnig mag er sein und hart wie Stahl, wie sich einige an ihn erinnern, und als Pedant sondergleichen stapft er mit dem Kontrollregister unter dem Arm durch die Korridore. Aber er hat einen untrüglichen Sinn für Begabung, und ohne das Entgegenkommen dieses Mannes hätte Berlioz in Paris schlicht und einfach nicht studieren dürfen. Man muss die Jagdszene in der Bibliothek dennoch nicht für phantasiert halten, den trotzigen Jüngling eingeschlossen. Wer die Energie hat, derartig auf sich gestellt seinem Lebenstraum zu folgen, geht keinen Umweg durch die Rue Poissonnière.

Er schreibt seinem Vater ein flammendes Bekenntnis zur musikalischen Berufung. Der Arzt ist entsetzt. Sein geliebter Erstgeborener, seine große Hoffnung, der Spross einer in Jahrhunderten etablierten Familie, den er sich im Ruhm der Medizin nachfolgen sieht, will sich als brotloser Musiker ruinieren, er, der nicht einmal Klavier spielen kann! Und von der Oper schwärmt er, was neben dem agnostischen Dr. Berlioz noch mehr seine zutiefst katholische Frau erschreckt, die im Theater nur Sünde sieht. Es beginnen Jahre der gegenseitigen Vorhaltungen, des verzweifelten Zuredens, der Flüche und Drohungen, der verweigerten und dann wieder gewährten finanziellen Unterstützung. Zunächst einmal aber gelobt Hector, beim sommerlichen Aufenthalt im Heimatstädtchen, der Medizin treu zu bleiben. Und es ist ja nicht so, dass der Dr. Berlioz, von dem in Paris schon 1810 eine medizinische Abhandlung gedruckt wurde, nicht auch seine hauptstädtischen Verbindungen hätte. Von väterlicher Güte und Strenge beseelt, schreibt er dem Chevalier Broussais, dem eminenten Chirurgen, mit dem er seit jungen Jahren korrespondiert, und siedelt den Sohn um in das Haus des berühmten Kollegen. Der wird ein Auge haben auf den angefochtenen Sprössling, zudem hat er einen Sohn, der, Hector ein Jahr voraus, Medizin studiert und zum Vorbild taugen kann. Es wird kein großer Umzug im Oktober 1822: Broussais wohnt in der Rue St. Jacques Nr. 71, nur ein paar Schritte hinab von der alten Adresse, auf der Ostseite.

Als ich dort ankomme, 197 Jahre später auf Spurensuche, holt vor der Tür gerade ein Mann den Schlüssel aus der Tasche. Das trifft sich gut, denn längst ist in Paris die Zeit vorbei, da man noch aufs Geratewohl den Klingelknopf neben einem der Namen auf dem Türschild drücken konnte, um in ein Haus zu kommen. Die Angst vor Kriminalität hat Namen und Klingeln verschwinden lassen, man findet nur noch Eingabetasten für den aktuellen Zahlencode, den der Besucher, angemeldet, zuvor per Handy vom Besuchten erfährt. Aber dieser Mann hier ist ohne Sorge. Als ich ihn frage, ob das hier die Nr. 71 sei, von deren schönem Innenhof ich gelesen hätte, winkt er mich hinein. Ja, der Innenhof sei von historischem Wert und gehe auf älteste Zeiten zurück. «Der Komponist Hector Berlioz hat hier gewohnt», sage ich, «es war eine seiner ersten ...» Das französische Wort fehlt mir. «Logements!», sagt er freundlich. «Wirklich? Das wusste ich nicht. Es gibt keine Plakette am Haus!» Nein, Berlioz wird gut versteckt in Paris. Auch ins Panthéon hat er es nicht geschafft – aber dort liegt ohnehin kein einziger Musikantenknochen.

Halb so schlimm, wenn selbst dieser Mann, Ende vierzig, eher Arbeiter als Akademiker, in abgewetzter Regenjacke unter gegerbtem Gesicht, sofort etwas mit dem Namen Berlioz anzufangen weiß. Er freut sich und erlaubt mir, in Ruhe den Hof anzusehen, während er über eine uralte, schmale Treppe ins Haus hochsteigt. Ich kenne sie von einer Zeichnung, die wohl noch den Zustand zu Berlioz' Studienzeit zeigt: Gleich links hinter dem düsteren Durchgang führt die Treppe neben der Hauswand ins Innere hoch. Mittlerweile ist sie vergittert und abschließbar. Dabei wohnen hier keine Reichen. Man sieht es an den Briefkästen. Die Fenster zur Rue St. Jacques hin sind sanierungsbedürftig und teilweise blind, und ein zweiter Treppenaufgang im Hof, ungesichert, riecht nach Armut. Eine unfassbar enge Wendeltreppe führt hinauf, schiefgetretenes Holz, abgegriffenes Eisengeländer. Ging er hier hinauf oder über die andere Treppe? Das frage ich mich nicht, während ich hochsteige, mit Büchern, Zetteln und Tablet in der Tasche wie ein Schuljunge auf verbotenem Terrain, vorbei an den zwischen die Wände geklemmten fensterlosen Wohnungstüren und den kleinen Küchengeräuschen hinter ihnen. Es ist eine mittägliche Säule der Zeitlosigkeit, in der ich die Stufen bis vor die letzte Tür erklimme, irreal, als könne hier in kurzer Zeit lange Zeit verstreichen wie im Antiquariat von Balzacs «Chagrinleder». Als könnte ich, wenn ich wieder auf die Straße trete, wie dessen tragischer Held feststellen müssen, dass neun Monate vergangen sind, in denen eine ganze Revolution stattgefunden hat ...

Noch ist die Restauration an der Macht, acht Jahre bleiben ihr. Doch wie nervös die Mächtigen sind, das wird deutlich, als Hector Berlioz pflichtschuldig und mit weiteren 500 Francs versehen sein zweites Jahr als Medizinstudent antreten soll. Seit Februar des Jahres 1822 hat es Unruhen gegeben im Universitätsviertel. Studenten, vor allem Mediziner und Juristen, haben gegen den wachsenden Einfluss der Kirche auf das Bildungssystem protestiert, die Polizei schritt ein, es gab Verletzte. Im Spätsommer verschärft sich das. Täglich versammelt sich vor dem Justizpalast auf der nahen Île de la Cité eine empörte Menge, denn dort wird vier jungen Offizieren des Königs der Prozess gemacht – sie sollen als Mitglieder der revolutionären Carbonari den Sturz Louis' XVIII. geplant haben. Den Studenten sind sie besonders nahe – gehören sie doch zum 45. Regiment, aus dem Quartier Latin komplett nach La Rochelle versetzt, da seine Infanteristen den Ruf «Vive le Roi» verweigerten.

Alle vier Männer werden am 21. September auf der Place de

Grève guillotiniert. Hector Berlioz ist nicht dabei, erst einen Monat später bricht er aus La Côte-Saint-André nach Paris auf. Aber natürlich kennt er diesen Platz, «La Grève», wie er knapp genannt wird, und diese Maschine. Bis 1830 werden hier, im Zentrum von Paris, die Todesurteile vollstreckt, stets vor großer Menge, auch vor Kindern. «Tatsächlich hat das Schafott, wenn es aufgerichtet dasteht, etwas Halluzinierendes an sich. In gewisser Weise kann man der Todesstrafe gleichgültig gegenüberstehen, sich nicht dafür oder dagegen aussprechen, solange man nicht mit eigenen Augen eine Guillotine gesehen hat», schreibt Victor Hugo. «Die Guillotine ist die Verhärtung des Gesetzes, sie heißt Sühne, sie ist nicht unparteiisch und erlaubt einem nicht, unparteiisch zu bleiben ... Um dieses Beil herum setzen alle sozialen Fragen ihr Fragezeichen. Das Schafott ist kein Gerüst, das Schafott ist keine Maschine, das Schafott ist kein lebloser Mechanismus aus Holz, Eisen und Stricken. Es ist scheinbar eine Art Lebewesen, dass irgendeine düstere Initiative ergreift. Fast möchte man meinen, dieses Gerüst sehe, diese Maschine höre, dieser Mechanismus begreife, dieses Holz, dieses Eisen und diese Stricke wollten ... Es verschlingt, es frisst Fleisch, es säuft Blut. Das Schafott ist so etwas wie ein Ungeheuer, das Richter und Zimmermann gezeugt haben, ein Gespenst, das ein entsetzliches Leben aus all dem Tod heraus, den es gebracht hat, zu führen scheint.» Hugo kämpft sein Leben lang gegen die Todesstrafe, schon 1829 erscheint «Der letzte Tag eines Verurteilten», ein mehrere Wochen umfassendes fiktives Tagebuch aus der Feder des Verurteilten, beklemmend, aufwühlend bis zu den letzten zwei Worten, die er im Hôtel de Ville notiert, ehe er zwischen zwei Gendarmen hinaus auf die Grève muss, um vier Uhr nachmittags: «quatre heures». Für solches Töten, für die Albträume davon wird Berlioz Töne finden.

Nach der Hinrichtung der liberalen Offiziere wird die Pressefreiheit weiter eingeschränkt, die Empörung wächst erst recht. Als am 18. November in der medizinischen Fakultät Abbé Nicole das Studienjahr eröffnet, der vom König eingesetzte geistliche Rektor der Universität, wird er ausgebuht. Daraufhin wird durch royales Dekret die Fakultät für fünf Monate geschlossen. Hector Berlioz wird sich nicht wieder einschreiben. Er ist ab 1823 Student der Rechte und überdies privater Schüler des über 60 Jahre alten Jean-François Lesueur, eines so angesehenen wie ästhetisch angestaubten Kompositionsprofessors. Und während Berlioz sich besessen ein Handwerk aneignet, das ihn nach Überzeugung seiner Eltern ins Elend führen wird, in dem er, mit nun fast 20 Jahren, keinen Lehrer hatte außer den Partituren der Großen, die er kopiert und in der Oper hört, für das ihm, anders als fast allen Kollegen, das Klavierspiel fehlt, um die Resultate zu überprüfen, gerät das musikalische Paris in den Bann eines Mannes, dem diese Kunst geradezu in den Schoß gefallen ist.

Nie zuvor hat ein Komponist so rasant, ja leichtfüßig Karriere gemacht wie Gioacchino Rossini aus Pesaro, elf Jahre vor Berlioz geboren, 1792. Ein Musikerkind, dessen Wiege gleichsam zwischen Bühne und Orchester stand, mit einem Hornisten und Trompeter als Vater und einer Sängerin als Mutter, für deren einzigen Sohn Musik, Theater und Reisen zum Alltag gehörten. Mit sechs Jahren bedient der Kleine die Triangel in der Zivilgarde von Pesaro, mit neun spielt er Bratsche im Opernorchester der Stadt, mit zwölf debütiert er als Komponist und Sänger, mit dreizehn ist er Cembalist einer Operntruppe, der Achtzehnjährige liefert für Venedig einen erfolgreichen Einakter. Dann ist er nicht mehr zu bremsen. Nach Triumphen in Italien erreicht zuerst «L'italiana in Algeri» anno 1817 das Pariser Théâtre-Italien, zwei Jahre später folgt «Il barbiere di Siviglia», 1820 «Il turco in Italia», um nur Bekannteres zu nennen, 1821 sind es gleich drei Opern in Paris, «Otello», «La pietra del paragone» und «La gazza ladra», 1822 schon vier, von «La Cenerentola» bis «Mosè in Egitto». Freilich polarisiert solche Präsenz. Es gibt die «dilettanti», die Mehrheit der Anbeter Rossinis, zu denen auch viele Pariser aus Hofkreisen zählen, und die «Anti-Dilettanti», deren einer sich am 12. August 1823 mit einem Leserbrief im kämpferischen *Le Corsaire* zu Wort meldet: «Wer könnte leugnen, dass alle Opern Rossinis zusammen nicht den Vergleich mit einer Rezitativlinie von Gluck, drei Takten Gesang von Mozart oder Spontini und dem geringsten Chor von Lesueur aushalten! Das wenigstens ist meine Meinung, und ich bin kein Fanatiker der französischen Musik.» Unterzeichnet ist das von einem gewissen «Hector B...», der da ganz im Sinne seines konservativen Lehrers spricht.

«Turlututus!», ruft der alte Lesueur, wenn die Rede auf Rossini kommt, «nichts als Papperlapp, dieser Signore Crescendo komponiert nur Tralala!» Aber dieser Signore hat im Alter von 31 Jahren bereits 24 seiner 39 Bühnenwerke geliefert, von denen ein beträchtlicher Teil auch zwei Jahrhunderte später gespielt wird, während ihm zur Niederschrift einer Partitur mitunter wenige Wochen genügen. Und dieser Mann schickt sich nun an, persönlich nach Paris zu kommen – auf dem Weg nach London. Im Oktober macht er sich in Bologna auf den Weg, mit seiner Frau Isabella Colbran, einer gefeierten Sängerin.

Anfang November trifft Berlioz seinen Lehrer in grüblerischer Stimmung an. Er möchte mit Lesueur ein Oratorium besprechen, an dem er arbeitet, «Le Passage de la Mer Rouge», aber der Alte winkt ab. «Diese Schurken», sagt Lesueur, «diese diabolischen dilettanti.» Er starrt auf einen Brief. «Sie haben uns eingeladen!», ruft Madame Lesueur, die ins Arbeitszimmer gekommen ist. «Ins *Veau-qui-tette*!» Sie hat rote Flecken auf den Wangen vor Aufregung. «Ich werde nicht da sein», sagt der einstige Hofkapellmeister Napoléons I. finster. «Ich werde krank sein.» «Worum geht es?», fragt Berlioz ratlos. Das *Veau-qui-tette* ist, wie er weiß, ein nahezu unbezahlbares Restaurant an der Place du Châtelet. «Mein lieber Hector, die ganze Stadt spricht davon!», sagt Madame und nimmt seinen Arm. «Das Bankett für Rossini! Das kann er nicht absagen! Man wird es ihm auslegen als ... als ...» «Feigheit?» Lesueur richtet sich auf, «willst du das sagen, meine Liebe? Man könnte mir Feigheit vorwerfen? Mir, dem Hofkapellmeister eines ...» «Vive l'Empereur!», sagt Berlioz, «was ist das für ein Bankett?» «Alle Narren werden sich dort versammeln», sagt Lesueur, «um diesem Italiener zu huldigen, wie sie es ohnehin schon tun.» Rossini! Am Ende einer Vorstellung des «Barbiere» im Théâtre-Italien hat man ihn auf die Bühne gezerrt, danach verfolgten ihn die Bläser des Orchesters bis in die Rue Rameau Nr. 6, zu seinem Logis, um bei schon winterlicher Temperatur unter den Fenstern eine Serenade aus einschlägigen Nummern seiner Opern zu spielen. Die Zeitungen registrieren es, wenn Rossini auch nur im Hintergrund einer Loge auftaucht, und *Le Diable boiteux* spottet, man habe «in der Rue Rameau um vier Uhr morgens zwei erfrorene Rossinisten gefunden, ihre Hände waren noch immer gefaltet und ihre Münder standen offen, um Bravo zu schreien».

Herzoginnen, Künstler, Schriftsteller, Musiker laden den Komponisten reihum zum Essen ein, man weiß, dass er die Küche mindestens ebenso sehr wie die Frauen liebt. Aber die glanzvollste Huldigung wird zweifellos die am 16. November werden, im *Restaurant du Veau-qui-tette*, «mit dir als einem Ehrengast! François!», ruft Madame Lesueur, «und mir, einer gebürtigen Jamart de Courchamps an deiner Seite, die im übrigen schon seit längerem kein Bankett mehr besucht hat.» «Welch ausgesuchte Demütigung», ächzt Lesueur. «Auber und Hérold werden auch da sein, sie würden dich vermissen! Und denk an deinen ‹Alexandre› vielleicht kann man etwas für ihn tun!» «Alexandre à Babylone», das ist Lesueurs Schmerzenskind, eine auf Geheiß des Empereur begonnene Oper, deren Manuskript in den Wirren von 1815 verloren ging und deren wichtigste Themen Mme. Lesueur sich besser gemerkt hat als ihr Mann, der mit ihrer Hilfe das Werk noch immer rekonstruiert ... «Wenn du hingehst», bemerkt sie schließlich, «wird man erst recht bemerken, welch ein Abgrund zwischen dir und diesem albernen Italiener befestigt ist.» «Eine Welt!», sagt Hector, der sogleich verpflichtet wird, auch die drei unverheirateten Töchter seines Lehrers in dieser Saison nicht zu kurz kommen zu lassen: Als einer ihrer *chevaliers* soll er, als guter Tänzer bekannt, sie zu einem Ball begleiten.

Es ist am 16. November keineswegs ein Abgrund zwischen Lesueur und Rossini zu erkennen, sondern nur der Tisch, an dem sie einander gegenübersitzen werden. Der riesige Saal, vor dessen Bogenfenstern sich eine Triumphsäule aus napoleonischer Zeit erhebt, ist an den Wänden mit Blumengirlanden und Medaillons geschmückt, auf denen in Goldbuchstaben Titel der bekanntesten Opern des Meisters zu lesen sind. Als er mit seiner Frau den Saal betritt, spielt ein Bläserensemble die Ouvertüre zur «Diebischen Elster», der zwischen den Gängen noch etliche Stücke folgen werden. Castil-Blaze und Pacini haben all das arrangiert, der Musikkritiker des *Journal des Débats*, der schon einige Libretti Rossinis übersetzt hat, und der Musikverleger aus Neapel, der am Boulevard des Italiens residiert. Bei ihm haben die zahlenden Gäste subskribiert, insgesamt kommen mehr als hundertfünfzig. Monsieur Martin, Chef des *Saugenden Kalbs*, könnte für sie nicht weniger als je 26 Poularden, Kapaune und Hasen beschafft haben, 640 Sardinen, 160 Dutzend Austern, drei Kilo Parmaschinken, an die 400 Eier und, teuerster Posten, gut zwei Kilogramm Trüffel aus dem Périgord.

Der Duft einer delikat getrüffelten Crème de volaille dringt bereits in den Saal, Rossini lächelt und plaudert, besonders herzlich mit Lesueur. Er hat ihn beizeiten entwaffnet und den gestrengen Kollegen schon vor ein paar Tagen persönlich aufgesucht. Denn immer, wenn Gioacchino Rossini in eine Stadt kommt, macht er deren musikalischen Respektspersonen einen Besuch. Dieser Italiener spricht sogar Französisch, er hat es in Bologna gelernt! Bei seinem Landsmann Cherubini, dem Direktor des Konservatoriums, hat er es freilich nicht gebraucht, um ihn diplomatisch zu entwaffnen. Die Tafelfreuden haben Rossinis ovales Gesicht mit dem hohen Haaransatz in den letzten paar Jahren gut gepolstert, was die ondulierten Koteletten bis auf Höhe der fein gekräuselten Mundwinkel geschickt kaschieren. Es ist ein sehr bewegliches Gesicht, zwischen Ironie und Schalkhaftigkeit selten ernst an diesem Abend. Ins Unverbindliche spielt sein Lächeln, wenn es peinlich wird, als etwa der große Talma, jetzt Anfang 60, ein Schauspieler, dem schon Mirabeau zujubelte wie nach ihm Napoléon und mittlerweile die Bourbonen, vor dem zweiten Gang ein aus dem Italienischen übersetztes Sonett vorträgt, «Die Geburt des großen Rossini». Woraufhin der Tragöde Lafond, den man kaum je in der Oper sieht, den Gast in einer improvisierten Lobhudelei dröhnend zum «Monsieur de Rossini» erhebt.

Da sind die mit Rinderhack gefüllten Mangoldbällchen, die «Petits fagotins de blette à la Cenerentola», schon fast kalt geworden, im Gegensatz zum alten Lesueur, dem man zwei entzückende Damen zur Seite gegeben hat. Isabella Colbran zu seiner Rechten sieht keineswegs sieben Jahre älter aus als ihr Gemahl Rossini, dessen Auge indessen mit Wohlgefallen auf Lesueurs Nachbarin zur Linken ruht, Mademoiselle Georges. Isabella vergleicht ihren Schmuck dezent mit dem der Kollegin, die rechts von Rossini strahlt, 26 Jahre jung, und die wesentlich vom Boom seiner Opern in Paris profitiert hat: Giuditta Pasta, von der man sich erzählt, sie bringe gelegentlich 100 000 Francs in drei Monaten zusammen. Ihr Collier spricht nicht dagegen. Niemand in diesem Saal ist teurer geschmückt als die Sängerinnen, die auf diese Weise ihren Marktwert zur Schau tragen. Rossini ist charmant zu La Pasta, der Desdemona in seinem «Otello», auch wenn er findet, dass sie nie sauber singt. Immerhin ist ihr ein eigenes Kapitel in dem Buch gewidmet, das dieser Tage in Paris erscheint, «Vie de Rossini» von Stendhal, der ersten als Buch gedruckten Biographie, die je einem lebenden Künstler zuteilwurde.

Solche Huldigungen bringen den Komponisten nicht aus der Balance. Dafür hat er, bei aller Leichtigkeit, zu viel gekämpft, zu viel ausgehalten, von Anfang an. Der Siebenjährige erlebte, wie sein Vater für elf Monate ins Gefängnis musste, da er als Anhänger der Revolution galt. Ganz allein musste Anna da sich und den Sohn singend durchbringen, eine keineswegs immer gefeierte Sängerin. Der Zehnjährige war dabei, als man seine Mutter in Triest so auspfiff, dass sie auf der Bühne ohnmächtig wurde, und es erzählt viel über ihn, dass er nicht fassungslos in der Seitenkulisse stehen blieb, sondern auf das Podium stürmte, um der 31-Jährigen aufzuhelfen, ehe noch die Bühnenarbeiter herbeieilten. Vergangen, aber nicht vergessen das alles, auch Katastrophen wie das Fiasko des «Barbiere» bei seiner Uraufführung in Rom mit Pfiffen, Spott und Pannen. All das verbirgt er hinter einem Lächeln. «Ein Fiasko ist doch keine Kanonenkugel», sagt er gelassen, obwohl er weiß, dass es genau das sein kann. Seit ihn vor vier Jahren in seiner Geburtsstadt ein paar Gegner mit Pfiffen empfingen, hat er sie nicht mehr betreten, und dabei bleibt es.

Man löffelt nun Austern im Kräutersud, warme, nach venezianischer Art, während er sie frisch bevorzugt, genau wie die

Sardinen danach, die hier gebacken auf den Tisch kommen, mit einer Füllung von Kräutern und Parmesan, «à la Fenice, Maestro», ruft Castil-Blaze, «eingedenk Ihres ‹Tancredi›!» Woraufhin sogleich die Cavatine «Di tanti palpiti, di tante pene» intoniert wird, die im venezianischen Teatro La Fenice erstmals erklang, und die Klarinette mit der Melodie nicht lange allein bleibt: Nachdem La Pasta eingestimmt hat, vernimmt man von einem der weiteren Tische auch Laure Cinti-Damoreau, den aufsteigenden Stern unter den Pariser Sopranistinnen. Isabella Colbran hält sich vornehm zurück. «So viele Schmerzen», davon kann hier freilich nicht die Rede sein, da schon die gefüllten Kapaune anrücken und die süßsauer eingelegten Hasen schmoren, da dem Muscadet der Burgunder folgt und der Bordeaux längst in den Karaffen atmet.

Paris, die Elite von Paris, feiert hier nicht nur Rossini, den so angenehm bescheidenen Mann. Man feiert auch sich selbst, jenes *le Tout-Paris*, das alles andere als ganz Paris ist. Zu diesem *le Tout-Paris* gehören nach Balzacs Schätzung nur etwa 2000 maßgebliche Personen unter den bald 800 000 Einwohnern der rasch wachsenden Stadt, von denen am Ende der 1820er Jahre mehr als drei Fünftel in Armut leben werden. Zweitausend, das entspricht dem Fassungsvermögen der Académie Royale, und das Bankett der hundertfünfzig hat selbst etwas Opernhaftes mit seinen Diven und Helden, die hier Akteure und Publikum in einem sind, der Musik, der minutiösen Planung, dem Libretto, das, wie sich erweist, sogar die Trinksprüche am Ende umfasst. Nur das Tragische bleibt im Verborgenen. Etwa der Schmerz der Isabella Colbran, der das Interesse ihres Mannes an anderen und jüngeren Frauen auch hier nicht entgeht.

Rossini kann an diesem Abend die ebenfalls anwesende Olympe Pélissier kennengelernt haben, an der später seine Ehe zerbrechen wird. Als unbestritten schönste Frau von «tout

Paris» muss ihm die 24-Jährige aufgefallen sein, vielleicht ihm vorgestellt mitsamt ihrem Liebhaber Horace Vernet, einem Maler. Wie der sie später malt, in einer Studie für «Judith», das unterstützt die Vermutung, sie sei das maßgebliche Modell für die Fœdora in Balzacs «Peau de Chagrin». Dann sähe Rossini, der dafür einen Blick hat, eine Frau von «wissender Sinnlichkeit», mit Augen von fast orangefarbenem Braun, «deren Spiel ihre Worte verfeinert», vollendete Harmonie der Linien, braune Haare zu blendend weißem Teint. Dass ihre dichten Augenbrauen sich beinahe treffen, mit leichter Strenge, dass ihre Unterlippe kaum merklich vorgeschoben ist, bringt Eigensinn zum klassischen Ebenmaß. Es ist kaum möglich, ihr nicht zu verfallen, und davon lebt sie auch. Ein junger Graf war der erste, der ihr Leben finanzierte, mittlerweile kann sich Olympe ihre Verehrer aussuchen. Doch bis Rossini ihren Salon betritt, muss noch etwas Zeit vergehen …

Ein Abend wie dieser eignet sich nicht für die zwanglosen, offenen Kontakte der Salons. Nach dem ersten Dessert, Aprikosen mit Orangenblütenwasser und Pistazien, beginnen die Toasts. Während Panettone und Vinsanto herbeigebracht werden, erhebt sich der ehemalige Kapellmeister Napoléons I., das alte Fuchsgesicht, glühend von Genüssen und Gesellschaft, reckt sein Glas und ruft: «Auf Rossini! Sein feuriges Genie hat der Tonkunst einen neuen Weg eröffnet und den Beginn einer neuen Epoche markiert!» Hector Berlioz wird die Kehrtwende seines Lehrers mit Erstaunen dem Blatt *La Pandore* entnehmen, das sämtliche Lobsprüche überliefert. Den nächsten entbietet Rossini der französischen Schule und dem Wohl des Conservatoire, woraufhin Lesueur «Auf Gluck!» ruft, welchselbiger den Geist der französischen Tragödie in sich aufgenommen habe. Es folgt der Sänger García, der dem Komponisten Grétry huldigt, ihm wiederum folgt Rossini mit Mozart und so weiter bis hin zum 41-jährigen Komponisten Auber, der vor Aufregung nicht sprechen kann, sodass ein befreundeter Musiker und Jünger des Meisters das übernimmt: «Auf Cimarosa! Er war der Vorläufer Rossinis!» Jedes Mal spielt die Kapelle die passende Musik. Selbst die Toasts haben Castil-Blaze und Pacini so diplomatisch durchgeplant, dass italienische und französische Musik (wobei Mozart zur einen, Gluck zur anderen gezählt wird) gleich oft gewürdigt werden.

Dann begeben sich die Damen zum Kaffee in den angrenzenden Salon, die Herren entzünden ihre Zigarren. Man fragt den Gast nach seinen Reisen aus, hat er nicht sogar Beethoven getroffen, vergangenes Jahr in Wien? Er mag jetzt, in angezechter Laune, nicht davon erzählen, wie traurig ihm der taube Große erschien, wie ihn der Blick traf und die Abschiedsworte: «Vor allem machen Sie noch viele Barbiere!» Er möchte keine Barbiere mehr machen, sondern etwas Ernstes, Großes, ernster und größer noch als «Mosè» und «Otello» ... Lieber erzählt er vom alten Salieri, der ihn zu Beethoven brachte, unablässig Kanons schrieb und sie sich vom Ehepaar Rossini und zwei weiteren Sängern vortragen ließ. «Glauben Sie», fragt ihn Castil-Blaze, «dass an der Geschichte mit Mozart etwas stimmt?» «Man hat diese Schändlichkeit ernsthaft verbreitet», sagt Rossini und zieht an seiner Regalia, «ich habe Salieri eines Tages nach einem dieser Kanons geradezu gefragt: Haben Sie wirklich Mozart vergiftet?» Er lacht. «Da stellte er sich hin und rief: Sehen Sie mich genau an, sehe ich aus wie ein Mörder?» «Aber er könnte durchaus eifersüchtig auf Mozart gewesen sein», meint Hérold, ein Komponist im Alter Rossinis, dessen Opern bislang überwiegend durchgefallen sind. «Das ist wahrscheinlich. Aber von da bis zum Giftmischen ist es doch ein weiter Weg.» Castil-Blaze grinst: «Wenn er nicht so weit wäre, würden die Komponisten ja sterben wie die Fliegen!» Brüllendes Gelächter, in das sich

Töne mischen. Die Kapelle intoniert das letzte Stück: «Buona sera, mio signore, presto andate via di qua».

Ein Jahr später stirbt mit 68 Jahren der ungeliebte König Louis XVIII., dem sein jüngerer Bruder als Charles X. folgen wird. Für Rossini trifft es sich blendend, dass sogleich einer seiner Bewunderer zum Generaldirektor der Schönen Künste, der Königlichen Theater und der Manufakturen ernannt wird. Der ökonomisch ahnungslose Vicomte Sosthène de La Rochefoucauld, 1785 geboren, macht Rossini umgehend zum Musikdirektor des Théâtre-Italien – mit einem jährlichen Gehalt von 20 000 Francs, wozu noch Honorare von 40 000 Francs für zwei Opern und deren Inszenierung kommen – insgesamt mehr als das Doppelte des gesamten Budgets des Konservatoriums, bei dessen Gesangsausbildung Rossini auch noch mitreden soll. Den beleidigten Cherubini tröstet man mit einem Prunkauftrag: Er darf die Krönungsmesse für Charles X. schreiben. Die Macht seines jungen Landsmanns hat indessen Folgen für Jahrzehnte. Denn Rossini lässt nun einen Kollegen in Paris debütieren, der, nur wenig älter als er selbst, sein stärkster Konkurrent in Italien geworden ist: Giacomo Meyerbeer, eigentlich Jacob Liebmann Meyer Beer, Spross einer der großen jüdischen Familien Berlins, der für seine Opern Stilmittel von Mozart bis Rossini übernimmt und modernisiert. Ein so sanfter wie hartnäckiger Mann, der Deutsch, Französisch und Italienisch fließend spricht, nichts dem Zufall überlässt und jede Handbewegung vorschreibt bis in den Chor hinein. Zuletzt hat sein «Crociato in Egitto» in Venedig Sensation gemacht, und diesen «Kreuzfahrer in Ägypten» dirigiert Rossini 1825 persönlich zum Erfolg in Paris. Umgehend bestellt das größte Haus, die opéra, ein Werk, mit dem Meyerbeer fünf Jahre später fertig ist und, wie sich zeigen wird, exakt zur richtigen Zeit.

Nicht jeder Gast wird in Paris so ohne weiteres gefeiert. Eine englische Schauspieltruppe, die 1822 gastiert, wird mit faulen Eiern beworfen. Sie haben Shakespeares «Othello» gespielt, und das Publikum, geprägt von der *contenance* französischer Klassik und noblen Bühnenheroen wie Talma, reagiert ablehnend, wenn ein Mann auf offener Bühne seine Frau erwürgt, noch dazu unverständlich redend, nämlich auf Englisch. Man hält es noch mit Voltaire, der Shakespeare «einen betrunkenen Wilden mit etwas Einbildungskraft» nannte. Doch bis 1827 ändert sich die Situation vollständig. Während lebende Autoren englischer Sprache wie Walter Scott, Lord Byron, James Fenimore Cooper in Mode kommen, entdecken die Intellektuellen Shakespeare in französischer Übersetzung als Befreiung vom konservativen Theater, das ohnehin schwächelt und mit Talmas Tod 1826 den letzten Heroen verliert. Was man Shakespeare vorwarf, wird nun interessant: Dass er Umgangssprache ins Drama bringt und Komödie, dass er Poesie und Prosa mischt, dass er, vor zweihundert Jahren gestorben, die Regeln der Klassik nicht kennt. Nur, wie spielt man ihn?

1827 reist wieder eine englische Truppe an, sie gastiert im Théâtre de l'Odéon. Es ist keine noble Adresse, nah am Studentenquartier auf der Südseite der Seine, Berlioz hat es nicht weit dorthin. Als erstmals «Hamlet» auf dem Spielplan steht, sind alle 1770 Plätze ausverkauft, Berlioz mogelt sich durch den Bühneneingang ins Haus. Alle jungen Künstler sind versammelt – darunter Autoren wie Victor Hugo, Alfred de Vigny, Théophile Gautier, Alexandre Dumas, Jules Janin, der Maler Eugène Delacroix. Wie sie hat Berlioz Shakespeare bis dahin nur «durch den Nebel von Letourneurs Übersetzung» wahrgenommen, er spricht kein Wort Englisch. Doch was er jetzt erlebt, trifft ihn tief. «Sein Blitz öffnete mir den Himmel der Kunst mit erhabenem Donnern und beleuchtete noch die fernsten Tiefen. Ich erkannte die echte Größe, die echte Schönheit, die echte dramatische Wahrheit. (...) Ich ermaß die erbärmliche Pedanterie unserer alten Pädagogenpoetik und Ignorantinerbrüder. Ich sah ... ich verstand ... ich fühlte ... dass ich lebte, dass ich aufstehn und wandeln musste.» Damit ist er nicht allein. «Adieu für immer, guter Geschmack!», jubelt Delacroix, und Dumas vergleicht sein Erlebnis mit dem von Adam, der zum ersten Mal den Garten Eden und darin Eva erblickt.

Die Eva dieses Abends, der sie alle verfallen, ist Ophelia, gespielt von Harriet Smithson. Gespielt? Diese *actors* gehen in ihren Rollen auf, wie man es in Paris noch nie erlebte. Während Charles Kemble als Hamlet über den Boden kriecht, bar jeder Eleganz, scheint die 27-Jährige zu vergessen, dass sie auf einer Bühne steht. Von einem Moment zum andern kann sie aus lähmender Trauer in konvulsive Freude geraten, mitunter schluchzt sie so unvermittelt, dass die Leute in Tränen ausbrechen. Lieder unterbricht sie mitten in der Zeile, um erstaunt den eigenen Tönen nachzusehen, mit großen Augen. «An diesem Abend», schreibt Jules Janin, «lehrte sie uns die englische Tragödie, und wir machten eine Tragödin aus ihr.» Tatsächlich scheint Smithson, in England bestenfalls als respektabler Nachwuchs mit irischem Akzent gesehen, in der fiebrigen Atmosphäre des Odéon über sich hinausgewachsen zu sein. Lady Granville, Gemahlin des englischen Botschafters in Paris, bekennt: «The Parisians roar over Miss Smithsons Ophelia, and strange to say so did I.» Besonders trifft der Abend den 23-jährigen Hector Berlioz, der stundenlang durch die Straßen irrt, erschüttert von Shakespeare und Smithson, der Identität von Kunst und Leben. Erschrocken beschließt er, dem Theater fernzubleiben – und kauft sofort eine Karte für den Sperrsitz, als «Romeo und Julia» angekündigt wird.

Neben ihm sitzt an diesem 15. September 1827 der junge Comte de Pontmartin, der sich später erinnert: «Seine dichte

Welle hellbrauner Haare, zurückgeworfen, hing über den Kragen seines reichlich abgewetzten Mantels. Die großartige, marmorne, geradezu leuchtende Stirn, eine Nase, wie sie der Meißel des Phidias hätte formen können, die schmalen, fein geschwungenen Lippen, das leicht, nicht übertrieben gewölbte Kinn, die schlanke Erscheinung eines Poeten oder Asketen bildeten ein Äußeres, das einen Bildhauer hätte begeistern oder verzweifeln lassen können. Doch all das vergaß man angesichts seiner Augen, von blassem, intensivem Grau, auf Julia fixiert mit dem Ausdruck einer Ekstase, wie ihn Maler der Vorrenaissance ihren Heiligen und Engeln geben. Körper und Seele gingen gänzlich auf in diesem bewundernden Blick.» Da schwingt Verklärung mit. Doch nur kleine Korrekturen sind an diesem Bild vorzunehmen, wenn man ein anderes Porträt des Komponisten als junger Mann daneben hält: «Hohe Stirn, scharf abgeschnitten über tief liegenden Augen, auffallend scharfgebogene Habichtsnase, schmale, feingeschnittene Lippen, etwas kurzes Kinn, alles gekrönt von einer außerordentlichen Fülle hellbraun gefärbter Locken (...). Dazu die ungemeine Beweglichkeit der Physiognomie – der Blick bald leuchtend, ja brennend, und dann wieder matt, fast ersterbend – der Mund, dessen Ausdruck zwischen Energie, wegwerfender Betrachtung, freundlichem Lächeln und höhnischem Gelächter wechselt! Seine Figur war mittelgroß – schlank, aber nicht elegant – die Haltung äußerst nachlässig.»

So erinnert sich Ferdinand Hiller an den Komponisten, den er ein Jahr nach dessen Epiphanie im Odéon kennenlernt, mit dem er sich befreundet und dem Berlioz kein Detail seiner anhaltenden Liebesraserei ersparen wird. Hiller, der 1828 nach Paris zieht, hat als Konzertpianist schon mit zehn Jahren in seiner Geburtsstadt Frankfurt debütiert, wohlbehütet aufgewachsen und rundum gebildet als Sohn eines jüdischen Kaufmanns, in manchem Felix Mendelssohn ähnlich, der ihn hoch schätzt.

Wie jener hat er in Weimar noch Goethe vorgespielt, zudem dort auch bei Mozarts Schüler Hummel studiert. Er ist siebzehn Jahre alt, als er nach Paris kommt – in Begleitung seiner Mutter übrigens, die in der Rue St. Florentin bald einen kleinen Salon unterhält. Fließend französisch sprechend, fasst er rasch Fuß, auch als Pianist – was etwas heißt bei der Konkurrenz allein unter den zugereisten deutschsprachigen Tastenhelden. Da ist Friedrich Kalkbrenner, Anfang 30, Erfinder der beidhändigen Oktavenläufe, der als Teilhaber der Pianomanufaktur Pleyel einträgliche Nebeneinkünfte hat. Johann Peter Pixis aus Mannheim ist 1825 gekommen, ein weiteres Wunderkind, jetzt dreißig und auf dem Weg zum Pariser Debüt als Opernkomponist – denn Komponisten sind diese Pianisten sämtlich ebenfalls. Auch Henri Herz, gleichaltrig mit Berlioz, in Wien geboren, der am Conservatoire studiert hat und 1827 zum *premier pianiste de la chambre du roi* avanciert. Da ist, last not least, ein gewisser Franz Liszt, der 1823 als elfjähriges Wunderkind in Paris debütierte und für ein Jahrzehnt dort bleibt. Doch den jungen Hiller fasziniert kein Musiker so wie der sensible, wilde, hochmütige, verletzliche Berlioz, der nicht Klavier spielen kann, nur Gitarre und Flöte, und doch schon ein Konzert mit eigenen Orchesterwerken organisierte.

Bald wird Hiller eingeweiht in das, was Berlioz jetzt mindestens ebenso beschäftigt wie die Musik. Jeden seiner Freunde hält er auf dem Laufenden, Humbert, Albert, Édouard, Narcisse, Ferdinand. «Sie hat nichts von alledem bemerkt, Narcisse», sagt er, als sie am 26. Februar 1829 zu dritt vom Café Cardinal die Rue de Richelieu entlang in Richtung Louvre gehen, Hector Berlioz und Ferdinand Hiller und Narcisse Girard, der gestern in der Opéra-Comique dirigiert hat, «nichts! Für sie war diese Ouvertüre nur ein Geräusch von fern, ehe sie in ihrer Lieblingsrolle auftrat!» – «Kein *da capo*?», fragt Ferdinand, der nicht dabei war. «Nein. Aber ihr habt sehr gut gespielt, wirklich sehr gut, es gab auch Applaus.» «Nicht zu knapp», bestätigt Narcisse, der Dirigent, «es ist ja auch ein wenig Rossini in Ihrem Waverley.» Er grinst, Berlioz lässt sich nicht beirren. «Auch wenn das Publikum durch einen unwahrscheinlichen Zufall in Begeisterungsstürme ausgebrochen wäre», sagt er, «hätte sie ihre Garderobiere nur gefragt: Was ist denn das für ein Lärm? Ach, nichts weiter, Mademoiselle, man will nur eine Ouvertüre noch einmal hören.» Sie lachen. Dieser Verrückte! Es ist ihm gelungen, sich mit seiner Musik in eine Benefizvorstellung hineinzutaktieren. Er hatte erfahren, dass Harriet – er spricht nie von Harriet oder Miss Smithson, er sagt immer nur «sie» und allenfalls «Ophélie» – zugunsten bedürftiger Theaterkünstler zwei Akte aus «Romeo und Julia» spielen würde, mit William Abbot. Und dem Direktor der Comique vorgeschlagen, seine, Berlioz' Ouvertüre «Waverley» dazuzunehmen.

Er und sie, für einen Abend vereint! Sie würde seiner Musik erliegen! *Dreams of love and Lady's charms ...* Und weil der Kapellmeister sich dafür einsetzte, wurde es wahr. Die Aufführung, nicht die Eroberung. «Sie haben sie ja schon in der Probe erschreckt», sagt Narcisse und wendet sich erklärend zu Ferdinand: «Er kommt also ins Theater, um uns seine Ouvertüre zu erklären. Er kommt natürlich zu früh, da proben die Engländer noch ihren Shakespeare.» «Grabesszene», sagt Hector dumpf. «Und was macht er? Er sieht Julia, schreit laut auf und rennt davon.» «Und dann», ergänzt der Komponist, «hat sie ihren Kollegen erklärt, ich machte ihr Angst. Ich! Sie will nicht einmal mehr meine Briefe lesen.» «Briefe? Sie schreiben ihr Briefe?» «Auf Englisch, jawohl», sagt er stolz. «So gut es geht. *Farewell, my dear, farewell, love ever your friend!* Ihre Bonne hat mir mitgeteilt, sie dürfe keine Briefe von mir mehr entgegennehmen. Oh, das macht nichts, sie braucht Zeit, das hat sie selbst gesagt!

Nicht mir, aber dem Impresario, diesem Turner. *Wenn er mich wirklich liebt ...*» «Trauen Sie dem?» «Ich musste ihm schwören, dass ich nichts von ihm weiß! *Wenn er mich wirklich liebt,* hat sie gesagt, *dann werden einige Monate des Wartens seine Beständigkeit nicht erschüttern.*» «Wann hat er Ihnen das erzählt?», fragt Ferdinand. «Vor drei Wochen. Und in fünf Tagen reist sie ab, mit ihrer Mutter, und mit Turner, nach Holland.» «Sieh an, Turner kommt mit ...», sagt Narcisse nachdenklich. «Natürlich! Und er glaubt, mir exzellente Neuigkeiten aus Amsterdam schicken zu können.»

Berlioz bleibt vor Schlesingers Musikgeschäft stehen und zeigt auf das Haus gegenüber: «Und glaubt ihr, dass DAS ein Zufall ist?» «Das Haus, in dem Sie wohnen», sagt Ferdinand ratlos. «Ha! Und wen, glaubt ihr, sehe ich, als ich zum ersten Mal aus meinem Dachfenster herunterblicke?» «Das haben Sie mir schon letztes Jahr erzählt», sagt Narcisse, «sie wohnt schräg gegenüber. In der Tat, was für ein Zufall! Wenn es einer ist ... kein Wunder, dass sie Angst hat!» Er setzt sich wieder in Bewegung, mit einem unwilligen Seitenblick auf die Rue Neuve St. Marc, Nr. 1. «Narcisse! Es traf mich wie ein Schlag, dass sie mit ihrer Mutter hier ... so nah und so fern! Die Kutschen hier lassen ihre Fensterscheiben zugleich mit meinen erzittern. Was könnte ich komponieren, wenn ich nicht so litte! Ich leide doch nur. Ich kann nicht mehr! Oh, seht euch das an!» Sie bleiben wieder stehen, vor den frischen Fetzen eines großen Plakats neben einem Schaufenster. «Tout est fini, das ist alles, was bleiben wird! Und auch nur, wenn ich es aufschreibe.» Er kramt in seinem abgewetzten Mantel nach Stift und Papier, penibel beginnt er die Fetzen der Worte abzuschreiben, die gestern noch aktuell waren, Reklame für den Benefizabend am Mittwoch: «Rom... And Jul... tragédie de Shak... précédee de Waver... par M. Hec... lioz ... Le rôle de Juliette sera...thson... pour la dernière ... son départ.»

Halb besorgt und halb geduldig sehen ihm die Freunde zu, der bullige Ältere und der schmale Jüngere. «Wäre es ein anderer», sagt Girard zu Hiller, «ich würde ihm heimleuchten.» Das Eckhaus Nummer 96 steht immer noch da. Auf dieser Seite der Rue de Richelieu haben sich die Hausnummern nicht verschoben. Vor den drei Fenstern der Dachwohnung, in die Hector Berlioz 1828 einzog, sind Blumenkästen befestigt. Sieht man dort jetzt schräg hinaus, blickt man auf die weißen Planen, mit denen ein Neubau verhüllt ist. Aber ich blicke nicht dort hinaus. Kein glücklicher Zufall diesmal, kein hilfreicher Bewohner, nur die übliche Zifferntafel für den Code. Ich könnte im Restaurant «Le Saotico» fragen oder in dem winzigen Goldankaufslädchen neben der blauen Haustür, ob sie mir ins Haus helfen könnten, aber möchte ich dorthin? Und im vierten Stock einen Zettel ablegen? Kuli auf Notizpapier: «Ich recherchiere zu Hector Berlioz, der in Ihrer Wohnung unter anderem die ‹Symphonie Fantastique› komponierte. Lassen Sie mich bitte wissen, ob ein Besuch möglich wäre …» Und das in einem Französisch, das nicht wirklich besser als Berlioz' Englisch ist. Sehr aussichtsreich. Nun stehe ich selbst so ratlos und suspekt an der Straßenecke wie er, wenn er einen seiner Briefe an Harriet Smithson loswerden wollte.

Man steht hier eher nicht herum. Es ist eine schmale, aber keine gemütliche Straße, viele Autos, wenige Passanten, die meisten von ihnen Geschäftsleute. Diese jetzt so nüchterne Rue de Richelieu zieht sich aber wie eine magische Ader durch die Pariser Kulturgeschichte des 19. Jahrhunderts, man findet sie bei Balzac und Flaubert, und vor allem in den Musikerbiographien, nicht zuletzt dank Maurice Schlesingers Geschäft und Verlag gleich gegenüber. Wie sieht es jetzt aus? Lindgrüne Ladenfensterrahmen vom Anfang des 20. Jahrhundert, die Scheiben verbrettert, dazwischen eine Tafel: «Permis de construire.» Das

Ganze wird entkernt, ein Hotel soll entstehen. Von hier aus sehe ich, dass gegenüber an der Nr. 96 der Putz in großen Platten abplatzt. Schon möglich, dass auch dieses Haus demnächst entkernt wird. Oder abgerissen, wie schon elf der 21 Häuser, die Berlioz in dieser Stadt bewohnt hat. Nicht nur die Geringverdiener weichen dem Immobilienmarkt, auch die weniger prominenten Spuren der Geschichte. Die Abschrift eines zerfetzten Plakats kann sich länger halten als ein Haus.

Am 1. August 1829 bekommt Victor Hugo, 27-jähriger Kopf der Pariser Avantgarde, Post vom Innenministerium: Man habe gegen eine Aufführung seines neuen Stückes «Marion de Lorme» entschieden. Nicht, weil es darin um eine Kurtisane geht, sondern weil im vierten Akt König Louis XIII. als schwache Gestalt gezeigt wird, fest im Griff des Kardinals Richelieu. Minister Martignac fürchtet, dass man darin nicht nur das Königtum, sondern auch den aktuellen Regenten in Frage gestellt sehen könnte. Die Nervosität der Regierenden hat einen Grad erreicht, in dem sie zwischen den Zeilen schon mehr lesen, als selbst dort zu finden ist. Gleich am nächsten Tag schreibt der selbstbewusste Hugo zurück: Er möchte mit Charles X. selbst sprechen. Tatsächlich wird ihm für den 7. August eine Audienz gewährt. Die rasche Reaktion des Bourbonen hat ihre Gründe: Der 71-Jährige trifft verhängnisvolle Entscheidungen in diesen Tagen. Es passt eigentümlich gut, dass am 3. August, einem bewölkten Montag, in der Opéra gleichsam das letzte große Fest der Restauration stattfindet – die Uraufführung von Rossinis Oper «Guillaume Tell», in der es immerhin um den Freiheitskampf eines Volkes geht.

Hier haben die Regierenden keine Einwände, im Gegenteil: Man hat dem vergötterten Komponisten, als er mit dem Abbruch der Proben droht, sogar eine jährliche Pension von 6000 Francs zugesichert. Rossini wird die Partitur dem König widmen und sodann für 80 000 Francs dem Verleger Troupenas verkaufen. So politisch brisant, wie es später rückblickend gern dargestellt wird, ist dieser «Tell» keineswegs. Schon im Sommer 1828 hat es in Paris eine Flut von Spektakeln um den Schweizer Widerständler gegeben – als Melodram an der Gaité, als Vaudeville «Les trois cantons» mit der Musik von Adolphe Adam, als Neufassung der Oper «Guillaume Tell», die schon 1791, dreizehn Jahre vor Schillers Drama, von Grétry komponiert wurde, und als englischsprachiges Schauspiel mit Harriet Smithson in der Rolle von Tells Gemahlin Emma. Die Schweiz ist in Mode, weniger als realer Nachbarstaat denn als imaginärer Ort von Naturschönheit und Simplizität, als Gegenbild großstädtischer Moderne. Der Chefdesigner der Pariser Oper, Pierre-Luc-Charles Cicéri, ist eigens in die Schweiz gereist, um vor der Natur Skizzen für Rossinis Oper anzufertigen.

Man scheut keinen Aufwand für das erste Werk, das der berühmteste lebende Komponist für Paris schreibt, ohne wie sonst auf Älteres zurückzugreifen. Gleich zwei Librettisten setzt er ein, um Schillers Drama operntauglich zu machen – und damit es eine spannende Liebesgeschichte und eine Rolle für Sopranstar Laure Cinti-Damoreau gibt, wird Schillers Ritterfräulein Berta durch die Habsburgerprinzessin Mathilde ersetzt. Ausgerechnet La Cinti erkältet sich, die Uraufführung wird immer wieder verschoben, aber am 3. August 1829 geht der Vorhang an der Rue Le Peletier hoch – nach der längsten Ouvertüre, die Rossini je schrieb. 50 Partiturseiten, zwölf Minuten! Er will nicht nur die Schweiz zum Klingen bringen, sondern sich als ernster und innovativer Meister zeigen. Fünf Solocelli beginnen im Idyll zu schwelgen, dem ein Sturm voller Chromatik und stampfender Blechbläser folgt, dann ein Schweizer Kuhreigen, bei dem eine virtuose Flöte ein Englischhorn umspielt, und dann reißt es die Leute zum ersten Mal von den Sitzen: Dieses Allegro vivace in

E-Dur, zusammengesetzt aus einem knappen treibenden Rhythmus und dem Auf und Ab von ein paar Achteln, ist eins der Stücke, die beim ersten Hören durch alle Nervenbahnen schießen und es auch beim hundersten Mal noch tun. Das ist Rossini pur, jenseits aller Genres. Von diesem Moment an, während draußen ein ungewöhnlich kühler Augustabend heraufzieht, ist dieses Allegro auf einer Umlaufbahn, die es auch in zweihundert Jahren nicht verlassen wird.

Der Schwung trägt das Publikum durch den ersten Akt, in dem weniger rasant, mit vielen Chören und Balletten, die lokale und historische Szenerie aufgebaut wird. Und nach dem, erstmals in der Geschichte des Hauses, der Vorhang fällt, um die Umbauarbeiten den Blicken des Publikums zu entziehen. Für den zweiten Akt hat Cicéri einen mächtigen Felsen bauen lassen, um den herum die Tannen dunkeln. Da steht nun Arnold, der gefeierte Adolphe Nourrit, in enganliegenden hellblauen Beinkleidern, der dunkelblaue Rock knapp über dem Knie endend, breiter gelber Gürtel mit Täschchen, gefältelter weißer Kragen, Oberlippenbärtchen. Arnolds geliebte Prinzessin ist soeben geflohen, sie hat Schritte gehört. Es nahen Guillaume Tell und Walther Furst, die Schweizer Verschwörer, sie wollen Arnold auf ihrer Seite wissen, gegen die Habsburger, deren eine er doch liebt. Das alles wäre weit, weit weg, Märchenschweiz, Legende, Kostüm, wäre da nicht diese Musik, die Gegenwart herstellt und mit dem Kleinen das Große erzeugt. Während die Männer diskutieren, gibt es wortlose Wortwechsel im Orchester, schnelle und gewitzte – die Welt dreht sich auch außerhalb dieses bedeutsamen Treffens. Floskeln und frivoles Lachen schießen aus Geigen und Flöten hervor, nicht wie Restbestände des Komikers Rossini, sondern wie städtischer Alltag, wie die Gleichgültigkeit der Menge gegenüber dem Schicksal einzelner.

Das hebt die Intimität dieses Treffens noch hervor, realistischer als Cicéris allzu schön gemalte Natur. Die Nachricht von der Ermordung des alten Melcthal, wie Arnolds Vater Melchtal hier heißt, braut sich in der Musik zusammen, in der so vieles sich ablöst, harte und weiche Rezitativakkorde, Kirchenharmonik, jäher Schwung, in dem von ferne gar ein Leporello funkelt, denn Rossini liebt Mozart. Wellen der Streicher, die Sänger wiederholen Floskeln, etwas staut sich an. Überraschendes a-Moll in sanften Achteln, um die herum seltsam heitere Rhythmen kreisen wie Schwalben vor dem Gewitterhimmel – dann erfährt Arnold, dass er den Vater verlor. Er geht in die Knie, er ringt die Hände. Nourrit ist derzeit ohne jede Konkurrenz und wird es lange bleiben. Er ist kein schöner Mann und etwas rundlich, doch wie der 27-Jährige mit seinen mühelosen, farbenreichen hohen Tönen, seiner *voix mixte* den Himmel berührt – «ciel»!

Dann stehen die drei zusammen, die beiden Verschwörer einen halben Kopf größer als ihr neuer Verbündeter. Henri-Bernard Dabadie, der mit schräg aufgesetzter Kappe und keckem Federschmuck den Guillaume Tell gibt, bringt sich mit salbungsvollem Bariton in Positur und lässt die «r»s so mächtig rollen, dass seine Worte dröhnen. Mit Bassist Nicolas Levasseur schwelgt er in Terzen und Sexten und steuert zum ersten Schwur des Abends: «Ou l'indépendance ou la mort!», Unabhängigkeit oder Tod, instierend auf einem Ton gesungen, vom Trio gemeinsam wiederholt. Den Ton nimmt das Orchester auf, auf diesem «e» wird das Wort zur Tat. Nun beginnen Rossinis bewährte Bassdreiklänge zu rumpeln und zu treiben, nun ist die Sache nicht mehr aufzuhalten, die zwei Stunden später mit dem Tod des Landvogts und der Befreiung der Schweiz enden wird. Und mit Ovationen, denen sich der Komponist entzieht. Hat Gioacchino Rossini, nun 37 Jahre alt, bemerkt, dass ihm nicht alles so spannend geraten ist wie das Trio im zweiten Akt?

«In vier Stunden hat die Bewunderung niemals nachgelassen», liest man in der *Gazette de France*, direkt unter einem konservativen Leitartikel gegen den «esprit révolutionnaire», der alle zerstörerischen Kräfte vereine. Jules Janin findet in *La Quotidienne*, Rossini habe den Franzosen die Unmittelbarkeit eines Rousseau wiedergegeben, Castil-Blaze bekennt im *Journal des Débats*, ihm fehle der Platz, auch nur ein einziges der herrlichen Stücke dieser Oper genau zu untersuchen – was er dann in zwei weiteren Artikeln nachholt. Der *Constitutionnel* allerdings befindet nüchtern, «die erwarteten Wunder» seien nur «teilweise realisiert worden», im dritten und vierten Akt sei Rossini nicht mehr auf der bis dahin erreichten Höhe seiner Kunst. Berlioz schreibt seinem Freund Humbert Ferrand am 21. August: «Ich glaube, alle Zeitungen sind entschieden verrückt geworden. Das ist ein Werk mit einigen schönen Stücken, es ist nicht absurd geschrieben, es gibt kein Crescendo und etwas weniger große Trommel, das ist alles. Ansonsten macht das nicht viel Sinn. Überall Kunst, vertraute Kniffe, Gewusst-wie, Liebäugeln mit dem Publikum. Das ist nicht alles. Alle Welt gähnt, die Verwaltung verteilt Freikarten.» Dafür ist Operndirektor Émile Lubbert allerdings ohnehin bekannt – mitunter bewilligt er 5000 Freikarten in einem Monat, vierzehn Logen überlässt er in jeder Vorstellung Journalisten und einflussreichen Freunden.

Berlioz ist zu dieser Zeit zutiefst frustriert. Sein dritter Anlauf, den Prix de Rome zu erringen, 3000 Francs nebst Arbeitsaufenthalt in Rom, ist im Sommer auch daran gescheitert, dass er sein Bestes gegeben hat beim Komponieren einer Kantate zum vorgegebenen Text «Tod der Kleopatra». Er hat die Konventionen den Visionen geopfert, in der Harmonik, der Instrumentierung, der Form. Bratschentöne kriechen als Giftschlange an der Königin hoch, mit deren Leben auch die Musik zerbricht. Es sind am Ende mehr Zeichen als Klänge, Hieroglyphen für Orchester, das im *pianissimo* der Celli und Kontrabässe erlischt –

und im Conservatoire vom Klavier ersetzt wird. Immerhin hat keine Geringere als Louise-Zulmé Dabadie, Rossinis gefeierte Jemmy, vor der Jury die Kleopatra gesungen, und immerhin ist Berlioz' Talent so unbestreitbar, dass es eine zweite Runde gibt. Da aber fällt Madame Dabadie wegen der Generalprobe zum «Tell» aus und schickt ihre völlig überforderte Schwester. Obwohl oder weil sich anhand dieser Darbietung kein Urteil bilden lässt, beschließt die Jury, keinen ersten Preis zu vergeben. Da Berlioz' schwer enttäuschter Vater dem Sohn jetzt nur noch 50 Francs im Monat bewilligt, sind Brotarbeiten fällig: Für den *Correspondant* schreibt er über Beethoven, dessen Sinfonien unter der Leitung von Habeneck ihn tief beeindruckt haben. Und vom Verleger Eugène Troupenas bekommt er 200 Francs für das Korrigieren der Probeabzüge eben jener Partitur, die er für so grandios überschätzt hält: «Guillaume Tell».

Am Freitag, 7. August 1829, wird Rossini vom König zum Chevalier der Ehrenlegion ernannt. Am selben Tag begibt sich Victor Hugo in geliehener feiner Kleidung zum Palast in Saint-Cloud, südwestlich von Paris, unter dem Arm eine Abschrift des beanstandeten vierten Aktes von «Marion de Lorme». Im Gespräch mit Charles X. äußert er den Wunsch, der König möge sich nicht von der Ansicht seines Kabinettschefs beeinflussen lassen. «Oh, wenn es Monsieur de Martignac ist, der Ihnen Sorge bereitet...», antwortet der alte Bourbone, ohne seinen Satz zu beenden. Er bietet Hugo eine Entschädigung für das Verbot seines Stücks an: jährlich 2000 Francs. Worum es sonst geht in dem Gespräch, das eine Dreiviertelstunde dauert und mit dem königlichen Versprechen endet, den vierten Akt höchstselbst zu studieren, das liest man in der Augustnummer des Magazins *Revue de Paris*, gleich nach siebzehn Seiten über «Guillaume Tell». Was es aber mit Martignac auf sich hat, dem Kabinettschef, das erfährt Victor Hugo wie alle Franzosen schon am nächsten Tag:

Martignac, 1827 auf Druck der Liberalen ins Amt gekommen, ist entmachtet, sein Nachfolger wird Jules de Polignac, ein ultra-reaktionärer 49-Jähriger, der ein neues Kabinett alter Royalisten präsentiert.

Sieben entsetzte Chefs und Autoren der liberalen Presse treffen sich noch am selben Samstag zum Arbeitsessen im *Véry*, nehmen Papier und Feder zur Hand und entwerfen gemeinsam den *Figaro* vom nächsten Tag. Der erscheint mit dickem Trauerrand, einer Liste der neuen Minister und einer Mitteilung des Besitzers und Chefredakteurs des *Figaro*, Victor Bohain: Man spreche davon, die Pressezensur wieder einzuführen. «Wir erklären, ohne die Gerichte fürchten zu müssen, dass wir einem solchen Schritt, der gewaltsam geschehen müsste, trotzen werden.» Das Blatt werde notfalls außerhalb von Paris gedruckt.

Darunter und auf den weiteren drei schwarz umrahmten Seiten liest man eine Fülle von *bigarrures*, kunterbunten Meldungen, in denen die Befürchtungen satirisch auf die Spitze getrieben werden: Der Hofarchitekt sei angewiesen worden, einen Plan zur Rekonstruktion der Bastille vorzulegen, in Lothringen solle eine Umerziehungsanstalt für Protestanten eingerichtet werden, «die Musik Rossinis wird unterbunden, um die Harmonie in Frankreich wiederherzustellen», anstelle der Illumination sollten bei öffentlichen Festen alle Häuser Frankreichs schwarz verhüllt werden. Louis-François Bertin, Besitzer des *Journal des Débats*, werde verwarnt, Victor Bohain vom *Figaro* am kommenden Donnerstag aufs Rad geflochten, Louis-Désiré Véron, Gründer der *Revue de Paris*, habe nach der öffentlichen Verbrennung seiner Zeitschrift um Asyl in Holland ersucht. Ausgerechnet Holland, wo es unter König Wilhelm noch weit repressiver zugeht! Véron ist es, der in seinen Memoiren das Treffen der sieben Blattmacher überliefert. Aber auch so wäre diese *Figaro*-Ausgabe legendär geworden, ein Fanal im Kampf um die Pressefreiheit, dessen Witz und Mut unübertroffen bleiben. Zehntausend Exemplare sind auf den Straßen von Paris verkauft, ehe Gendarmen die Druckplatten beschlagnahmen, am Abend werden manche Exemplare schon für zehn Francs gehandelt. Victor Bohain wird natürlich nicht aufs Rad geflochten, aber zu sechs Monaten Gefängnis verurteilt – eine jener Maßnahmen, die das Finale der Restauration einläuten.

Rossinis Bewunderer haben sich am Abend des 8. August unter seinen Fenstern am Boulevard Montmartre Nr. 10 versammelt, um mit einer Serenade zu gratulieren – Dirigent Habeneck, eine Schar von Musikern, die Sänger Nourrit, Levasseur und Dabadie, außerdem zahlreiche Bewunderer aus dem royalistischen wie aus dem linken Lager. Gendarmen lassen Rossini, als er, von auswärts kommend, ins Haus will, nicht passieren. «Ich bin Rossini! Ohne mich können Sie hier nicht anfangen, lassen Sie mich durch!» «Sie – und Rossini! Gehen Sie weiter, Witzbold!» Ein Vorgesetzter muss bemüht werden, ehe die eifrigen Aufpasser ein Einsehen haben und die Musiker auf offener Straße endlich die Ouvertüre zum «Tell» spielen können. Wenige Tage später reist der Star mit seiner Frau ab. Als er ein gutes Jahr später ohne sie wieder nach Paris kommt, ist alles anders. Und «Guillaume Tell» wird seine letzte Oper bleiben.

*

«Können Sie mir sagen, was das für eine Macht des Gefühls ist, diese Fähigkeit zu leiden, die mich krank macht?» Es ist der 3. März 1830. Noch immer sehnt sich Hector nach Harriet und vertraut sich Ferdinand Hiller an, dem jungen Freund aus Frankfurt. «Ich habe bei Ihnen alle Zeichen der wahren Freundschaft gefunden, die meine für Sie ist eben so sehr wahr, aber ich fürchte, dass sie Ihnen nie das ruhige Glück geben wird, das man fern der Vulkane findet – (...) Es ist heute ein Jahr her, dass ich sie zum letzten Mal sah – – – – – – oh! Unglückliche! Wie ich dich liebte! ... ich schreibe zitternd, wie ich dich liebe! (...) Ich bin ein sehr unglücklicher Mann, ein in der Welt fast isoliertes Wesen ... ein Tier, gequält von einer Vorstellungskraft, die es nicht aushalten kann, gefressen von einer Liebe ohne Grenzen, die mit nichts belohnt wird als mit Gleichgültigkeit und Verachtung, ja! Aber ich habe gewisse musikalische Genies gekannt, ich habe im Schein ihrer Blitze gelacht, und ich knirsche mit den Zähnen, wenn mir nur die Erinnerung daran kommt. Oh! Herrliche! Herrliche! Vernichtet mich! Ruft mich auf eure goldenen Wolken! Dass ich befreit wäre! ... Die Vernunft [:] Sei ruhig, Dummkopf, in einem Jahr wird keine Rede mehr sein von deinen Leiden, um deretwegen du das Genie Beethovens, die leidenschaftliche Empfindsamkeit Spontinis, die träumende Phantasie Webers, die kolossale Kraft Shakespeares anrufst! ... Komm, komm, Henriette Smithson und Hector Berlioz werden wiedervereint, im Vergessen des Grabes, das andere Unglückliche nicht am Leiden und Sterben hindern wird ...»

Aber dieses gequälte Tier hat ja längst ein Mittel gefunden, um von seiner Phantasie nicht gesprengt zu werden, um ihr Luft zu machen, die Luft, die Töne trägt. In der Welt der Töne sind hundert Instrumente bereit, noch die komplexesten und widerstreitendsten Gefühle und Gedanken zu fassen und zu befreien, und sie brauchen eine gewaltige Imagination – nur wer sich den Klang des Orchesters vorstellen kann, der kann das Orchester auch klingen lassen. Und Berlioz kennt es, er hat mittlerweile, in den acht Jahren seit seiner Ankunft in Paris, zwei Kantaten, eine Messe, eine Scène héroique, zwei Ouvertüren, die acht Faustszenen komponiert, er hat sich in unfassbarem Tempo mit dem vertraut gemacht, was Oboen, Klarinetten, Fagotte, Kornette, Trompeten, Posaunen, Ophikleiden, Harfen, Pauken zu spielen imstande sind und wie man es notiert, ganz zu schweigen von Streichern, Flöte und Horn, den Instrumenten, die er schon lange kennt. All das braucht er für die Sinfonie, in die er nun ausbricht, an der er schon arbeitet, als er den Brief an Ferdinand Hiller schreibt, der nur ein paar Straßen weiter wohnt. Vielleicht lässt die Musik die Gefühle, die er seit einem Jahr zu begraben versucht, wieder lebendig werden. «Ich habe das ganze Ding im Kopf, aber ich kann nichts schreiben», hat er noch am 6. Februar bekannt. «Ich lausche dem Schlagen meines Herzens, sein Pulsieren schüttelt mich wie die stampfenden Kolben einer Dampfmaschine.»

Ob früh klar war, dass die Melodie der Liebe, der Geliebten, zum ersten Mal von Flöte und Violinen gespielt wird? Es sind die Instrumente, die er kannte, als er die Melodie zum ersten Mal schrieb, mit fünfzehn, für Estelle, es ist die Melodie der Romanze, die er verbrannte und nicht vergaß, und die Liebe des Knaben zu dem schönen, erwachsenen Mädchen in Meylan verschmilzt nun mit der zu Harriet – liebt er diese Frau oder eine Idee von ihr? Und nicht nur diese Melodie ist schon lange da, auch Material, Skizzen zu einer Sinfonie. Zuerst, als Harriet noch da war, sollte sie Goethes «Faust» gelten, er träumte von einer Aufführung in London und einem «brillanten Erfolg in *ihrer* Anwesenheit».

Während sich nun seine Raserei in Produktion verwandelt, während er Blatt für Blatt füllt mit seinen rechtsgeschwänzten Notenköpfen, platzsparenden Kürzeln und vielen Anzeichen dafür, dass er wirklich «das ganze Ding im Kopf» hat, verliebt sich eine bildschöne Achtzehnjährige in ihn, schwarzhaarig, die Augen von tiefem Blau, eine hochbegabte Pianistin, Marie Moke, ihrerseits Angebetete eines Pianisten. Der ist kein anderer als Ferdinand Hiller. Fünfzig Jahre später, als der hochrespektierte Kölner Stadtkapellmeister Hiller sein «Künstlerleben» publiziert, anonymisiert er sich selbst zu einem «jungen deutschen

Tonkünstler», der sich in eine «reizende französische Kollegin» verliebte und Berlioz zum *postillon d'amour* machte. «Der leicht erregbaren Pianistin, die von der bekannten großen Shakespear'schen Passion des Liebesboten gehört hatte, schien es äußerst pikant, ihn derselben zu ihren Gunsten abwendig zu machen. Sie sagte ihm eines schönen Tages rund heraus, daß sie ihn liebe...» Schon vorher hat sie sich allerdings bei Berlioz beklagt, dass Hiller «nicht so recht zur Sache käme». Spätestens im April 1830 sind Marie und Hector ein Paar. Er will, darin ganz Sohn seiner bürgerlichen Eltern, die Achtzehnjährige sofort heiraten, worauf deren ebenso bürgerliche Eltern nur sehr vorläufig eingehen. Aber für einen Sommer der Liebe reichen die Flammen. Es wird zugleich der Sommer der Revolution.

Sie beginnt, während Berlioz seinen vierten Anlauf zum Rompreis nimmt. Mitten in Paris, im Institut de France auf dem linken Seineufer gegenüber dem Louvre, zwei Juliwochen lang eingeschlossen wie die anderen fünf erwählten Kandidaten der Musik, erlebt er aus nächster Nähe und doch von fern, durchs Fenster, den Ausbruch dessen, was sich seit Polignacs Amtsantritt zusammengebraut hat. Schon im März haben 221 von 401 Abgeordneten in einer gemeinsamen Erklärung dem König ihre Unterstützung versagt und ihm sogar das Recht bestritten, Minister zu ernennen. Charles X. hat daraufhin kurzerhand die Kammer aufgelöst und sich bei deren Neuwahl eine Niederlage eingehandelt. Obwohl ohnehin nur knapp ein Prozent von 30 Millionen Franzosen das Wahlrecht besitzt, abhängig vom Vermögen, steigt die Zahl der oppositionellen Deputierten auf 274. Der König und sein Kabinett reagieren brachial. Am 26. Juli 1830 – seit einer Woche arbeitet Hector Berlioz im Institut an der Kantate «Der Tod des Sardanapal» – werden Anordnungen mit Berufung auf einen Notstandsartikel publik gemacht: Aufhebung der Pressefreiheit, Einrichtung der Zensur, Auflösung der neu gewählten Kammer noch vor ihrem ersten Zusammentreten, Begrenzung auf 238 Abgeordnete, weitere Reduktion der Wahlberechtigten, Neuwahlen im September.

Eine der ersten Reaktionen auf die Veröffentlichung dieser Anordnungen im *Moniteur* ist aus der Oper überliefert. An diesem heißen Montagvormittag wird dort Rossinis «Tell» geprobt, zweiter Akt, Trio. Als Dabadie «Unabhängigkeit oder Tod» ruft, da singen ihm nicht nur Nourrit und Levasseur nach, sondern alle im Haus, von den Orchestermusikern bis zu den Bühnenarbeitern. Dann wird die Probe abgebrochen, keiner hält es jetzt noch aus, einen Schweizer Aufstand aus dem späten Mittelalter zu proben, zu groß ist die Unruhe. Abends bilden sich Menschenaufläufe am Palais Royal, auf der Place Vendôme, man ruft «Es lebe die Verfassung! Nieder mit den Ministern, nieder mit Polignac!» Als des letzteren Kutsche sich dem Außenministerium in der Rue Neuve des Capucines nähert, fliegen Steine, eine Scheibe birst. «Heute hat die Regierung die Legalität verloren, die uns verpflichtet, ihr Folge zu leisten. Wir widerstehen den uns betreffenden Anordnungen. Es ist an Frankreich, zu urteilen, wie weit es selbst Widerstand leisten muss.» Mit diesen Worten endet das Protestschreiben, das am 26. Juli von 44 Herausgebern und Redakteuren der zwölf liberalen Pariser Zeitungen, allen voran des neu gegründeten *National*, unterzeichnet wird.

In vieren von ihnen ist es am nächsten Morgen zu lesen. Sofort wird die Beschlagnahmung der Druckerpressen angeordnet, es kommt zu Handgemengen zwischen Polizisten, Druckern und Setzern. Die Pressefreiheit ist ihre Existenzgrundlage; sie bilden den harten Kern der Arbeiter, die sich nun mit Studenten, Geschäftsbesitzern, Handwerkern, Opfern der seit drei Jahren anhaltenden Wirtschaftskrise und steigender Brotpreise zusammentun, Tausenden von Armen, Menschen aus unterschiedlichen Milieus, Straßenjungen auch wie jener, den Victor Hugo als Gavroche verewigen wird und Eugène Delacroix auf seinem Gemälde. Menschenmengen treffen sich vor der Gendarmerie und rund um das Palais Royal, man hört die Marseillaise singen, seit langem verboten. Die Empörung wächst, als man hört, dass Marschall Marmont 12 000 Soldaten befehligt, die in und um Paris zusammengezogen werden, ausgerechnet jener Duc de Ragusa, der 1814 Napoléon verraten hat. Am Nachmittag beginnen seine Männer, die Menschenaufläufe um erste Barrikaden auseinanderzutreiben, die in der Nähe der Rue St. Honoré, um die Börse und an der Place Vendôme entstanden sind. Man bewirft sie mit Pflastersteinen und Blumentöpfen, man bewaffnet sich. Am Abend wird das Geschäft des Waffenhändlers Pavé in der Rue de Richelieu geplündert, Soldaten eröffnen das Feuer. Die ersten Toten liegen auf dem Plaster. Am Conservatoire vorbei marschieren 200 Bürger zu einer Kaserne am nördlichen Stadtrand und zwingen 140 junge Soldaten zur Übergabe aller Waffen und Ressourcen.

Am nächsten Vormittag ist die Innenstadt gespickt mit Hürden aus Wagen, Karren, Fässern, Pflastersteinen, verstärkt durch umgestürzte Omnibusse und gefällte Bäume. Das Institut de France, eine Festung der reaktionären Bourgeoisie, wird behördlicherseits verbarrikadiert. Um elf Uhr stürmen Studenten und Arbeiter über die neue Holzbrücke, die von der Île de la Cité zum Rathaus führt, allen voran ein junger Trikolorenträger, der ruft: «Wenn ich sterbe, heiße ich Arcole!» Die Schweizergarden eröffnen das Feuer, Arcole fällt, die Menge drängt nach, die Söldner fliehen, das Rathaus wird kampflos erobert, man hisst die Trikolore anstelle des Lilienbanners. Zur selben Stunde verschanzen sich Premierminister Polignac und Marschall Marmont in den Tuilerien, von wo aus Marmont dem König schreibt: «Das ist kein Aufstand mehr, das ist eine Revolution. *Votre Majesté* müssen über Maßnahmen der Befriedung entscheiden. Noch kann die Ehre der Krone gerettet werden. Morgen wird dazu vielleicht keine Zeit mehr sein.» Charles ruft den Belagerungszustand aus. Vier Militärkolonnen nähern sich in brütender Hitze den Brennpunkten. Die Barrikaden, die sie weggräumen, werden hinter ihnen sofort erneuert. Ganz Paris, nicht nur *le Tout-Paris*, ist auf der Straße, auch Frauen und Kinder. Einem Leutnant des 6. Regiments, der sich weigert, auf sie feuern zu lassen, wird mit der Arretierung gedroht, woraufhin er sich mit der Pistole selbst in den Kopf schießt. Truppen, die Paris nicht kennen, verlaufen sich im Straßengewirr. Abends ordnet Marmont den Rückzug aus der Innenstadt an, die Munition wird knapp. Er hält nur noch den Korridor vom Louvre bis zur Étoile und lässt von den Dächern auf die Menge schießen. Sogar Kanonen werden eingesetzt, deren Dröhnen die Scheiben zittern lässt, ein Geschoss trifft die Fassade des Institut de France. Neben den Fenstern der Zelle, in der Berlioz seine Kantate zum Ende bringt, schlagen verirrte Gewehrkugeln ein. Er hört, wie Frauen schreien, wie in jeder Feuerpause die Schwalben wieder zu hören sind, die ihre Kreise ziehen.

Was zum Teufel tut er hier? Was interessiert ihn das flammenumrauschte Ende eines assyrischen Herrschers? Ihn interessiert nur der Preis. Um ihn zu sichern, bleibt er am Tisch, umgeht alle Experimente, hält sich, inmitten der Revolution, die er hören, sehen, riechen kann, an die akademische Lehre. Am Donnerstag, 29. Juli, beendet Berlioz die Reinschrift, während am Seineufer gegenüber der Louvre gestürmt wird. Viele Zivilisten sterben. Aber nachdem gleich zwei Regimenter auf der nahen Place Vendôme die Seiten gewechselt haben, befiehlt Marmont den Rückzug. Charles-Maurice de Talleyrand-Périgord, der geniale alte Diplomat, der seit der Revolution 1789 in jedem Regime einen Platz fand, sieht, wie gegen Mittag die Soldaten nach Westen abziehen, und erklärt nüchtern: «Um fünf Minuten nach zwölf hat die ältere Linie der Bourbonen aufgehört zu regieren.» Weniger nüchtern reagieren viele Pariser. Der Weinkeller der Tuilerien wird geplündert, aus den Fenstern des erzbischöflichen Palasts werden Bücher und Möbel geschleudert, im Artilleriemuseum versorgen sich die Aufständischen mit historischen Requisiten – die Lanze von François I., der Helm des Gottfried von Bouillon schimmern in der Sonne eines Julitags.

Berlioz kommt sich lächerlich vor, als er seine Kantate im Institutsbüro abgegeben hat, um fünf Uhr nachmittags die Kunstfestung verlässt, deren Pforte von Schüssen durchsiebt ist, und feststellt, dass der Kampf vorüber ist, nach drei Tagen, die man die «Trois Glorieuses» nennen wird, erhabener als das, was ihnen folgt. Auf dem Weg zu Maries Haus sieht er die Barrikaden und tote Pferde, die den Verkehr blockieren, während Lastträger die Versorgung der Stadt übernehmen. Männer aus dem Volk haben überall die Wachsoldaten abgelöst. Man schafft die Leichen fort, die in der Hitze rasch zu verwesen beginnen. Fast 800 Pariser Bürger, Studenten, Angestellte, Handwerker, Arbeiter haben das Leben verloren und 200 Soldaten. Überall flattert nun die Trikolore, Nationalfarben schmücken auch die Kutschen, die die Nachrichten – am Abend erscheinen wieder Zeitungen – in die Provinz bringen. Aber noch ist nichts entschieden, nichts sicher. Nachdem er weiß, dass Marie nichts geschehen ist, hofft er, es könne für ihn noch etwas zu tun geben in dieser Revolution, drei Stunden lang streift er herum. Er findet eine Pistole, besorgt sich Munition und Pulver von bewaffneten Passanten. Aber kein Schuss fällt mehr. Es bleibt dabei, die Revolution hat ohne ihn stattgefunden, und er hat sie durchs Fenster gehört, während er sein braves Stück komponierte, für das man ihm dann tatsächlich den Rompreis zuspricht, endlich. Später hat er die Noten verbrannt.

Auch Honoré Balzac, wie er jetzt noch heißt, hat die Revolution verpasst, in einem alten Herrenhaus in der Touraine. Laure de Berny hat es gemietet, seine um 22 Jahre ältere Liebeslehrerin. Im Mai schon sind sie in die pittoreske Weingegend gezogen, und der 31-Jährige bleibt dort zum Arbeiten, allein, auch im Juli. Als er zurückkehrt, ist die Revolution doppelt vorbei – es ist eben keine neue Republik ausgerufen worden, sondern ein «Bürgerkönigtum». Da ein Genie aus allem etwas macht, wird aus eben dieser Ernüchterung der Beginn eines Romans, den Balzac in diesem Jahr beginnt und der den erst leidlich bekannten Autor zur Berühmtheit machen wird. Raphael, der junge Held des «Peau de Chagrin», hat in Paris «gegen Ende Oktober 1829» in lebensmüder Verfassung ein labyrinthisches Antiquariat aufgesucht. Als er es mit einem magischen, alle Wünsche erfüllenden Leder, nach einem Teufelspakt, wieder verlässt, sind draußen neun Monate vergangen, er trifft Freunde, die ihn lange gesucht haben: «Schon redeten wir davon, dich wie einen Julihelden heiligsprechen zu lassen.»

«Ich habe mir ein modernes Sujet vorgenommen», schreibt Eugène Delacroix im Oktober 1830 seinem Bruder, «eine Barrikade ... Wenn ich schon nicht für *la patrie* siegen kann, male ich wenigstens für sie. Das hat mich wieder in gute Laune versetzt.» Charles X. hat abgedankt und sich nach England begeben, statt seiner regiert nun Louis Philippe. Dieser Mittfünfziger zählt, auch wenn er ein Herzog von Orléans ist, praktisch zur Großbourgeoisie. Extrem vermögend, lebt er mit seiner Familie im Palais Royal, jenem Palast, um den herum Geschäfte, Cafés, Lesekabinette eine Stadt in der Stadt bilden. Mit dem kontaktfreudigen Louis Philippe gelingt es den liberalen Geldverdienern, die Republik zu verhindern. Der alte Lafayette selbst, einer der Helden von 1789, hat sich auf dem Balkon des Rathauses vor der skeptischen Menge mit ihm gezeigt, als «König der Franzosen» wird er auf die geänderte Verfassung verschworen. Raphaels Freunde in Balzacs Roman fassen den Vorgang so zusammen: «Die Regierung, das heißt die Aristokratie der Advokaten und Bankiers, (...) hat es für nötig befunden, das gute Volk der Franzosen mit neuen Worten und alten Ideen, nach Art der Philosophen aller Schulen und der Mächtigen aller Zeiten, hinters Licht zu führen. Es gilt also, uns eine eminent nationale Idee einzutrichtern, indem man uns klar macht, dass es viel vorteilhafter ist, 1200 Millionen 33 Centimes dem Vaterland in der Person der Messieurs Soundso zu zahlen als 1100 Millionen 9 Centimes einem Könige, der Ich sagte statt Wir.» Es sind zynische Journalisten, «die wahren Anhänger des Gottes Mephistopheles», die aus der neuen Lage soviel Profit ziehen wollen und werden wie möglich. Das magische Leder spiegelt diesen Zynismus und verhilft seinem Besitzer, ehe es ihn umbringt, zu Rasereien der Lust und der Liebe, für die Balzacs neue Geliebte Olympe Pélissier Modell steht. Und für die die Töne schon geschrieben sind, wie für so vieles andere in dieser beschleunigten Zeit.

Die «Symphonie fantastique» des Hector Berlioz hätte eigentlich schon im Mai uraufgeführt werden sollen, in einem Theater, das sich als allzu klein erwies, und es ist gut, dass ihre Jungfernfahrt erst im Dezember 1830 stattfindet. Kein Werk ist von so zeitenthobener Größe, dass es früher oder später wie von selbst zur Wirkung käme, unabhängig von den Umständen einer Uraufführung, von Ruhm oder Namenlosigkeit des Künstlers, von den Schwingungen der Zeitläufte. Vielleicht kennten wir diese Musik nicht einmal, wenn sie nicht zur richtigen Zeit herausgekommen wäre, in der spannenden Ungewissheit einer neuen Epoche, in günstiger Konstellation. Zuerst soll es der 14. November sein, in der Grande Salle des Konservatoriums, aber schließlich wird es der 5. Dezember. Zwei Wochen vorher beginnt Berlioz mit rund hundert Musikern aus verschiedenen Pariser Orchestern und dem Konservatorium zu proben, Leuten, die ihm so gewogen sind, dass sie auf ein Honorar verzichten, die ungefähr wissen, was sie erwartet, aber doch Mühe haben mit der nie dagewesenen Komplexität der Rhythmen, den Nuancierungen der Lautstärke. Alltägliches kommt dazu: Mal müssen zwei Posaunisten die Probe verlassen, weil sie als Nationalgardisten Dienst tun, mal geht ein halbes Dutzend junger Geigenstudenten, weil ihr Professor den Unterricht nicht verschieben kann. Aber als dann zur Generalprobe François-Antoine Habeneck die Leitung übernimmt, 49-jähriger Chefdirigent der Opéra, zeichnet sich ab, dass das Konzert so «terrible» werden könnte, wie der Komponist hofft.

Zuerst werden an jenem Sonntagnachmittag fünf kürzere Stücke von Berlioz gespielt, auch sein «Sardanapal» mit neuem, furiosem Schluss, dann nehmen die Leute im Saal das Blatt zur Hand, auf dem der Komponist die «Épisode de la vie d'un artiste» erklärt, die fünf Sätze seiner «Symphonie fantastique». Sie erkennen in der Musik alles wieder – die verzweifelte, fast krankhafte Liebe zuerst, die zur musikalischen «idée fixe» wird, den Ball, die Vergnügungen, in denen ihn das Bild der Abwesenden verfolgt, die Szene auf dem Lande, die er später noch düsterer auf den vierten Satz hinschreiben wird, auf jene Opiumvision, in der der Verzweifelte zu seiner eigenen Enthauptung marschiert. Immer gespannter lauschen sie. Mitten unter ihnen verzückt, mit leuchtendem Gesicht, ein junger Mann, dessen Beifallsrufe zwischen den Sätzen fast noch auffälliger sind als seine Schönheit – der neunzehnjährige Franz Liszt. Einmal noch das Liebesthema in der Oboe, *dolce assai e appassionato* sei es gespielt, dann verliert der Künstler seinen Kopf, dann ist er tot, vom Orchester guillotiniert. Liszt schreit auf, nicht nur er, der Saal tobt, das Stück muss wiederholt werden. Es folgt ein schauriges, höllisches Jenseits, eine weitere Opiumvision, wie Berlioz es seinen Hörern erklärt, oder – die Realität?

Denn was in diesem fünften Teil passiert, diese wahnwitzig rasch einander folgenden Kontraste, Stauchungen, Abbrüche, Überlagerungen, das ist Großstadt, das ist Paris mitsamt dem grausamen, glitzernden Spott, den das zur grellen Dirne verzerrte Liebesthema, von einer Klarinette quiekend und kichernd prostituiert, im Orchester hervorruft, in dem es untergeht, endgültig. Er zieht Estelle, Harriet, Marie in den Dreck, aber das ist kein Dreck, das ist eine unfassbar spannende, transparente Musik der jähesten Schnitte von Affekten und Farben. Die Streicher müssen sich mitunter aufteilen in zehn Stimmen, vierfach geteilt allein die ersten Geigen, sie spielen harsch auf dem Steg, sie klopfen mit Bogenholz auf die Saiten. Eine dekadente Gesellschaft ist dieser Hexensabbat, und ihr Menetekel wird von schweren Röhrenglocken angekündigt: Den alten, uralten Hymnus des Dies Irae, des Jüngsten Gerichts künden Posaunen und Tuben. Panik und hysterisches Gelächter, auch das wild ausbrechende des Komponisten selbst, fallen ineinander. Dafür ist eine Fuge gut und nicht als gelehrsame Übung im Kontrapunkt, wie Berlioz sie vor vier Jahren anfertigte, nein, ganz wörtlich als Flucht und als Zuviel von Ereignissen, als Chaos, das hier kontrapunktisch in geradezu erheiternder Virtuosität freigelegt wird. Und kann man nicht auch in den unerbittlichen Tönen des Hymnus konturscharf die Schädel erkennen, die Hector aufsägen musste, vor neun Jahren, und in den jagenden Flöten die Spatzenschwärme, die über den Studenten, den Ratten und den Leichen auf den Seziertischen schwirrten?

Oh, man kann so vieles hören, dass die Leute es noch einmal hören wollen, mit Schreien und Fußstampfen wollen sie die Wiederholung des Hexensabbats erzwingen. Aber Habeneck, der Dirigent, der schon den Gang zum Schafott hat wiederholen müssen, winkt ab – es ist schon spät, es wäre zu viel, die Musiker haben alles gegeben. Franz Liszt stürzt zu Berlioz, umarmt ihn, und fünfzig andere kommen, Ferdinand Hiller natürlich auch. Meyerbeer und Fétis haben applaudiert wie die Besessenen, Spontini hat ihn mit Beethoven verglichen, Spontini! Marie kommt, mit ihren erleichterten Eltern, den Schwiegereltern in spe, die vor Angst gestorben sind, dieser Verrückte könne mit seinem «extravaganten Programm» durchfallen. Sie sagt, ihre Klaviermusik komme ihr erbärmlich vor neben solchen Klängen.

Am nächsten Morgen, nach kurzer, kalter Nacht allein in der Rue de Richelieu, für einige Minuten verblüfft, dass er all das hier geschrieben haben soll, in diesem Dachzimmer, setzt er sich hin und schreibt dem Menschen, dessen Anerkennung ihm jetzt wichtiger ist als das Lob der genialsten Freunde, dem Mann, der ihm auf den Weg zur Musik half und ihn dann so bitter zu versperren suchte, der ihm so fern ist und doch so nah. «Mon cher Papa, Je n'ai le temps de vous écrire que six lignes; mon concert a lieu hier avec un succès extraordinaire.» Es werden aber doch weit mehr als sechs Zeilen, die dann dem Dr. Berlioz in La Côte-Saint-André zugestellt werden. Er zählt ihm alle bedeutenden Hörer auf, all ihre Komplimente, auch Maries, und am Ende äußert er die Zuversicht, mit einem zweiten Konzert könne man sogar Einnahmen erzielen. Keine brotlose Kunst! «Adieu, mon cher papa. Je vous embrasse fort et maman aussi. H. B.»

KAPITEL 2

18 000 Tote und etwas Salonmusik

1831 – 1836

Debüt eines Dämons, Triumph eines Teufels.
Liszt flieht vor der Cholera in nächtliche
Improvisationen, Mendelssohn nach London.
Chopin liest in drei Worten seine Zukunft.

Sie lächelt kurz, als sie den Hinweis auf dem Plakat sieht, kursiv, weit unter dem balkendicken «M. Paganini». «Les Dames seront admis à l'orchestre.» Dorthin, ins Parkett, kommt sie ohnehin immer, nicht nur, wenn die Oper wie an diesem Mittwoch zum Konzertsaal wird. Sie ist angezogen wie ein Student im ersten Semester, ein junger Mann, vom grauen Hut bis zu den eisenbeschlagenen Hacken der schwarzen Stiefel, mit knöchellangem grobem Gehrock, Hose, Weste und gewaltiger Wollkrawatte. Zuerst war das nur eine Sparmaßnahme: Als Aurore Dudevant vor zwei Monaten nach Paris gezogen ist, rissen ihr, die so viel herumläuft, die feinen Schuhe nach zwei Tagen, sie stürzte über ihre Absätze, ruinierte ihre Kleider; es war ein Rat ihrer Mutter, sich Männerkleidung zuzulegen. Inzwischen liebt sie diese Verkleidung, der sie ihre Bewegungen anpasst. Sie lauscht den Spöttereien der Herren über die Damen im Parkett: Die scheuten wohl vor nichts zurück, um dem genuesischen Dämon näherzukommen! Sie ist ihm gestern schon sehr nahegekommen, näher als die meisten Kollegen, allen voran der dicke Janin, nicht viel älter als sie, der sich die Freikarten für das *Journal des Débats* mit dem älteren Castil-Blaze teilt, einem der gar nicht so wenigen Kritiker, die auch Noten lesen können. Und natürlich sind die Komponisten da: Rossini, runder denn je, rasch gealtert, neben ihm sein schmaler Freund Meyerbeer, der im selben Hotel logiert wie jener, auf den sie hier alle warten, und Cherubini, Adam, Auber, Halévy; Baillot natürlich, der Geiger, es sind sowieso alle Geiger da, sofern sie die Billetts bezahlen können, die an diesem Abend das Doppelte kosten. Die 2000 Plätze sind ausverkauft.

Sie muss nichts bezahlen, sie darf schreiben, sieben Francs für eine Spalte im *Figaro*, wo man sie wie einen Lehrling behandelt, eine 26-Jährige, die viel mehr kann. Die Beiträge erscheinen ohne ihren Namen. Was hat ihr der Chefredakteur de Latouche gesagt, als sie ihm im Januar etwas vorlas? «Ganz nett, aber es fehlt der gesunde Menschenverstand.» Sollte heißen: *Sie sind eine Frau.* «Das lässt sich machen.» «Fangen Sie ganz von vorn an.» Da hat sie gesagt: «Das reicht.» Sie durfte trotzdem anfangen, ein knappes Zubrot zu den lächerlichen 250 Francs monatlich, die ihr Mann ihr widerstrebend aus Nohant überweist.

Neben ihr macht sich ein Mittfünfziger mit deutschem Akzent lustig über Louise Bertin. Eine Frau, die eine Oper komponiert! Er habe jedes Mal lachen müssen, wenn Hörner und Pauken erschallten, welch viriler Klang, und die besten Gedanken seien ihr erst am Schluss gekommen, wie es bei Frauen eben so sei. «Das reicht», denkt Aurore wieder. Louise Bertin ist eine Studentin von Fétis, Meyerbeer hat ihre Oper durchgesehen, sie ist alles andere als eine Amateurin. Aber da sie eine Frau und außerdem noch die Tochter des mächtigen Louis-François Bertin ist, Besitzer des *Journal des Débats*, hat man ihr nahegelegt, anonym zu bleiben. Wer die Öffentlichkeit sucht, noch dazu mit einer Oper, bleibt natürlich nicht anonym. Der *Constitutionnel* wird über «Mlle B...» schreiben, bei beachtlichem Talent habe sie nicht die Kraft für drei Akte.

Vor allem wetteifern zwei Themen im Publikum. Paganini, über den man sich die wildesten Geschichten erzählt und der irgendwo hinter der Bühne auf seinen Auftritt wartet. Und Polen. Heute, am Mittwoch, 9. März 1831, hat das *Journal des Débats* auf der Mitte der ersten Seite die schreckliche Botschaft gedruckt, die sechs Tage zuvor Berlin erreichte, schneller werden Nachrichten noch immer nicht übermittelt, und die ebenso lange brauchte, um von Warschau nach Berlin zu gelangen: «Après une héroïque et sanglante résistance, les Polonais ont cédé au nombre. Praga est en cendre. Le général Klopicki a été grièvement blessé dans l'action.» Starke Verluste der Polen, Praga in Asche! Das ist jener Vorort Warschaus, auf dem anderen Ufer der Weichsel, den die Truppen des russischen Zaren am 27. Februar genommen haben. Seit drei Monaten währt nun schon der Aufstand der Polen gegen Nikolaus I., den die Liberalen besonders in Paris mit größter Anteilnahme verfolgen.

Es war ja ihre eigene Julirevolution, die drei Tage, die ganz Europa in Bewegung gebracht haben. Belgien zuerst, wo die Revolution im August wahrhaftig in der Oper begann, mit der «Stummen von Portici» jenes Auber, der hier munter in einer Loge plaudert, während Belgien von holländischer Herrschaft befreit ist. Es brodelt in der Schweiz und den mitteldeutschen Staaten, in London ist das Torykabinett unter dem Herzog von Wellington gestürzt, im November schon, und eine Wahlrechtsreform im Gang, dazu eine Reihe sozialer Reformen. Und dann die Polen! Ein ganzes Königreich – ohne König, denn zum König hat der Zar sich krönen lassen – befindet sich im Aufstand, der Reichstag hat am 25. Januar die Dynastie der Romanows schlicht und einfach für abgesetzt erklärt. Daraufhin hat der Zar 118 000

Soldaten über die Grenze geschickt, denen nicht halb so viele polnische Kämpfer gegenüberstehen, nebst einer uneinigen Nationalregierung. Vor den Toren Warschaus sind 71 000 Russen auf 56 000 Polen gestoßen, von denen 12 000 das Leben verloren. Noch ein halbes Jahr wird es dauern, bis Warschau kapituliert und 50 000 Menschen Polen gen Westen verlassen. 7000 von ihnen werden ihr Glück in Paris suchen. Immer mehr wenden sich die Gespräche dem zu, der schon seit zwei Wochen in der Stadt ist. Niccolò Paganini ist 48 Jahre alt, doch sein europäischer Ruhm ist noch jünger als sein kleiner Sohn, den er auf alle Reisen mitnimmt, Achille. Als der Geiger aus Genua vor jetzt knapp drei Jahren sein erstes Konzert außerhalb Italiens gab, in Wien, war der Große Redoutensaal halb leer, bis zur Pause. Dann liefen die Musiker und Zuhörer auf die Straße, verkündeten ein Wunder, der Saal füllte sich, das Wunder geschah, und seitdem hat der Musiker 116 Konzerte gegeben, ist in vierzig deutschen Städten von München bis Hamburg, von Köln bis Berlin aufgetreten, fünfzehn Mal auch in Polen, 1829, er hat Unsummen verdient und einen Teil davon wieder in Casinos verspielt, und er hat die technischen Möglichkeiten der Violine vor aller Ohren um Dimensionen erweitert, die vorerst nur ihm selbst zugänglich sind. Die düstere Gestalt, das späte und um so überwältigendere Erscheinen auf den Podien außerhalb Italiens, seine «Hexereien» haben Gerüchte aufkommen lassen, grotesk, aber zäh. Seine so suggestiv klingende G-Saite sei aus dem Darm einer Geliebten gefertigt, die er aus Eifersucht getötet habe, seine Kunst habe er in einem mehrjährigen Gefängnisaufenthalt vervollkommnet, der dem Mord folgte. Dass Paganini vier Jahre lang eine feste Anstellung als Konzertmeister und Kammervirtuose der Republik Lucca hatte, dass er danach achtzehn Jahre lang ganz Italien als Solist bereiste, zuletzt mit jener Sängerin, die auch die Mutter seines

Sohnes ist – das ist nicht sensationell genug. Mindestens muss er mit dem Teufel im Bunde sein.

Aurore hat ihn aus der Nähe gesehen, den Dämonischen, gestern. Es gab eine Soiree mit Pierre Baillot, dem noblen Geiger, nun schon seit 35 Jahren Lehrer am Konservatorium, großer Solist und ebenso Enthusiast der Kammermusik. Hundert Gäste lauschten ihm und vier weiteren Musikern, wie sie eines der Streichquintette von Mozart spielten. Am Ende erhob sich ein Mann, stieg auf die Estrade, schwarz gekleidet, groß, schmal. Mit Wärme nahm er Baillots Hand und machte ihm Komplimente. Das also war Paganini. «Was für ein Gesicht! Welch ein Charakter!», hat Aurore gleich danach geschrieben. «Dieser Kopf, oben so einzigartig schön, unten so einzigartig uneben, dieses gewaltige Antlitz, weithin von Falten durchfurcht, von hervortretenden Adern bedeckt; diese Augen, gelegentlich funkelnd, öfters aber melancholisch; diese Augenbrauen, tiefe Gewölbe krönend, in denen der Blick sich verbirgt; diese lange, gebogene Nase; dieser Mund, der sich rechts nach unten und links nach oben zieht, eingesunken zwischen dünnen Lippen, hinter welchen, so scheint es, kein Zahn mehr steht, wenngleich vielleicht doch nur ein einziger fehlt; unter diesem Mund eines 70-Jährigen ein kleines vernarbtes Kinn, darüber ein Büschel schwarzer Haare und über dem Mund der Bart eines jungen Mannes, der sich mit einem dichten Backenbart vereint: All das gekrönt von schwarzem Haupthaar, das in langen Strähnen auf die Schultern fällt, das Antlitz frei lassend; all das in Bewegung gehalten von einer starken Seele, indessen für diesen Moment erschlafft durch eine Krankheit, welche Paganini einen sonderbaren Ausdruck verleiht. Ich kann Ihnen kaum wiedergeben, wie fantastisch dieser Kopf ist; er gleicht der bewundernswerten Schöpfung eines Malers. Er ähnelt einer Gestalt, wie Hoffmann oder Goethe sie erfunden haben; da ist Christus, Dante, Voltaire, Petrarca …»

74

Dieser Teil ihres Artikels ist schon fertig, sie wird nach dem Konzert nicht viel Zeit haben, und sie wird für den *Figaro* des nächsten Tages auch keine Kritik schreiben, sondern eine Impression. Und zuallererst wird sie den Parisern ihre elende Spottsucht um die Ohren hauen, ihr Bedürfnis, alles und jeden zu karikieren und einen wie Paganini, ehe sie ihn überhaupt erlebten, zum Hanswurst zu erklären, zum Gaukler, der auf seiner Geige bizarre Posen vorführt. Denn auch die Karikaturen gehen ihm voraus, nicht nur die Schauergeschichten. Die ihn zeichnende Krankheit, von der Aurore Dudevant spricht, teilt er sich mit vielen. Kaum ein Tag, an dem nicht eine Annonce für ein neues «traitement anti-syphilique» wirbt, vorzugsweise «sans mercure», ohne jenes Quecksilber, durch das wohl auch Paganini seine Zähne verlor.

Den Beginn des Konzerts erlebt Aurore wie durch einen Vorhang. Habeneck dirigiert zuerst eine Ouvertüre von Beethoven, dessen Prophet in Paris er ist, «Egmont», sodann tritt unter Jubel Adolphe Nourrit vor das Orchester und singt etwas aus einer alten Oper von Cherubini, eine Arie aus den «Abencérages», die der anwesende Komponist ohne erkennbare Regung anhört – sieht man ihn jemals lächeln? –, und nach dem freundlichen Beifall für Nourrit wird der unsichtbare Vorhang von einem Gewitter zerrissen, einem Applausorkan, von Getrampel und Geschrei, denn von der Seite tritt, nein, gleitet der schwarze Mann herein, nein, auch das trifft es nicht. Es ist etwas Eckiges, schauerlich Hölzernes in den gleitenden Bewegungen, um seine Beine schlottert eine schwarze Hose, schwarz sind auch Frack und Weste und von einem Zuschnitt, wie man ihn hier nie sah. Seine Arme hängen, und an den Armen hängen rechts der Bogen und links die Geige, fast den Boden berührend, und als sich der ungeheure Beifall steigert, macht er, vor dem Orchester angelangt und wie vom Sturm getroffen, groteske Verbeugungen, schwankt wie betrunken, schleudert die Arme mit Instrument und Bogen himmelwärts und wieder hinab, breitet sie aus wie gekreuzigt, öffnet den Mund fast ratlos, starrt in den tobenden Saal. Eine Dame neben Aurore schreit auf, als habe man sie gestochen. Dann auf einmal bringt der Geiger sich in Positur und späht auf die Musiker, seine Vertrauten, sie haben ja schon mit ihm geprobt. Das Gaslicht macht sein Gesicht noch fahler, von seinen Falten sieht man im Parkett nur die zwei tiefsten, rechts und links, von der Nase zum Mund, wie Schnitzereien in einer Maske.

Habeneck, am Konzertmeisterpult stehend, hebt den Geigenbogen, mit dem er immer dirigiert: ein Tusch mit Becken, tataaa! Fast zirkushaft beginnt dieses Violinkonzert im Orchester, das erste, das Paganini schrieb, aber rasch breiten sich Geist und Witz aus, das klingt wie Rossini, nur drängt sich mehr, Abbrüche, Schnitte, Beschleunigung, aparte Knicke in der Harmonik, von As-Dur zu E-Dur. Das ist nicht bloß ein Vorspiel, da sind Szene und Drama, und nun kommt eine Melodie in den Holzbläsern, bei der Aurore fast schon weinen muss, es klingt wie ein Landregen in Nohant, wo ihre beiden Kinder sind, wie bittersüße Erinnerungen, wie eine Zärtlichkeit, die immer reiner und stärker wird. Was alles weiß dieser Paganini, was hat er erlebt, dieser Zerfurchte? Und dann erfahren sie es, mit seinem ersten kleinen Schnörkel von Sechzehnteln, die sich einem Kenner, über die Partitur gebeugt, als raffinierte Umdeutung eines früheren Motivs erschlössen, hier aber einen Ton in alle Herzen, fast alle, schießen lassen, der die Zuhörer und den Erzähler verbindet. Denn es ist eine gewaltige Erzählung, die sich in sehnsüchtigen Weisen, zwischen Kaskaden und rasenden Terzen öffnet. Wellenbewegungen im Orchester, ein Säuseln weit oben, Landschaften, Schmerzen, es ist ein Ton wie eine Stimme, dann wieder jagt er um seine Geschichte herum, auf und ab, mühelos, es gibt bei ihm gar kein oben und unten, schwer und leicht, er braucht auch keine großen Bewegungen für diese Töne, die ihnen durch Haut und Knochen gehen. Die Ellbogen verschwinden fast in seinem schmalen Körper, ihm genügt die Bewegung der Unterarme, an denen die Hände so unfassbar locker und weich sich bewegen, dass sie mitunter wie Tücher im Wind zu flattern scheinen. Er erzählt, er singt, und manchmal flieht er vor all der Passion und Trauer, dann reitet er auf gleich drei Geigen, so klingt es, davon. Aurore ist es, als lausche sie mit ihrem ganzen Körper. Jetzt jubeln und stampfen Orchestertöne, Habeneck lässt einige Septakkorde wie Beethoven klingen, bitte, nicht schon das Ende! Nein, weitere schmerzvolle Geschichten. Seine G-Saite ist ein Opernbass, ein Levasseur, der singt eine mahnende Sage. Davor rennen die Finger auf der A-Saite und E-Saite nebeneinander wie Kinder lachend weg, und dann ist die Geige ganz selbstständig. Sie braucht ihn nicht, sie fliegt, schwebt, lacht, und in der Kadenz wird sie wahrhaft zweistimmig, sie redet mit ihm oder mit sich selbst. Es gibt Farben, Regenbögen, Wasserfunkeln, weitere Wege, das hört nicht auf, er vergisst sich und uns, wo ist er? Alle Orchestermusiker haben sich ihm zugewendet. Kadenzen probt er nie, es gibt sie nur im Konzert. Terzen im Flageolett, im Flötenregister, nie zuvor gehört. Das ist ein neues Instrument.

Tosender Beifall. Und nun das Adagio – wird er uns auch da berühren, ohne seine Kaskaden? Es ist die Fortsetzung der vorigen Erzählung, mit all ihren schicksalhaften Weiterungen. B-Moll. Das ist Walter Scott, das sind die Weiten der Geschichte ... und der Schluss in B-Dur, ein Verhängnis! Applaus, diesmal nachdenklich. Dann das Rondo saltarello, mittendrin eine Volksweise, im Flageolett. Erstmals erlebt man einen Geiger, der das Spiel seines Bogens mit Zupfern der linken Hand begleitet, die außerdem auch noch Töne zu greifen hat.

Rossini lächelt in sich hinein, als er das Ständchen aus dem geliebten «Don Giovanni» erkennt wie eine flüchtige Andeutung unter Freunden. Ach, Maskeraden, Ständchen, Pizzicati! Vor zehn Jahren haben er und Niccolò sich beim römischen Karneval als Frauen ausstaffiert, beide Gitarre zupfend, eine sehr dicke und eine sehr dünne Frau ... es steckt auch ein großer Komiker in dem bleichen Kerl! Castil-Blaze notiert: «Äußerst schnelle Läufe, Oktaven, Dezimen, doppelte Flageoletts.» Was er nicht notiert, und was allenfalls die Geiger bemerken, ist, dass Paganini dieses Es-Dur-Stück auf einer Violine spielt, die einen Halbton nach oben gestimmt ist. So hat der Solist da brillant klingende leere Saiten, wo seine Streicherkollegen das Es, B, F greifen müssen: *sound enhancement*, wie man so etwas später nennen wird. Wie Paganini ausdruckslos seinen Fingern zusieht, die auf den oberen zwei Zentimetern des Griffbretts tanzen, dicht vor dem Bogen, und dabei noch das Orchester mit dem wackeren Habeneck vor sich hertreibt, das bringt die Leute endgültig zur Raserei. Sie brüllen, dass der Saal wie eine Orgel dröhnt, sie klatschen so ausdauernd, dass der Kritiker an die Hämmer einer Pulvermühle denkt.

Und es folgt ja noch mehr! Eine Sonate für Violine und Orchester, in der Paganini nur auf seiner G-Saite spielt, und Variationen über ein Thema von Paisiello, «Nel cor più non mi sento», da braucht er kein Orchester mehr, er begleitet sich selbst, spielt dreistimmig, lässt die linke Hand einen Triller auf der E-Saite zupfen und zugleich eine Melodie auf der G-Saite greifen, oder er lässt den rechten Arm ganz fallen, sieht einer rasend gezupften Skala der Linken zu, diesmal nicht mit ernster Miene, er grinst dazu, er lacht! Es ist nun, als sei ihm alles zu leicht, er zaubert jetzt wahrhaftig, er führt vor, was man mit diesem bisschen Holz und Darm anstellen kann. Das ist nicht Virtuosentum, sondern klingende Utopie, lachende Zukunft mit-

78

ten in der Gegenwart, und dabei nicht einmal ein Geheimnis: Man kann die Noten erwerben, sie sind abgedruckt in «L'Art de jouer du Violon de N. Paganini», dem frisch übersetzten Traktat des Frankfurter Geigers Karl Guhr. Nur spielen kann das außer Paganini noch kein einziger. 180 Jahre später gehört das Stück zum Standard, und so klingt es auch meistens. Die es längst gut greifen können, begreifen es kaum.

Aurore Dudevant eilt anschließend, schwere Stiefel auf hartem Pflaster, den Hut auf zusammengestecktem Haar, die paar hundert Meter zur Redaktion des *Figaro* im Faubourg Montmartre und vollendet, was keine Musikkritik wird, aber einer der besten Texte über Paganini. «Sein Instrument ist seine Seele, sie lacht, weint, singt, stöhnt, sie verausgabt sich voller Entgegenkommen, sensibel, pathetisch, fantastisch, brennend, leidenschaftlich, bizarr und voller Geschmack ... Nein, es gibt kein Vokabular, um so etwas zu analysieren; ‹herrlich, wunderbar› sagt nichts von dem, was ich Ihnen sagen will. Baillot, de Bériot spielen bewunderungswürdig auf der Geige; dieser hier spielt auf ... finden Sie ein Wort, wenn Sie können. Er hat Klänge erschaffen, ein Instrument; es ist neu, unglaublich, unnachahmlich; er ist es, Paganini, der einen vor Freude springen lässt, der aufwühlt, dem man voll Erstaunen applaudiert, zuerst, danach mit Enthusiasmus, schließlich frenetisch. Paganini! Es brauchte Paganini, um uns für zwei Stunden Polen vergessen zu lassen und die vielleicht furchtbare Zukunft Frankreichs.» Fünf Jahre später, als sie sich in einen polnischen Emigranten verliebt, den zehnten oder zwanzigsten Mann ihres Lebens, ist sie schon berühmt, unter dem Namen George Sand.

Paganini bleibt mehrere Wochen. Er sieht sich gefeiert, auch von den Musikern. Giacomo Meyerbeer gibt ihm zu Ehren ein Diner, an dem die Komponisten Cherubini und Rossini, Auber und Boïeldieu teilnehmen und Louis-François Bertin, der Chef des *Journal des Débats*. Jedes Konzert ist ausverkauft. Porträts des Stars, mehr oder weniger ähnlich, werden gehandelt oder zu Reklamezwecken an Häuserwände geklebt. Die betrachtet er mit nachsichtigem Kopfschütteln, nicht aber, was er im April in einem Schaufenster am Boulevard des Italiens erblickt: «Paganini en prison». Da sitzt einer auf dem Rand eines zerwühlten Betts unterm Kerkerfenster und fiedelt mit dilettantischer Bogenhaltung auf dem, was der Pfuscher dieses Blatts für eine Geige hält. Immer noch die alte Geschichte! Er eilt in sein Hotel, er schreibt höflich, empört, ironisch und ausführlich an die *Revue musicale*, deren Herausgeber und Hauptautor François-Joseph Fétis ihn mehrfach gewürdigt hat. Paganini breitet da selbst noch einmal die Gerüchte aus, nach denen er einst seine Geliebte vergiftet oder seinen Rivalen hinterrücks erstochen haben soll und dafür acht Jahre ins Gefängnis kam, nur von seiner Violine begleitet. «Seit dem Alter von vierzehn Jahren», schreibt er, «habe ich unablässig unter den Augen des Publikums konzertiert ... Das bedeutet, mit sieben Jahren muss ich eine Geliebte und einen Rivalen gehabt haben.»

Der Virtuose weiß nicht, wie unendlich viel besser ihn in diesem Frühjahr Eugène Delacroix trifft. Selbst auf der Geige dilettierend, hat der 32-Jährige in eines der Konzerte einen Skizzenblock mitgenommen, danach in kleinem Format die ganze Erscheinung erfasst, rasch, wie während des Nachklingens mit Ölfarbe auf dreißig mal fünfundvierzig Zentimeter Karton gebannt: kein Dämon, sondern ein zerbrechlicher, einsamer, undurchschaubarer Mensch, von dem aus dem Dunkel seines Anzugs und des Hintergrunds nur ein Stück weißes Hemd und, gelblicher, Gesicht und Hände herausleuchten, dicht die Violine umschwebend, wie körperlos, weit über den glänzenden schwarzen Schuhen. Eine Notiz in Farben ist das, in aller Intensität durchlässig für die Musik.

«Papa! Wer ist die hässliche Frau mit der roten Mütze?» «Nun, so ganz hässlich ist sie nicht, sie sieht aus wie die schönste von den sieben Todsünden.» «Und sie ist so schmutzig.» «Liebes Kind, mit der Reinheit der Lilien hat sie nichts zu schaffen», sagt süßsäuerlich der Vater, offensichtlich ein Anhänger des vertriebenen Charles X. und des bourbonischen Lilienbanners, «es ist die Freiheitsgöttin.» «Papa, sie hat nicht einmal ein Hemd an.» «Eine wahre Freiheitsgöttin hat gewöhnlich kein Hemd und ist daher erbittert auf alle Leute, die weiße Wäsche tragen.» Ganze Familien versammeln sich vor dem Großformat, mit dem Eugène Delacroix in diesem Jahr Furore macht, 2,60 Meter hoch, 3,25 Meter breit; der Maler hat vom Oktober bis Dezember des Jahres 1830 daran gearbeitet und es dann für den Salon eingereicht, die jährliche Novitätenschau im Salon Carrée in der ersten Etage des Musée Royal, im Louvre. Schon bald nach der Eröffnung am 1. Mai 1831 ist seine «Liberté», die barbusige Freiheit auf den Barrikaden der Julirevolution, das Bild, vor dem sich stets eine Menge drängt, bei starker Konkurrenz – immerhin ist auch die schwertschwingende «Judith» von Horace Vernet zu sehen, dem dafür seine schöne Geliebte Olympe Pélissier Modell stand. Und mehr als 40 der gezeigten Gemälde befassen sich mit den «Trois Glorieuses». Ob es den Dialog zwischen Vater und Kind vor dem Bild tatsächlich gab, ist von dem nicht zu erfahren, der ihn wohl weniger notierte als inszenierte und der in diesem Bild alle Hoffnungen umfasst sieht, die ihn nach Paris gebracht haben: Heinrich Heine.

Am 19. Mai ist er hier angekommen, einer von 7000 Deutschen, die nun in Paris leben, politische Flüchtlinge, Handwerker, die ganze Kolonien bilden, Künstler, Revolutionstouristen – und Korrespondenten. Heinrich Heine, 33 Jahre alt, seit seinen «Reisebildern» in Deutschland berühmt und unter scharfer Beobachtung der Obrigkeit, ist einer von gleich acht Korrespondenten, die nun aus Paris für die in Augsburg erscheinende *Allgemeine Zeitung* schreiben – eines der wenigen politischen Blätter in Deutschland, dabei so gemäßigt, dass es die Ansichten von Regierung und Opposition gleichermaßen druckt.

Gleich seinen ersten Text widmet Heine der Gemäldeausstellung im Louvre und vergisst dort, begeistert von Delacroix' Gemälde, «daß ich nur Berichterstatter einer Ausstellung bin». Denn nie zuvor hat ein Künstler so unmittelbar auf die Zeitläufte reagiert, auch Géricault nicht, dessen «Floß der Medusa» drei Jahre nach dem Skandal um die Fregatte entstand und Delacroix' Komposition beeinflusst hat. Der Pulverdampf auf seiner Leinwand hängt auch in Paris noch in der Luft, und es mindert den Realismus nicht, dass die Szene – die Türme von Notre-Dame zeigen es – am linken Seineufer sich ereignet, wo keine Barrikaden gebaut wurden. «Wie treu ist das alles abgebildet!», hört Heine einen Elsässer auf Deutsch zu seinem Nachbarn sagen. «Wie natürlich gemalt ist der Tote, der dort auf der Erde liegt! Man sollte darauf schwören, er lebt!»

Die dabei waren – es ist ja kein Jahr her –, erkennen alles wieder. Den gepanzerten, gefallenen Kürassier, der bäuchlings wie schlafend auf dem Pflaster liegt, den neben ihm tot hingestreckten Söldner der Schweizer in blauem Rock, mit rotem Schmuck am Kragen und zerfetztem weißem Hemd – überall die Farben der Trikolore, bis hin zur Flagge auf dem Kirchturm –, unter den Lebenden den Fabrikarbeiter links, der seine Arbeitsschürze trägt und einem Infanteristen den Säbel entwunden hat, neben ihm den Bürger mit Zylinder und zugleich dem roten Flanellgürtel der Handwerker, ein doppelläufiges Jagdgewehr in der Hand, an dessen Mündung vorbeischauend man weiter hinten einen Studenten der *Polytechnique* am napoleonischen Zweispitz erkennt, Umstehende, Nachdrängende ... Dann die *gamins*, die Gassenjungen, die sich hineinstürzten wie in ein Abenteuer und deren einer nun neben der Freiheit über die Barrikade laut rufend auf uns zugeht, Kavalleriepistolen in den Händen und auf dem Kopf eine schwarze Studentenkappe – als «Gavroche» wird Victor Hugo so einen Jungen zu einer der stärksten Gestalten der Weltliteratur machen.

Und da ist die Freiheit, die Frau, nur halb verhüllt, auf dem Kopf die phrygische Mütze, Symbol der Revolution von 1789, in der erhobenen Rechten die Trikolore und in der Linken ein Bajonett der Infanterie von 1816 – eine Allegorie, die mitkämpft und deren «schöner, ungestümer Leib» Heine an die «Schnell=Liebenden» denken lässt, «die des Abends auf den Boulevards ausschwärmen». Er meint auch in dem einen oder anderen der Männer einen Spießer, einen Schuft zu sehen, «aber das ist es eben, ein großer Gedanke hat diese gemeinen Leute, diese *crapule*, geadelt und geheiligt und die entschlafene Würde in ihrer Seele wieder aufgeweckt». Diese Aktualität nimmt offenbar auch der Julimonarch wahr und unterbindet sie auf seine Weise. Louis Philippe erwirbt, nachdem die Ausstellung im August beendet ist, das Gemälde für 3000 Francs und lässt es im Depot verschwinden. Dort wird es ungesehen sogar dann noch bleiben, wenn die nächste Revolution auch diesen König vertrieben hat. Erst ab 1863 wird es öffentlich dauerhaft zu sehen sein, nach dem Tod des Malers. Und noch die Krisenfotografen des 21. Jahrhunderts scheinen ihre Bilder nach diesem Vorbild zu komponieren.

Die Oper ist dem Realismus dicht auf den Fersen, was die Optik und – weniger offen – auch die Politik betrifft. Begonnen haben der Komponist Giacomo Meyerbeer und Librettist Eugène Scribe mit «Robert le diable» schon vor der Revolution, im Auftrag der Académie Royale. Doch es braucht einen wie Louis-Désiré Véron, um einen *blockbuster* daraus zu machen. Wir trafen ihn schon in der Runde, die 1829 die legendäre *Figaro*-Ausgabe mit Trauerrand entwarf. Als studierter Mediziner hat er ein Vermögen mit einer Hustenmixtur gemacht, als Journalist die *Revue de Paris* gegründet und Balzac als Autor verpflichtet, als Manager die Oper übernommen. Wer ihn nicht kennt, würde den 32-Jährigen kaum für den Direktor des wirkungsmächtigsten Opernhauses seiner Zeit halten. Rotgesichtig, pockennarbig, kaum Nase, kaum Haare, der Hals skrofulös geschwollen und daher stets bis an das Kinn mit einer ungeheuren weißen Krawatte umwunden, der enorme Bauch von einer Weste umspannt, die trotz ihrer Eleganz wirkt, als hätte sich ein Diener als Herr verkleidet – dieser Mann, an Frauen wenig interessiert, ist mit allen Pariser Wassern gewaschen. Seine blinzelnden kleinen Augen schätzen jeden blitzschnell ein. Immer gehen ihm ein paar jüngere oder ältere Dandys zur Hand, die er mit Champagner und hübschen «Figurantinnen» bei Laune hält, wie Heine sie nennt. Wer Véron bedrängt, erlebt die in tausend Soireen geübte Kunst des eleganten Ausweichens. Doch wenn er ein Risiko eingeht, dann richtig.

Eigens für «Robert», für das finale Kathedralenbild, lässt er eine Orgel ins Opernhaus bauen. Für das Herbeigleiten gespenstischer, von den Toten erweckter Nonnen werden Laufbänder konstruiert, für das Mondlicht in dieser Szene werden Gaslampen mit Reflektoren ausgerüstet und in Seide gewickelt. Bühnenbildner Pierre-Luc-Charles Cicéri, ein gelernter Landschaftsmaler, orientiert sich an den beliebten Dioramen des Louis-Jacques Daguerre, um magisch sich wandelnde Tableaus präsentieren zu können, und reichlich Pyrotechnik kommt zum Einsatz. Kostümbildner François-Gabriel Lépaulle entwirft mit historischer Akkuratesse Hunderte von Kostümen für eine Zeitreise in jenes Mittelalter, das die Romane von Walter Scott bis zu Victor Hugos just erschienenem Roman «Notre-Dame» beschwören, in die nicht minder beliebte faustische Zerrissenheit zugleich. Giacomo Meyerbeers Oper «Robert le diable» ist ein fünfaktiges Spektakel mit Spuk, Erotik und Happy End, dessen Titelheld, ein Herzog des 13. Jahrhunderts, in Thronsälen, Felsenschluchten, einer Klosterruine und einer Kathedrale zwischen Hölle und Himmel, Lust und Treue, teuflischem Vater und frommer Mutter schwankt, bis sein böser Versucher in der Versenkung verschwindet. Die Solisten haben sich schon in «Guillaume Tell» bewährt: Tenor Adolphe Nourrit als Titelheld, Nicolas-Prosper Levasseur als bassiger Bösewicht, Laure Cinti-Damoreau als Prinzessin und Julie-Aimée Dorus-Gras als Unschuld vom Lande. Auf Meyerbeers dringenden Wunsch hat die Tänzerin Marie Taglioni eine zentrale Rolle: Als attraktive Oberin, mit unkeuschen Nonnen von den Toten auferstanden, soll sie auf höllisches Geheiß Robert verführen.

Weil mit dieser Produktion die technischen Grenzen des Opernhauses ausgetestet werden, gibt es bei der Uraufführung so viele Pannen wie selten. Bis zum dritten Akt geht alles gut am Abend des 21. November 1831 an der Rue Le Peletier, aber als Alice, die Unschuld vom Lande, in waldiger Felsschlucht vergeblich ihren Verlobten Raimbaud erwartet – «Gibt nur Echo mir Antwort?» –, löst sich im Schnürboden ein Träger mit einem Dutzend gläserner Gasleuchten und kracht zersplitternd auf die Bühne, dicht neben Mlle. Dorus, die ungerührt ein paar Schritte nach hinten tritt und weitersingt. Ehe dann die Schlucht zum Kloster umgebaut wird, senkt sich ein Wolkenvorhang, von zahlreichen Metallfäden gehalten. Er wird wieder nach oben gezogen, als schon Marie Taglioni als marmorne Oberin auf ihrem Grab liegt, bereit, auf Geheiß des höllischen Bertram lebendig zu werden. Viele Fäden sind offenbar schlecht befestigt. Auf Höhe des Bühnenportals löst sich der schwere Vorhang und stürzt herab, die auf der Vorderbühne bereitliegende Tänzerin kehrt mit weitem Sprung vorzeitig ins Leben zurück, um es nicht tatsächlich zu verlieren, woraufhin Opernchef Véron eiligst den großen Vorhang schließen lässt.

Da das sensationelle Ballett frivoler Nonnen folgt, in einem gewaltigen, mit romanischen Bögen den Hof umfassenden Kreuzgang, ist die Panne schnell vergessen. Bis zum fünften Akt. Nach dem finalen Trio des satanischen Bertram, Roberts und Alices soll sich Bertram in die Versenkung stürzen, die zur Hölle führt, sein Sohn Robert dagegen, bekehrt von Gesängen aus der Kathedrale im Hintergrund und den Gebeten der Alice, auf der Erde bleiben, um Prinzessin Isabelle zu heiraten. Da stehen die drei also in ihrem mittelalterlichen Habit, Robert, der rundliche Nourrit, etwas steif in der Mitte, links von ihm Alice, seinen Arm haltend und ihre Rechte gen Himmel hebend, rechts an ihm zerrend Bertram, schon zum glühenden, qualmenden Höllenloch geneigt, in das er dann wie vorgesehen springt. Und Nourrit? «Dieser leidenschaftliche Künstler, wohlgeübt in der Szene, springt gedankenlos dem Gott der Unterwelt gleich hinterher», so überliefert es der Opernchef – wobei andere Quellen wissen, dass durch ein Versehen des Maschinisten das Brett über der höllischen Versenkung unfixiert blieb und der füllige Tenor wider Willen in die Tiefe schoss. Über tobendem Orchester hört man einen Schrei auf der Bühne: «Nourrit ist tot!», dann öffnet sich mit schönem Harfenarpeggio wie geplant der Mittelvorhang zum festlichen Inneren der Kathedrale von Palermo, in der die Prinzessin mitsamt Hofstaat und Geistlichkeit bereit ist für die Vermählung mit Robert. Mlle. Dorus verlässt weinend und schluchzend die Szene, und nun gibt es auf, unter und vor der Bühne drei verschiedene Situationen: oben ratlose Verzweiflung der zahlreichen verbliebenen Akteure, im Publikum die Annahme, Robert habe sich dem Teufel ergeben, unter der Bühne ein unverhofftes Wiedersehen. Zum Glück konnten die Arbeiter die Matratze, auf die Levasseur sprang, gar nicht so schnell entfernen, wie Nourrit hinterherkam. Der landet also weich und wird vom satanischen Bertram, vom Kollegen Levasseur gefragt: «Was zum Teufel machen Sie hier, hat man das Ende geändert?» Nourrit beeilt sich, auf anderem Wege wieder nach oben zu kommen, um le Tout-Paris seines Überlebens zu versichern, auch Mlle. Dorus, die, nun vor Erleichterung weinend, mit ihm auf der Bühne erscheint. Schlusschor, rasender Applaus, Vorhang. Nach der Vorstellung bekommt Nourrit Nasenbluten. Der Naturwissenschaftler Alexander von Humboldt, begeistert, schreibt in derselben Nacht an Meyerbeer: «Den Unfall am Ende bedauere ich nicht. Vielleicht bringt er Glück.»

Bis zum Jahr 1893 gibt es allein in Paris 758 Aufführungen dieser Oper, die dem Haus in den nächsten 22 Jahren zweieinhalb Millionen Francs einbringt. Und schon kurz nach der Uraufführung braucht man Beziehungen, um an Karten zu kommen, wie ein Briefchen von Meyerbeer an Heine im Dezember 1831 verrät: «Werther Herr und Freund! Der Wunsch des großen Dichters meine Oper noch einmaal zu hören war mir zu schmeichelhaft um ihn nicht in Erfüllung zu bringen suchen. Ich habe daher zur heutigen Vorstellung mir eine gute Stalle von meinem Cerberus von Direktor verschafft, und werde die Ehre haben Ihnen dieselbe gegen 2 Uhr zu senden ...» Heine liest die Oper gegen den Strich und sieht in ihrem Erfolg auch politische Gründe. «Der Sohn eines Teufels, der so verrucht war wie Philippe Égalité [Vater des Bürgerkönigs], und einer Fürstin, die so fromm war wie die Tochter Penthièvre's [Mutter des Bürgerkönigs] wird von dem Geiste seines Vaters zum Bösen, zur Revolution, und von dem Geiste seiner Mutter zum Guten, zum alten Regime, hingezogen, (...) er schwebt in der Mitte zwischen den beiden Principien, er ist Justemilieu – vergebens wollen ihn die Wolfsschluchtstimmen der Hölle ins Mouvement ziehen, vergebens verlocken ihn die Geister der Konvention [der Konvent von 1792], die als revolutionäre Nonnen aus dem Grab steigen, vergebens giebt Robespierre, in der Gestalt der Mademoiselle Taglioni, ihm die Accolade [Umarmung]; – er widersteht allen Anfechtungen, allen Verführungen, ihn leitet die Liebe zu einer Princessin beider Sicilien, die sehr fromm ist, und auch er wird fromm, und wir erblicken ihn am Ende im Schoße der Kirche, umsummt von Pfaffen und umnebelt von Weihrauch.»

Im Dezember trifft Felix Mendelssohn in Paris ein und begreift die Begeisterung nicht, auch wenn er die Tänzerin Marie Taglioni heiß verehrt und das Orchester für unübertrefflich hält: «Da macht sie eine gespenstige Nonne, die den dicken Nourrit verführen will. Das Ding ist rührend, denn erstens ist sie viel unschuldiger, als der dicke Kerl samt dem ganzen Publikum, dann läßt er sich endlich bereden sie zu umarmen und zu küssen, wobei Publikum klatscht, dann sind andre Nonnen die ihn auch verführen wollen, die sehen aus wie Möpse und Kater gegen das liebe Kind ...» Der Musik billigt Mendelssohn nur «Effect» zu, «immer wohlberechnet, viel Pikantes ist an den rechten Stellen angebracht, Melodie für das Nachsingen, Harmonie für die Gebildeteren, Instrumentirung für die Deutschen, Contretänze für die Franzosen, etwas für jeden ...»

Hector Berlioz ist dagegen außer sich vor Begeisterung über die Komposition besonders der Nonnenszene. Tatsächlich erlebt man hier ja das Nonplusultra inszenierter Fiktion, und Berlioz hört die Musik als das, was man später *soundtrack* nennen wird. «Die Hörner, Ventiltrompeten, Posaunen, Ophikleide, Pauken und Tamtam ächzen allein einige synkopierte Akkorde im *pianissimo*, nach zwei Pizzicato-Schlägen der Violoncelli und Kontrabässe auf der betonten Zählzeit. Nach jeder dieser schrecklichen Strophen beginnen zwei Fagotte solo einen etwas belebteren Rhythmus zu glucksen, der bereits das Tempo des Tanzes vorausahnen lässt, dem die zur Hälfte schon aufer-

standenen Nonnen sich hingeben werden; aber dies ist so blass,
so düster, so dumpf, die Hand des Todes lastet noch so bleiern
auf diesen elenden Kreaturen, dass man den stumpfen Ton, das
Knirschen der Gelenke der galvanisierten Leichname zu hören
und die grässlichen Bewegungen, die sich ihnen entwinden, zu
sehen glaubt. Entsetzlich! Entsetzlich! Grauenvoll grotesk!»

*

Am 6. Februar 1832 stirbt ein Pförtner, ein Concierge, in der
Rue des Lombards, einem Sträßchen nahe der Seine, unfern
dem Hôtel de Ville. Der hinzugerufene Arzt, ein Doktor Lebre-
ton, erkennt die Symptome der Cholera – der Mann war nach
heftigem Durchfall völlig ausgetrocknet und am Ende desorien-
tiert, Schmerzen hatte er nicht –, meldet den Fall aber erst zwei
Wochen später der medizinischen Akademie. Aufmerksamkeit
ist angebracht. Seit vor einem Jahr die Seuche, von Indien her
über Moskau und die baltischen Häfen kommend, das benach-
barte Deutschland erreicht hat, werden besonders Hanf- und
Leinenlieferungen für die nordfranzösische Textilindustrie genauestens untersucht und in Lagerräumen durchgelüftet. Man
weiß nicht, wodurch die Krankheit hervorgerufen und wie sie
übertragen wird: durch «Miasmen», üble Lüfte? Durch Berührung? Das Bakterium *Vibrio cholerae* ist den Ärzten so unbekannt
wie seine Vorliebe für fäkal verunreinigtes Wasser, für Körper,
die durch Armut, schlechte Ernährung, Strapazen geschwächt
sind. Wenn aber an einem Tag neun Menschen mit den Symp-
tomen der Cholera ins Spital gebracht werden müssen und am
Abend nur noch fünf von ihnen leben, ist das nicht mehr zu
verheimlichen. «Heute ist officiel der Ausbruch der Cholera an-
gezeigt», notiert Giacomo Meyerbeer am Mittwoch, 28. März, in
seinen Taschenkalender, nebst einer Verabredung mit dem just
aus London zurückgekehrten Paganini. Das *Journal des Débats*

meldet am nächsten Tag auf der Titelseite, das Gerücht vom Eintreffen der Cholera habe sich bewahrheitet, und zählt die neun betroffenen Personen zur «classe du peuple». Es seien Schuhmacher und Arbeiter der Wollmanufaktur, alle aus den engen, schmutzigen Straßen der Cité rund um Notre-Dame. Fünf weitere Fälle würden von der *commission sanitaire* geprüft. Indessen halte man die Krankheit nicht für ansteckend. In derselben Ausgabe ist aufwendig der druckfrische Klavierauszug des «Robert» annonciert.

Warmer Frühling nach mildem Winter, die Bäume schlagen aus. Es ist der Tag von Mi-carême, der Hälfte der Fastenzeit, an dem sich die Pariser auch diesmal unverdrossen ins Karnevalsvergnügen stürzen. Heinrich Heine ist mittendrin und erblickt sogar Masken, «die in karikierter Mißfarbigkeit und Ungestalt die Furcht vor der Cholera und die Krankheit selbst verspotten (...) Man schluckte dabei allerlei Eis und sonstiges kaltes Getrinke – als plötzlich der lustigste der Arlequine eine allzu große Kühle in den Beinen verspürte, und die Maske abnahm, und zu aller Welt Verwunderung ein veilchenblaues Gesicht zum Vorscheine kam. Man merkte, daß Solches kein Spaß sei, und das Gelächter verstummte, und mehrere Wagen voll Menschen fuhr man von der Redoute gleich nach dem Hotel=Dieu, dem Centralhospitale, wo sie, in ihren abenteuerlichen Maskenkleidern anlangend, gleich verschieden.» Tatsächlich gibt es Formen der Cholera, in denen rasanter Flüssigkeitverlust – bis zu 20 Liter am Tag – zu Thrombosen führt und der Tod schon wenige Stunden nach Einsetzen der Symptome eintritt. Aus Angst vor Ansteckung werden die Toten dieses Karnevals sofort beerdigt, im Kostüm, schreibt Heine, «und lustig, wie sie gelebt haben, liegen sie auch lustig im Grabe».

Die Sanitätskommission ordnet schleunigst die Reinigung der Gassen an – es ist noch immer üblich, den Müll aus dem

Fenster auf die Straßen zu kippen – und trifft auf erbitterten Widerstand der Chiffoniers, einem nach Tausenden zählenden Mob von Lumpensammlern und Kehrichtauswertern, die Wagen des Reinigungsunternehmens in die Seine stürzen, dessen Arbeiter angreifen und an der Porte St. Denis eine Barrikade errichten; sie wird von Linientruppen aufgelöst. Am 2. April sind nach offizieller Zählung 167 Menschen gestorben. Felix Mendelssohn rät seinem Bruder Paul, die Reise nach Paris zu verschieben und «den ersten Schrecken vorbei sein zu lassen, der dann doch hier größer und allgemeiner ist, als ich gedacht hatte». Heine schreibt am selben Tag nach Stuttgart: «Fast alle meine Bekannte aus Deutschl u England sind abgereist. Ich würde auch fortgehen, wenn nicht bey der, durch die Cholera eingetretenen Vol[k]sstimmung, die wichtigsten Dinge vorfallen könnten. Macht die Cholera Ravagen, so kann es hier sehr toll hergehen. Der Mißmuth der armen Classe ist grenzenlos.» Denn zunächst trifft es vor allem die armen und schmutzigen Viertel, die heute zu den teuersten zählen – nahe der Seine.

Als Heine sich am 3. April auf die Straße wagt – 500 Menschen sind inzwischen nach offizieller Zählung gestorben –, stößt er nördlich wie südlich der Seine auf rasende Pulks, die Jagd auf «Empoisoneurs» machen, auf mutmaßliche Vergifter. Besonders vor und in den rotangestrichenen Weinläden forscht man nach Verdächtigen, die vorhaben könnten, tödliches Pulver in die Becher zu kippen, und wehe dem, bei dem man dann ein Flacon mit Kampfer oder Chlorure findet, Mittel, die viele gegen die Cholera erwerben. «Auf der Straße Vaugirard, wo man zwei Menschen, die ein weißes Pulver bei sich gehabt, ermordete, sah ich einen dieser Unglücklichen, als er noch etwas röchelte, und eben die alten Weiber ihre Holzschuhe von den Füßen zogen und ihn damit so lange auf den Kopf schlugen, bis er todt war. Er war ganz nackt und blutrünstig zerschlagen und zerquetscht; nicht bloß die Kleider, sondern auch die Haare, die Scham, die Lippen und die Nase waren ihm abgerissen, und ein wüster Mensch band dem Leichname einen Strick um die Füße, und schleifte ihn damit durch die Straße, während er beständig schrie: *Voilà le Choléra-morbus!* Ein wunderschönes, wuthblasses Weibsbild mit entblößten Brüsten und blutbedeckten Händen stand dabei und und gab dem Leichname, als er ihr nahe kam, noch einen Tritt mit dem Fuße. Sie lachte und bat mich, ihrem zärtlichen Handwerke einige Francs zu zollen, damit sie sich dafür ein schwarzes Trauerkleid kaufe, denn ihre Mutter sei vor einigen Stunden gestorben, an Gift.» Diese Erscheinung wirkt wie das barbarische Double jener «Freiheit», die Delacroix über die Barrikaden schreiten ließ. Die Ohnmacht der Armen, die drei Fünftel der jetzt knapp 790 000 Bewohner von Paris ausmachen, schlägt um in maßlose Brutalität – gegen ihresgleichen, Arme. Eines der Opfer wird anderntags im *Journal des Débats* identifiziert: ein «pauvre commis», ein junger Ladengehilfe, Vater von zwei Kindern, der sich in der Rue St. Denis, im Herzen der Stadt, vor einem Weinlokal verabredet hatte und wartete.

Die Raserei ist von archaischer Wucht, aber sie erlahmt rasch und fordert weniger Opfer als die Pariser Mediziner, die sich so viel auf ihre führende Rolle in der Welt zugutehalten. Sie bewegen sich gegenüber der Seuche auf dem Niveau des 17. Jahrhunderts. Man glaubt, wärmendes Flanell schütze vor Erkrankung, und alle Welt umwickelt sich mit diesem Stoff, auch Heine und Mendelssohn. Ein Arzt empfiehlt die Einnahme von besonders süßem Punsch, und der hochangesehene Chevalier Broussais, in dessen Haus vor zehn Jahren Berlioz gewohnt hat, verordnet Aderlässe, die zur Stärkung der Patienten kaum beitragen. Nadar, später als Fotograf berühmt, anno 1832 ein Zwölfjähriger, erinnert sich noch am Ende des Jahrhunderts daran: «Broussais lässt zur Ader. Seine ganze medizinische Schule lässt noch und noch zur Ader und treibt die anämische Generation, die hier entsteht, in die Neurose.» Am 5. April hat sich die Zahl der Todesopfer auf 912 erhöht. Die Ärzte sind sich uneins, ob die Krankheit durch Berührung übertragen werden kann oder nicht. Die Bürger vermuten ersteres, und die Straßen leeren sich, mit Verzögerung auch die Theater. Immerhin setzt der unerschrockene Opernchef Véron noch eine Extravorstellung von «Robert le diable» für den 7. April an und kann vorweg Billetts für 6000 Francs verkaufen. Doch am Tag der Vorstellung drängen sich vormittags die Leute in der Rue Le Peletier, Taschentücher vor den Mund haltend, und wollen ihr Geld zurück. Keiner wagt sich mehr in die Oper, auch Baron de Rothschild kündigt bis auf weiteres seine Loge auf. Mit insgesamt 350 000 Francs aus den Rücklagen, rechnet Véron später aus, muss er in den sechs Monaten der Cholera die Verluste ausgleichen und Aushilfen für erkrankte oder verstorbene Mitarbeiter bezahlen. Im schlimmsten Monat, dem April, während der Flieder blüht, sterben in der Hauptstadt fast 13 000 Menschen an der Seuche.

Am Montag, 9. April, verlieren in Paris 814 Menschen ihr Leben an das «Gespenst», wie Felix Mendelssohn die Seuche nennt. «Da ist nun an keine Musik, an kein Zusammenleben mehr zu denken», schreibt er an diesem Tag der besorgten Familie nach Berlin, betont aber den Eindruck, die Angst überwiege die Gefahr «bei den vielen Zeitungsschrecknissen und Übertreibungen». Sein Postskriptum zeigt, dass sich noch ein paar Leute auf die Straße wagen: «Eben kommt Herr Chopin und Herr Liszt. Lassen sehr grüßen ungekannterweise.»

Chopin, nehmen wir an, hat an diesem Montag Liszt abgeholt. Die beiden logieren wie Mendelssohn im Viertel rund um die Opéra, der polnische Musiker am Boulevard de la Poissonnière, fünfter Stock, Balkon mit Südblick, der ungarische Pianist in der Rue de Provence, von wo es nur acht Minuten zu Fuß bis zur Rue Louis le Grand sind. Dort befindet sich die luxuriöse Wohnung des Auguste Léo, dem Pariser Vertreter des Bankhauses Mendelssohn & Co. Chopin erschrickt, als er Liszt im grauen Gehrock aus seinem Haus treten sieht, noch blasser als gewöhnlich, fast geisterhaft in seiner hohen, schmalen Gestalt, fragil auf Chopin herablächelnd, den weitaus Kleineren. «Ich werde ausziehen müssen, ehe sie mich hinauswerfen», meint er dann, mit beruhigend fester Stimme, leicht amüsiert, «letzte Nacht habe ich sie in den Wahnsinn getrieben. Dies irae!»

Seit der Uraufführung der «Symphonie fantastique» fasziniert ihn der Hymnus des Jüngsten Tages, jetzt erst recht. Ein Fiaker, aus dem quergelegt ein Sarg herausragt, klappert vorbei. «Sie haben nicht mehr genug Leichenwagen», meint Liszt, der mit Chopin französisch spricht. Er hat die ganze Nacht Variationen über den Hymnus improvisiert, bis ins Morgengrauen. Der Tod verfolgt ihn, und er spielt ihm entgegen. Ein ganzes langes Leben wird er das tun, über den «Totentanz» bis zur «Lugubre Gondola», und gerade der «Totentanz», an dem er später ganze neunzehn Jahre lang feilt, führt tief hinein und zurück in diese Pariser Nacht, in der Liszt ein ganzes Haus wachhält, mit Kaskaden und Kanons, mit der Auflösung des Hymnus in rasende Repetitionen und galoppierende Rhythmen bis dahin, wo ein grausig übermütiger blaugesichtiger Karnevalstänzer aus den klirrenden Saiten steigt. Ein Orchester ersetzt der Pianist durch sich selbst. Seine Hände können nie genug bekommen, seine Finger wissen seine Gedanken, ehe er sie denkt, oder er denkt gleich mit ihnen, sie sind Geist, Verzweiflung, Schlaflosigkeit und Zukunft.

Beim nächtlichen Phantasieren schien ihm einmal, der vertraute Flügel, sein Instrument und Schlachtross in einem, werde zum Sarg, da musste er erst recht weiterspielen, mit seinen rasenden Händen den Sargdeckel aufstemmen, bis er den Érard

wieder verwandelt hatte, bis er wieder Leben sah. Es gibt kaum
noch Särge. «Corbillard, içi!», hören sie in der Rue Taitbout rufen, «Leichenwagen, hier!», und wechseln die Straßenseite, als
aus einem Fenster im vierten Stock ein weißer Sack herabge-
lassen wird, ein Toter darin, an Stricken schaukelnd, während
unten ein Möbelwagen wartet, der solche Säcke sammelt und
mit großem Lärm durch die leere Straße gerasselt ist. Chopin
tritt kalter Schweiß auf die Stirn, in der Frühlingswärme, er
zieht das Flanelltuch fester um sich.

Wie fern ist jetzt der Sonntag vor sieben Wochen, als er in
der Salle Pleyel spielte, sein erster öffentlicher Auftritt in dieser
Stadt, die eine Hochburg, aber auch ein wahres Wespennest der
Pianisten ist, wobei er sich notgedrungen der eitelsten Wespe
andiente, Friedrich Kalkbrenner, der als Teilhaber der Firma
Pleyel prompt eine Grande Polonaise für sechs Pianisten auf
Chopins Programm setzte, komponiert und gespielt von Kalkbrenner selbst, neben ihm der Novize aus Polen und vier weitere Solisten, während zu den vielen Pianisten im Publikum –
sich überschneidend mit der noch größeren Zahl polnischer
Emigranten – auch Liszt, Mendelssohn und Ferdinand Hiller
zählten. Und Clara Wieck, eine erst zwölf Jahre alte Pianistin
aus Leipzig, die von ihrem Vater und Lehrmeister nach Paris
gebracht worden ist, einem steifen, strengen Mann, der kaum
Französisch spricht, sich modisch mit gelben Handschuhen
ausgestattet hat und, immer den Hut in der Hand, mit seiner
kleinen Klavierspielerin durch die nächtlichen Pariser Salons
zieht. Ihm gefällt hier gar nichts, auch das Konzert bei Pleyel
nicht, sie aber vergisst nie, wie Mendelssohn, Hiller und Chopin
im Künstlerzimmer Bockspringen üben ... Mendelssohn nennt
den Polen inzwischen zärtlich «Sciopino», und am Ende jenes
Konzerts, nach den Variationen über «Don Giovanni», hat er
frenetisch applaudiert, Liszt ebenso. Seitdem beginnen die drei

Ungleichen einander zu entdecken. Auch wenn sie keine Wunderkinder mehr sind mit 20, 21, 22 Jahren, fühlen sie sich meist doch mehr bestaunt als verstanden. Nun sind sie nicht mehr einsam in ihren Begabungen.

Liszt verlangsamt gelegentlich den Schritt, denn sein polnischer Freund ist nicht nur klein, sondern auch etwas kurzatmig. Mehr als sonst? Und ist nicht Mendelssohn, zu dem eine Hausangestellte der Léos die beiden Musiker durch fein dekorierte Korridore führt, für seine Verhältnisse ungewöhnlich blass? Er ist gerade vom Schreibtisch aufgestanden, «nur ein dummer Brief, um meine Familie über die vielen Zeitungsschrecknisse zu beruhigen ...» Er trägt die Haare immer noch kurz; er hat sie sich tatsächlich selbst gestutzt, seit man ihn mit Meyerbeer verwechselte. Es gehe ihm gut, behauptet er, während ihm heute doch das Funkeln fehlt, das Springlebendige. Er will noch nicht glauben, was er weiß: Das «Gespenst» ist jetzt auch seine Krankheit – wenn es nicht doch eine ganz gewöhnliche Diarrhö ist! Er wird umziehen müssen, hier im Hause haben sie panische Angst und reden von nichts anderem. Er wird die Abreise nach London verschieben müssen, er hätte wie Hiller schon vorigen Donnerstag abreisen sollen.

«Darf ich ...?», fragt Liszt, sich zum Flügel wendend. Mendelssohn nickt. Er hat nicht vergessen, wie er vor ein paar Wochen mit Liszt die Verkaufsräume der Firma Érard besuchte, deren Flügel er bevorzugt, und das Manuskript seines neuen Klavierkonzerts mitnahm, g-Moll, nicht in Reinschrift. Wie der andere einen Blick darauf warf, «darf ich's versuchen?», seine kleine Brille aufsetzte, und es dann vom Blatt spielte, und zwar nicht ungefähr, sondern technisch vollendet und so durchdringend gestaltet, wie es sich Mendelssohn selbst nicht besser denken konnte. «Ein Wunder!», hat er gerufen und seitdem den Jüngeren, dessen Dämonie er misstraut, anders gesehen. Aber jetzt ist er ihm doch zu gespenstisch, wie er das «Dies irae» anschlägt, um an seine nächtliche Improvisation anzuknüpfen. «Sciopino», der Sensible, sieht, dass dem Gastgeber das Thema zu nahe geht, dass Felix sich am Tisch festhält, an dem er eben schrieb. Vorsichtig berührt er Liszt an der Schulter, der schnell versteht, oder vielleicht auch nicht, denn nun wechselt er zur «Marche funèbre» aus Beethovens As-Dur-Sonate, bricht aber auch gleich ab und sagt: «Hugo liebt das.» Wann immer er zu Gast sei bei Victor Hugo, in der einsamen Straße hinter den Champs-Élysées, müsse er das spielen. Dessen Sohn Charles, fünf Jahre alt, sei von der Seuche befallen worden. «Und Sie spielen ihm jetzt schon den Trauermarsch?», fragt Mendelssohn leise.

Wer es sich leisten kann, verlässt die Stadt. Täglich werden von Privatleuten dreihundert Postpferde geordert, 130 000 Pässe werden bis Mitte April ausgestellt, am 13. des Monats reisen Clara und Friedrich Wieck ab. So entleert die Straßen sind, solches Gedränge herrscht auf den Brücken über die Seine. Hier drängen sich die Leichentransporte. Aurore Dudevant kann sie vom Balkon aus sehen. Vor gut einer Woche erst ist sie von Nohant zurückgekehrt, dem Landsitz ihres Vaters, wo sie in zweieinhalb Monaten ihren ersten eigenen Roman geschrieben hat, «Indiana». Mit der dreijährigen Solange hat sie eine Mansarde am Quai St. Michel bezogen, drei Zimmer, fünf Treppen hoch, günstig: nur 300 Francs Miete im Jahr. Das Haus Nr. 25 steht da, wo die Rue St. Jacques endet und die Brücke zur Île de la Cité ansetzt, in der dreckigsten Gegend der Stadt, mit Blick auf die verfallenden Türme von Notre-Dame und auf das größte Krankenhaus, das Hôtel Dieu. Und mit Blick auf die manchmal schier ununterbrochene Reihe umfunktionierter Möbelwagen, auf denen die Leichen wie Ballen geschichtet liegen. Sie sieht Fuhrleute, die fluchend ihre Pferde peitschen, um sie voranzutreiben, Passanten, die entsetzt die Richtung wechseln, wütende

Arbeiter, die noch vom Vergiftungskomplott überzeugt sind, die Fäuste recken und schreien, aber auch niedergeschlagene, vollkommen gleichgültige, stupide Mienen. Sie sieht unter den wenigen Kutschen dazwischen, in denen sich Lebende fahren lassen, vielleicht auch die eines Mannes, eines ihr noch unbekannten Kollegen, der bis vor kurzem in ihrer Nähe wohnte, in der Rue Vaugirard 54. Es kann ein anderer Tag gewesen sein, ebenso gut aber dieser 9. April 1832, dieser grauenvolle Montag, an dem das *Journal des Débats* die Erkrankung des Parlamentspräsidenten Casimir Périer meldet, an dem Mendelssohn Besuch bekommt und nicht weiß, ob es ein letzter Besuch ist – und an dem der Journalist Heinrich Heine einen guten Bekannten, vielleicht in seinem alten Viertel, besuchen will und gerade rechtzeitig kommt, um mitzuerleben, wie der Sarg dieses Mannes aus dem Haus getragen wird.

Heine ist in der Stadt geblieben, um «auf dem Schlachtfelde selbst» zu schreiben, denn das Thema «ist von der Art, daß überhaupt jedes Weiterschreiben davon abhängt». Er will wissen, wohin sie den Toten bringen, er will ihm das Geleit geben, er bezahlt einen Kutscher, mit ihm dem Leichenwagen zu folgen, womöglich über die Brücke unter Aurores Balkon, über die Île de la Cité, die nächste Brücke, durch die Stadt nach Osten, über den Boulevard St. Antoine hinweg, vorbei am Schlachthof von Ménilmontant, durch die Barrière des Amandiers, ein Tor der Seufzer und der Toten, benannt nach den Mandelbäumen an einem kurvenreichen Weg des vergangenen, des 18. Jahrhunderts, aus dem die triste gerade Straße zur Stadtmauer wurde. Der Kutscher biegt nach rechts ab vor dem Tor, hält an. Heine, schon halb ins Schlummern geraten an diesem Nachmittag, schreckt hoch. Und um sich sieht er «nichts als Himmel und Särge. Ich war unter einige hundert Leichenwagen gerathen, die vor dem engen Kirchhofsthore gleichsam Queue machten, und in dieser schwarzen Umgebung, unfähig mich herauszuziehen, musste ich einige Stunden ausdauern.» Die Leichenkutscher verlieren indessen die Geduld, sie suchen in diesem Stau einander zu überholen, um auf die Cimetière du Père La Chaise zu gelangen. Gendarmen greifen ein, Wagen stürzen um, Särge brechen auseinander, Heine glaubt, eine «Todtenemeute» zu sehen, einen Aufstand der Toten. Er ist ausgestiegen, er steigt an neu ausgehobenen Kalkgräbern vorbei zum höchsten Punkt des Friedhofs, von dem aus man auf die Stadt blicken kann. Bei Sonnenuntergang ist er dort. Auch Balzac kennt ihn gut, den Anblick zu solcher Stunde, «Paris, kurvenreich hingelagert entlang der beiden Ufer der Seine, wo die Lichter zu funkeln beginnen». Doch sein Eugène de Rastignac wirft einen herausfordernden Blick auf die Stadt, berühmt ist sein finaler Satz: «Und nun zu uns beiden!» Heinrich Heine sieht Nebel der Dämmerung «wie weiße Laken» um seine geliebte Stadt und weint.

Ich finde es nicht so einfach, den höchsten Punkt des Friedhofs zu finden, noch weniger den Blick auf die Stadt. Ich bin weder mit einem Leichenwagen noch einem Fiaker gekommen, auch nicht mit dem Bus, der durch die Rue de la Roquette fährt, die es noch gibt, anders als die Mandelbaumstraße, sondern in wenigen Minuten vom Gare de l'Est mit der Metro 5 und 3 gekommen, im Rasseln der Züge dicht umgeben von stillen, auf ihre Smartphones blickenden Menschen, die WhatsApp-Dialoge tippen oder Nachrichten lesen, über ihren neuen Präsidenten Emmanuel Macron, gegen dessen wirtschaftsfreundliche Arbeitsmarktreformen es Proteste gibt, über das Unabhängigkeitsreferendum der Katalanen in drei Tagen, über einen Aufruf der EU-Kommission an die Internetgiganten, menschenverachtende Inhalte zu verbannen. Von der Station «Père Lachaise», wie der mittlerweile berühmteste Friedhof der Welt jetzt geschrieben wird, bin ich den Boulevard de Ménilmontant an der hohen, aber nicht zu hohen Friedhofsmauer, über die Bäume weit hinauswachsen, entlanggegangen bis zu einem Café, an einem Septembervormittag so sonnig, wie es auch Heines Aprilnachmittag war, und habe von dort auf all die Geschäfte westlich der breiten Fahrbahn mit ihrem Grünstreifen geblickt: Funaires, Marbreries, Pompes Funèbres, Bestatter, Steinmetze, Dienstleister der letzten Ruhe, zwischen ihnen das Café-Bar-Resto «Le Purgatoire».

Der Stadtrand befindet sich zehn, zwölf Kilometer östlich davon, wenn man die anliegenden verstädterten Départements mitrechnet. Mit dieser *petite couronne* hat Paris heute 7,7 Millionen Einwohner und eine Fläche von 762 Quadratkilometern. Der Friedhof liegt mitten in der Stadt. Aber wenn man sein großes Tor durchschritten hat, geschieht noch immer, was Flaubert darüber in der «Éducation» schreibt: «Augenblicklich schweigt die ganze Welt.» Sie schweigt selbst im neoklassizistischen Verwaltungshaus, wo zwei junge Frauen in schwarzer Alltagskleidung still an Computern sitzen und auf Nachfrage Besuchern den Friedhofsplan als Schwarzweißkopie aushändigen, wortlos und «gratuitement», wie darauf steht. Das ist etwas Besonderes in einer Zeit, in der es fast nichts umsonst gibt und selbst die Zukunft schon aufgeteilt wird. Mitten in der am dichtesten besiedelten Metropole Europas herrscht eine Ruhe wie auf einem Landsitz, auch weil noch kaum Blätter von den Bäumen gefallen sind.

Es ist sogar noch leiser als vor 185 Jahren, denn keine Pferdehufe, keine beschlagenen Räder klappern über die gepflasterten Hauptstraßen dieser Totenstadt. Eine schwarze Limousine steht auf der Avenue Casimir Périer und schnurrt leiser als eine Katze. Casimir Périer! Sein Tod war eine Sensation. Er lebte noch, als Heine hier nach dem höchsten Punkt suchte, nach einer Zuflucht vor dem Grauen des Leichengedränges. Périer, Bankier, umstrittener Parlamentspräsident und Innen-

minister der Julimonarchie, starb im Mai 1832 an der Cholera.
Ein gewaltiges Denkmal ist ihm gewidmet, eine Bronzefigur
mit imperatorischem Faltenwurf auf haushohem Sockel, von
spitzenbewehrtem Gitter kreisrund eingefasst, als müsse der
Politiker dauerhaft vor der Rache der Seidenweber von Lyon
geschützt werden, deren Aufstand 1831 er brutal niederschlagen
ließ. Andere, weniger prominente Choleraopfer ahnt man hinter den Sterbedaten auf manchen Familientafeln. «Décédée le
XIII AVRIL MDCCCXXXII» heißt es etwa von Marie-Marguerite,
der Frau des Graveurs Tiolier. Säulenstümpfe, Tempel, Obelisken, etruskische Gehäuse mit bronzenen Pforten, die Flaubert
sah wie vor ihm Balzac und Heine und Paganini, der gern Friedhöfe besuchte, sie sind noch da und noch mehr, nur weiter
verwittert, teils schräg verrutscht, teils geborsten. Von einem
steinernen, wannenförmigen Sarkophag auf sonniger Anhöhe
ist ein Ende abgebrochen, man blickt hinein ins leere Dunkle,
während der Tote noch immer in der Erde darunter liegt.

Auch von dieser Anhöhe aus ist Paris nicht zu sehen. Die
Bäume sind reichlich gewachsen seit Heines Besuch, und zwischen ihnen viele weitere Mausoleen. Dafür aber nehme ich
das sanfte, große Rauschen wahr, das Meeresrauschen der riesigen Stadt rund um diese grüne Inselfestung der Toten, darüber
in Abständen das Dröhnen und Pfeifen einzelner Jets. Zugleich
bleibt das außerhalb der Stille, in der vereinzelt Krähenrufe und
fallende Kastanien zu hören sind und leise Gespräche von Besuchern. Franzosen, Engländer, Deutsche, Japaner sind vor allem
unterwegs, meist Paare, junge wie alte. Nicht viele, aber doch genug, um mich von einer knabenhaften Anwandlung abzuhalten.
Da gibt es diesen zwei Meter hohen Sockel einer Herzogsfamilie,
mit Treppe und einem rostigen, spitzigen Gitter, die Pforte am
Fuße der Treppe ist mit einer Kette verschlossen, doch hinten
auf dem Sockel hat das Gitter Lücken. Man könnte zwischen

diesem Sockel und dem nächsten – er trägt den phallischen Zwanzig-Meter-Turm eines napoleonischen Generalkonsuls –, die Mauerfugen nutzend, sich hochstemmen und ... Was, frage ich mich, würde ich als Flaneur von einem Mittfünfziger im Jackett denken, der hier Kletterübungen macht? Sicher nicht, dass er sich eine Aussicht auf Paris erhofft, um sie mit der von 1832 zu vergleichen. Balzacs Grab ist nah, mit Büste und Buch. An die bronzene Schreibfeder, die den Sockel ziert, hat jemand eine weißviolette Rose gesteckt, und ein paar Schritte weiter abwärts ist zwischen Bäumen mit errötenden Blattspitzen der Eiffelturm zu sehen, fern und klar, wie eine Skizze für die Zukunft, die ihn nie einzuholen scheint. Sehr viele frische Blumen und Banderolen in polnischem Rotweiß bei Chopin, der sein Herz nach Warschau schicken ließ. Er hat doch noch so viel zu komponieren! Ich will ihn lieber am Klavier hören, lebend. Die junge Frau im kurzen karierten Rock, die Frédéric besucht, ist schöner als jede Grabstätte. Die Präsenz des Todes über siebzigtausend Gräbern ist immer stärker zu spüren. Hinaus!

Liszt übt wieder. Er, der alles zu können glaubte, hat seinen Meister gefunden – einen Geiger. Paganini ist kurz vor dem offiziellen Ausbruch der Cholera aus England wiedergekommen, ahnungslos, aber unerschütterlich, und Opernchef Véron, dem das Publikum wegbleibt, stellt die Académie Royale gern zur Verfügung: Achtmal tritt der Genueser hier auf, vor vollem Haus. Liszt war auf Reisen, als ein Jahr zuvor Paganini in Paris debütierte, aber spätestens Mitte April 1832 hört er ihn hier, und was er erlebt, inmitten von Angst und Tod, katapultiert ihn zu einem entscheidenden Durchbruch. «Welch ein Mensch, was für eine Violine, welch ein Künstler!», schreibt er am 2. Mai seinem Schüler Pierre Wolff. «Gott, was für Leiden, Elend, Qualen in diesen vier Saiten!» Seit fünfzehn Tagen, bekennt Liszt, «arbeiten mein Geist und meine Finger wie die Verdammten.

Homer, die Bibel, Platon, Locke, Byron, Hugo, Lamartine, Chateaubriand, Beethoven, Bach, Hummel, Mozart, Weber sind alle um mich herum. Ich studiere, bedenke, verzehre sie mit Furor, außerdem übe ich vier bis fünf Stunden (Terzen, Sexten, Oktaven, Tremolos, Repetitionen, Kadenzen etc.) Ah! Vorausgesetzt, ich werde nicht wahnsinnig, wirst du einen Künstler in mir finden!» Er will am Klavier und für das Klavier, am technisch inzwischen weit verbesserten Flügel von Érard, das Niveau Niccolò Paganinis erreichen. Um sich mit seinen Exerzitien, dem unabdingbaren physischen Training der Finger nicht zu langweilen, liest er dabei Literatur von Byron bis zur Bibel – und empfiehlt diese Methode sogar seinen Schülern. Der Franz Liszt, der Musikgeschichte macht, kommt erst jetzt zum Vorschein; das Erlebnis schärft auch sein Profil als Komponist. Unmittelbare Folge ist die «Grande fantaisie de bravure sur La clochette de Paganini», bis in unsere Tage von vielen Pianisten scheu vermieden wegen ihrer ungeheuren technischen Ansprüche, inspiriert von einer italienischen *campenella* und dem, was Paganini im h-Moll-Violinkonzert aus ihr macht. Wie, das hat Liszt ihm abgelauscht und sich notiert. Hier beginnt auch der Weg zum orchestralen Flügel, wovon im Jahr darauf Hector Berlioz profitiert: Sein Bewunderer fertigt eine Version der «Symphonie fantastique» an, die kein «Klavierauszug» mehr ist, sondern eine autarke Übersetzung, und die, auf Kosten von Liszt gedruckt, dem Wagnis seinen Weg durch Europa bahnt.

*

Am 29. Februar 1836, nachmittags kurz vor fünf, sieht man vor dem Künstlereingang der Opéra eine kuriose Versammlung. Überwiegend Männer, zwei Dutzend Frauen, um die hundert, alle leidlich herausgeputzt, nicht aus den besten Kreisen. Sie scharen sich um einen hünenhaften Mann in auffallend bunter, etwas zu kurzer Weste, dessen olivfarbenes Gesicht von einem gewaltigen Backenbart gerahmt ist. «Première Décurie!», ruft er. Zwanzig heben die Hände, er zählt durch und nickt zufrieden. «Seconde Décurie!» Da fehlt einer, der bunte Riese blickt streng und brüllt noch mal. Gut, alle da. Und so geht es weiter, bis er alle fünf Abteilungen beisammen hat. Dann erst verteilt er die Billetts für das Parkett an seine «einfachen Soldaten», wie er sie nennt. Die «lieutenants», jeder ein Kommandant über zwanzig, haben ihre Kontingente schon Tage zuvor erhalten, ein paar Billetts für jeden, zum Weiterverkaufen, so wie der Feldherr selbst mit dem Löwenanteil jener Karten Handel treibt, die ihm die Operndirektion überlassen hat. Nun sind seine «Römer» sortiert, instruiert hat er die Leutnants schon vorher in einem nahen Weinlokal. Sie wissen genau, worauf es ankommt, etwa das Duett im vierten Akt. «Danach brauchen wir drei Salven», hat er ihnen gesagt, «mindestens, denn danach geht's ins Finale. Ihr legt los, wenn der Mann aus dem Fenster gesprungen ist. Eine Sekunde warten, dann mit Gebrüll! Vorher gibt es ein ergreifendes Duett, vielleicht ein bisschen lang. Ein Mann, eine Frau. Sie lieben einander. Sie ist katholisch, er Hugenotte, aber das wisst ihr ja schon. In einem Versteck in ihrem Haus hört er mit an, dass am selben Abend alle Hugenotten von Paris massakriert werden sollen. Natürlich will er los, um sie zu warnen, aber die verliebte Gans fleht ihn an, bei ihr zu bleiben. Wir können da auch ein paar Schluchzer gebrauchen. Aber nicht übertreiben! Sagt das euren *pleureuses*. Verstanden?»

Das ist Auguste Levasseur, der *chef de claque*, der Cäsar der Claqueure, der «Römer», wie er seine kleine Armee nennt. Auguste arbeitet schon lange in Paris, aber erst Intendant Véron hat ihn zur Institution gemacht. In diesem Haus überlässt man nichts dem Zufall. Da haben sich zwei gefunden, der geriebene, untersetzte Geschäftsmann und der Hüne mit dem unpariserischen

Akzent, beide musikalisch ungebildet, aber mit einem Riecher fürs Theater, für die Oper begabt, jeder ein Manipulator. Keiner macht sich dabei die Hände schmutzig, weder Véron seine kleinen, weichen, weißen, noch Auguste, den alle nur beim Vornamen nennen, seine riesigen Pranken. Henri Duponchel, der Véron vor einem Jahr im Amt gefolgt ist, hat Auguste in seinem weniger offiziellen Amt bestätigt. Der ist gewissermaßen der Dirigent einer Vorstellung innerhalb der Vorstellung, und er verdient bis zu 30 000 Francs im Jahr, mehr als manche Sänger. Die «einfachen Soldaten» bekommen erst dann ein paar Sous von Auguste, wenn die Sache gut gegangen ist.

Auguste hat beizeiten das Textbuch der neuen Oper von Meyerbeer und Scribe erhalten, nebst Hinweisen auf die musikalische Umsetzung, und seinem Vertrauensmann im Haus geschrieben: «Es ist ein Vergnügen, für so eine Komposition zu arbeiten. Wir können alle Arien machen und fast alle Duette. Das im vierten Akt versuche ich mit drei Salven zu krönen. Beim Terzett im fünften rechne ich mit Tränen. Für alles, was sich noch für die Künstler und die Autoren tun lässt, erwarte ich die Anweisungen der Administration.» Vor sechs Tagen hat er sich erstmals mit Giacomo Meyerbeer getroffen, gestern wieder: «Um 1 Probe – nachher Auguste», schreibt der Komponist am 28. Februar in seinen Taschenkalender. Dieser Hüne, vielleicht aus der Provence stammend oder aus Marseille, wird dafür sorgen, dass die Uraufführung zum rauschenden Erfolg gerät, mindestens so rauschend wie «Robert» und, vor einem Jahr, «La Juive» von Halévy. Hundert Claqueure setzt er bei Uraufführungen ein, die Hälfte bei Premieren schon bekannter Werke. Wer in der Oper mitmachen will, muss sich besser kleiden als die räudigen Truppen, die in kleinen Theatern wie dem Gymnase eingesetzt werden. Handschuhe sind verboten – sie dämmen den Schall des Applauses, der fein dosiert wird, außer dem von den *tapageurs*, den heftigen Klatschern in Augustes Truppe. Er setzt auch *connaisseurs* und *pleureuses* ein – Herren, die beifällig murmeln und Verse zitieren können, Frauen, die an passenden Stellen aufschluchzen. Die *rieurs* – Lacher – wird er heute nicht brauchen, «das ist eine blutige Geschichte, auf Hauen und Stechen!»

Vor allen anderen Zuschauern begeben sich die Stimmungsmacher nun vorwiegend ins Parkett. Die Plätze sind dort nicht nummeriert, die Dekurien oder *pélotons* und ihre Leutnants verteilen sich strategisch, während hinter der Orchesterbrüstung noch die Harfen gestimmt werden, und sie alle werden aufmerksam die vertrauten Gesten ihres buntgewandeten, im beleuchteten Saal gut sichtbaren Chefs verfolgen. Der geht zuletzt an seinen Platz, noch steht er draußen mit ein paar Dandys und Studenten, gebildeten Opernenthusiasten, denen er die Karten zum normalen Tarif abtritt – also günstig, denn durch den heftigen Andrang sind die Preise gestiegen, 200 Francs kostet eine Loge. «Seien Sie nicht zu feurig, ich kenne Ihresgleichen! Langsam steigern. Und nicht dreschen, wenn Sie im Rang sitzen!» Einer der jungen Männer wendet sich an seinen Nachbarn: «Werden beide Hände mit der ganzen Fläche aufeinandergeschlagen, so gibt dies einen dumpfen, gewöhnlichen Klang; nur Schüler der Claque im ersten Lehrjahr oder Barbiergesellen applaudieren auf diese Weise.» «Gut, aber wozu raten Sie, Monsieur?» «Das Schlagen der rechten Fingerspitzen in die hohle linke Hand bringt ein scharfes sonores Geräusch hervor, welches von den meisten Künstlern besonders geschätzt wird.»

Auguste blickt sich um im brausenden Saal, lauscht auf den Grundton dieser Brandung von Gesprächen und Gelächter, der sich mit den leeren Quinten der stimmenden Streicher verbindet, lässt den geübten Blick über Hunderte, Tausende Gesichter fliegen, er fühlt den Druck, die Temperatur in diesem Kessel, in dem er zu Hause ist wie ein Tiger im Dschungel, es geht ihm gut, endlich beginnt die Schlacht. Es geht ihm viel besser als dem Komponisten, der hinter den Kulissen bleich, mit kaltem Schweiß auf der Stirn, sich (wie immer) auf eine Katastrophe einstellt, eine wie in der vorletzten Probe, als die Chöre falsch sangen (wie immer hat er ihnen einen Dankesbrief geschrieben, um sie bei Laune zu halten), als Nourrit heiser und der Saal nicht geheizt war und die Schießmaschine im fünften Akt versagte ... Für Auguste besteht das Publikum, dieses zweitausendköpfige Paris mit seinem lächelnden Bürgerkönig in der Mittelloge, aus unschätzbaren und miserabel vorbereiteten Mitwirkenden, die er und seine *romains* nun auf den richtigen Weg bringen werden.

Nach dem ersten Applaus für Habeneck, der vor dem Orchester erscheint, weiß Auguste: Das kann sehr schief gehen oder sehr gut. Denn es ist ein Choral, den sie da spielen, ein Kirchenstück, noch nie hat eine Oper so begonnen. Und noch nie hat eine Oper so geendet, mit einem Gemetzel mitten in Paris, in einer Kirche und um sie herum! Sicher, es ist eine alte Geschichte, Auguste hat sie sich erklären lassen, 1572, die «Bartholomäusnacht», in der dreitausend Hugenotten ermordet wurden, die dem durch Luther reformierten Glauben anhingen. Aber wie nahe ist das, wie echt sieht diese Klosterruine im Finale aus, deren Pfeiler bis weit über den Schnürboden hinauszuragen scheinen in den Himmel über der Stadt! Es ist keine vier Jahre her, dass der Juniaufstand blutig an einem Kloster endete, St. Merri, und Auguste hat wohl selbst zwischen den Zweihunderttausend gestanden, mit denen es begann, die dem General Lamarque, an der Cholera gestorben, im Juni 1832 das letzte Geleit gaben, einem, der für die Revolution und für Napoléon gekämpft hatte. Eine antiroyalistische Demonstration wurde daraus, Barrikadenkampf, 4000 Kämpfer, die von Nationalgarde und Armee besiegt wurden, 800 waren am Ende tot. Die Fiebertemperatur seiner Stadt kennt Auguste so gut wie die des Opernhauses. Die Kurven sind aneinander gekoppelt.

Das Fieber dieses Abends beginnt im vierten Akt zu steigen, zuvor haben die *romains* doch mehr nachhelfen müssen, als sich nach der Orgie im ersten Akt abzeichnete. Nourrit ist immer eine sichere Nummer, der singt Raoul, diesen Protestanten, auf den die Katholikinnen fliegen, und wenn er seine hohen Töne hat, vergisst jeder, wie dick er ist. Im zweiten Akt gab es viel Arbeit für Auguste, nur ein schönes Schloss mit einer schönen Königin ist doch ein bisschen wenig, auch wenn sie Julie Dorus-Gras heißt und mit Koloraturen einsteigt. Besser der dritte Akt, näher, am Ufer der Seine, Volksmenge, da hat er die gute Stimmung genutzt und seine *bisseurs*, die Zugabenrufer, gleich auf das «Rataplan» der Soldaten losgelassen, das musste wiederholt werden. Das Duett von Levasseur und der Falcon war fast nicht zu retten. Einfach zu lang, wie der alte Diener von Raoul, ein Protestant von der ganz strengen Sorte, da mit Valentine herumredet, von der er nicht weiß, dass sie zu den anderen gehört. Die Leute merkten schon fast nicht mehr, wo es aufhörte, da ist Auguste aufgesprungen, ließ die Pranken ineinanderklatschen. Wenigstens das halbe Parkett konnte die Claque mitreißen, aber im Rang sah er müde Gesichter.

Im vierten Akt sind sie aufgewacht. In der Probe hatte Auguste noch die Stirn gerunzelt: Das fängt im Orchester so spannend an, und dann muss schon wieder die Falcon lamentieren, von der er fünf gute Freikarten bekam, und ihren Raoul hinter einer Tapete verstecken. Aber jetzt funktioniert es, der Schrecken rückt näher, die katholischen Adligen schwören auf den Tod der Hugenotten, nun geht es Schlag auf Schlag. Ihr Anführer ist der Schlimmste, aber singt er nicht einmal sogar den Anfang der Marseillaise? Auf wessen Seite soll man sich stellen?

Egal, man ist mitten drin. Danach jagen einem die Kirchenglocken Schauer über den Rücken, sie sind das Signal für das Massaker, und die Falcon, groß, brünett, exaltiert, kniet in ihrem weißen Kleid am Fenster, aus dem Nourrit gleich springen wird, und als er gesprungen ist, dröhnt es los im Saal, Auguste muss nur noch Öl in die Flammen gießen. Tatsächlich werden die beiden herausgerufen, treten vor den Vorhang, der sich dann über einem Ballsaal hebt. Sorglose Protestanten feiern, blutbespritzt platzt Raoul herein, rasender Szenenwechsel zur Straße vor einer Klosterruine, Frauen und Kinder bringen sich hinter den Kirchenmauern in Sicherheit, aber da ist keine Sicherheit.

Die Bassklarinette, neu konstruiert von Adolphe Sax, führt zur Hölle. Man sieht nicht, was da passiert, man hört es, verzweifelt singen sie ihren Choral, «Ein feste Burg», Fetzen davon, Gewehre knattern. Selbst Auguste vergisst, dass eine große Holzrätsche die Schüsse imitiert, eine *crecelle*, ein überdimensioniertes Kinderspielzeug, an dem ein Maschinist dreht. Jeder hier weiß, wie Gewalt sich entfesseln kann, da zählen Kinder nichts. Vor knapp zwei Jahren, beim letzten Aufstand, drangen Soldaten in ein Haus in der Rue Transnonain ein, morgens um fünf, und erschossen zwölf Menschen in ihren Betten, Daumier hat es gezeichnet, publiziert in *L'Association Mensuelle*, den kleinen toten Jungen, der unter seinem toten Vater auf dem Boden liegt, solche Bilder kommen hoch, bei Älteren auch Erinnerungen an Robespierres Schreckensherrschaft vor gut vier Jahrzehnten, während die Musik immer schmuckloser wird, realer, dichter. Man klammert sich an Reste von Melodien, singt auf enger werdendem Raum, der Furor der Schlächter glänzt in Trompetensechzehnteln. Nach drei Gewehrsalven ist der Choral erloschen, vor der Kirche sterben Raoul und Marcel, und der Katholikenführer Saint-Bris lässt nichtsahnend auch noch Valentine erschießen, seine eigene Tochter. Fanatischer Triumphgesang, Paukenwirbel, Blechbläser, Rumms, Schluss. Raserei im Saal. Auguste steht auf, blickt um sich, ernst. Die Schlacht ist gewonnen. Das hier ist kein Theater, das ist das Leben, sein Leben. Er nickt seinen Leutnants zu, er klopft beim Hinausgehen dem einen oder anderen kleinen Soldaten auf den Rücken, «gut gemacht».

Und wie gut sie es gemacht haben! Die Presse ist sich nicht ganz einig, aber am Kartenbüro müssen zwei Wachmänner postiert werden, so groß wird der Andrang. Die Produktionskosten von 160 000 Francs sind nach zwanzig Vorstellungen wieder eingespielt, «man gibt die Oper ununterbrochen», schreibt der Komponist seiner Frau nach Frankfurt und riskiert gut gelaunt sogar eine Zukunftsvision, hundert Jahre später, wenn sie, Minna, eine muntere 130-Jährige sei: «Wenn Dir Deine Urenkel von einem neuen Succes sprechen wirst Du antworten, Kinder damit laßt mich zufrieden, ich kann mich mit Eurem heutigen Musikgeschmack nicht befreunden, da waren die Opern meines seeligen Mannes von denen jetzt kein Mensch mehr spricht ganz andre Werke.»

«Sie sind der Mann der Gegenwart, Meister, seien Sie auch der Mann der Zukunft», schreibt ihm im September eine andere Frau, 32 Jahre alt. Es ist George Sand, berühmt inzwischen, nach ihren Romanen «Lélia» und «Indiana», regelmäßige Autorin der *Revue des Deux Mondes*, in der auf 23 Seiten auch ihr Brief an den «Carissimo Maestro» erscheint, geschrieben in Genf. Dort, in einer calvinistischen Kirche, glaubt sie draußen noch die Gewehrsalven der Katholiken der «Hugenotten» zu hören, denkt nach über den «unheilbaren Atheismus» ihrer Zeitgenossen, über die Entheiligung der Kirchen nach der Revolution von 1789, und schwärmt von der Gestalt des Marcel, dieses «kaltblütigen Fanatikers», als «einer der schönsten Personifikationen der religiösen Idee». Ebenso schwärmt sie vom Klang des Sonnenuntergangs am Flussufer des dritten Aktes, wo «das Murmeln der Seine wieder seine Herrschaft antritt, während die Gesänge und Rufe der Menschen sich entfernen und verlieren.» Da brauche sie, Duponchel in allen Ehren, kein Bühnenbild – «Oh Leinwand! Oh Pappe! Oh Fetzen! Oh Maschinen!» –, sondern schließe lieber die Augen. Warum aber, will sie wissen, müsse die Musik des «großen Romanciers», den sie in diesem Komponisten sieht, noch herkömmlichen Formen folgen? Wozu brauche man noch Arienschlüsse, die jeweils mit den tiefsten oder höchsten Tönen endeten, warum Vokallinien, die den Pirouetten von Tänzern ähnelten, «ausgeleierte, monotone Formen, die die Wirkung der schönsten Sätze zerstören?» Franz Liszt erinnere so etwas an Formeln unter zeremoniellen Briefen: «Ihr demütigster und gehorsamster Diener».

Liszt ist es also, der dahintersteckt. Das erklärt, warum eine Autorin, die sich in aller Bescheidenheit als eine musikalisch Ungebildete vorstellt, die nur ein wenig Klavier spielt, dem erfolgreichsten Opernkomponisten ihrer Zeit in aller Öffentlichkeit nahelegt, auf welche Konventionen er verzichten möge, um ein «Mann der Zukunft» zu werden, der sie am Ende noch Hector Berlioz zurechnet. Franz Liszt hat die Autorin beraten, als sie ihn in Genf besuchte. Warum?

*

24. Oktober 1836, Rue Lafitte 23, Hôtel de France. Er zieht an der abgewetzten Klingelschnur in der Zwischenetage, und Rauchschwaden wehen ihm entgegen, als eine kleine Rothaarige die Tür öffnet. Zigarren, Zigaretten, Chopin hustet und würde gern gleich wieder umkehren, ihm ist nicht nach Gesellschaft, ohnehin hat er Teresa Wodzińska versprechen müssen, nächtliche Empfänge zu meiden, seiner angegriffenen Gesundheit wegen. Tatsächlich hat ihm die Mutter seiner Angebeteten eine Probe-

zeit auferlegt, vor sechs Wochen in Dresden, als sie über eine mögliche Ehe zwischen ihm und Maria sprachen, der so viel Jüngeren, die sein Klavierspiel so bewundert, dass er sich in sie verliebt hat. Kaum war er wieder in Paris, umgezogen in seine neue Wohnung, Chaussée d'Antin 38, wenige Minuten von hier, da erreichten ihn Pantoffeln, von der Siebzehnjährigen bestickt, nebst dem Rat der Mutter, dazu Wollstrümpfe zu tragen, und der Mahnung: «Denk daran, dass dies eine Probezeit ist.» Und Maria ergänzte, auf Französisch und im Plural: «Seit Ihrer Abreise sind wir untröstlich; die letzten drei Tage erschienen uns wie Jahrhunderte; geht es Ihnen genauso?» Nicht gerade ein Liebesbrief, aber wie denn auch, unter den Augen der Mutter...

«Sciopino!», ruft Liszt, der den Zögernden im Korridor entdeckt hat, «Bruder, Freund, herein mit Ihnen! Wie herrlich! Sie müssen mir nur nachsehen, dass hier kein Pleyel steht...» Er scheint noch schlanker und blasser geworden zu sein und trägt keine Krawatte, nur einen engen weißen Kragen. «Ich sehe Ihnen alles nach, was mit Pleyels zu tun hat», sagt Chopin in seinem sorgfältigen, polnisch akzentuierten Französisch, lächelnd zu Liszt aufblickend, dessen Haare länger denn je über die Schultern fallen, und öffnet seinen taubenblauen Rock. Liszt lacht, während Stimmengewirr und ein paar Klaviertöne aus dem Salon dringen. «Ah, Madame Pleyel... tempi passati!» Bei Liszt weiß man nie so genau, was mit wem vorbei ist und was nicht. Dass er sich mit der Frau des Klavierfabrikanten in der Wohnung des abwesenden Chopin vergnügte, Anfang letzten Jahres, hat den ehrenhaften Polen nicht begeistert. Wie polyphon sein Freund Liszt agiert, ahnt wohl auch die Frau, die jetzt im Salon auf Chopin zukommt, schön wie eine Göttin, blond, spanisch gekleidet, ein Tuch aus Spitze auf dem Haupt, rosafarbene Schuhe an den Füßen, und ihm nach einer Begrüßung von vollendeter Eleganz ein geöffnetes Etui mit Zigaretten anbietet: Marie d'Agoult. Schon drei Jahre währt ihre Liaison mit Liszt. Sie ist jetzt 30, gut sechs Jahre älter als der Künstler, der ihr Leben aus den Angeln gerissen hat, aus einer Ehe, in der sie keine Stunde lang glücklich war, trotz zweier Kinder mit einem freundlichen, geduldigen, vermögenden, fünfzehn Jahre älteren Mann des französischen Uradels. Charles d'Agoult verfolgt die Gräfin nicht mit Zorn; man hat alles einvernehmlich geregelt, und Maries uneheliches Kind mit Liszt ist vor zehn Monaten, im Dezember, nicht in Paris zur Welt gekommen, sondern in der Schweiz, in Genf.

Keineswegs zur Begeisterung des Vaters Franz Liszt, der sich von Marie d'Agoult abgewandt hatte und sie dann doch wieder traf. Der besondere 18. März 1835 ist im Taschenkalender mit Kreis und Kreuz versehen, «Marie de 3 à 5½», es geschah nach einem Diner mit Hiller und Chopin. Ein paar Wochen später bekennt er überraschend George Sand, die er zuvor bis zwei Uhr morgens im Liebeskummer mit Alfred de Musset beraten hat, seine Liebe. Nur sie überhaupt verstehe ihn, und die bevorstehende Geburt seines Kindes streift er nur mit dem Hinweis, es gebe da «materielle Verlegenheiten, zu lang, um sie Ihnen hier zu erklären ...» Die kleine Blandine kommt in Genf in die Obhut einer protestantischen Pastorenfamilie, und sie wird dort bleiben, bis sie drei Jahre alt ist. Vielleicht, weil ihre Anwesenheit in Paris doch ein wenig skandalös wäre. Doch schon in Genf spielt sie keine Rolle bei den Ausflügen ihrer Eltern Marie und Franz, zu deren Entourage, einem alten Major und einem jungen Klavierschüler, sich im Sommer 1836 auch George Sand mit ihren beiden Kindern nebst Kindermädchen gesellt hat. Die Pariser hält sie über das heitere Treiben der Bohème zwischen wackeren Schweizern in der *Revue des Deux Mondes* auf dem Laufenden – wobei Marie d'Agoult als «Arabella» figuriert.

Und nun verteilen sie sich auf zwei Etagen in der Pariser

Rue Lafitte und halten Soireen ab, offen für alle Künstler und Intellektuellen und mit Empfehlungen versehene Zaungäste, die sich öffentlich die Mäuler zerreißen. Aber was macht das, wenn Balzac und Hugo zu den Freunden zählen und Meyerbeer grundsätzlich lieber Kontakte als Animositäten pflegt. «Heine hat mir geschrieben», sagt Liszt, während er den polnischen Freund zwischen verschiedenen Gästen auf eine merkwürdige Erscheinung zuführt, sitzend, türkisch gewandet, ein Seidentuch um den Kopf gewickelt, bauschige Hosen, Lederslipper an den Füßen und eine Zigarre paffend. «Heine ...», sagt Chopin irritiert. «Ja. Er ist mit Kalkbrenner auf dem Dampfboot die Seine bis Corbeil hinaufgefahren, das dauert fünf Stunden, aber mit Kalkbrenner dauere es zehn Stunden, schreibt er. Gegen diese Windstille des Geistes helfe keine Dampfmaschine!» Chopins feines, eher verschlossenes Gesicht ist noch von Erheiterung bewegt, als er der türkischen Erscheinung vorgestellt wird, von der er schon ahnte, dass es sich um die berühmte George Sand handelt – er hat gehört, dass sie sich mit dem komplizierten Paar den Salon teilt. Ihre Stimme ist sanft wie die Augen, fast etwas matt, und sie hat etwas Abwartendes in ihrem runden Gesicht, als sie ihn fragt, ob er auch etwas spielen werde. Woraufhin die neben ihr stehende Frau, überaus funkelnd, mit sehr bewegter Miene, gleich ruft, «Oh bitte!» «Sie zuerst», wendet er sich an Liszt, und Liszt ruft «Puzzi!» Das schmale Mädchen, das am Flügel sehr leise vor sich hin phantasiert hat und Chopin gleich gefiel, springt auf. Es ist gar kein Mädchen, sondern Hermann Cohen, der Lieblingsschüler, der zu langen braunen Haaren eine taillierte Bluse trägt. «Bringst du mir die Schweizer Phantasie?», sagt Liszt.

Er setzt sich, als wolle er noch gar nicht spielen, die rechte Hand auf den Hocker gestützt, aber da beginnt die Linke, ein dunkles, rotierendes Motiv im Bass, Liszt sieht seiner Hand zu, was sie da wohl macht, dann begibt sich aber schon die andere Hand in ihre Nähe und modelliert nachdenklich einen Bogen nach oben. Überhaupt wirkt er nachdenklich jetzt, selbst als beide Hände nach oben rasen und seine Strähnen ihm über das Gesicht fallen. Es ist ein schweifendes, zerrissenes Stück, das er in Genf schrieb, ein trauriges auch, trotz des kleinen, lustigen, unschuldigen Signals ab und zu im Diskant, dem oft das rotierende Grollen der Linken folgt. Dann eine akkordische, deklamierende Passage, wie auf einen unhörbaren Text, der von vielen Schmerzen weiß. Dann wird es groß, dunkel und prächtig zugleich, das kleine Motiv im Diskant verliert seine Unschuld an septakkordische Harmonien, während das Bassmotiv nach oben wandert und glänzt statt grollt. Eine Reise wird daraus, aber sie endet wieder im Dunkeln. Er nimmt sie alle mit.

Chopin, der beim Hören vor sich hin blickt, nach unten, sieht im Augenwinkel die Hände der türkischen Erscheinung, in den Schoß gelegt, sich leicht bewegend, erstaunlich kleine Hände. Man applaudiert. «Wie schön das ist!», ruft die Frau neben der Sand, mit ihrer herben Stimme, und der Komponist erhebt sich lächelnd, als Hector Berlioz in den Raum stürmt, direkt auf seinen Freund Liszt zu, mit beiden Händen dessen Arme ergreifend. «Die Welt ist ein Inferno!», ruft er, «ein eiskaltes Inferno! Ist Hugo bei euch? Habt Ihr Wein?» Er stürzt ein Glas herunter, während ein paar Neulinge sich aufgeregt über ihn austauschen: «Aus unglücklicher Liebe zu einer englischen Schauspielerin hat er eine große Sinfonie geschrieben, schließlich hörte sie die Musik, und sie erhörte ihn, sie haben geheiratet, Franz war Trauzeuge, sie haben ein Kind, einen Sohn von zwei Jahren ...» «Ah, ihr sprecht über unseren Alkibiades und seine Aspasia?», sagt Marie d'Agoult. «Sie haben kein Geld. Diese Engländerin spricht nur schlecht Französisch. Sie könnte nur in stummen Rollen auftreten.»

Berlioz kommt aus der Académie von den Proben zu «Esmeralda». «Sie bellen und raspeln und kratzen jenseits der Intonation, und dann so schwach, ohne Energie, ohne die geringste Intelligenz. Es ist schrecklich. Und die Streicherproben sind das schlimmste.» Nein, Hugo ist an diesem Abend nicht da, und das ist vielleicht besser so, denn er ist der Librettist der Oper, die Louise Bertin geschrieben hat, deren Proben Berlioz anstelle der gehbehinderten 31-jährigen Komponistin beaufsichtigt und die nur deswegen zur Aufführung angenommen wurde, da Louises Vater der Eigentümer des *Journal des Débats* ist – für das Berlioz und Hugo ebenfalls schreiben. Es ist eine eigenständige, starke, vollkommen professionelle Partitur. Es ist aber die Partitur einer Frau, und wann immer ein Stück daraus den Musikern trotzdem gefällt, behaupten sie, es könne nur von Berlioz sein. Den lachen sie aus, wenn er, leidenschaftlich wie immer, auf Genauigkeit besteht – bei der Oper einer Frau! Dass kein Geringerer als Victor Hugo für sie aus seinem Roman «Notre-Dame» ein Libretto gemacht hat, beeindruckt weder sie noch die Sängerstars, auch nicht die Falcon in der Titelrolle der Esmeralda. Wenn Frauen Opern schreiben, könnten sie ja gleich dirigieren! Oder, noch verrückter, Wahlzettel ausfüllen! So fortschrittlich ist man nun auch wieder nicht. Übrigens wird diese Produktion, in der erstmals Pariser Großstadtkriminelle die Bühne betreten, nach fünf Vorstellungen abgesetzt. «Es gibt», befindet dazu ein junger Autor der keineswegs reaktionären *Revue des Deux Mondes*, «im Talent der Frauen eine zarte und süße Saite, die allen Zauber ausmacht und deren Schwingungen sich in den riesigen Sälen verlieren.» Es bleibt die letzte Oper der Komponistin.

Dafür aber akzeptiert man eine Schriftstellerin, die wie ein Mann heißt und oft auch so herumläuft – es ist aus der geldsparenden Praxis der Aurore Dudevant längst ein Markenzeichen der George Sand geworden –, die sich selbst zur Außenseiterin erklärt und der Klatschsucht immer Futter liefert mit dem raschen Wechsel ihrer Affären. Dem Studenten Jules Sandeau folgten innerhalb von vier Jahren die Dichter Prosper Mérimée und Alfred de Musset, dann ein italienischer Arzt, dann wieder Musset, womöglich auch Liszt, und bis vor kurzem war sie liiert mit dem Anwalt Michel de Bourges, der ihre Trennung von Casimir Dudevant realisiert und ihr das Schloss Nohant gesichert hat. Derzeit ist ihr der Literat Charles Didier nahe, ungeklärt ist ihre Beziehung zu der Frau an ihrer Seite im Salon, der schönen Schauspielerin Marie Dorval, die unaufhörlich redet. George Sand sagt nichts, sie raucht und hört zu. «Sie ist einsilbig», hat Heinrich Heine bemerkt, «weil sie das Beste aus deiner Rede in sich aufzunehmen trachtet, um es später in ihren Büchern zu verarbeiten.»

Chopin ist zu Berlioz getreten, der sich inzwischen beruhigt hat und ihn heiter fragt, ob er und Liszt etwa wieder Bach spielen wollten. Denn das haben sie getan, zusammen mit Hiller, sie haben im Conservatoire das völlig unbekannte Konzert d-Moll für drei Klaviere gespielt, und außer ihnen hat es niemand verstanden, am wenigsten Berlioz, der es ein «bizarres Werk», eine «dumme und lächerliche Psalmodie» nannte, nicht ohne die «drei erstaunlichen Talente» zu loben, mit denen er befreundet ist. Ferdinand Hiller freilich fehlt heute, er ist seit Ende März in Frankfurt. «Oh, man kann sich gut mit Bach amüsieren», sagt Chopin, der mit dem «Wohltemperierten Klavier» groß geworden ist, «aber ich werde Sie nicht quälen, lieber Hector.» Er setzt sich an den Flügel, während noch alle reden; er kann Auftritte eigentlich nicht ertragen, vor öffentlichen Konzerten erfasst ihn solches Lampenfieber, dass er zeitlebens nur dreißig von ihnen gibt, Salons sind ihm am liebsten. Auch er beginnt allein mit der Linken, im Bass, wie vorhin Liszt, aber bei ihm grollt nichts. Schnell herrscht Stille ringsum. Bögen aus Tönen in Des-Dur, gebrochene Akkorde, kinderleicht, «er spielt!», flüstert Marie Dorval aufgeregt, aber eher ist es, als singe er, als sei da eine einzigartige Stimme zu vernehmen. In den ersten drei Tönen vielleicht noch, als müsse sich jemand räuspern, das Instrument vielleicht, das sich erinnert, was es außer einem Schlachtross, einer Bühne sein kann – ein schwebendes Medium. Er sitzt aufrecht da und entspannt. Als seine rechte Hand, sein rechter kleiner Finger den ersten Ton des Themas spielt, ein F, ist das allein schon wie ein helleres sanftes Licht zwischen den heruntergeschraubten Argandlampen im Salon, und nach diesem Takt, einigen Tönen eine Oktave hinab und dann zum As hinauf, weiß man, dass in diesem kleinen Bogen ein viel größerer sich anlegt – improvisiert er, oder ist das schon komponiert?

Während die Linke unablässig Bögen ruhiger Sechzehntel spielt, spürt man kein Metrum pochen, und völlig frei bewegt sich die Rechte, frei wie die weiten, geschmeidigen Gesangslinien, die er in den Opern seines Freundes Vicenzo Bellini mag. Man wundert sich mitunter, dass Links und Rechts einander nicht verlieren. So unaufwendig klingt es und so intim, und doch sind bald alle davon umgeben. Was man sonst Verzierungen nennt, sind Gedanken und Zärtlichkeiten, oder ein Flug zu neuen Räumen wie jene unfassbare glitzernde Kette der Rechten, 48 Töne, verteilt auf etwas mehr als einen Takt. Und dann ist da auf einmal eine Folge von Tönen und Harmonien, da ist es, als wende sich ein Träumer um und sage unversehens ganz wach, ruhig und verlässlich, dass alle diese Träume wahr sind, und es ist mindestens eine da, die in diesem Takt eine unfassbare Sehnsucht überfällt, sich ihm ganz auszuliefern, ohne Angst. Der imaginäre Chopin in der Musik wendet sich nun wieder um und führt den großen Bogen behutsam zum Ende, mit Verzögerungen, mit kleinen Umwegen, von denen man noch einmal zurückblicken kann, ungern Abschied nehmend.

Er bleibt dann nicht mehr lange. Als er seinen Rock zuknöpft, findet er einen Zettel in der Tasche stecken. Zwei Handschriften, schwarze Tinte. Oben steht in kleinen runden Buchstaben: «On vous adore. George». Darunter schräger und ausgreifender: «et moi aussi! et moi aussi! et moi aussi!!! Marie Dorval».

KAPITEL 3

«Unendlich viel für mein ganzes Leben»

1839 – 1841

Drei Fünftel der Pariser leben in Armut, der junge
Wagner geht neben der Eisenbahn zu Fuß.
Er erlebt eine Uraufführung von Berlioz, tafelt
mit Heine und trifft seinen größten Helfer.

E in leichter Regen lässt gerade wieder nach. Droschken
mit Lederdächern rasseln vorbei, zweirädrige Bretterwagen, Omnibusse mit Passagieren auf dem Dach. Aus der engen
Rue de la Tonnellerie ist er nach rechts abgebogen auf die Rue
St. Honoré, und das Gedränge wird dichter, je näher er dem Palais Royal kommt an diesem Oktobervormittag. Nicht nur das,
auch die Mauern scheinen zusammenzurücken, es wird enger,
je näher er dem Zentrum kommt, und viele abgerissene, zerlumpte Gestalten sind unterwegs. Er schaut kaum um sich, wirft
keinen Blick in die Geschäfte, er hat Angst, zu spät zu kommen.
Eine Droschke will er nicht bezahlen, die Routen der Omnibusse
kennt er nicht, aber doch den Weg – in der Rue de Richelieu hat
Eduard Avenarius seine Buchhandlung, sein künftiger Schwager,
der ihm auch die Absteige organisiert hat und die Verabredung
heute beim Meister. Bis zum Palais Royal, dahinter rechts und
geradeaus, Richtung Boulevard Montmartre. Zwanzig Minuten
wird er mindestens brauchen. Aber nicht zu schnell gehen! Er
will nicht abgehetzt wirken. Alles muss passen, auf alles kommt

es an, alles steht auf dem Spiel. Man stößt ihn an, fragt ihn etwas, er antwortet ratlos auf Deutsch, zieht den Mantel enger um sich. Vor der düsteren Nordfront des Louvre riecht es nicht gut, er sieht da verfallende Häuser, Haufen von Bauschutt, Trümmer, und bis an die Rue de Richelieu, in die er bald einbiegt, reicht der Morast dieses Winkels.

Wie wird er empfangen werden? Vor vier Tagen hat er Meyerbeers kurzen Brief erhalten: Er möge sich am Freitag bei ihm einfinden, um mit ihm Anténor Joly zu besuchen, den Direktor des Théâtre de la Renaissance. Er versucht, sich Meyerbeers Gesicht in Erinnerung zu rufen. Es ist erst vier Wochen her, seit er ihm in Boulogne aus der Partitur vorspielte, aus dem Text vorlas, der Meister war freundlich, er nahm sich Zeit, aber wie qualvoll lange ist das her! Es beginnt wieder zu regnen. Was ist ein Pariser Regen gegen den Seesturm, den sie überstanden haben? Aber jetzt hat er mehr Angst. Denn jetzt ist er kurz vor dem Ziel, so glaubt er, seit er vor zweidreiviertel Jahren einen grandiosen Brief an den Meister schrieb.«Wie unendlich viel für meine ganze Laufbahn, für mein ganzes Leben, demnach von Ihrem Urteil, falls Sie es für der Mühe werth halten, eines über mein schwaches Werk zu fällen, abhängt, können Sie leicht ermessen, wenn ich Ihnen eröffne, daß mein glühendster Wunsch u. all meine Anstrengung dahin geht, nach Paris kommen zu können, denn ich spüre etwas in mir, was dort gute Früchte bringen müsste.» Zugleich hatte er seine Oper «Das Liebesverbot» an Eugène Scribe geschickt, den berühmten Librettisten, ihn gebeten, sie Meyerbeer vorzulegen, und sich vorgestellt, wie diese Götter der Pariser Opernwelt in helle Aufregung geraten würden über ein Jugendwerk, zu dessen zweiter und letzter Aufführung in Magdeburg drei Zuschauer gekommen waren, ehe sie wegen einer Prügelei der Sänger abgesagt wurde. Das Werk sei «eben nicht so ganz für unsern deutschen Boden geschaffen», hatte der junge Komponist an Meyerbeer geschrieben und ihm gleich vorgeschlagen, «dieses Süjet von einem geschickten Manne französisch bearbeiten zu lassen, u. sie so der Opéra-Comique zur Aufführung anzubieten».

Auf seine «kühne Hoffnung, von Ihnen selbst über mein Schicksal benachrichtigt zu werden», hat er sogar eine Antwort aus Paris bekommen, eine freundliche, noch keine Rettung. Unterdessen betrog ihn seine Frau mit einem Kaufmann, das Königsberger Theater ging bankrott, verschuldet zog der junge Dirigent als Kapellmeister ins noch fernere Riga, die untreue Minna ihm nach, und vor einem halben Jahr hat er auch den Job in Riga verloren. Aber jetzt ist er hier, mit Frau und Hund, den Gläubigern in Deutschland fern, ohne Mittel in dieser von Geld wie von Regen glänzenden, von Armut und Abfall stinkenden Stadt, jetzt ist er angekommen im Nordteil der Rue de Richelieu und bald bei der Nr. 109, da fällt sein Blick auf eine Reihe hoher Glasscheiben rechts und links einer Drehtür. «Grande Messe des morts», liest er als Erstes auf einem der Drucke im Schaufenster. Es sind nicht Bücher, sondern Noten, die dort, zum Teil dekorativ aufgeschlagen, im Schaufenster stehen und liegen. «Composée par Hector Berlioz ... op. 5 ...». Diesen Namen kennt er nicht, der, mit geschwungenen Zierlinien beflügelt, dort gedruckt ist. Und ganz unten: «Maurice Schlesinger, Rue de Richelieu, No. 97». Das muss der Verleger sein, von dem der schrullige Anders ihm erzählt hat, dies ist sein Geschäft. Er tritt ein paar Schritte zurück und liest den Namen auf einem Marmorschild: Maurice Schlesinger. Er zieht seine Uhr hervor, noch wenige Minuten zum Schauen: Ein «Grand duo concertant» von Frédéric Chopin «sur des thèmes de Robert le diable», da ist er schon, der Meyerbeer, und da, eine Fantasie von Thalberg zur selben Oper, und noch eine von Döhler. Darauf will er ihn gleich ansprechen. Opernpartituren anderer sieht er, «La

Juive», «Le Postillon de Lonjumeau», viel gespielt. Warum liegt nicht auch sein «Liebesverbot» hier, wie auch immer das auf Französisch heißen würde?

Zum jähen Neid kommt Gewissheit. Er hat Meyerbeer doch längst gewonnen, er hat ihm aus dem «Rienzi» vorgespielt, an der Nordsee! Damit wird er Paris erobern, wenn das «Liebesverbot» erst einen Anfang gemacht hat. Théâtre de la Renaissance, nun ja. Sein Platz ist am Théâtre de l'Académie Royale de Musique, der Opéra, wenige Schritte von hier! Plötzlich sieht er in dieser Stadt alle Türen weit offen. Am Geschäft eines Schneiders eilt er vorbei zum «Hôtel de Paris», dort die breiten Treppen hinauf bis zu der Etage, die Meyerbeer gemietet hat. Eine ganze Etage! Er zieht die Schelle neben der hohen Tür, ein Hausmädchen erscheint, größer als er, der einen Meter und 66 Zentimeter misst. «Bon jour, Mademoiselle», bringt er hervor, «je ...» «Sie sprechen doch Deutsch?», sagt sie ernst, ohne zu lächeln. «Ihre Karte, mein Herr?» Er besitzt keine. «Mein Name ist Wagner», sagt er, «ich hoffe, ich komme nicht zu spät.» «Warten Sie.» Durch den offen stehenden Türflügel sieht er bunte Teppiche, ein paar Wachslichter in Haltern. Als sie zurückkommt und ihn in den Vorflur führt, wundert er sich. Er hätte persische Tapeten erwartet, kristallene Kronleuchter, den Luxus, nach dem er sich sehnt und der diesen Mann doch nur eine Handbewegung kosten würde, wie er glaubt, ein paar Takte, die tausendmal gespielt werden. Das hier ist zweckmäßig, gediegen, mehr nicht.

Giacomo Meyerbeer faltet die Zeitung zusammen. Er muss sich heute nicht über den *Constitutionnel* ärgern oder nur wenig – was für ein Geschwätz über Künstlerkrankheiten auf der ersten Seite unten, selbst den wunderbaren Adolphe Nourrit, seinen Robert, der im März aus dem Fenster in den Tod sprang, hat dieser Quacksalber aufgeführt als gefährdete Artistenseele! Meyerbeer ist für diese Woche froh, wenn er selbst nicht noch einmal im Blatt vorkommt. Und mit Kranken hat er genug zu tun in der Familie – seine Mutter erholt sich in Baden-Baden von einem Schlaganfall, und dort kränkelt Minna, die geliebte Lilie, die er zu oft allein lässt. Bei ihr sind auch die beiden Töchter. In der Politik zankt man sich, entnimmt er dem heutigen Blatt, um einen neuerlichen Zuschuss für den Prinzen, Duc de Nemours, «ein heikles Projekt», wie die Redaktion findet. In Colmar ist ein junger Sträfling enthauptet worden, der einen Mitgefangenen umbrachte. Es sei, liest Meyerbeer, ein typischer Fall – wegen eines kleinen Vergehens habe es die Gesellschaft für richtig gehalten, ihn in jungen Jahren einzusperren, so wie sie es jetzt für richtig halte, mit der Guillotine seinen Tagen ein Ende zu setzen. Eine Menge Schaulustiger habe zwei Stunden lang gewartet, bis der Verurteilte, vom Priester begleitet, zum Schafott schritt. Wie immer hätten Frauen die Mehrzahl der Zuschauer gebildet, die dem «entsetzlichen Schauspiel» offenbar ungerührt beiwohnten.

Auf derselben Seite zwei findet er in einer Notiz seinen Bewunderer Balzac, der den «Robert» vor zwei Jahren mit einer ganzen Novelle gewürdigt hat. Am Dienstag habe er sich mit der *société des gens de lettres de Paris*, deren Präsident er ist, nach Rouen begeben, wo diese Gesellschaft einen Prozess gegen die Tageszeitung *Mémorial de Rouen* anstrengte wegen unerlaubter Nachdrucke diverser Pariser Feuilletons. Balzacs Prominenz hat viel Publikum ins Gericht gelockt, wo der Autor die ruinösen Folgen unautorisierter, honorarloser Nachdrucke erklärt. Und tatsächlich hat nach halbstündiger Beratung das Gericht den *Mémorial* schuldig gesprochen und zur Zahlung von 500 Francs Schadenersatz verurteilt. Meyerbeer faltet das Blatt zusammen. 500 Francs, nun ja. Eine einzige Vorstellung seines «Robert» bringt der Opéra rund 7000 Francs ein, und es sind mittlerweile 188 Vorstellungen. Die jüngste am vorigen Sonntag war so miserabel verkauft wie selten eine, aber dafür waren gestern die «Hugenotten» brechend voll. Und was hat er davon? Keine zwei Prozent der Einnahmen, 118 Francs im Schnitt, und das auch nur dank der Pariser Tantiemenregelungen, die alle Welt beneidet. Kein Wunder, dass dieser junge Deutsche sich Hoffnungen macht, der gleich kommen wird. Dabei hält Meyerbeer seine eigene Position in dieser Stadt durchaus nicht für stabil.

Immer noch regt es ihn auf, was der *Constitutionnel* vor drei Tagen schrieb: «Die Partituren von M. Meyerbeer haben uns schon das schöne Talent von Mlle. Falcon gekostet.» Eine Randbemerkung nur, in einer Kritik, die vor allem den allgegenwärtigen Kollegen Donizetti in Schutt und Asche zu legen trachtete, aber welche Unverschämtheit! So wird Politik gemacht. Als wenn diese Leute nicht wüssten, dass diese Sopranistin, die als Alice im «Robert» erst berühmt wurde, eine Erkältung hat! Und wie ärgerlich, dass er mit Mlle. Rieux nicht proben konnte für ihr Debüt in dieser Rolle – das ging daneben, das spricht sich herum, das war zu lesen, darum der schlechte Besuch.

Das alles macht ihm zu schaffen, und dahinter lauert noch der Risches, das antijüdische Ressentiment. Im Mai hat er Minna noch geschrieben, das sei in Paris «ein seltener Fall». Doch im Juli las er im *Courrier des Théâtres*: «Das Judentum rückt von allen Seiten näher, es besetzt alle Orte, wo der Glanz der Schönen Künste sich in klingende Münze umsetzt. Folglich musste das Theater Gegenstand seiner Habsucht werden, denn unter dem Vorwand, für den Ruhm zu arbeiten, versichert man sich dort leicht dicker Einkünfte. Wir sehen uns daher gegenwärtig Juden gegenüber in allen dramatischen Unternehmungen. Hier treffen sie sich, verbreiten sich Tag für Tag, setzen sich fest, sie werden bald eine regelrechte Armee bilden, gegen die die gesamte Christenheit ohnmächtig ist ...»

Er, Schlesinger, Halévy, eine Armee? Im August wurde nachgelegt: «Herr Fr. Halévy, einer der gierigsten Doppelverdiener des Israelismus, lässt keine freie Stelle aus, ohne sich gleich anzubieten. Er ist Solorepetitor an der Opéra, Lehrer am Conservatoire, Mitglied des Institut de France, zugleich Mitglied der Ehrenlegion, Direktor bei M. Duponchel, Mitglied aller möglichen Kommissionen und Richter derjenigen, die seine Meister sein müssten.» Das ist schon kein Neid mehr, das ist Hass. Wenn diese Leute erfahren, dass ihm für den «Propheten» 40 000 Francs geboten wurden ... und sie haben es erfahren. Und die Liebe? Wenn er an seine geliebte Minna denkt, dann fällt ihm wieder ein, was sie ihm im Sommer schrieb und neulich nach Boulogne ...

Minna! Das hat ihn in Boulogne gleich für diesen Sachsen eingenommen, dass dessen hübsche Frau, die dabei war, denselben Namen trägt wie seine eigene. Und was der ihm vorspielte, mehr schlecht als recht am Klavier, das interessierte ihn. Er hat viel Phantasie und dramatische Wirkung darin gefunden, und viel Grand Opéra, um nicht zu sagen Meyerbeer ... Als der junge, kleine Mann spielte und vorlas aus seinem historischen Stoff, verschwand auch eine gewisse Aufdringlichkeit, eine seltsame Mixtur aus Unterwürfigkeit und Zielstrebigkeit. Ebenso, als er von der unglaublichen Seereise erzählte. Langweilig war er nicht. Das «Liebesverbot» dagegen ... Er hat in der Partitur geblättert, die ihm Scribe weitergab. Manches Hübsche darin, genug, um Joly zu interessieren. Man kann ja etwas daraus machen, anderes, Besseres, jedenfalls möchte er helfen. Das ist realistischer, als Duponchel an der Opéra mit der unfertigen historischen Oper eines völlig unbekannten Deutschen zu kommen, diesem «Rienzi», selbst wenn sie ins Französische übersetzt wäre. Damit würde er sich jetzt selbst schaden, man spottet ohnehin schon über seine überschätzten Protégés, und ganz sicher ist er sich noch nicht, was er von Wagner halten soll.

Er tritt mit zügigem Schritt in den Vorflur, den Rock schon geschlossen, um den wangenhohen Hemdkragen eine breite Krawatte gewunden. Er ist nur wenig größer als Wagner und trägt dunkles lockiges Haar um eine sehr hohe, fein gewölbte Stirn, der Kopf ist ein wenig zur Seite und zugleich nach vorn geneigt. Warmer, genauer Blick, die schweren Augenlider stehen in eigentümlichem Gegensatz zu den kräftigen dunklen Augenbrauen – aber so genau sieht Wagner das nicht, denn gleich spricht Meyerbeer zu ihm, reicht ihm die Hand, während er seine Freude über die erneuerte Bekanntschaft äußert, nimmt ihm die Beklommenheit, fragt zuallererst nach seiner Frau. Der gehe es gut, sie sei wohl mit dem Hund unterwegs, antwortet Wagner und sprudelt erleichtert gleich los: Wie neulich der Neufundländer am Pont Neuf in die Seine getaucht sei und unter dem Beifall der Passanten allerlei Gerätschaften und Lumpen vom Grunde her geholt habe, bis die Polizei ... Er unterbricht sich, beschämt, ihm scheint, er rede zuviel und über Unpassendes, Meyerbeer lächelt: Der Hund sei hoffentlich nicht inhaftiert worden? Und er winkt, da sie nun auf der Straße stehen, einem Cabriolet. Eine eigene Equipage hält er sich offensichtlich nicht.

«Es ist nicht weit, aber um ein Uhr habe ich meine nächste Verabredung», sagt er entschuldigend, und zum Mann auf dem Kutschbock: «Rue Marsollier, à la course.» Das, erklärt er Wagner, müsse man dem Kutscher vorher sagen, sonst dürfe der eine Stunde anstelle der Strecke berechnen, 30 statt 20 Sous. Wagners Blick fällt auf Schlesingers Geschäft, als sie vorüberfahren, er erwähnt die Kompositionen zum «Robert», die dort ausliegen, «überall hört, überall spielt man Ihre Melodien!» Er wisse die Ehre zu schätzen, die Zeit einem Manne rauben zu dürfen, der noch unzählige solcher Melodien ... Meyerbeer winkt müde ab. Man mache sich keinen Begriff davon, welche Hindernisse diese Melodien zu überwinden hätten, welche

Schlangengrube diese Stadt sei. Wie man über Künstler herfalle, die in seinen Opern debütieren oder gar reüssieren, über ihn selbst, die Presse mache nur Politik, «Sie wissen ja ...», und selbst die Intendanten, da habe es schon wahre Ungeheuer gegeben. Aber die flammende Bewunderung des jungen Mannes tut ihm gut, auch wenn er weiß, dass dahinter nicht weniger flammende Hoffnungen stecken.

Ich folge dem Weg des Zweisitzers zu Fuß, es ist nicht so weit bis zur Rue St. Augustin, die noch immer so heißt, überhaupt hat sich im 2. Arrondissement wenig geändert an Namen und Straßenverläufen. Doch viele Gebäude sind solchen aus dem späteren 19. Jahrhundert, hier und da auch dem 20., gewichen, die Hausnummern in der Rue de Richelieu, die auf der Westseite wie auch heute noch mit dem Café Cardinal an der Ecke zum Boulevard des Italiens endete und ohne «de» auskam, haben sich um einige Nummern verschoben. Vor allem aber hat diese Straße, mitten im Zentrum der Stadt, nichts vom Glanz, der Wagner blendete. Wo noble Schneider, teure Hotels, geräumige Buchhandlungen waren, zwischen denen Equipagen und Pferdeomnibusse rasselten, dämmern jetzt Läden mit verstaubten Dekorationen oder suchen Mieter, es gibt Hotels, aber mit Eingängen so schmal, wie die Zimmerpreise überhöht sind. Das hohe Portal des einstigen Hôtel de Paris, jetzt mutmaßlich Nr. 101, führt zu ein paar Ladeneingängen, auf drei Fünfteln seiner Höhe ist ein Zwischengeschoss eingezogen worden. Was nicht das Geringste verrät über den astronomischen Wert solcher Immobilien und der Wohnungen darin, gut abgeschirmt, deren Besitzer nichts wissen von ihren Vorgängern.

Eine andere Art von Behausung finde ich auf der Rückseite des Théâtre de la Renaissance, das längst zu einem Bankgebäude umfunktioniert wurde. Neben einer Reihe nummerierter Stromzapfsäulen für Elektroautos sind drei Zelte auf dem

Bürgersteig errichtet, hüfthohe Iglus, hier und da geflickt – hier leben einige der Zehntausende von Obdachlosen in Paris, die an anderen Stellen ganz ohne Zelt auskommen müssen und ihre Lager unter Erkern und in Nischen eingerichtet haben, nebst Kuscheltieren und Sammelbüchsen. Der Winter ist noch gnädig mit ihnen, dank des global sich wandelnden Klimas: An diesem Dezembertag erreicht die Temperatur unter blauem Himmel vierzehn Grad. Die sich neigende Wintersonne konturiert in irrealer Frühlingswärme die Tristesse rund um das vergessene Theater. Denn es ist vergessen im Alltag der Stadt, bis auf den Namen eines kleinen Dreisternehotels an der Westseite. Das «Marsollier Opéra» ist wie die Straße benannt nach einem Librettisten aus Mozarts Zeiten. Ein langbärtiger Obdachloser kauert neben seinem Rucksack vor einem der Lüftungsgitter im Sockel. Ein Mann von vielleicht 60 Jahren, dem es noch etwas besser geht, steht gegenüber an der Ecke mit kurzgeschorenen grauen Haaren und hervortretenden Wangenknochen, überlange Jeans werfen auf seinen bunten Sportschuhen Falten. Er raucht, hält wie einen kleinen Rest von Lebensart ein Espressotässchen in der Linken und blickt hinüber zur klassizistischen Doppelreihe der Portalbögen, als hoffe er, dort mehr zu sehen als dunkle Glasscheiben, eingefasst von messingfarbenen Metallrahmen der 1970er, beklebt mit Hinweisschildern der Banque de France.

Aber es würde ihn wohl kaum interessieren, dass der wohlproportionierte Bau 1829 als «Salle Ventadour» mit luxuriösen 1106 Zuschauerplätzen nach dreijähriger Bauzeit eröffnet wurde mit Daniel Aubers Dreiakter «La financée» und dass viel später ganze fünfzehn Opern von Giuseppe Verdi hier ihre Pariser Premiere erlebten. Ihn würde wohl eher interessieren, dass zu der Zeit, in der das schöne Haus gebaut wird, von 224 000 Haushalten in Paris 136 000 in Armut leben und zwanzig Jahre später, 1846, schon 231 000 von 357 000 Haushalten – drei Fünftel einer Bevölkerung, die bei Wagners Ankunft gerade die Millionengrenze erreicht. 50 000 Menschen ziehen jährlich in die wachsende Stadt. Wer Glück hat, verdient hier als Arbeiter fünf Francs am Tag, Frauen und Kinder bekommen für zwölf Stunden Arbeit bis zu 90 Centimes, was noch nicht einmal ganz für eine kleine Fahrt wie die von Meyerbeer und Wagner reichen würde. Wanderarbeiter leben in erbärmlichen Unterkünften auf der Île de la Cité und hinter dem Rathaus – da teilen sich zwölf Mieter sechs Betten um einen halbmeterbreiten Gang; ein *cabinet d'aisances*, eine Toilette, muss für 60 reichen. Täglich verhungern Menschen in der Stadt, vom Wahlrecht kann die Mehrheit nur träumen: Von je 170 Einwohnern kann im Jahr 1839 gerade mal einer die 200 Francs aufbringen, deren Zahlung zur Wahl der Abgeordneten berechtigt. Es ist also das Großbürgertum, das die Gesetze macht, es sind Grundeigentümer, Kaufleute, Beamte und Industrielle.

Als Meyerbeer und Wagner dem Cabriolet in der Rue Marsollier entsteigen und sich durch den Künstlereingang zum Büro des Direktors begeben, hat das Haus seine großen Zeiten noch vor sich, nach einem turbulenten ersten Jahrzehnt. Nur drei Jahre nach der Eröffnung zog die Opéra-Comique um, danach gab es ein glückloses Intermezzo mit einem «Théâtre nautique». Wasserspiele auf der Bühne, Exotismen, Pantominen – mit dabei die irische Ehefrau von Berlioz, des Französischen nicht mächtig, deren beruflicher Abstieg hier begann. Dann lag das Haus drei Jahre lang brach, bis im vorigen Jahr zwei prominente Dramatiker die Sache in die Hand nahmen: Victor Hugo und Alexandre Dumas sind die Galionsfiguren des «Théâtre de la Renaissance», dessen Direktor Anténor Joly 1838 mit Hugos «Ruy Blas» erfolgreich startet und dann auch Opern produziert. Donizettis «Lucia di Lammermoor» hat in französischer Fas-

130

sung Premiere, auch jüngere Geschichte wird inszenicrt: Die katastrophalen Vorgänge auf dem Floß der Fregatte «Méduse» anno 1816, durch Géricaults Gemälde in aller Munde, werden auf der Bühne nachgestellt, optisch so perfekt, dass Friedrich von Flotows Zeitgeschichtsoper «Das Floß der Medusa» nicht mithalten kann: «Jedes gesungene Wort vermindert den Schrecken», moniert ein Kritiker. Joly, ein Journalist und Allrounder Ende dreißig, empfängt Meyerbeer enthusiastisch, raunt vom fulminanten Andrang zu dessen «Hugenotten» an der Opéra, schwärmt ihm vor von der amüsanten Oper «La chasse royale», die nächste Woche hier ihre Jungfernfahrt haben wird – er werde ihm eine Loge reservieren, vier Plätze, Meyerbeer hebt die Hände, doch, es werde ihm eine Ehre sein! Kaum kommt Meyerbeer dazu, den jungen Deutschen vorzustellen, der dem Redeschwall Jolys verständnislos gefolgt ist und in ihm doch vorerst seine große Hoffnung sieht für das «Liebesverbot». Meyerbeer fasst auf Französisch kurz zusammen, was er darüber weiß, «charmant», Joly lächelt Wagner zu: Er möge doch einmal zwei, drei Nummern übersetzen lassen, für eine *audition* mit Sängern, da finde sich bestimmt Gelegenheit...

Eine Woche später führt Meyerbeer den jungen Kollegen bei Schlesinger ein. Die Tür in der Rue de Richelieu 97 scheint sich fast von allein zu drehen, als Wagner den glatten Griff berührt. Ein Verkäufer blickt auf; als auch Meyerbeer das Geschäft betritt, eilt er nach hinten, um den Chef zu holen. Schlesinger kommt mit breitem Lächeln, ein robuster Typ mittlerer Größe, kraushaarig, 41 Jahre alt. Über einem Batisthemd spannt sich ein schwarzes Samtjackett, zur geräumigen weißen Hose trägt er zu Wagners Erstaunen rote Schuhe mit blauem Muster, sein Händedruck ist weich, seine Stimme sonor, gefärbt von den Zigarren, nach denen es zwischen den Stapeln von Noten, Büchern, Zeitschriften dezent duftet. Mit Meyerbeer tauscht er sich erst einmal aus über «La chasse royale», die neue Oper am Théâtre de la Renaissance, denn der war tatsächlich da, vorgestern, mit seinem Vertrauten und Sekretär Louis Gouin. «War es so schlimm, wie Berlioz schreibt?», fragt Schlesinger und greift sich das druckfrische *Journal des Débats.* Meyerbeer hebt vorsichtig die Augenbrauen. «Nun ... was schreibt er denn, unser Feuerkopf?» «*Avec de mauvais chanteurs et de bonnes partitions il ne réussira qu'à demi; l'inverse ne peut lui être plus favorable*», liest Schlesinger genüsslich vor, Wagner versteht kein Wort. «*Mais avec des chanteurs médiocres et de la musique détestable, sa ruine est certaine.* Oh, verzeihen Sie!» Wagner starrt ihm ratlos auf den Mund, Schlesinger klopft dem Sachsen jovial auf die Schulter. «Er prophezeit unserem Joly den Ruin, kurz gesagt!» Und etwas langsamer fährt er fort, auf Deutsch mit Berliner Färbung: «‹La chasse royale› hat sich als ein Absturz erwiesen, dem man, trotz der Langmut des Publikums während zweier lebloser Stunden, unmöglich sein Mitleid verweigern kann. Das Stück ist eine jener Schlüpfrigkeiten, um es vorsichtig zu sagen, mit viel Salz, Pfeffer und Sahne, die man sich ansähe, wenn man sicher sein könnte, dabei nicht gesehen zu werden», Schlesinger lacht schallend, «und vor allem, wenn es nicht ganz so lange dauern würde. François I. ist also auf der Jagd; er verirrt sich im Wald ... jeder hat die Freiheit, sich zu irren, auch wenn er ein König ist ... Ha! *Touché!*»

Meyerbeer sieht nachdenklich drein. Es stimmt leider alles, und der Komponist tut ihm leid, Jules Godefroid, erst 28 Jahre alt. Joly hat ihm vor der Premiere noch dessen schweres Los erzählt: Gerade vor einem Monat hat der junge Mann seinen siebenjährigen Sohn durch Typhus verloren. Aber was ändert das an einem so lächerlichen Libretto und daran, dass Godefroid, wie sein Bruder Félix, nun einmal weit besser Harfe spielt, als er komponiert? «Schreibt Berlioz noch etwas zur Musik?», erkundigt er sich. «Hm, ja ... Auch wenn sie nicht durchweg auf spartanische Sparsamkeit abzielt, können wir versichern, dass sie nichts Unmoralisches hat.» Schlesingers Augen funkeln. «Pauvre Joly. Pauvre Marchant!» Sein kleiner Konkurrent Marchant hat, wie er weiß, den Zweiakter schon drucken lassen, der dann noch zwei Mal aufgeführt wird, ehe der labile Komponist den Verstand verliert und im Februar des nächsten Jahres stirbt.

Wagner weiß nicht, was er von diesem Verriss halten soll, bei all den Hoffnungen, die er vorerst auf Anténor Joly gesetzt hat, den Direktor des Renaissancetheaters. Hat dieser Berlioz, von dem er keine Note kennt, recht, dem Unternehmen den Ruin vorauszusagen? Oder ist er nur neidisch? Denn wie ihm Schlesinger sogleich erzählt, ist vor einem Jahr Berlioz' Zweiakter «Benvenuto Cellini» an der Opéra ausgepfiffen und nur drei Mal gespielt worden ... Nun, wenn Jolys Bühne frei ist für so eine Albernheit wie die von Godefroid, könnte dort doch sein eigenes «Liebesverbot» um so größere Chancen haben! Meyerbeer zieht es vor, Schlesinger gegenüber ihren Besuch bei Joly nicht zu erwähnen. Er stellt Wagner vor als einen außerordentlich interessanten jungen Mann, der als Komponist in Paris sein Glück suche – Schlesinger blickt mitleidig – und nun mit seiner charmanten jungen Frau hier weile. «Bringen Sie sie beim nächsten Mal mit!», meint der Verleger angeregt. Meyerbeer verkneift sich ein Lächeln: «Wie geht es Ihrer Gemahlin? Und der Kleinen?»

Wagner denkt an Minnas Fehlgeburt auf der Reise, Folge des Unfalls in Pillau. Sie wird vielleicht nie wieder ein Kind zur Welt bringen können. «Herr Wagner und seine Frau», sagt Meyerbeer, als lese er Gedanken, «haben schon weitaus mehr überstanden als alle Pariser Glücksritter. Stürme auf See!» «Drei Stürme, ein Felsenriff, die russischen Kosaken mit ihren Gewehren ...» «Russische Kosaken?», fragt Schlesinger erstaunt, wo denn diese Reise begonnen habe? «Wenn ich den Meister nicht langweile», sagt Wagner, aber Meyerbeer hebt einladend die Hände, soll sein neuer Schützling nur Eindruck machen! Dann, so lässt sich denken, erzählt der 26-Jährige, was er erst viel später zu Papier bringen wird. Es ist ja alles erst ein paar Monate her. Die Flucht aus Mitau nach einem Gastspiel der Rigaer Truppe, das er dirigierte, eine Flucht vor Gläubigern, mit gemieteter Kutsche bis zur russischen Grenze und dort zu Fuß zwischen den wachhabenden Kosaken hindurch, weiter im Leiterwagen nach Pillau, wo der Wagen umstürzt und ... und wo das Schiff wartet, die Thetis, im Morgengrauen heimlich zu besteigen, denn Wagners Pass behält man in Riga wegen seiner Schulden ein, und im Gegensatz zur Hafenbehörde ist der Kapitän bereit, die Wagners ohne Papiere an Bord zu lassen. «Und Ihren Hund», wirft Meyerbeer lächelnd ein. «Was für ein Hund?», fragt Schlesinger und entzündet behaglich eine Zigarre. «Ein Neufundländer, Robber», sagt Wagner und hustet.

«Wir mussten ihn mit großer Mühe, ohne Aufsehen zu erregen, die steile Schiffswand hinaufziehen und uns sofort in einem unteren Raum verbergen, denn es kamen vor der Abfahrt ja noch Visitatoren auf das Schiff.» «Ihre Schulden müssen ganz beträchtlich sein», sagt Schlesinger mit einem Ton der Anerkennung. «Es waren nicht ganz hundert Dukaten in unserer Kasse, auch das hat uns zu der Schiffsreise bestimmt.» Die kleine Thetis, mit nur sieben Mann besetzt, wartet auf Wind, nach sieben Tagen erst ist Kopenhagen erreicht, «doch gewährte uns der Umgang mit den Schiffsleuten manche Unterhaltung...» «Nicht so langatmig, junger Mann! Wo bleibt der Sturm?» Oh, der Sturm! Er kann ihn hören, er wird ihn komponieren, alle drei Stürme zugleich, das wird was Furchtbares! «Der erste Sturm kam im Kattegatt, volle 24 Stunden waren wir in die Kajüte des Kapitäns eingepfercht!» Die hölzerne Nymphe wurde vom Bug gerissen, ein böses Omen. Er überspringt den Eindruck, den die rettende Einfahrt in die Ruhe eines norwegischen Fjords ihm machte, erzählt, wie bei erneutem Auslaufen ein Riff das Schiff seitlich streifte, doch, oh Wunder, nicht aufriss, wie nach der Untersuchung der beschädigten Thetis diese wieder in See stach und nach vier Tagen in schlimmsten Sturm geriet, auf und ab geschleudert in einem Gebirge aus Wasser, die Mannschaft entmutigt. «Da bat mich meine Frau, sie mit einigen Tüchern an mich anzubinden, damit wir beim Versinken nicht getrennt werden möchten.» Das mag eine Rolle spielen, im nächsten Jahr, als Wagner in Paris seinen «Fliegenden Holländer» konzipiert mit dem finalen Sprung der Liebenden ins Meer. Der kleine Sachse scheint nun ganz woanders zu sein als in der Rue de Richelieu, in der luxuriösen Geborgenheit der Musikalien, deren Verleger und Gebieter ihn interessiert betrachtet.

Dem Sturm folgt die englische Küste, wo ein Lotse in tobenden Wellen naht, am Tau hochklettert und mit bluttriefenden Händen das Steuerrad ergreift, um die Thetis in den nächsten Sturm zu navigieren, bis man endlich in die Mündung der Themse einläuft, nach drei Wochen Seefahrt statt der geplanten acht Tage. Am 20. August besteigen Mann, Frau und Hund in Dover das Dampfschiff nach Boulogne. «Und nun sind Sie in Paris», sagt Schlesinger, der seine Zigarre hat ausgehen lassen, «und glauben, Sie hätten das Schlimmste hinter sich.» Er lächelt. «Nun, vielleicht kann ich Ihnen ein wenig helfen, Herr Wagner. Hier gibt es auch eine Menge Sandbänke, Nebel und Stürme. Sie müssen wissen, mein lieber Herr Seefahrer: Paris, das ist wahrhaftig ein Ozean.»

Er wird ihm tatsächlich helfen. Nicht gleich, aber nachhaltig. Wagner wird Meyerbeer und Schlesinger noch oft sehen in Paris, er wird dem einen seinen glänzenden Einstand in Dresden verdanken und dem andern eine Reihe stattlich bezahlter Aufträge. Wir wissen nicht, worüber sich die drei bei ihrer ersten Zusammenkunft tatsächlich unterhalten haben. Allerdings dürfte der Rekonstruktionsversuch der Wahrheit näher kommen als das, was Wagner später von ihr übrig ließ. Seine ersten Begegnungen mit den beiden fasst er in seinen Erinnerungen so zusammen: «Höchst willkommen war mir daher die endliche Ankunft *Meyerbeers* selbst in Paris. Der geringe Erfolg seiner Empfehlungsbriefe, von dem ich ihm berichtete, überraschte ihn so wenig, daß er es im Gegenteil für gut hielt, mich nun darauf aufmerksam zu machen, daß in Paris alles sehr schwierig sei und ich am besten täte, zunächst mich nach bescheidener Lohnarbeit umzusehen. Er führte mich in diesem Sinne bei seinem Verleger *Maurice Schlesinger* ein, überließ mich dem Schicksale dieser monströsen Bekanntschaft und reiste nach Deutschland ab.» Giacomo Meyerbeers sorgsam geführtem Taschenkalender entnehmen wir aber, dass er schon sechs Tage nach der ersten Begegnung zu dritt den jungen Komponisten und den Musikhändler bei sich empfing, anderntags mit Wagner wieder Schlesinger aufsuchte, am 10. November zwei Plätze für die Wagners in der Oper sicherte und am 26. November ein zweites Mal mit Wagner zu Joly fuhr. Und das war nur der Anfang. An seine *table d'hôte* hat er Wagner allerdings nie eingeladen, anders als dessen Freund Heinrich Laube aus Leipzig, der seit einiger Zeit ebenfalls in Paris weilt und kein Unbekannter ist.

«Um 2 Concert», notiert Meyerbeer für den 24. November 1839 in seinen Taschenkalender. Was nichts anderes heißt, als dass er sich an diesem Sonntagmittag auf den Weg macht in die Rue Bergère 2, zehn Minuten zu Fuß von seiner Wohnung entfernt, und dort vor dem stattlichen Südportal des Conservatoire, sonst der Eingang für die weiblichen Studenten, unzählige Bekannte zu treffen. Die Pariser Intelligenz, samt Balzac, ist fast vollständig versammelt und drängt in die hohe, aber schmale Grande Salle des Instituts. Das Parkett ist gesäumt von schlanken, kannellierten Säulen, die zwei Ränge mit offenen Logen tragen, vor dem ersten Rang noch den Balkon, über dem zweiten die Zwei-Franc-Galerie. Tausend Zuhörer finden hier Platz, halb so viele wie in der Oper. Man ist dem Orchester nah, in diesem Fall geradezu ausgeliefert. Denn für das Werk, dessen Uraufführung bevorsteht, sind hundert Orchestermusiker, 98 Choristen und drei Solisten aufgeboten, alles Sänger der Oper, die dort in den Pausen der Vorstellungen geprobt haben.

Von den Orchesterproben mit dem Komponisten hat man sich schon seit Tagen im musikalischen Paris erzählt. Seine «Symphonie dramatique» ist so schwierig zu spielen, dass er mit einzelnen Gruppen des Orchesters getrennt geprobt hat, ein völlig neues Verfahren, und dazu noch hat dieser Wahnsinnige zwei ganze Orchesterproben herausgeschlagen. «Zu schade, dass Paganini nicht dabei sein kann», meint Meyerbeer in seiner Loge zu Schlesinger, der am Vorverkauf verdient hat. Sie blicken ins Parkett, um die Kritiker zu zählen. «Hoffentlich hat unser Niccolò seine 20 000 Francs gut investiert», meint Schlesinger und sieht zu, wie das Orchester die Plätze einnimmt: 70 Streicher, elf Holzbläser, zwölf Blechbläser, zwei Pauker, zwei Schlagzeuger, zwei Harfenisten. Die Harfen stehen ganz vorn beim Dirigentenpult, den Rest der Bühne nehmen die beiden Geigengruppen und zwischen ihnen die Bratschen ein. Tiefe Streicher, Bläser und Schlagzeuger begeben sich auf die Stufen, die im Rechteck die Bühne umgeben, vier Altistinnen sitzen vorn rechts an der Rampe, noch vor dem Dirigenten, hinter ihnen stehen die Tenöre, links vier Bässe, vor denen schließlich die Altsolistin des Prologs Platz nimmt, Mademoiselle Widemann.

Sie alle werden nun von der berühmtesten Liebe der Welt erzählen, von Romeo und Julia, komponiert von einem, dessen große Liebe mit einer Aufführung von Shakespeares Stück begann, vor zwölf Jahren. Diese Frau eroberte er später hier, in

eben diesem Saal, mit seiner «Symphonie fantastique». Meyerbeer entdeckt Harriet Smithson gegenüber in einer Loge nahe
dem Podium, neben dem jüngsten Besucher: Auch Louis ist hier,
ein kleiner, blondhaariger Kerl, fünf Jahre alt, der Sohn von
Harriet und Hector Berlioz. Nicht nur Harriet hat Hector hier
mit seiner Musik erobert, sondern, vor knapp einem Jahr, auch
den schwerkranken Dämon Paganini, der nach einer Aufführung der «Fantastique» und ihrer byronesken Fortsetzung, des
«Harold in Italien», vor Berlioz auf die Knie ging, erklärte, er
sei weiter gegangen als Beethoven, und zwei Tage später seinen
Sohn Achille mit einem Brief zum Komponisten schickte: «Mio
caro amico, Beethoven konnte nur in Berlioz wieder aufleben;
und ich, der ich Ihre göttlichen Kompositionen genossen habe,
würdig eines Genies, wie Sie es sind, halte es für meine Pflicht,
Sie zu bitten, als Zeichen meiner Verehrung 20 000 Francs anzu-
nehmen, welche Ihnen Baron de Rothschild gegen Vorlage des
beigefügten Billetts aushändigen wird.» Ob die enorme Summe,
die etwa 160 000 Euro entspricht, tatsächlich vom sonst so geizi-
gen Paganini kam oder ob Louis-François Bertin dahintersteckte,
der Pressezar und Besitzer des *Journal des Débats* – Berlioz konnte
nicht nur seine Schulden bezahlen, sondern sieben Monate ganz
der Arbeit an der Riesenpartitur widmen. Eine Zeit, in der jene
Musiker und Komponisten aufatmeten, die ihn sonst als Kritiker fürchten. Sie wünschen sich jetzt den ganz großen Reinfall, und die Spannung steigt, als der Komponist erscheint, die
dunklen Locken knapper geschnitten als sonst, das etwas rundlich gewordene Gesicht von einem Kinnbart gesäumt, unterm
Arm seinen 50 Zentimeter langen Taktstock. Berlioz verneigt
sich knapp in den Applaus, dann dreht er sich zu den Musikern um. Gemurmel. Es ist noch lange nicht selbstverständlich,
dass der *chef d'orchestre* dem Publikum seinen Rücken zuwendet,
außer in der Oper, wo er die Bühne im Blick haben muss. Dann

ein Wippen des Stabes, und die Bratschen beginnen mit der Fuge ...

Ein Chor erzählt von der Feindschaft der Familien, Solisten beschreiben die Liebenden, nur die Liebenden selbst singen nicht. Sie haben eine größere Stimme – die des Orchesters. Gebannt lauscht man, als «Roméo seul» ertönt, allein, bodenlos in einer einsamen Linie der Violinen, unbegleitet. Man weiß nicht, wo das hinführt, ist das noch eine Melodie? Die Töne ertasten das Ungewisse, C, F, E, Es, D, A, As, G, Des, C, da ist keine Harmonie zu erkennen, allenfalls zu ahnen, kein metrischer Rhythmus hilft, und als im vierten Takt ein leises C-Dur gezupft wird, bedeutet das nur so viel wie ein fallendes Blatt im Garten, ehe zu den ersten Geigen die Bratschen kommen und mit ihnen in kleiner Sexte aufwärts nach Liebe sich sehnen. Immerhin, nun erkennt man, dass die Notenwerte dieselben sind wie in der ersten einsamen Linie, E-Dur wird erreicht, aber stabil ist das auch nicht – man atmet auf, als nach und nach Strukturen, Bahnen deutlich werden, Tonfälle auch, wie sie aus der Oper vertraut sind. Aber sie wollen nicht Oper werden und brauchen keine Bilder, sie lassen die Szene zum großen Fest bei den Capulets sich wandeln, einem unheimlichen Fest von schier rasender Fröhlichkeit, ein Fest wie jene, die die Reichen von Paris täglich feiern. Ein vormals zartes Thema der Liebe, den Blechbläsern übergeben, zieht sich wie ein schicksalhafter *cantus firmus* hindurch, ein Choral jenes Verhängnisses, das sich später in einer Basslinie verfestigt, acht Töne abwärts, immer dieselben, halbe Noten, wie eine Maschine, über deren schwerer Rotation die Festgäste wie Puppen zucken. Nach letzter Ekstase wird die Party mit F-Dur-Schlägen fast guillotinehaft beendet.

In A-Dur zeigt Berlioz den nächtlichen Garten, aber diese Tonart weitet sich in sanften Klängen zu einem magischen Moment, als um ein einsames E der Querflöte sich das A der ersten und das C der zweiten Geigen legen, darunter in den Bratschen Fis. Man muss diese Töne so genau benennen, wir werden dem Akkord wiederbegegnen, um einen Halbton versetzt, bei Wagner – der für diesen Abend auf der Gästeliste steht und mindestens eine der drei Aufführungen hört –, in einer anderen Musik der Liebe. Liebe breitet sich nun aus, nachdem die letzten Gäste als unsichtbarer Chor, berauscht und matt redend, verschwunden sind. Nun beginnen Romeo und Julia, im Orchester zu sprechen, nicht nur sie. Berlioz erzählt zugleich von seiner Julia, seiner Harriet, die er zuerst in dieser Rolle sah, um die er so gekämpft hat. Er weiß, wovon er spricht, die Celli erzählen es in weiten Bögen, es ist eine zärtliche, aber auch traurige Musik, es ist Rückblick darin, Beschwörung. Die Frau, die dort in der Loge sitzt mit seinem, ihrem Sohn – es ist anders geworden zwischen ihnen. Er zeigt ihr und allen die Zärtlichkeit, zu der er fähig ist, zu der sie fähig war, aber das muss niemand wissen. Es mag jeder sein eigenes Herz wiederfinden in dieser Musik. Er reißt seines dafür auf, und die Musiker merken das, die hundert um ihn, sie erleben den Moment, in dem die geprobten Noten vor tausend Zuhörern etwas Neues, Umfassendes bilden, weit über den Saal hinaus, und alle mitnehmen. Sie folgen ihrem Berlioz auch in den sarkastischen Umschwung, der so typisch für ihn ist: Der Nacht der Liebe folgt ein gespenstisches Scherzo mit der Feenkönigin Mab, von der Mercutio erzählt. Und so vieles folgt noch, die ganze traurige Geschichte, bis am Ende Pater Lorenzo, der füllige Bass Adolphe-Louis Alizard, den man sonst als Saint Bris in Meyerbeers «Hugenotten» feiert, donnernd zum Schwur der Freundschaft auffordert an den Gräbern der Liebenden, und alle Choristen einstimmen. Neunachteltakt, triolische Sechzehntelpaare der Geigen. Liebe, Tod, Triumph, Ewigkeit. Längst friert keiner mehr im ungeheizten Saal, ist draußen noch November? Man springt auf, der Applaus bricht los.

«Sie haben gewonnen. Sie haben gesiegt, auf ganzer Linie!», versichert ihm Schlesinger strahlend, während die Grande Salle sich leert, «das zweite Konzert ist ohnehin schon halb verkauft!» Louis, mit glühenden Wangen, klammert sich an den Beinen seines Vaters fest, Harriet steht abseits. Berlioz ist nachdenklich. Er hat ein paar Schwächen entdeckt in seinem Stück, er wird korrigieren müssen, und er hofft, dass nur er diese Schwächen entdeckt hat. «Die Instrumentalmusik für Romeo am Grab der Capulets», er wendet sich an Meyerbeer, «wird von den meisten nicht verstanden, glaube ich, die das Stück nicht in Garricks Version kennen. Ich sollte sie weglassen, was meinen Sie?» «Man sollte sie vielleicht einem wirklich elitären Publikum vorbehalten», meint Meyerbeer diplomatisch, «oder noch eine Probe ansetzen.» In den nächsten Tagen erscheinen die Kritiken. Berlioz ärgert sich über fast alle. Die Schwächen hat keiner entdeckt, die Stärken ebenso wenig. Einer schreibt, der Komponist habe Shakespeare nicht verstanden. «Von Dummheit aufgeblasene Kröte», brüllt er durch die Wohnung in der Rue de Londres, und Louis lacht begeistert, während Harriet ihren Mann traurig ansieht. «Und was», ruft er, «schreibt mein Verehrer Janin im Journal? Fünf Zeilen! Sein Herz sei zu voll, man möge ihm ein paar Tage Zeit geben für seine Ergüsse. Jetzt sind es schon vier Tage!» «But... Dear!» Harriet, den Tränen nah, liest vor, in ihrer ungelenken Aussprache: *«Les applaudissements les plus furieux et les mélodies les plus charmantes ...»* Er winkt ab.

Am nächsten Tag ist der Text drin, auf Seite eins. «Gehen wir, kommen Sie mit mir», so beginnt er. «Haben Sie diese Nacht schöne Träume gehabt, haben Sie die Königin Mab in ihrer von Feen geschnitzten Nußschale dahinziehen sehen? Hüllen Sie sich in Ihren wärmsten Mantel, und, einmal im Saal, suchen Sie sich den dunkelsten Platz. Dann träumen Sie, dass Sie soeben ein Gedicht für sich machen, zu dem der Musiker Ihnen die

Motive liefert, anrührende oder schreckliche. Fragen Sie nicht, was das ist, die Symphonie. Die Symphonie, das ist der erwachte Traum, das ist alles, was in der menschlichen Seele geschieht. Sie bedarf der Worte des Poeten nicht, noch auch des Theaters, sie erreicht ganz allein ihr Ziel und umgeht dabei tausend Grenzen.» Berlioz beginnt zu weinen, herrje, die Nerven! Und liest immer weiter und weiter. Janins Besprechung füllt nicht nur das untere Viertel der ersten Seite, sondern umfänglicher noch auch das der zweiten, bis hin zum Dank an Paganini, «der diese Partitur bezahlt hat, wie ein König im modernen Europa sie zu bezahlen nicht wagen würde». Janins Besprechung würde in diesem Buch zehn Seiten füllen, so ausführlich kann und will und darf der 35-jährige Literat seine Eindrücke ausbreiten, fünf Tage nach der Uraufführung, und es ist doch nicht einmal eine Oper, sondern nur eine Sinfonie, wenn auch sehr lang, die in der Saison dann noch zweimal gespielt wird! Und nicht irgendeine Schwärmerpostille druckt das, sondern eine der einflussreichsten Tageszeitungen, das *Journal des Débats*.

«Berlioz.» Als ich diesen Namen nenne, lächelt die Pförtnerin hinter der Glasscheibe etwas wärmer. Seine «Symphonie fantastique» sei hier in der Grande Salle zum ersten Mal gespielt worden, sage ich, und «Roméo et Juliette», ich sei «*à la recherche de Berlioz*». Das Conservatoire dient schon lange nicht mehr dem Studium der Musik, sondern dem des Schauspiels, und viel ist nicht übrig von dem Bau, den man vier Jahre vor der ersten Revolution errichtete, in den hinein unter Napoléons Regentschaft der Saal gebaut wurde. Keine prunkvollen Eingänge mehr in der Rue du Faubourg Poissonnière, in der Rue Bergère, wo andere Bauten gewachsen sind. Doch findet sich eine schlichte große Pforte in der verbliebenen Fassade nach Westen, in der Rue du Conservatoire. Links dahinter ist die Pförtnerloge, neben einer Glastür ins Innere sitzt noch ein Aufpasser an einem Tischchen. Die Pförtnerin ist eine freundliche, korpulente Schwarze. La Grande Salle? Da werde gerade ein Film gedreht, ich möge nächste Woche wiederkommen. «Ich muss nachher zum Zug.» Um mich loszuwerden, winkt sie einem kahlköpfigen Herrn, der vorbeikommt, erklärt ihm mein Anliegen, er nickt mir zu und nimmt mich mit.

Die Eingangshalle ist vollgestopft mit Buchregalen, hier und da lesen Studenten, die Atmosphäre in gelbem Licht hat etwas spätsozialistisch Verdämmerndes. Wir gehen vorbei an einem hohen Treppenhaus mit einer Gewölbedecke aus blütenverzierten Karrées, hier wird Berlioz zur Bibliothek hochgestiegen sein, die es nicht mehr gibt. Korridore mit rotem, schallschluckendem Teppichboden. Kleine Türen zur Grande Salle. Nirgends ist dort eine Kamera zu sehen; ein paar Leute besprechen etwas. Noch mehr roter, schallschluckender Teppichboden. Ich erkenne die schönen schlanken Säulen wieder, die die kurvigen Ränge tragen, sie sind inzwischen bunt bemalt. Ohne diese Säulen und Ränge, ohne das Tonnengewölbe oben würde ich nicht glauben, dass es derselbe Saal ist. Wo sollen in dieser Höhle tausend Zuhörer gesessen haben? 500 passen wohl hinein, sagt der freundliche Kahlköpfige und lässt mich auf die Bühne klettern. Die Holzstühle von einst sind breiten Polstersesseln ohne Mittelgang gewichen, die Zwei-Franc-Galerie ganz oben, der Olymp, ist seit 1985 zugebaut bis auf einen Regieraum mit Glasscheibe, die Bühne fasst bestenfalls ein Kammerorchester. Sie ist erhöht und verknappt worden, ihre ganze lichte Holzkonstruktion wurde durch Stahl und Beton ersetzt. Diese einst europaweit bewunderte Stradivari der Konzertsäle hat die Akustik eines Wäschesacks. Berlioz, denke ich mir, würde bitter grinsen und seinen «Grotesken der Musik» eine weitere anfügen.

Er setzt noch eine Probe an vor dem nächsten Konzert mit seinem gewaltigen Werk, und für das dritte Konzert wird das

143

Programm ausgedehnt: Er dirigiert zwei Sätze aus «Harold», einen Satz aus dem «Requiem» und eine Arie aus «Benvenuto Cellini». Spätestens dieses Konzert am 15. Dezember 1839 besucht Richard Wagner. Noch dreißig Jahre später, seiner Frau Cosima die Memoiren diktierend, verschweigt er nicht, dass er sich «schülerhaft klein neben Berlioz empfand». Die Sinfonie zu Shakespeares Drama ist ihm «eine neue Welt»: «Zunächst hatte die Gewalt der nie zuvor von mir geahnten Virtuosität des Orchester-Vortrages auf mich geradezu betäubend gewirkt. Die phantastische Kühnheit und scharfe Präzision, mit welcher hier die gewagtesten Kombinationen wie mit den Händen greifbar auf mich eindrangen, trieben mein eignes musikalisch-poetisches Empfinden mit schonungslosem Ungestüm scheu in mein Inneres zurück.» Er findet sich «bis zur Vernichtung jeder Möglichkeit eines Widerspruchs überwältigt». Das will er nicht so stehenlassen, er lässt es schon in seiner Pariser Zeit nicht so stehen und sendet 1841 der Dresdner Abendzeitung eine Rezension, in der er sein «tiefstes Bedauern» über die Schwächen des Kollegen formuliert. Es gebe in dieser Sinfonie «neben Genieblitzen der inspiriertesten Art eine solche Anballung von Verstößen gegen den guten Geschmack und künstlerisches Handwerk, dass ich nicht umhin kann, dem Wunsch Ausdruck zu verleihen, Berlioz möge das Werk vor der Aufführung jemandem wie Cherubini vorgelegt haben. Ohne dem Werk irgendetwas von seiner Originalität zu nehmen, hätte er sicher eine ganze Reihe jener Unzulänglichkeiten zu entfernen gewusst, die es verunstalten.» Auch in «Mein Leben» relativiert Wagner den großen Eindruck: Er habe «häufig und andauernd Leeren und Nichtigkeiten empfunden» in diesem «durch seine Ausdehnung und Zusammenstellung in Wahrheit dennoch verunglückten Kunstwerke».

Tatsächlich hat er dieses Kunstwerk so genau studiert, dass er noch achtzehn Jahre später den magischen Moment der Liebesnacht, in dem sich um das E der Flöte noch A, C und Fis legen, um einen Halbton senkt zu jenem Akkord, den wir «Tristanakkord» nennen, angespielt über eine ebenso einsame Linie wie bei Berlioz die der Geigen für den sehnsüchtigen Romeo. Er wird noch sehr gut wissen, woher er das hat, und Berlioz sogar ein Exemplar der Partitur des «Tristan» widmen: «Au cher et grand auteur de ‹Roméo et Juliette›». Aber das hat noch viel Zeit, ebenso wie alles, was Wagner aus der Überwältigung jener Winterabende für seinen «Lohengrin» mitnimmt, auch die eifrigen triolischen Sechzehntelpärchen der Geigen im Finale der Berlioz'schen Partitur, die in identischer Funktion in den Pilgermarsch des «Tannhäuser» wandern. Jede dieser Noten wird ihm später ein Grund mehr sein, die Pariser Zeit gegenüber dem Publikum als unergiebigste seines Lebens abzutun, während das Gegenteil der Fall ist.

Wann wird er je wieder Austern essen mit einem der brillantesten Europäer dieser Zeit? Den Kontakt vermittelt Freund Laube, der wegen seiner politischen Schriften bis vor wenigen Monaten in der Oberlausitz inhaftiert gewesen ist. Man trifft sich im Restaurant, genauer gesagt, beim besten Italiener der Stadt. Das *Broggi* gegenüber der Oper wird vom ehemaligen Koch des Maestro Rossini geführt, der hier selbst noch ab und an seine Leibspeise verzehrt, Ravioli mit Parmesan. Als Wagner und seine Frau eintreten, sehen sie einen Mann mittlerer Größe mit dunkelblonden, halblangen Haaren und weißem Hemdkragen vor dem hageren Italiener stehen, der offenkundig der Besitzer ist. «Pas de turbot?», ruft der Gast mit heller Stimme, beide Arme ausstreckend. «Paolo, je meurs de faim!» Der Koch grinst und pikst dem Mann ins Bäuchlein unter der braunroten Samtweste, denn mager ist der nicht. «Demain, Monsieur Heine, demain! Aujour d'hui, je vous recommande le cotelet provençale. Et pour commencer ...» «Les huîtres!», ruft die Frau daneben und lacht übermütig. Sie ist etwas größer als Heinrich Heine, um den es sich offenkundig handelt, und die schönste Frau, die Wagner je gesehen hat, Minna eingeschlossen. So könnte es begonnen haben an dem Dezemberabend, den einer der Gäste noch ein halbes Jahrhundert später dokumentiert. Wer freilich was sagte, bleibt unserer Vorstellung überlassen.

Heine wendet sich zur Seite und blickt ihn funkelnd an. «Ah! Sie müssen einer dieser Flöhe sein, die Germania, die alte Bärin, auf Paris ausgeschüttet hat! Wie ... mich!», fügt er mit etwas abgetönter Stimme hinzu, ehe irgend jemand beleidigt sein kann, «und wie diese deutschen Hungerleider da!» Denn soeben betreten auch Heinrich Laube und seine Iduna das Lokal, scheu und verlegen hinter ihnen ein Mann etwa in Wagners Alter. Heine verneigt sich vor Iduna, ihre Hände nehmend, dann umarmt er den anderen Heinrich, dann wendet er sich den Wagners ganz zu, stellt, nun ganz ohne Spott, seine Frau Mathilde und sich ihnen vor, um sofort zur Katastrophe des Tages zurückzukommen: «Paolo hat keinen Steinbutt! Morgen ja, aber heute: Nein! Seit Tagen hungere ich diesem Steinbutt und seiner Weißweinsoße entgegen. Aber was rede ich da, für uns deutsche Flöhe genügt auch ein Kotelett. Mögen Sie Kotelett?», wendet er sich an den verlegenen jungen Mann, der ein «aber gewiss» stammelt, Heine anstarrt wie ein Weltwunder, sich dann fasst und als Pecht vorstellt, Friedrich Pecht aus München. «Er ist Maler, ein famoser Porträtist», hilft ihm Laube aus der Verlegenheit, «er arbeitet bei ... bei ...» «Delaroche», sagt Pecht, und das ist für längere Zeit sein letztes Wort in dieser Runde, von der wir durch ihn wissen. «Delaroche», meint Heine, «der Hofmaler aller geköpften Majestäten! An denen mangelt es den braven Deutschen, da werden Sie was lernen. Kommen Sie, lassen Sie uns alle ein paar Dutzend Austern hinrichten!»

Heinrich Heine, erinnert sich Pecht, «sprach fast nie zusammenhängend, sondern machte nur immer Ausfälle und unendlich drollige Bemerkungen, besonders wenn er durch Widerspruch gereizt ward. Auch brachte er offenbar immer schon einige kostbare Witze fertig mit und leitete die Unterhaltung dann so, daß er sie wirksam anbringen konnte. Da Laube auch Meister in scharf zugespitzter Sprechweise war, Wagner aber im sprudelnden Erzählen seinesgleichen suchte, so war das Gespräch dieser durch die schönen Frauen und den guten Wein animierten Männer wohl eines der glänzendsten, die ich je gehört.» Heines junge Lebensgefährtin, findet der Maler, «trug zunächst einen glänzenden Sieg über die beiden deutschen Frauen davon. Toll, naiv-anmutig und unwissend wie ein Kind, verdunkelte sie sowohl die unendlich geistvolle, aber ziemlich verblühte Frau Laube» – die übrigens erst 31 Jahre alt ist und einen zweijährigen Sohn hat – «als die seelengute, aber auch etwas hausbackene Frau Wagner.»

Austern, nehmen wir an, sind vorrätig, das Dutzend nachweislich zu sechzig Centimes, die Flasche Sauternes dazu nur drei Francs. Das sei doch besser als der Stockfisch, den Meyerbeer bevorzuge, sagt Heine schlürfend. «Er isst Stockfisch?», sagt Wagner erstaunt. «Aber ja! Wenn er nicht mit Gästen rechnet. Ich überraschte ihn einmal mit diesem trockenen Zeug und gab vor, ich hätte schon gegessen ...» Sie kommen ins Reden über den rätselhaften, reichen, bescheidenen Mann, vor allem aber kommt nun Wagner ins Reden, dem es über Heines Elan und Spottlust zuerst die Sprache verschlug. Da die anderen, von Minna abgesehen, nicht viel von Musik verstehen, erzählt er noch einmal von der abenteuerlichen Seefahrt, reicher ausgeschmückt, er stellt es nun so dar, dass er an Heines Erzählung vom «Fliegenden Holländer» sofort dachte, als sie in einen norwegischen Fjord einliefen, und während Heine, geschmeichelt, jetzt nichts zu kommentieren weiß, sagt Iduna Laube ironisch, vielleicht habe er, Wagner, ja die ganze Seefahrt nur unternommen, um seine nächste Oper daraus zu machen. Minna blickt sie tadelnd an, solcher Spott ist ihr fremd. Und Mathilde, Heines Frau? Sie schwelgt in Austern und gleicht, wie der stille Maler Pecht nicht ohne Neid findet, selbst einem Schaugericht, entzückend, wie sie ist, mit ihrem «wundervoll samtartigen Teint». Dem deutschen Gespräch kann sie nicht folgen, doch mit Iduna, die rechts neben ihr sitzt und ihr vertraut ist, unterhält sie sich, auf französisch, und immer wieder beugt sich Heine liebevoll zu ihr und fasst ihr aus Wagners uferloser Erzählung etwas so zusammen, dass sie hemmungslos lacht. Dann blicken die deutschen Gäste am Nebentisch, deren Unterhaltung über dem Mitlauschen ohnehin zum Erliegen gekommen ist – Pecht vermerkt das Interesse der Umsitzenden mit Stolz – noch erstaunter herüber, und Heine blickt Mathilde um so zärtlicher an.

Pecht und die Wagners wissen kaum etwas über diese Liebe und diese Frau, über Augustine Crescence Mirat, wie sie eigentlich heißt, die 24-jährige Lebensgefährtin des 42-jährigen Heine. An sechs Tagen der Woche besucht sie ein Mädchenpensionat im Vorort Chaillot, um mit Verspätung all das zu lernen, was dieser Schuhverkäuferin ohne geringste Schulbildung versagt blieb, einer «Grisette», wie man in Paris alleinstehende und als wenig ehrbar geltende junge Frauen nennt. Französisch, Geographie, Geschichte, gute Manieren, Haushaltsführung sollen, so wünscht es Heine, aus seiner ungeschliffenen Geliebten eine Bürgerin machen, wie die Kleider, mit denen er die junge Frau verschwenderisch ausstaffiert. Auch Deutsch soll sie lernen. Ihr ist nach fünf Jahren wilder Ehe noch immer nicht klar, dass sie mit einem der bedeutendsten Dichter und Journalisten dieser Zeit zusammenlebt, aber der erzählt – man ist längst beim Kotelett à la Provençale, mit Knoblauch scharf gewürzt – begeistert,

Mathilde kenne die Reihe der ägyptischen Könige schon besser als er selbst.

«Und Sie», wendet er sich jäh wieder an Wagner, «wollen also da reüssieren?» Er deutet nach links, zur Oper hin. «Mein ‹Rienzi›», sagt Wagner, «hat Herrn Meyerbeer sehr gefallen, als ich ihm daraus vorspielte.» Heine faltet andächtig die Hände. «Schlesinger im übrigen», fällt Wagner da noch ein, «will die Grenadiere drucken, die ich soeben nach Ihrem Gedicht komponiere.» «Das werden Sie ihm zweifellos bezahlen müssen», meint Heine. «Kennen Sie den alten Dessauer? Er hat für einige Liederkompositionen immerhin ein Honorar von Schlesinger erhalten. Eine goldene Uhr. Sie ging nicht, und Dessauer ging damit zu Schlesinger. Und was sagt der ihm? Habe ich gesagt, sagt er, dass sie gehen wird? Gehen Ihre Kompositionen? Es geht mir mit Ihren Kompositionen, wie es Ihnen mit meiner Uhr geht. Sie gehen *nicht*.» Heine lacht kurz und hell, dann meint er: «Seien Sie getrost, Herr Wagner. Er versucht sogar, Meyerbeer hereinzulegen. Und Chopin hat er verloren. Und doch, der klingende Baum der Musik blüht, obgleich Herr Schlesinger alle Woche daran pisst. Auf Ihr Glück in Paris!» Er hebt das Glas mit Médoc aus der mittlerweile vierten Flasche, dann folgen Eisdessert und Käse und eine Rechnung, die mit leicht umwölkter Stirn Heinrich Laube übernimmt, und schließlich verteilen sich alle sieben im Pariser Winterabend, wo die Gaslaternen mit ihren rotgelben Flämmchen sich wie blinkende Schnüre am Boulevard des Italiens entlangziehen.

Im neuen Jahr 1840 bemüht sich Wagner um Hector Berlioz, was bei Schlesinger nicht schwierig ist, dort gehen Musiker ein und aus wie in einem Taubenschlag, umgeben vom behaglichen Aroma der Zigarren des Chefs. Die «Zwei Grenadiere» zur französischen Übersetzung sind gedruckt, nebst Widmung an Heine. 50 Francs schuldet er Schlesinger dafür; ein Exemplar überreicht er Berlioz, wie ein Schüler dem Lehrer und in der Hoffnung, sein Freund zu werden. Natürlich macht er ihm, mühsam vorbereitete Worte sagend, Komplimente zu «Roméo». Der kurze Blick des andern, in Eile wie immer, aus durchdringend hellen blauen Augen, erreicht ihn wie von einem fernen Planeten. Die Reaktion auf das umfängliche, szenenhaft angelegte Werk ein paar Tage später, als Wagner ihn beharrlich darauf anspricht: Er, Berlioz, spiele nur ein wenig Gitarre und könne sich das Lied auf dem Klavier nicht vorspielen. Das von einem, der sich den Klang eines hundertköpfigen Orchesters imaginieren und das Unerhörte realisieren kann! Die «Grenadiere» sind ihm offensichtlich keine Lektüre wert – oder kein kollegiales Wort dazu. Wagner wird aber noch feststellen, dass Berlioz rückhaltlos loben kann, auch ihn.

Ein paar Schritte von Schlesingers Geschäft befindet sich das des Schneiders Buisson, Rue de Richelieu 104, mit dem es eine besondere Bewandtnis hat. Nicht, weil Wagner dessen Auslagen mit Interesse gemustert haben dürfte wie jeden anderen Ausstatter an der Rue de Richelieu auch – seine vier Paar Glacéhandschuhe aus Riga sind sicher längst verschlissen, und für die Wohnung, die er in dieser Gegend ins Auge gefasst hat, könnte er Seide, Atlas, Damast und Musselin gut brauchen. Nein, hier hält sich einer auf, der die Kunst des Schuldenmachens schon viel weiter getrieben hat. Bullig, bärtig, um die vierzig, nachlässig gekleidet, im Arbeitsrock mit weiten Hosen, die Lederzungen aus den Schuhen heraushängend, stürzt er oft aus diesem Haus. Auch am Théâtre de la Renaissance könnte Wagner ihn gesehen haben, Meyerbeer einen Gruß zuwerfend. Es ist fast erstaunlich, dass nirgends eine persönliche Begegnung zwischen Honoré de Balzac und Richard Wagner dokumentiert ist, die sich die guten Bekannten Heine und Meyerbeer ebenso teilen wie einen ruinösen Hang zum Luxus – und die am nördlichen Ende der Rue de Richelieu beide so häufig unterwegs sind im Frühjahr 1840. Beim Schneider Buisson nämlich unterhält Balzac eine hübsche kleine Mansarde mit violett bespannten Wänden als Absteige, von der aus er seinen gewaltigen Schuldenberg mit einem Theatercoup aus der Welt schaffen will. «Vautrin» wird am 14. März Premiere im nahen Théâtre Porte St. Martin haben, ein weniger von Balzac als von hilfreichen Freunden in seiner Mansarde hingepfuschtes Dramorama um den Schurken Vautrin aus dem Erfolgsroman «Père Goriot». Es wird ein katastrophaler Reinfall. Die Journalisten haben nur darauf gewartet, sich für die entlarvende Darstellung ihrer Branche in den «Verlorenen Illusionen» zu rächen, sobald der Autor eine Schwäche zeigt. Und die «lächerliche Verunstaltung einer grandiosen Figur», wie Stefan Zweig das Stück charakterisiert, wird dann nicht nur verrissen, sondern auch verboten, weil sich eine weniger grandiose, aber reale Figur veralbert sieht: Im vierten Akt tritt ein General mit der Frisur von Louis Philippe auf, dessen Sohn, der Herzog von Orléans, der Premiere beiwohnt. «Vater, Sie werden im vollbesetzten Theater karikiert! Können Sie das zulassen?»

Den Schriftsteller kann das Fiasko kaum beeindrucken. Allein im vergangenen Jahr hat er außer dem zweiten Teil seiner «Verlorenen Illusionen» fünf weitere Bücher veröffentlicht und im Journal *Le siècle* die ersten zwei Teile des Romans «Béatrix», in dem Richard Wagner ein recht distanziertes Porträt seiner künftigen Schwiegermutter finden könnte, «eine jener Blonden, neben denen die blonde Eva wie eine Negerin erschiene. Sie ist dünn und gerade wie eine Kerze und weiß wie eine Hostie; sie hat ein langes und spitzes Gesicht (...); ihre Stirn ist grandios, aber ein wenig zu kühn; ihre Pupillen von blassem Meergrün schwimmen im Weiß unter dünnen Brauen und schlaffen Lidern. Oft sind ihre Augen umschattet.» Marie d'Agoult ist tief getroffen, als man ihr zuträgt, sie sei das Modell für jene Marquise de Rochefide, die für einen Musiker ihre Familie verlässt. Franz Liszt, das Modell für diesen nur begrenzt genialen Musiker, bestreitet einfach, jemals irgendwo literarisch porträtiert worden zu sein. Die zweite Tochter der beiden, Cosima, ist jetzt zwei Jahre alt.

Balzac! Auch Berlioz kennt, liest, zitiert ihn, etwa in seiner Besprechung der «Fille du régiment» des in Paris allgegenwärtigen Gaetano Donizetti. Jetzt 42 Jahre alt, ist der Italiener vor zwei Jahren an die Seine gezogen; am 11. Februar 1840 wird das ungefähr sechzigste seiner Bühnenwerke uraufgeführt, in der Opéra-Comique, derzeit am Börsenplatz. Berlioz fällt sofort der Infanterist Goguelat aus Balzacs «Landarzt» ein, als er die Handlung ausbreitet: Napoléons Truppen kämpfen in Tirol gegen Österreich, und zwischen den Fronten entwickelt sich, nebst überraschend auftauchender deutscher Marquise, eine Liebesgeschichte, der Berlioz mehr Platz einräumt als dem knappen Verriss der Partitur: «Das ist Musik, wenn man so will, aber keine neue Musik.» Von der Sorte könne man zwei Dutzend pro Jahr hinhauen, und so ähnlich halte es Donizetti ja auch, «der uns zu behandeln scheint wie ein erobertes Land»: Zeitgleich zwei große Werke an der Opéra, zwei weitere am Renaissancetheater, jetzt noch dieses, und für das Théâtre-Italien sei schon das nächste in Arbeit! «Man sollte nicht mehr von den Opernhäusern von Paris sprechen, sondern von denen des Herrn Donizetti», giftet Berlioz, der selbst immerhin an einer größeren Auftragsarbeit sitzt, nämlich einer Sinfonie zum zehnten Jahrestag der Julirevolution von 1830, im Freien aufzuführen auf der Place de la Bastille, wo die Gebeine der Gefallenen unter einem Ehrenmal beigesetzt werden sollen. Das Innenministerium bezahlt ihm 10 000 Francs dafür, von denen der Komponist allerdings auch eine 200 Mann starke Militärblaskapelle bezahlen muss und das Kopieren der Noten.

Ich warte vor der Opéra-Comique, der neuen Salle Favart von 1898, nach verheerendem Brand errichtet an der Stelle des Gebäudes, in dem Donizettis «Fille du Régiment» oft gespielt wurde – und das seinerseits erst 1840 nach einem Brand wiedereröffnet wurde. Noch immer wird hier und mittlerweile rund um den Globus die «Regimentstochter» gespielt, und mit einer der besten *filles* bin ich verabredet. Ich soll sie für ein Opernmagazin zu dieser Rolle befragen. Um zehn Uhr vormittags gegenüber vom Künstlerausgang, hat ihre Agentin gemailt. An der Straßenecke hält ein kleiner grausilberner Wagen, eine Frau steigt aus, der Wagen fährt sofort weiter. Sie ist es, wetterfest gekleidet, kleiner, zierlicher, als ich dachte: Sabine Devieilhe, 31 Jahre alt, *shooting star* der französischen Koloratursoprane. Gehen wir ins Bistro? Aber im 2. Arrondissement ist Paris um diese Zeit erst halb wach, in zwei Läden stehen noch die Stühle auf den Tischen. Sie biegt ohne zu zögern in die Rue St. Marc ein. Witzig, denke ich, da vorn rechts hat Harriet gewohnt, das Haus steht nicht mehr, und schräg gegenüber im Eckhaus ... Sie wird doch nicht *sein* Haus ansteuern? Rue de Richelieu 96, mit dem Ecklokal? Oh doch, das tut sie. Wir gehen hinein, alle Tische sind frei, das Radio an der Theke ist laut. «Wussten Sie, dass Hector Berlioz hier wohnte?» Sie blickt mich ungläubig an: «Nein ...» «Wirklich, unterm Dach!», ich zeige nach oben. Sie bleibt skeptisch.

Was hält sie von seiner Kritik, «La fille du régiment» biete «keine neue Musik»? «Das Neue war», meint sie, «dass ein weiblicher Charakter Hunderte von Männern anführte. Besonders die italienische romantische Musik wurde oft zu Libretti *à l'eau de rose* geschrieben, wie Rosenwasser, sehr süßlich, zu süß! Aber diese Geschichte hatte etwas Neues, dazu noch die hohe Stimme einer Sängerin, die auch Dialoge spricht.» Der Cappuccino ist miserabel, aber das stört sie nicht. «Ich bin froh, dass diese Oper für Paris geschrieben wurde. Marie singt französisch, das bringt sie mir ein bisschen näher! Aber man muss im Kopf behalten, dass es italienische Musik ist und auf der Linie gesungen werden muss.» Was heißt das? «Dass der Text sozusagen in der Melodie gehört werden kann, sodass man ihn auch versteht, wenn man die Sprache nicht kennt.» Sabine Devieilhe kommt aus Ifs, einem Städtchen in der Normandie. Sie und ihre drei Schwestern gingen da zur Musikschule, sie spielte Cello, sang im Chor, «und da war sofort sehr klar für jeden, dass ich ein sehr hoher Sopran war». Später studierte sie Musik in Rennes und wusste immer noch nicht, was sie werden sollte, bis eine Gesangslehrerin den Schatz erkannte und nach drei Jahren das sagte, was man den Begabten in Frankreich seit zweihundert Jahren sagt: «Du musst nach Paris, ans Conservatoire!» Da wohnte sie in einem winzigen Zimmer an der Place de la République, fuhr jeden Morgen mit der Metro zum Studieren und wollte «so bald wie möglich wieder weg». Zu viel Rummel! Aber nun, im November 2017, hat sie hier Mann und Sohn, gerade ein Jahr alt. Hat sich Paris verändert seit dem November 2015, seit dem Terroranschlag auf das Bataclan? «Da war ich in Amsterdam. Wir fühlten alle, dass wir die Zielscheibe waren, die Freien, die Künstler, man fühlte sich verwundbar. Gleich nach der Attacke hatten wir hier in der Philharmonie ein Konzert mit Bach-Kantaten, wir fühlten die Angst in Publikum und Orchester. Das Konzert war magisch, denn keiner im Auditorium hatte sich mit dem Entschluss, zu kommen, leichtgetan. Jeder wusste, warum er da war ... Paris hat sich nicht so geändert, aber ich!» Unmöglich, zu sagen, ob ihre Augen blau oder bernsteinfarben sind. «Um noch mal auf Berlioz zurückzukommen», sage ich, als wir aufstehen, «er hat da oben seine ‹Symphonie fantastique› geschrieben.» «Sind Sie sicher?», sagt sie, jetzt so gefährlich spöttisch, wie sie mitunter auch singt. «Haben Sie mit ihm telefoniert?» «Ja, Boulez hat mir seine Nummer gegeben.» Sie lacht. Mit Witzen kommt man hier weiter als mit Beweisen ...

Während Berlioz 1840 mit seiner Familie in der Rue de Londres 35 wohnt, außerhalb der besseren Viertel und in den Rauchschwaden des gerade vor drei Jahren eröffneten ersten Bahnhofs der Stadt, der Embarcadère de l'Ouest, der späteren Gare St. Lazare, zieht es Wagner aus dem kleinen Hotel garni an eine gehobene Adresse. Die Rue du Helder soll es sein, Nr. 24, drei Straßen westlich von der Oper, der Académie Royale. Obwohl Joly ihn immer wieder vertröstet mit der Audition für das «Liebesverbot», obwohl Berlioz schon Monate zuvor den Ruin des Théâtre de la Renaissance für möglich gehalten hat, vertraut Wagner so sehr auf das Projekt und auf die Protektion Meyerbeers, dass er für 1200 Francs Jahresmiete – das entspricht etwa 800 Euro monatlich – eine Bleibe im 2. Arrondissement bezieht. Günstig, wenn man bedenkt, dass man im Zentrum auch geräumige Wohnungen zum zwölffachen Preis mieten kann; ungünstig für einen, der vorerst vollständig auf das Geld wohlmeinender Freunde angewiesen ist und das Mobiliar erst noch kaufen muss, auf Kredit. Aber wenn selbst Louis Dietsch hier wohnt, der doch nichts weiter als Chordirektor an der Opéra ist! Am 15. April ziehen die Wagners um, vier Treppen hoch.

Mit im Gepäck sind Heinrich Heines erotisch-ironische «Memoiren des Herren von Schnabelewopski», 1834 gedruckt, die Wagner schon beim Essen im *Broggi* erwähnt hat. Es ist die Sage vom «Fliegenden Holländer», dem verfluchten Kapitän, der sich in Katharina, Tochter eines schottischen Kaufmanns, verliebt und nach vielen hundert Jahren endlich sterben kann, da sie ihm als erste Frau treu bis in den Tod ist, «die Frau fliegende Holländerin», wie Heine spottet, dessen Erzähler sich mitten in der Sage mit einer ganz anderen Holländerin auf dem Sofa vergnügt. Wagner interessiert sich vor allem für die Erlösung und die Küste. Die Ironie lässt er weg, einen Seesturm und einen Verlobten für die Kaufmannstochter fügt er hinzu in einer Prosaskizze, die in der neuen Wohnung entsteht. Und es ist wohl Heine selbst, der ihm bei der Übertragung ins Französische hilft. Den Text schickt Wagner am 6. Mai 1840 an Eugène Scribe, den einflussreichen Librettisten, und parallel komponiert er schon mal die Lieder der schottischen Matrosen und der Holländermannschaft, dann auch Sentas Ballade. Er hofft jetzt wieder ganz auf die Opéra, denn kurz nach dem Umzug ins behagliche Domizil hat ihm Anténor Joly vom Renaissancetheater dessen «nächstens bevorstehenden Banquerot» ziemlich klargemacht.

So schreibt es Wagner verzweifelt dem «innig verehrten Herrn und Meister» Meyerbeer, seit Mitte Dezember unterwegs in deutschen Landen. «Ich bin auf dem Punkte, mich an Jemand verkaufen zu müssen, um Hülfe im substantiellsten Sinne zu erhalten. Mein Kopf u. mein Herz gehören aber schon nicht mehr mir, – das ist Ihr Eigen, mein Meister; – mir bleiben höchstens nur noch meine Hände übrig, – wollen Sie sie brauchen? – Ich sehe ein, ich muß Ihr Sclave mit Kopf und Leib werden, (...) Ich werde ein treuer, redlicher Sclave sein, – denn ich gestehe offen, daß ich Sclaven-Natur in mir habe; (...) Bringen Sie mich wieder in den schönen Winter hinein, vielleicht zahle ich da schon Zinsen! (...) Göthe ist todt, – er war auch kein Musiker; mir bleibt Niemand als Sie. Ein fünf u. zwanzig hundert Franken werden mir in den nächsten Winter helfen; – wollen Sie sie mir leihen?» Meyerbeer hilft erneut, von ferne diesmal, mit Geld und mit einem Kontakt zum neuen Direktor der Opéra. Und vielleicht auch mit sanftem Druck auf Schlesinger, der nun doch Arbeit für Wagner hat.

Zunächst für den Feuilletonisten Wagner, der in der *Gazette musicale*, der wichtigsten französischen Musikzeitschrift, mit dem Aufsatz «De la musique allemande» debütieren darf, auf zwei Juliausgaben verteilt. Die Hälfte des Honorars von etwa 100 Francs geht an den Übersetzer, mit der andern zahlt der Autor die Druckkosten für sein Lied von den Grenadieren ab. «Jedem fremden Einflusse», schreibt er da, unterlägen die Deutschen in der Musik «schneller und beinahe schwächer», «als es wiederum zur Aufrechterhaltung einer gewissen Selbstständigkeit gut ist.» Nach der Schilderung lobenswerter deutscher Eigenheiten, zu denen er idealistisches Desinteresse an Geld und Ruhm zählt, kommt er zu der Überzeugung: «Der deutsche Genius scheint fast bestimmt zu sein, das, was seinem Mutterlande nicht eingeboren ist, bei seinen Nachbarn aufzusuchen, dies aber aus seinen engen Grenzen zu erheben und etwas Allgemeines für die ganze Welt zu schaffen.» Vielleicht sieht er sich schon in einer Reihe mit den von ihm genannten Heroen Bach, Mozart und Beethoven.

Einstweilen verarbeitet er im «Rienzi» die Pariser Eindrücke. Orchester solcher Größe wie hier hat er zuvor nicht erlebt, das ist den Akten drei bis fünf anzuhören, die bis Jahresende in der Rue du Helder entstehen – in einer Wohnung, für deren Einrichtung er um die 2500 Francs ausgegeben hat und die schon jetzt nur gehalten werden kann, indem der bessere Teil untervermietet wird an deutsche Touristen, denen Minna das Frühstück zubereitet. Im Winter ist das Geld dann so knapp, dass man den Untermieter, einen flötespielenden deutschen Kaufmann, anpumpt und nur noch im Schlafzimmer heizt.

In «Mein Leben» wird Wagner später Schlesinger vorwerfen, seine «hilflose Lage» ausgenutzt und ihn für demütigende Arbeiten schlecht bezahlt zu haben. Doch zum einen wird Wagner bis zu seiner Abreise nach Dresden im April 1842 sechs große Feuilletons und Musikernovellen veröffentlichen, verteilt auf vierzehn Ausgaben der *Gazette musicale*, die ihm – wie er damals noch gern zugibt – «nicht wenig geholfen» haben, «in

Paris bekannt und beachtet zu werden». Vor allem aber wird er für mehrere Klavierauszüge und Arrangements fürstlich bezahlt. Zuerst geht es um Donizettis neue Oper «La favorite», am 2. Dezember 1840 mit großem Erfolg aufgeführt. Für den vollständigen Klavierauszug, Korrekturen der Partitur und weitere fünf Bearbeitungen des Werkes soll Schlesinger ihm 1400 Francs gezahlt haben, es sind aber fast 2000. Pro Bearbeitung gibt es also etwa 300 Francs für den unbekannten Deutschen, immerhin die Hälfte dessen, was der weltberühmte Chopin von Schlesinger für seine letzte Klaviersonate und ein kleineres Werk erhalten hat. Weitere Aufträge kommen dazu, die Wagner nicht erwähnt. Wenn man sie und die Gaben der Freunde und Helfer zusammenrechnet, hat er von Januar 1840 bis April 1842 im Schnitt ein höheres Jahreseinkommen als ein Lehrer am Conservatoire – mehr als 3000 Francs.

Das hilft einem aber nicht, der durch aufwendige Möblierung und ungeschickten Umgang mit Krediten am Ende des Jahres 1840 Schulden in Höhe von 6000 Francs hat. Es «waren nun einige Wechsel fällig geworden, welche ich nach Pariser Gewohnheit für die Einrichtung meiner Wohnung seinerzeit ausgestellt hatte. Irgendeine Rettung erwartend, mußte ich zunächst versuchen, die Inhaber der Wechselbilletts zur Stundung zu überreden; da solche Wechsel als Kommerz-Papiere durch vielerlei Hände gehen, hatte ich in den verschiedensten Quartieren die Betreffenden aufzusuchen; an dem genannten Tage galt es, einen Käsehändler in einem fünften Stock der *Cité* zu beschwichtigen.» Wagner weiß, wovon er schreibt, als er sich im Januar 1841 an den Esstisch neben dem Ehebett im einzig beheizten Zimmer setzt, um in einem neuen Text für Schlesinger einen Musiker verhungern zu lassen – sich selbst.

«Un musicien étranger à Paris» ist ein Selbstporträt, ein erbarmungsloses, zynisches, im Stil von Heine inspiriert. Da gibt es den Neufundländer, da gibt es die wahnwitzige Zuversicht, in einem Jahr diese Stadt erobern zu können, und die Geldnot. «Ich bin arm, in wenigen Wochen ohne Sou. Was aber tut das? (...) Ich werde meine Lieder zu Gehör bringen», erklärt der Zugereiste dem amüsiert lauschenden Ich-Erzähler, «und vielleicht dürfte auch mir das Glück zuteil werden, das bereits so manchem zuteil ward, – nämlich durch eine ähnliche anspruchslose Komposition die Aufmerksamkeit eines der gerade anwesenden Direktoren der hiesigen Opern in einem Grade auf mich zu ziehen, daß er mich mit dem Auftrage zu einer Oper beehrt.» Der Erzähler muss über so viel Naivität so lachen, dass er dem Hund versehentlich auf die Pfote tritt. Für dieses eine Mal scheint Wagner sich selbst von außen sehen zu können. Der Neufundländer in seiner Geschichte wird später – wie Robber – spurlos verschwinden und gespenstisch wieder auftauchen, während sein Besitzer dem Wahnsinn verfällt und am Ende in einer Absteige in Montmartre verhungert. Das wäre in Paris kein ungewöhnliches Schicksal. Die Armut wächst, der Hunger. Es gibt Männer, die sich das verweste Fleisch von der Müllhalde in Montfaucon holen, Frauen, die auf der Straße entkräftet zusammenbrechen.

Um nicht noch mehr Schulden zu machen, will Wagner die Wohnung kündigen. Da er das einen Tag zu spät erledigt, muss er für ein weiteres Jahr Mieter bleiben, darf die Zimmer aber, samt teurem Mobiliar, an eine Familie untervermieten, während er, Minna und der inzwischen ebenfalls mittellose Hobbyflötist Brix aufs Land ziehen, nach Meudon. Der Ort liegt zehn Kilometer südwestlich von Paris an der Eisenbahnlinie nach Versailles, die im September 1840 eröffnet worden ist. Die Züge von der Barrière de Maine, gut 40 Stundenkilometer schnell, brauchen für die zehn Kilometer bis Meudon eine Viertelstunde. Auch das ist ein Grund für Wagners Wahl, der sich seine Schwester

Cäcilie anschließt: Die Sommerfrische verbringt sie mit ihrem Mann in der Nachbarschaft. Seine anhaltende Finanznot vertraut der Musiker aber nicht ihr und dem wirtschaftlich abgesicherten Schwager an, sondern um so ausführlicher seinen Memoiren. «Da wir gänzlich ohne Geld waren, machte ich mich mit Tagesanbruch zu Fuß – denn ein Platz auf der Eisenbahn war nicht zu bezahlen – nach Paris auf, um dort den ganzen Tag über, von Straße zu Straße mich schleppend, der Möglichkeit, fünf Franken aufzutreiben, nachzujagen, bis ich am späten Nachmittage, ohne auch nur den mindesten Erfolg erzielt zu haben, wiederum auf die qualvolle Fußreise nach Meudon zurück mich zu begeben genötigt war. (...) Immerhin blieb uns nun noch die Hoffnung, daß mein Untermieter *Brix*, welcher durch sonderbare Schicksale jetzt zu unsrem Unglücksgenossen geworden, von seinem gleichfalls am Morgen unternommenen Streifzug nach Paris mit jedenfalls einigem Erfolg doch zurückkehren müßte. Endlich kam auch dieser schweißtriefend und erschöpft zurück, von dem Bedürfnisse einer Mahlzeit getrieben, welche er sich in der Stadt nicht hatte verschaffen können, da er nicht einen der von ihm aufgesuchten Bekannten angetroffen hatte; flehentlich bat er nur um ein Stück Brot.»

Was der spätere Wagner nicht erwähnt, ist ein gutgelaunter Bettelbrief an Schlesinger, den der Verleger mit 100 Francs Vorschuss beantwortet. In der Ferne wirkt derweil Meyerbeer für ihn, der schon im März dem Dresdner Intendanten Adolph von Lüttichau geschrieben hat: «Ihre Exzellenz werden mir vergeben, wenn ich Sie mit diesen Zeilen belästige, ich erinnere mich aber Ihrer steten Güte für mich zu lebhaft, um einem jungen, interessanten Landsmann es abschlagen zu dürfen, wenn er, mit vielleicht zu schmeichelhaftem Vertrauen auf meine Einwirkung bei E.E., mich bittet, sein Anliegen mit diesen Zeilen zu unterstützen ... Sein größter Wunsch ist, die Oper ‹Rienzi› ...

auf die neue Königl. Bühne in Dresden zur Aufführung zu bringen. Einzelne Stücke, die er mir daraus vorgespielt, fand ich phantasiereich und von vieler dramatischer Wirkung ...» Ende Juni 1841 sagt der Theaterchef in Dresden zu. Der neue Pariser Intendant Léon Pillet, dem Meyerbeer seinen Schützling schon im vorigen August persönlich vorgestellt hat, möchte von Wagner zwar keine Oper, kauft ihm aber im Juli für 500 Francs den Entwurf zum «Holländer» ab, der ein Jahr zuvor entstand. Komponist seiner Wahl ist derselbe Pierre-Louis Dietsch, der schon die Chöre für «Roméo et Juliette» einstudierte, der neuerdings an der Opéra dirigiert und dessen «Geisterschiff» («Le vaisseau fantôme») nach Wagners Vorlage im November 1842 uraufgeführt wird. Freilich in so karger Ausstattung, dass die Pariser nicht einmal ein Schiff auf der Bühne sehen. Der kurze Dreiakter, wenngleich von der Presse gelobt, verschwindet nach elf Vorstellungen vom Spielplan. Doch Dietschs und Wagners Wege werden sich wieder kreuzen.

Die gute Nachricht aus Dresden, die 500 Francs für den Entwurf, die Gewissheit, dass ein Kollege diesen Entwurf mit eigenem Libretto in Töne setzen wird und ihm zuvorkommen könnte, das frisch gemietete Klavier, ohne das Wagner nicht komponieren kann – all das führt dazu, dass unfern einer Bahnstation an der Seine in sieben Wochen der «Fliegende Holländer» fertig skizziert ist, bis auf die Ouvertüre. So pausenlos, wie Wagner arbeitet, gehen auch die Aufzüge ineinander über. Wie sein Titelheld steht der Komponist unter größtem Druck, wie dem Holländer bleibt ihm nur ein kleines Zeitfenster: Fertig werden, solange das Geld reicht, während Minna im Wald von Meudon Pilze sammelt. Die Identifikation mit dem Holländer geht freilich viel weiter. Hier kann er sich als Außenseiter gestalten, aber einen, der schon Legende ist, ehe das Stück beginnt. Einen festen Wohnsitz hat der Holländer so wenig wie

sein Komponist, aber bei ihm steht hinter der Not ein Teufels
pakt und nicht eine Reihe banaler Missgeschicke in einer Mil
lionenstadt.

Hier wird das Scheitern Größe haben. Dieses *alter ego* wird
nicht in einer Dachkammer verhungern, sondern mit Mann
und Maus und großem Spektakel vor großem Publikum im
Meer versinken, während die liebende Frau gleich hinterher
springt. Für den Fall, dass die Erlösung durch ihren Opfertod
ausbliebe, bleibt dem Holländer der Jüngste Tag: «Dann werde
ich in Nichts vergehn. Ihr Welten, endet euren Lauf!» Darin er
kennt sich Wagner noch ein Jahrzehnt später, als er in einer wei
teren Finanzkrise ein «Holländer»-Zitat an Franz Liszt schreibt
und darunter: «Für mich giebt's keine Erlösung mehr, als – der
Tod! O, wie glücklich, träfe mich der im Meersturme, – und
nicht auf dem Siechbett!!! Ja – im Brand Walhalls möchte ich
untergehen!» Zur Todessehnsucht kommt im «Holländer» das
Tempo, die Nervosität einer Gesellschaft im Übergang, wie sie
Wagner in Paris erlebt, einer Welt, in der die sozialen Spannun
gen so rasch wachsen wie die Schienenstränge der neuen Eisen
bahnen. Das alles schießt in der Partitur zusammen, auch die
grellen und fahlen Orchesterfarben von Meyerbeer und Berlioz,
die Rhythmen von Dampfmaschine und Donizetti, die Sehn
sucht nach einer Welt der Mythen – und das Porträt des Künst
lers als eines durch die Jahrhunderte segelnden Genies, das die
fadenscheinige Zivilisation durcheinanderbringt.

«Der Concierge der *rue du Helder* meldete sich bei uns mit der
Nachricht, daß die heimliche Familie, welche bisher unsre Woh
nung uns abgemietet hatte, wieder ausgezogen sei und daß wir
jetzt wieder für den Mietzins aufzukommen hätten. Ich mußte
nun erklären, in keinem Falle mich um die Wohnung mehr be
kümmern zu wollen und dagegen es dem Hausbesitzer zu über
lassen, durch den Verkauf unseres zurückgebliebenen Mobiliars

sich zu entschädigen. Dies wurde denn unter den empfindlichsten Verlusten aller Art vermittelt, und das Mobiliar, für welches ich noch den größten Teil der Bezahlung schuldete, ward für die Miete einer von uns nicht mehr benutzten Wohnung dahingegeben.» Ende Oktober ziehen Wagners zurück nach Paris in ein Hinterhaus, eine kleine und kalte Wohnung, Rue Jacob 14, und hier entsteht das fehlende Stück, die Ouvertüre, in der uns vom ersten Takt an das Drama mit voller Wucht trifft: Hier hat einer sein Thema und seine Sprache gefunden.

Schon am 20. November 1841 schreibt Wagner an Meyerbeer, der in Berlin ist: «Ich habe soeben eine kleinere Oper: ‹Der fl. Holl.› vollendet ...»; das Unikat sendet er mit. Am 7. Dezember begibt sich Meyerbeer persönlich zum Berliner Generalintendanten Graf von Redern, um ihm die Partitur zu empfehlen, zwei Tage später schickt er sie: «Ich hatte vorgestern bereits die Ehre, Sie von diesem interessanten Tondichter zu unterhalten, der durch sein Talent und seine äußerst beschränkte Lage doppelt verdient, daß die großen Hoftheater als offizielle Beschützer deutscher Kunst ihm nicht ihre Szenen verschließen.»

Mit seiner konsequenten Unterstützung erwirbt sich Giacomo Meyerbeer die ganz besondere Form der Anerkennung seines selbsternannten «Sclaven». Schon im Januar 1842 bezeichnet Richard Wagner seinen «Protector» in einem Brief an Robert Schumann als «absichtlich schlauen Betrüger». Dann vergehen noch acht Jahre bis zu der unter Pseudonym veröffentlichten Schrift «Das Judenthum in der Musik», in der «jener berühmte Opernkomponist», den jeder Leser zu identifizieren weiß, zum zentralen Exempel für Wagners antisemitische These gemacht wird: «Sehr natürlich gerät im Gesange, als dem lebhaftesten und unwiderleglich wahrsten Ausdrucke des persönlichen Empfindungswesens, die für uns widerliche Besonderheit der jüdischen Natur auf ihre Spitze, und auf jedem Gebiet

der Kunst, nur nicht auf *dem*, sollten wir, einer natürlichen Ausnahme gemäß, den Juden je für kunstbefähigt halten dürfen.»
Wagners vollständige Polemik würde in diesem Buch 26 Seiten
umfassen; sie erschien in zwei Ausgaben der *Neuen Zeitschrift für
Musik*. Die hatte nicht viele Leser – auch Meyerbeer war offenbar nicht unter ihnen –, wohl aber die Ausgabe als Buch, 1869
unter dem Namen des schon berühmt gewordenen Autors, der
seinen Antisemitismus allenthalben offensiv vertrat.

Der 7. April 1842 ist in Paris ein schöner Frühlingstag. Richard und Minna Wagner nehmen Abschied von ihren deutschen Freunden Anders, Lehrs und Kietz und besteigen eine
Diligence. Ein preiswertes Transportmittel – eine Kutsche für
fünfzehn Personen, von fünf bis sechs Pferden gezogen, mit
nummerierten Plätzen, mit Postillon und *conducteur*, die für gut
12 Kilometer pro Person sechs Sous erhalten, gut zwei Euro, einschließlich 25 Kilogramm Gepäck. Mehr werden die Wagners
auch kaum dabeihaben. Fünf Tage später erreichen sie Dresden,
wo im selben Jahr eine knappe «Autobiographische Skizze» entsteht, mit dem Fazit: «Unwillkürlich drängte sich mir die Ansicht auf, daß sonderbarer Weise Paris mir vom größten Nutzen
für Deutschland gewesen sei.» Viel später hat es Wagner der
Stadt nicht verziehen, dass hier seine Selbstfindung als Künstler
stattfand, unter der Erfahrung des Mangels ebenso wie unter
überwältigenden Eindrücken der Musik seiner Zeitgenossen –
und der Metropole. In «Mein Leben» erscheinen die zweieinhalb Jahre an der Seine als Folge grotesker und demütigender
Erlebnisse zwischen Gescheiterten, Gaunern und künstlerisch
bestenfalls fragwürdigen Kollegen. Am allerwenigsten aber ver-
zieh er dem, der ihm «unendlich viel für meine ganze Laufbahn, für mein ganzes Leben» geholfen hatte, um es mit den
hoffnungsvollen Worten aus Wagners erstem Brief an Giacomo
Meyerbeer zu sagen – den Vater seiner Karriere.

KAPITEL 4

Chopin, Barrikaden und ein Prophet

1846 – 1849

Chopin verliert George Sand, flieht vor der
Revolution und fährt mit Delacroix spazieren.
Meyerbeer lässt einen marxistischen Prophe-
ten in der Oper elektrisch beleuchten.

D ie Ecke neben dem Tischchen in seinem Zimmer ist
schon leer und liegt im Schatten. Novembersonne, tief
stehend zwischen entblätterten Bäumen im Park, fällt auf das
kleine Sofa gegenüber. Viereinhalb Monate war der Flügel hier
in Nohant für ihn da, geflammtes helles Mahagoniholz, Pleyel
Nr. 12 881, nun schon verpackt, unten in der Halle wartend. Der
wird morgen ebenfalls zurück nach Paris reisen, Camille Pleyel
will ihn verkaufen. Wie leer es sich anfühlt, dieses Zimmer, das
er vor sieben Jahren zum ersten Mal bezog. Und wie still es ist.
Die Musikmanuskripte hat er schon vor Wochen abgeschickt
bis auf die Skizzenblätter zur Cellosonate, mit der er noch nicht
zufrieden ist. Lorka hat die drei Mazurken mit nach Paris genommen, die er ihr widmete, obwohl er nicht sicher ist, ob sie
wirklich gut sind. Die Zeit wird das zeigen.

Er musste und wollte ihr etwas widmen und mitgeben, der
Löwin Lorka, deren Mann sich vor ihren Augen eine Kugel
in den Kopf schoss, von Eifersucht gequält. Das war vor fünfzehn Jahren, aber immer noch, Mitte dreißig jetzt, ist sie so

schön, dass die Herrin von Nohant sie mit eisiger Höflichkeit behandelt hat. Natürlich auch, weil er sich mit Lorka, mit Laura Czosnowska, in seiner Muttersprache «sattreden» konnte, wie er das nennt. Als sie fort war, hätte er gern Nowak eingeladen, den Landsmann und Kollegen Józef Nowakowski, doch der war hier unerwünscht. Über Lorka machten nach deren Abreise George Sand, die Herrin des Hauses, wie er sie in Briefen nennt, und ihr Sohn Maurice zunehmend gehässige Scherze, «und da mir das nicht gefiel, fällt jetzt kein Wort mehr über sie», hat Frédéric Chopin seiner Familie geschrieben.

«Den Grad seiner Wut konnte man nur an dem seiner eisigen Höflichkeit erkennen. Dann war er wirklich unausstehlich … Dann entwickelte er Esprit, einen falschen und brillanten Esprit, um diejenigen zu quälen, die er liebte. Er spöttelte, war geschraubt, geziert, von allem angewidert. Er schien ganz sanft zu beißen, zum eigenen Vergnügen, aber die Wunden, die er hinterließ, gingen bis ins Innerste. Und wenn er nicht den Mut hatte, zu widersprechen und zu spotten, verschloss er sich in verachtendes Schweigen, in betrübtes Schmollen.» Darin hat er sich nicht wiedererkannt, als George, seine Aurore, aus ihrem neuen Roman vorlas, in diesem Sommer 1846, in rasender Geschwindigkeit schreibend wie immer. Er war glücklich, dass auch Eugène Delacroix da war, im August, man saß draußen am großen steinernen Tisch unter der Kiefer, und die Autorin las, wie so oft, aus einem entstehenden Werk vor, dieses Mal aus «Lucrezia Floriani». Eine 30-jährige italienische Schauspielerin, berühmt und hinreißend schön, von ihren Liebhabern enttäuscht, hat sich mit ihren Kindern auf das Schlösschen ihrer Vorfahren zurückgezogen, begegnet dort dem sechs Jahre jüngeren, engelhaft zerbrechlichen Prinzen Karol, verliebt sich in ihn, umsorgt ihn und muss nach erstem Rausch erkennen, dass er intolerant, hochmütig und eifersüchtig ist. «Ich saß wäh-

166

rend dieser Lektüre wie auf heißen Kohlen», erinnert sich der Maler Delacroix. «Der Henker und das Opfer erstaunten mich gleichermaßen. Frau Sand erschien vollkommen ungezwungen, und Chopin bewunderte unaufhörlich die Erzählung.» Ob er dabei Komödie spielte? «Nein, wirklich; er hatte nicht begriffen …»

Er zeigt nie, dass er verletzt ist. Als die Herrin des Hauses gegenüber Lorka von seiner, Frédérics Schwester Ludwika sagte, die sei «hundertmal besser als er», hat er lächelnd erwidert: «Das glaube ich gern.» Beim ersten Mal jedenfalls, denn sie sagte es häufiger. Dann zog er sich zurück, nicht in verachtendes Schweigen, sondern an den Flügel hinter der gepolsterten Tür gegenüber der Treppe, durch zwei hohe Fenster nach Süden blickend, in die Welt seiner Cellosonate und der großen Polonaise-Phantaisie, in die «espaces imaginaires», wie er sie nennt, oder auch seine «seltsamen Fernen».

Endlich ist diese Musik fertig, rund zwölf Monate nach den ersten Skizzen, noch in diesem Jahr wird sie in Paris, London und Leipzig erscheinen, gestochen nach seinem spinnwebfeinen, glasklaren Manuskript, neun Seiten lang. So fremd hat noch kein Stück von ihm begonnen, mit einem so magischen Portal. Große Akkordpaare, as-Moll zu Ces-Dur, Ges-Dur zu Heses-Dur, eine archaische Sequenz im *allegro maestoso*. Diese Säulen schweben im Nebel, sie beziehen sich auf keine Tonart, nur auf das Motiv der absteigenden Quarte in der rechten Hand, dieses nicht klagende, aber keineswegs fröhliche Motiv über dem jeweils ersten Akkord, während aus dem zweiten Akkord eine weite Linie sich hebt, keine Verzierung, eher ein Gedanke, und von Chopin noch feiner, mit noch kleineren Notenköpfen hingeschrieben, als würde das *piano* nicht genügen, das bei ihm ohnehin *pianissimo* bedeutet. Von da geht es auf einen Weg, fünf Takte, kurz und ereignisreich; man kann die

Folge der Harmonien erst erkennen, wenn man ihn gegangen ist, um nun zwischen den nächsten der im Nebel schwebenden halb durchsichtigen Säulen zu stehen, weniger Ruinen als große Anfänge eines nie beendeten Palastes, zwischen denen ein anderer Wald gewachsen ist als im großen Park von Nohant. Sie bilden das Schwesterportal, höher gelegen, diesmal gefügt aus es-Moll und Ges-Dur, aus Des-Dur und Fes-Dur, was auf einem Klavier nichts anderes ist als E-Dur, aber hier alles ewigkeitlich Strahlende dieser Tonart an etwas Weiches und Mildes verliert. Zumal am Pleyel, der auf die Fingerspitzen, auf die Seele des Spielenden reagiert weit über das hinaus, was sich notieren lässt. Weiter in den Wald, einen Wald unwägbarer Modulationen, Verdichtungen, schwarzglänzender Impulse im Bass. Dort taucht unverhofft der Rhythmus der Polonaise auf, und über ihm ein freundliches Thema, darin eine Triole wie aus einem Kinderspiel, zärtlich, rein und heiter, Erinnerung und Gegenwart. Dieses Thema, auch diese Triole, wird einen kurzen Triumph erleben, in dem etwas Verzweifeltes ist.

Er blickt wieder in die leere Ecke. Er wird im nächsten Jahr wieder einen Flügel hierhin schicken lassen, aber dieser Flügel wird vergeblich auf ihn warten. Vielleicht weiß Frédéric Chopin am Dienstag, 10. November 1846, dass dies sein letzter Nachmittag in Nohant ist, dem ein letzter Abend hier folgen wird mit der Herrin des Hauses, mit Sol und Bouli und Titine ... Das Leben ist keine Komposition, aber auch hier gibt es Ausgangslagen, Konstellationen, Eigenschaften, die sich nicht in jede beliebige Richtung entwickeln können. Er hat ein Ohr für das, was geschieht, auch wenn er es nicht begreift. Er will es noch nicht wissen, aber hier ist eine Sonne untergegangen, die nicht mehr aufgehen wird. Es war kein Zufall, dass in diesem Jahr er und George nicht gemeinsam nach Nohant aufbrachen wie in den Sommern zuvor. Er reiste zwanzig Tage nach ihr. Sie waren einander nicht nahe, schon seit längerem sind sie einander nicht mehr nahe. Jetzt steht auch das Sofa im Schatten.

Er öffnet die Tür und hört von unten das Petit Piano im Salon, also spielt Solange. Niemals würde sie Augustine da heranlassen, die muss sich mit einem älteren Instrument begnügen. Holperig spielt sie, immer noch, er lächelt. Süße Verrückte. Sie war noch nicht ganz elf Jahre, als er ihr hier, wo sie zur Welt gekommen ist, den ersten Klavierunterricht gab, im Sommer 1839, nach der sonderbaren spanischen Reise mit seiner Geliebten und ihren beiden Kindern. Jetzt ist Solange achtzehn. Als sie in diesem Sommer ankam, hatte sie sich viel vorgenommen am Klavier. «40 Stücke fängt sie an», spottete George über ihre Tochter, «und mit keinem wird sie fertig.» Das hat ihm weh getan. Der Spott galt auch ihm, seiner heiteren Klavierliaison mit ihrer Tochter. Sol, die ihm die Schokolade aufs Zimmer bringt, Sol, die mit ihm Ausfahrten im Cabriolet unternimmt, aus dessen Seiten Kopf und Schwanz des riesigen Hundes Jacques heraushängen. Die widerspenstige Sol, der ihre Mutter seit einem Jahr Augustine vorzieht, eine entfernte Cousine verarmter Eltern, die sie nach Nohant geholt hat, ein fügsames Mädchen, mit dem Maurice flirtet, Georges Sohn und Favorit, der jetzt 23 Jahre alt ist, sich neuerdings als Herr des Hauses entdeckt und Chopin wie einen lästigen Pensionär behandelt. Jetzt will Solange einen jungen Edelmann aus der Gegend heiraten, «langhaarig wie ein Wilder, tapfer und edelmütig», wie ihre Mutter anmerkt, um fortzufahren: «Ich gebe zu, dass ich als Schwiegersohn etwas andres erwartet hatte als einen Adligen, einen Royalisten und einen Wildschweinjäger.» Indessen sei er «unter seiner Löwenmähne sanfter als ein Lamm» und vielleicht doch der Richtige. Chopin wäre mit ihm einverstanden.

Noch immer schafft man die rund 300 Kilometer nach Paris von hier nicht ohne Übernachtung, auch wenn die Diligences inzwischen zehn Kilometer in der Stunde schaffen, je nach Straßenzustand. Chopin, der in Nohant einen eigenen Wagen hat, reist wohl vergleichbar schnell oder langsam: drei bis vier Stunden die 30 Kilometer bis Chateauroux, dann mindestens vierzehn Stunden bis Orléans. Gelegentlich kann er neben der Straße die Baustellen an der Eisenbahnstrecke von Orléans nach Chateauroux sehen. In einem Jahr wird sie fertig sein, dann spart man elf Stunden. In Orléans kann er am nächsten Morgen um kurz vor sieben Uhr endlich in den Zug steigen, der diese Stadt seit 1843 mit Paris verbindet. Natürlich nimmt er ein Abteil in einem der vier *voitures couvertes et garnie*, überdacht und gepolstert, Waggons mit je drei Abteilen, wie Kutschengehäuse aneinandergefügt. Die beiden Lokomotiven ganz vorn fauchen unter Dampf, direkt hinter dem Kohlentender der zweiten ist der Gepäckwagen, in den der Pleyel geladen wurde. Chopin geht vorbei an den vier letzten Waggons, schlichten Bretterkisten ohne Dach, dreiachsig, gerammelt voll mit einfachen Leuten, die für die Fahrt gut sechs Francs zahlen – soviel, wie ein Erntehelfer in drei Tagen verdient. Chopin zahlt das Doppelte und hofft auf eine Fahrt ohne Gegenüber; seinen Diener Pierre hat er in der zweiten Klasse untergebracht. Doch am Fenster sitzt schon ein Dicker mit roten Backen und einem Überrock aus Velours, in einer Zeitung blätternd. Er selbst überfliegt das *Journal des Débats* von gestern. Ein gewaltiges Feuilleton von Sainte-Beuve über Theokrit, das muss jetzt nicht sein, auf der zweiten Seite die kleine Notiz, dass die Regierung den Brotpreis stabil halten will, 80 Centimes für zwei Kilogramm. Es gab eine katastrophale Missernte infolge der Überschwemmungen, vor drei Wochen stieg die Loire bei Orléans um drei Meter. Missernten gibt es, infolge des Wetters und der Kartoffelfäule, auch in Mitteleuropa, England und vor allem Irland. Überall hungern Menschen.

Der Zug nimmt Fahrt auf. Die Wagenfederung und die Rosshaarpolster fangen die Schienenstöße nur wenig ab, und der Lärm, vor allem das Kreischen der Räder, ist ohrenbetäubend. Gerade nach den vielen Stunden gestern auf den Kutschenrädern ist Chopin überrascht, dass bald nicht er an den durchnässten Feldern vorbeifährt, sondern diese an ihm vorbeiziehen, zu Streifen werdend, dass die Kirchtürme und Bäume einen Tanz aufführen und sich auf verrückte Weise mit dem Horizont vermischen. Aber bei jeder weiteren Fahrt mit der Eisenbahn vergeht das Staunen etwas früher. Schneller muss es jedenfalls nicht werden als diese 40 Kilometer in einer Stunde. Brunel, las er, hat in England eine Lokomotive gebaut, auf acht Rädern, die es auf 50 englische Meilen bringt, 80 Kilometer in einer Stunde. Die Fahrt wird dadurch wohl nicht angenehmer werden. Nach zwanzig Minuten hat man Chevilly erreicht, mit kreischenden Bremsen, kurz danach Artenay, Toury nach einer Stunde, dort wird Wasser in die Tanks der Maschinen gepumpt. Kurz vor Étampes, vor dem neuen Viadukt, kommt ihnen auf dem anderen Gleis der Zug aus Paris entgegen, und der Korpulente am Fenster, der wie Chopin noch kaum ein Wort gesagt hat, richtet sich auf: «Was, das heißt doch was, der menschliche Erfindungsgeist!»

In Étampes, der Stadt der Getreidehändler, gibt es wieder einen längeren Halt, der Mitreisende nutzt die Gelegenheit, um sich Erleichterung zu verschaffen, steigt aus und kehrt nach einiger Zeit empört zurück: «Was sagt man dazu! Da erklärt mir dieser unverschämte Conducteur, es werde Wasser nachgefüllt, und das sei nicht meine Angelegenheit! Ich habe ihm erklärt, dass die ganze Eisenbahngesellschaft meine Angelegenheit ist, da ich zu ihren Aktionären zähle! Pah!» Nun kommen sie doch ins Gespräch, denn Chopins Freund Wojciech Grzymała hat in ein Güterdepot am neuen Embarcadère für die Züge nach

Norden investiert. Wie Monsieur denn den Markt einschätze? «Grandios! Wissen Sie, die Eisenbahnaktien bestimmen schon die Hälfte der Börse! 2,5 Millarden Francs!» Aber er könnte auch besorgt sein, dieser Aktionär. Das Schienennetz wächst, getrieben von sagenhaften Gewinnaussichten, seit Jahren zu schnell. 1800 Kilometer Schienen sind in Frankreich inzwischen verlegt worden, fünfhundert davon in diesem Jahr 1846. Der Preis für die Schienen ist in einem Jahr um 100 Francs auf 400 Francs pro Tonne gestiegen. Da gegenüber den 1800 Kilometern, mit denen Geld verdient wird, etwa doppelt so viele Kilometer im Bau sind, können kleinere Gesellschaften die laufenden Kosten nicht mehr bezahlen. Die erste wird gerade liquidiert. Eine Blase droht zu platzen, und sie platzt ein halbes Jahr später, als die französischen Eisenbahnaktien um bis zu 75 Prozent abstürzen. Tausende von Franzosen werden ihre Arbeit verlieren, und diese Krise bereitet, wie die Missernten, einer weiteren Revolution das Feld.

Nördlich von Étampes wird die Landschaft interessanter, man durchfährt die Täler von Seine, Orge und Juine, man hält in rascher Folge in Chamarandes, St. Michel, Juvisy. Der Bahnhof von Juvisy steht in der Abzweigung nach Corbeil, inmitten von Äckern und kleinen Wäldchen. «Sehen Sie, es geht voran», sagt der Aktionär zufrieden und deutet auf die Baustelle in der Gleisgabel: Anstelle der provisorischen Holzbaracke von 1840 wird ein steinernes Bahnhofsgebäude errichtet. Eine halbe Stunde noch, über Choisy-le-Roi. Die Strecke folgt dem Bogen der Seine, Chopin hat es inzwischen aufgegeben, sich in seine Cellosonate zu vertiefen. Der Zug passiert das Eisenbahntor in der neuen, äußeren Stadtmauer, die Louis Philippe um das gewachsene Paris herum hat errichten lassen, in dem nun mehr als eine Million Menschen leben: 33 Kilometer lang, zehn Meter hoch. An den acht Eisenbahntoren in dieser Mauer zeigt sich ihr

Anachronismus: eine Befestigung nach mittelalterlicher Weise in einer Zeit, da die Schienen Europa zusammenwachsen lassen!

Zur Linken blickt Chopin auf die zerwühlte Ebene zwischen neuer und alter Mauer. Sie ähnelt, so schildert es Flaubert, einem Ruinenhaufen. Auf den ungepflasterten Trottoirs entlang der Straße sieht man astlose Bäumchen, durch vernagelte Latten geschützt. Chemische Werkstätten wechseln sich ab mit Holzlagerplätzen. Halboffene Flügel hoher Tore, wie Bauerngüter sie haben, erlauben den Blick in scheußliche Höfe voller Müll und dreckiger Pfützen. Langgestreckte Tavernen, ochsenblutrot getüncht, tragen zwischen den Fenstern der ersten Etage zwei gekreuzte Billardstangen in einer Krone gemalter Blumen; hier und da steht eine halbfertige, verlassene Bruchbude aus Gips. Dann werden die Reihen der Häuser lückenlos, und aus der Nacktheit ihrer Fassaden ragt fern eine gigantische Zigarre aus Blech, Zeichen eines Tabakgeschäfts. Hebammenschilder zeigen eine Matrone mit Haube, einen Säugling in spitzenbesetzter Steppdecke wiegend. Plakate bedecken die Mauerecken; zu drei Vierteln zerrissen, zittern sie wie Lumpen im Wind. Arbeiter in Blusen ziehen vorbei, Rollwagen der Brauereien, Karren von Wäscherinnen und Fleischern. Zwischen diesem Areal und der Seine erreicht der Zug den Embarcadère d'Orléans, gleich außerhalb der alten Stadtmauer, einige Minuten vom Jardin des Plantes entfernt: eine dreischiffige Halle, in deren Mitte die Gleise hineinführen; die Seitenschiffe dienen den Kutschen der Passagiere. Während Pierre sich um den Pleyel kümmert, nimmt Chopin einen Fiaker.

Genau hier steige ich ein, allerdings rund zwanzig Meter tiefer, in der Gegenrichtung und nicht ganz freiwillig, denn eigentlich wechselt man schon eine Station früher den Zug, wenn man mit dem RER B vom Flughafen im Norden kommt und mit dem RER C nach Süden weiterfährt. Aber im Februar 2018 ist, während auf den Straßen der Schnee schmilzt, die Seine über die Ufer gestreten und hat einige Bahnsteige unbetretbar gemacht. Erst an der Gare d'Austerlitz, wie die Gare d'Orléans inzwischen heißt, unten im Tunnel, kann man in die S-Bahn nach Étampes einsteigen. Ein kurioser Zufall, dass mich ausgerechnet dort, in St-Martin-d'Étampes, Olivier Fadini abholen wird, der beste Kenner Pleyel'scher Klaviere, die er für Kenner und Spieler in aller Welt restauriert. Der RER folgt, bald ans Tageslicht steigend, exakt der Strecke, die 1843 eröffnet wurde, die Namen der Stationen sind mir aus jenem Jahr geläufig. Zuerst scheint die Stadt nicht zu enden, Wohnblöcke und Fabrikbauten wechseln sich ab, zwischen ihnen ab und zu alte Schuppen; breit erscheint links zwischen weißen Ufern hinter Baumgerippen die Seine. In Juvisy ist aus der Weiche ein unabsehbares System von Gleisen geworden; das Bahnhofsgebäude, ein flacher Stapel rostroter Container im futuristischen Stil der 1970er, wirkt bereits wie ein Architekturdenkmal. Im Westen erhebt sich aus dichter, niedriger Bebauung eine Anhöhe, hinter der die Flugzeuge in Orly landen und starten. Der Zug wird immer leerer. Noch eine halbe Stunde, Endstation, St-Martin-d'Étampes.

Fadini wartet in seinem schwarzen zweitürigen Opel auf dem Parkplatz. Ein munterer Mittvierziger, dichte, schwarze, wellige Haare über hoher Stirn. Mein Projekt muss, ja kann ich ihm gar nicht ausführlich erläutern, es genügt ihm, dass ein befreundeter Pianist mich geschickt hat und ich etwas über Fadinis Arbeit wissen will, über die Pleyels, mit denen er sich fast ausschließlich befasst, auf der Suche nach dem *son perdu*, dem verlorenen, dem wahren Klang der Instrumente, an denen Chopin schrieb, für die er komponierte. «Was Sie hören können, wenn überhaupt jemand sich an einen Pleyel setzt, sind Karikaturen», sagt er, während er den Wagen aus dem Städtchen steuert, wohin auch immer. «Die Hämmer sind alle falsch ummantelt. Strapaziertes, altes Leder, zu dichter Filz aus Leinen, dang, dang, dang», er pocht mit den Knöcheln auf die Armaturenverkleidung, während wir durch die schneebedeckte Landschaft fahren. «In allen Zeugnissen aus Chopins Zeit wird der Klang als *sombre, moelleux, délicieuse, tendre et doux* beschrieben, dunkel, weich, delikat, zärtlich, lieblich, dafür ist Kaninchenfilz ideal, wie von Henri Pape beschrieben, kennen Sie vielleicht?» Tja, das sollte ich wohl ... «Er fordert eine Dichte von 0,24 Gramm pro Kubikzentimeter.» Damit nicht genug, es gibt sogar noch Hämmer, die genau so bezogen sind. Zuletzt fand er so einen auf Mallorca, wo er für die *Celda Chopin* ein Instrument restaurierte, davor, *miraculeusement*, in einer Kiste in Bologna, *Museo internazionale Della Musica*, die Hämmer von Rossinis Pleyel Nr. 10966 aus den 1830ern, und er selbst, Fadini, hat sich von Borsalino Filze derselben Dichte machen lassen, von der großen italienischen Hutfirma, um ein ganzes Instrument damit zu versehen. «Aber auch mit gutem Leder bekommen Sie diesen weichen, singenden Klang», er klopft nun sanft mit den Fingerkuppen und singt halb dazu, während die Straßen im Schnee immer schmaler werden. Wohin fahren wir eigentlich? «Méréville.»

Nach einer halben Stunde Fahrt sind wir da. Ein kleines, stilles Städtchen, wo Fadini ein altes Eckhaus gekauft hat. So viel Platz, wie er braucht, wäre in Paris unbezahlbar, das wird mir klar, als wir einen dunklen, großen Raum im Erdgeschoss betreten haben. Der neue Holzfußboden ist noch im Bau wie eigentlich alles, wie auch die alten Klaviere, die überall stehen oder liegen, teils ohne Saiten, teils hochkant aufgebockt, pianos carré, Pianinos, pianos a queue, Petit Patrons, Grand Patrons, lauter Pleyels. Ein weißbraunes Hündchen schießt auf uns zu, das ist Léon. Hinter ihm erscheint ein hochgewachsener junger Mann, Wim Van Moerbeke, ein belgischer Pianist, der hier mit Fadini nach dem verlorenen Klang sucht und mir vorspielen wird, was sie gefunden haben. Nicht nur den richtigen Filz, das passende Leder, auch die Saiten. «Das hier ist sehr weicher Stahl nach einer Technologie des 18. Jahrhunderts angefertigt», sagt Fadini, der sofort ein Instrument angesteuert hat und über die offen liegenden Saiten streicht, «darin ist Phospor verarbeitet Es gibt einen an der University of Waterloo in Canada, der das erforscht, Stephen Birkett, er macht solche Saiten.» «Überall in der Welt sitzen Leute, die so was erforschen», meint Wim Van Moerbeke, «ich begreife gar nicht, warum nicht viel mehr Musiker davon Gebrauch machen.» Fadini nennt einen Großen der alten Musik und lacht: Der habe keinen blassen Schimmer «Bis zu dieser Entdeckung haben alle den härteren Stahl benutzt Katastrophal. Pleyels klingen damit wie Honkytonk, wie Westernpianos. Wim wird Ihnen was spielen mit besseren Saiten und Lederbezug auf dem einen Pianino und auf einem anderen Dann werden Sie verstehen. *Vous allez comprendre.* Wollen Sie einen Tee oder Kaffee?»

Wir gehen in die Küche, besser gesagt den Winkel, den die Instrumente übrig lassen, die im hohen Raum in Arbeit sind. Olivier scheint in allen Räumen zu arbeiten, so wie er auch in jeder Minute an seine Arbeit denkt und zwischendurch an einem Instrument Abstände vermisst. Wim setzt sich an ein Pianino neben der Treppe und spielt den Anfang von Chopins a-Moll-Mazurka opus 17 Nr. 4, frühe 1830er, die ersten Pariser Jahre. «Honkytonk», sagt Olivier verächtlich, «schlecht restauriert.» Es klingt wirklich knallig und schrill. Wir gehen nach vorn, wo im Schatten neben der Tür ein anderes Instrument steht. Wim setzt sich. Dasselbe Stück – eine völlig andere Musik. Weich sind diese Töne, dunkel, sie haben überhaupt keine Kante am Anfang, sie wirken unendlich modulierbar, eigentlich wie ein Gesang, zumal Wim rhythmisch sehr frei spielt. Das Metrum, der Dreivierteltakt, ist gerade noch zu ahnen.

Die Stimme führt und auch die Farbe, die Farben und die Harmonien sind eins, und ein Zauber breitet sich aus wie Wärme in dem kalten dunklen Raum. Da ist ein Wesen, eine zutiefst liebevolle und melancholische Stimme, die, aus dem Instrument kommend, zwischen dem Pianisten und den beiden Zuhörern und dem still daliegenden Hündchen sich ausbreitet. Die 180 Jahre zwischen uns und dem, der die Noten schrieb, verschwinden in diesem Klang. Nicht nur ich stehe verzaubert da, bis es nach angebranntem Espresso riecht und Olivier in die Küche stürzt. Wir kommen nach. «Die Leute sagen ja oft, er hatte Tuberkulose, darum war er schwach und spielte so leise», meint Wim, «das ist nicht wahr. Er war ein Poet und wollte so spielen. Wenn ich so etwas in einem großen Saal spiele, wofür es nicht gemacht ist, sagen sie zuerst: Was? Was? Ich hör nichts! Nach zwanzig Minuten fangen sie an, zuzuhören und zu entdecken. Dann kann man mehr und mehr Pianofarben spielen und immer mehr dreidimensionale Klänge.» «Gehen wir nach oben», sagt Olivier und schlägt neben der Treppe noch mal das schlecht restaurierte Pianino an. Es gackert schrill. «Wack, wack, wack! *Écoutez!*», sagt er grinsend.

Er ist ein heiterer Besessener, früh schon für den authentischen Klang begeistert von seiner Tante Emilia Fadini, einer Koryphäe der Barockmusik in Italien, woher Fadinis Vater stammt. Zuerst baute er nur Cembali, zum Pleyel-Restaurator wurde er aus Liebe zu Chopins Musik. Er hat nichts gegen Érard, Pleyels Konkurrenten. Die Instrumente aus dieser Manufaktur seien viel sensibler, als man sich erzähle, trotz ihres stärkeren Klanges. «Chopin wählte den Pleyel, weil er aus der Wiener Tradition kam. Kürzer im Klang, aber auch leichter anzuschlagen, und der Klang war viel runder, weicher. Danach suchte er.» Und danach sucht Fadini. Sein Laborhaus erweitert sich im Obergeschoss zu einer palastartigen Wunderkammer, deren schräge Dachbalken sich irgendwo im Schatten verlieren, wohin eine weitere Wendeltreppe sich schraubt. An den Wänden Schränke, Werkzeugregale, ein grünschimmerndes Aquarium auf dem Unterteil eines Biedermeiersekretärs. Von einem Balken hängen Zupfinstrumente herab, ein Schrank mit Glastüren und halb offenen Schubladen birgt Chopin-Memorabilia, Bücher und Büsten, an der Treppenmündung vereinen sich ein Wandschirm und eine Vase aus China mit wuchtigen Fossilien im Licht einer liegenden Leselampe, überall bilden Lichtquellen kleine Inseln, über der Werkbank wie über dem *Grand Patron* einem 240-Zentimeter-Flügel.

Es ist ein Prachtstück von 1839, dessen hart gewordenes Leder Fadini durch Filze ausgetauscht hat, zwei davon aus dem Jahre 1843, der Rest von Borsalino. «Dies ist original, grauer Filz», er schlägt das A an, dann ein Halbton höher, «derselbe Klang, das ist der neue!» Er repetiert die Töne, *crescendo* bis zu dem, was moderne Pianisten *mezzoforte* nennen würden, «das ist das Lauteste!» Dann nimmt er einzelne Hämmer, um zu zeigen, wie verschieden altes und neues Leder klingen. «Äng, äng.. whom, whom! Das Leder verschlechtert sich. Hier, fühlen Sie neues Hirschleder und alter Filz. Das ist Biber. Schließen Sie die Augen.» Das Hirschleder ist dick, weiß und weich, fast wie ein Marshmallow. «Derselbe Widerstand, nicht wahr? Aber Filz ist leichter.» Fadini kramt eine kleine Digitalwaage hervor und legt den Filzstreifen darauf: «Nicht mal ein Gramm! In Chopins Zeit war der Filz neu, alles war neu, die Mechanik, die Saiten neu und weich, wie neue Schuhe, wunderschön! Das ist die Idee.» Das treibt ihn an, es soll nicht wie im Museum klingen Er scheint fast noch die Finger Chopins zu berühren, wenn er arbeitet.

Wim spielt erneut die Mazurka, am 1839er, inzwischen den Hut auf dem Kopf, da es auch hier nicht sehr warm ist. Olivier holt den Laptop und ruft auf seiner Website seinen jüngsten Fund auf, einen Artikel von Hector Berlioz, 1845 in einer italienischen Musikzeitschrift erschienen: «Die Pianofortes von Herrn Pleyel zeichnen sich weiterhin durch diesen lieblichen und silbernen Klang aus, der ihnen einen melancholischen, essentiell ausgeprägten Charakter gibt ... Sie passen zu Salons geringer Kapazität und empfehlen sich für intime Musik ...» Er liest es auf Italienisch vor, in seinem melodischen Mailändisch. «Berlioz!» Ich blicke verstohlen auf die Uhr, es ist dunkel geworden, und ich habe in Paris noch nicht mal eingecheckt ... Aber da ruft Fadinis Freundin aus Versailles an. Man bricht auf. Schnell noch die Fische füttern, ein paar Lampen löschen, unten das Ragout für die Pasta einpacken, ein bisschen Brot, drei Männer und ein Hund zwängen sich in den Opel. Jeder von uns, vielleicht sogar der Hund, kriegt die Mazurka nicht mehr aus dem Kopf. Fadini summt sie vor sich hin. Wir fahren unter der Eisenbahn hindurch. Es begeistert ihn, dass Chopin diese Strecke schon fuhr, das hat noch nicht einmal er gewusst. Aber zu Juvisy fällt ihm auch ein, was ich nicht wusste. «Dort fuhren auch die Züge, mit denen die Nazis die Juden in ein Zwischenlager brachten, ehe sie nach Auschwitz kamen.»

Seine Wohnung am Square d'Orléans hat Chopin schon vor einem Monat wieder herrichten lassen, er weiß, die Teppiche sind ausgebreitet, die Vorhänge und Portieren aufgehängt, er ist mit so etwas penibel, nicht minder die Comtesse de Rozières, die sich um alles kümmert – und um mehr, als ihm lieb ist. Sie ist eine eifrige Person, seine einstige Schülerin, nicht die beste, und, vorsichtig gesagt, indiskret, etwa gleichaltrig mit Sand, ihr Leben wärmend an der Nähe des berühmten Paares, dem sie unentbehrlich geworden ist. «Ein unerträgliches Schwein, das auf merkwürdige Weise in meinen Hof eingedrungen ist und Trüffel zwischen den Rosen sucht», hat Chopin schon 1841 seinem

Vertrauten Julian Fontana geschrieben, jenem Julian, der für ihn und George zuerst die benachbarten Wohnungen an der Place Pigalle und dann hier beschaffte, den überaus präzisen Anweisungen des Musikers folgend, über den wiederum seine Lebensgefährtin beharrlich erzählt, wie unpraktisch und hilflos er sei. «Mein kleiner Chopin kommt also, ich vertraue ihn Ihnen an», so hat sie oft und gern an helfende Freunde und Freundinnen geschrieben, wobei mütterliche Herablassung und liebende Verehrung schwer zu unterscheiden sind. Im vergangenen Sommer ist ihr Ton bissiger geworden: «Chopin ist ganz erstaunt, dass er schwitzt», teilte sie dem Fräulein de Rozières mit. «Wir lachen Tränen, wenn dieses ätherische Wesen nicht damit einverstanden ist zu schwitzen wie alle anderen auch (...) Er stinkt nur nach Eau de Cologne ...» «Die Liebe ist nicht mehr da», weiß nun das Fräulein herumzuerzählen, «wenigstens nicht auf einer Seite, wohl aber Zärtlichkeit und Aufopferung, untermischt mit Klagen, Traurigkeit und Verdruss ...»

Sie hat alles für ihn vorbereitet, wie gewünscht, Teppiche, Vorhänge, hat die Kissen auf der Récamière aufgeschüttelt, den großen Spiegel über dem Kamin putzen lassen, die Fenster zum Hof, sehr große, weit unten ansetzend und fast bis zur Decke reichend, durch die Chopin, im Erdgeschoss, auf den gusseisernen Brunnen in der Mitte des Square d'Orléans blicken kann. Er ist direkt vor seiner Haustür aus dem Fiaker gestiegen. In der linken Seite des hohen verzierten Tonnengewölbes führen zwei Stufen hoch zu Nr. 9, seiner Wohnung – ein Salon, groß genug für kleine Konzerte, ein Schlafzimmer daneben, unterm Dach ein Zimmer für den Diener. Mehr braucht er nicht, mehr brauchte er nicht, solange sie hier quer über den Hof eine Art Familie bildeten: Essen bei Frau Konsulin Charlotte Marliani in Nummer 7, Billard im gewaltigen Salon von George in Nummer 5, schräg gegenüber, erste Etage; durch den rechteckigen

Hof mit Brunnen geht man wie durch ein Atrium. Es ist ein neoklassizistisches Bauensemble vom Beginn der 1830er, ein Teil des «Nouvelle Athènes» nördlich der Opéra, in dem so viele Künstler leben, und allein hier, am Square d'Orléans, wohnen und arbeiten auch die Pianisten Kalkbrenner und Zimmermann, der Pianist und Komponist Alkan, der Bildhauer Dantan, der Schriftsteller Dumas *père*, berühmt und berüchtigt für seine exzessiven Feste, und die Tänzerin Taglioni. Um 18 Uhr klingelt es, Pleyels Leute bringen das Tafelklavier, meliertes Mahagoni, geschnitztes Sims – und der Flügel? Das Prachtstück, das ihm Pleyel angekündigt hat, ist noch nicht fertig. Chopin spielt nie länger als fünf Monate auf einem Instrument, und von Pleyels unentgeltlichen Leihgaben profitieren sie beide: Der Musiker hat stets ein neues Instrument, und Pleyels Käufer zahlen gern mehr für eines, das Chopin eingespielt hat.

Der Flügel kommt Mitte Dezember. Nr. 12 480, ein wunderschöner *Petit Patron*, zwei Meter lang, reich verziert, bestes Palisanderholz, jenes *premier piano*, an dem nun die Schüler in seinem Salon Platz nehmen dürfen. Neu unter ihnen ist Emilia Borzecka, eine vierzehnjährige Polin. «Ich unterrichte doch keine Kinder», hat er der Prinzessin gesagt, die sie empfahl und selbst schon unterrichtet hat, aber der Prinzessin kann man nichts abschlagen. Ihr Salon im Hotel Lambert ist seine zweite Heimat, gerade jetzt, da George entschlossen ist, den Winter über in Nohant zu bleiben. Das Hotel Lambert, ein Palast auf der Île de Saint-Louis, gehört seit 1843 dem Fürsten Czartoryski, der ihn zum Zentrum der polnischen Emigranten in Paris gemacht hat. Marcelina, schlicht «die Prinzessin» genannt, ist die Ehefrau eines Neffen des Fürsten, litauischem Adel entstammend. Schon 1830 ist sie mit ihrer Familie nach Wien geflohen und von dort nach Paris gekommen wie 7000 weitere Polen. Wenige begreifen und spielen Chopins Musik so gut wie sie. Emilia, ihr Schützling, ist beeindruckt und verstört, als Chopins Diener sie in seinen Salon geführt hat und der berühmte Musiker dort blass vor einem Tafelklavier sitzt. Sie möge ihm nachsehen dass er sitzen bleibe, sagt er. Es überrascht sie fast, dass er ihre Muttersprache spricht, obgleich sie doch weiß, dass es auch die seine ist.

«*Co chciałby Pan zagrać?* Was möchten Sie spielen?» «*Mam tutaj Nocturne opus 9 ...*» «*Czy ten drugi?* Das zweite?» «*Tak.*» Er schweigt, sie beginnt. Zwölfachteltakt, Es-Dur. Ein bisschen zu schnell, da sie aufgeregt ist, aber nach einigen Takten hat sie ihr Tempo gefunden. Eigentümlich für ihn, das wieder zu hören es ist achtzehn Jahre her, dass er das schrieb, gerade erst angekommen in dieser Stadt ... Viele der Schüler, die er seitdem unterrichtete, haben Notizen gemacht, Erinnerungen verfasst die 1970 im unschätzbaren Buch «Chopin: Pianist und Lehrer wie ihn seine Schüler sahen» zusammengefasst wurden, nebst seinen eigenen Notizen zu einer Klavierschule. Da geht es bis in feinste Details der Technik und der Interpretation – ein Fundus aus dem sich eine Klavierstunde wie die von Emilia rekonstruieren lässt.

Auswendig spielend, zögert sie bei einer chromatischen Akkordfolge, kinderleicht eigentlich. Sie ist sich der Töne nicht mehr sicher, doch ehe sie abbrechen muss, hört sie sich von rechts begleitet, getragen, als habe er die Unsicherheit vorausgehört. Er spielt ein paar Achtel mit, dann ist alles wieder da. Die Sechzehntelbögen, dann die Zweiunddreißigstel ... «Gut», sagt er nach vier Minuten, «sehr schön, Emilia. Spielen Sie noch einmal die Sechzehntel nach der Fermate, kurz vor Schluss.» Die hasst sie. Zwölfmal hintereinander Ces-B-C-A, eine Art viertöniger Triller, die Hand wird ihr fest davon. «*Facilement, facilement*» ruft er hinein. Sie bricht ab. «Lassen Sie die Finger fallen. Nicht anschlagen. Fallen lassen.» Sie beginnt. «Lassen Sie auch die

Schultern fallen. Seien Sie locker bis in die Zehenspitzen. Geschmeidig, nachgiebig.» Nochmal der endlose Triller. Sie merkt, dass der Widerstand der Tasten weicht. «Ja! Lassen Sie es Ihren Fingern gut gehen. Nur keine Anstrengung. Was, glauben Sie, ist die einfachste Tonart?» «C-Dur», sagt Emilia. Nur weiße Tasten! «Das ist die schwierigste. Legen Sie den rechten Daumen aufs E, dann Fis, Gis, Ais, H. Wie fühlt sich das an?» «Gut.» «Natürlich. Die langen mittleren Finger können es sich bequem machen auf den schwarzen Tasten. Spielen Sie nur diese fünf Töne, so legato wie möglich ... ja, aber verbinden Sie die Töne nicht nur, binden Sie sie zusammen ... besser, viel besser.» Er spielt nun die fünf Töne selbst. «Was haben Sie gehört?» «Ich weiß nicht ... sie klangen verschieden!» «Jeder in einer anderen Farbe! Versuchen Sie das. Sie können die Farbe mit dem Gewicht Ihrer Finger ändern, nicht nur die Lautstärke. Geben Sie jedem Finger, der auf seine Taste fällt, ein anderes Gewicht.» Emilia hätte nicht gedacht, dass es so anstrengend sein könnte, fünf Töne zu spielen. Aber sie soll sich ja nicht anstrengen! Also gut ...

«Das war ein schöner kleiner Sonnenaufgang», sagt er. «Nun im *staccato*.» Sie spielt ein paarmal rauf und runter, kurze, scharfe Töne. «Nein, keine Tauben abschießen!», sagt er. Sie muss kichern. «Das *staccato* ist nur wie der Punkt auf dem i, wie ein Zupfen an einer Geigenseite. Versuchen Sie es, Mademoiselle. Bewegung nur aus dem Handgelenk.» Dann die linke Hand, f-ges-as-b-c. «Beginnen Sie damit Ihre täglichen Übungen. Aber beginnen Sie immer mit dem *staccato*. Dann ein *legato staccato*», er spielt es vor, die kurzen Töne leicht verbreiternd, «dann immer noch *legato staccato*, aber mehr ein akzentuiertes *legato*, schließlich ganz *legato*. Wie viel üben Sie, Mademoiselle?» «Sechs Stunden am Tag», sagt sie stolz. «Das muss ich Ihnen verbieten! Niemals mehr als drei Stunden! Klavierspielen ist wie Singen, und welcher Sänger übt sechs Stunden? Gehen Sie lieber spazieren, gehen Sie ins Luxembourg, schauen Sie sich an was Delacroix dort gemalt hat ...»

Er muss husten, das Reden strengt ihn an. «Verzeihen Sie. Ich lege mich nebenan etwas hin und höre Ihnen zu. Spielen Sie noch einmal das Nocturne. Aber nur den Bass, und zwar mit beiden Händen, den Anfang.» «Mit beiden?» «Ja. Die erste Achtel links, die beiden Akkordachtel rechts. Lassen Sie die wie eine Gitarre klingen.» Sie spielt, zögernd, nach der Fünftonübung kommt es ihr vor, als müsse sie das Klavierspiel ganz neu erlernen, aber er ruft heiser aus dem Nebenzimmer: «Sehr gut. Bleiben Sie so regelmäßig! Dann ... gut, bis dahin. Denken Sie an die Gitarren!» Noch einmal die ersten vier Takte, dann der Bass nur mit der Linken, «und jetzt dürfen Sie singen ... wie die Pasta!» «Pasta?» «Entschuldigen Sie, Mademoiselle. Sie können sie nicht kennen. Sie sind so jung! La Pasta war eine wunderbare Sängerin und machte, was sie wollte. So machen Sie es jetzt mit der rechten Hand!» Sie wartet seinen Hustenanfall ab. Dann lauscht er wieder, vier Takte, fünf Takte, erst nach dem sechsten unterbricht er: «Das hohe Des – bitte nehmen Sie da den vierten Finger, nicht den fünften.» Kann er dort auf seinem Sofa etwa hören, welchen Finger sie einsetzt? «Und dann lassen Sie ihn aufs C gleiten. Sanft!»

Anfang Februar 1847 kommen George Sand, Solange und deren Bräutigam in spe, der Landadelige de Preaulx, nach Paris, und für ein paar Tage nimmt das Leben im Square d'Orléans die alten Formen an. Endlich wird die Cellosonate fertig, das letzte Werk aus Nohant. «Mein teuerstes Leben!», schreibt Chopin seinem besten Freund am 17. Februar. «Ich bitte dich, komm unbedingt heute abend gegen acht. Du wirst außer den Hausgenossen nur Arago und Delacroix antreffen. Ich werde mit Franchomme ein Duett spielen. Aber komm, mein Leben, wenigstens für einen Augenblick. Heute ist Mittwoch, Aschermittwoch. Komm wenigstens zur Buße, weil du den Karneval so traurig verbracht hast. Dein alter Ch.» Und Grzymała kommt, als Erster sogar, während Chopin und Franchomme noch proben, platzt herein, schnaufend nach den wenigen Stufen, eingehüllt in einen gewaltigen, geradezu pyramidalen Paletot, bedeckt mit Rundschnüren und Borten, eine dröhnende, große Gestalt mit mächtigem Backenbart und Schnauzbart. «Göttlicher Fryc!», ruft er auf Polnisch. Dann erdrückt er fast den Freund mit seiner Umarmung.

Albert Grzymała ist siebzehn Jahre älter als Chopin, dessen engster Vertrauter in Paris, wie ein polternder, großer Bruder, voller Bewunderung für den sensiblen Jüngeren. Auch Auguste Franchomme kennt ihn, der schmale, bescheidene, begnadete Hofcellist und Konservatoriumsprofessor, gleichaltrig mit Chopin, der ihn seit langem ins Herz geschlossen hat, seit den Tagen, als er, Liszt und Hiller gemeinsam durch Paris zogen. Zwei Kinder hat Franchomme, zehn und acht Jahre alt, Cécile und René, die der Komponist nicht weniger ins Herz geschlossen hat. Gut, dass Grzymała da ist, wenn schon Delacroix absagen musste, wegen seiner Arbeit im Palais Bourbon. Grzymała ist Chopin und Sand gleichermaßen innig vertraut, beide, unabhängig voneinander, haben ihm schon immer ihre Herzen ausgeschüttet. Er hat einst helfend mitgewirkt, als George sich um Frédéric bemühte, und weiß über diese komplexe Beziehung mehr als jeder von beiden, die ihm alles anvertrauen, weil er nie intrigiert, weil sich hinter dem dröhnenden, bortengeschmückten, augenrollenden Äußeren eine poetische Seele und sehr viel Lebenserfahrung vereinen. Ja, gut, dass er da ist, denn als George und Solange hereinkommen, den Rechtsanwalt Arago im Schlepp, kann er die Spannung auffangen. Was auch immer da in der Luft liegt, es ist ungut, und er überhäuft George, Aurore, mit Komplimenten, gerade weil sie, matronal geworden, zermürbt aussieht neben der blühenden Solange. «Ach, Sie alter Lügner», sagt sie mit einem schwachen Lächeln und setzt sich in einen Sessel, hinter dem Arago stehenbleibt, während Grzymała, der unverwüstliche homme à femmes, ihre Tochter neben sich auf die Récamière nötigt.

Und dann lauschen sie einem Dialog, einem Gespräch, wie Chopin es noch nie komponierte. Ohne sich zu verleugnen als Pianist, lässt er sich ganz ein auf das andere Singen des Cellos, lässt sich in Doppelgriffen begleiten, begleitet selbst, eine beschwingte Unberechenbarkeit ist dabei, eine weite Melancholie auch. Es ist seine «Lucrezia Floriani», denkt Grzymała irgendwann, der natürlich den Vorabdruck dieser seltsamen Geschichte kennt und das Gerede darüber, das schon bis nach Russland gedrungen ist. Aber es ist die andere Seite, es ist ein großes Gespräch, eine Wanderung durch Welt und Jahre, die nicht in der Wüste der Entfremdung endet. Es ist, wie es auch hätte werden können. Mit Schmerz und Trauer und Einsamkeiten, das ja, aber immer einander zugewandt. Mit seiner schweren Pranke ergreift Grzymała Solanges Hand, er darf das, und blickt zu ihrer Mutter, die ernst ins Nichts sieht, und weiß, dass er seine Freundin und seinen Freund als Paar nur noch in dieser Musik wird finden können.

Sie zeigen sich noch zusammen, kein Bruch ist vollzogen, auch gegenüber den Vertrauten nicht. «Um elf Uhr mit Mme Sand und Chopin im Luxembourg», notiert Delacroix am 1. April. Sechs Jahre lang hat er dort am Fresko der Bibliothekskuppel gearbeitet, hat Chopin als Dante und Sand, an anderer Stelle, als Aspasia verewigt, verschiedene Welten in lichter Höhe. «Wir haben zusammen die Galerie besichtigt, zuvor die Kuppel. Sie brachten mich zurück, und ich war gegen drei Uhr in meiner Wohnung. Später zum Diner mit ihnen. Abends ging sie zu Clésinger und schlug mir vor, auch dorthin zu kommen, aber ich war sehr müde, und ging heim.» Auguste Clésinger, ein Bildhauer von 33 Jahren, arbeitet seit einiger Zeit an Marmorbüsten von George und Solange, und Letztere ist von dem furiosen Mann, der als Trinker, Schuldenmacher und Rohling gilt, nachhaltig beeindruckt, während ihr Verlobter, der Landadelige de Preaulx, auf dem Pariser Pflaster eine tapsige Figur macht. Vielleicht wünscht sich George eine Einschätzung des besonnenen Delacroix, und vielleicht wäre alles anders gekommen, hätte sich der Maler an dem Abend zu Clésinger begeben, um ihn in Augenschein zu nehmen. Der weiß allerdings genau, was und wen er will, nämlich die hübsche Solange, «mit einer Entschlossenheit, einem Willen und einer Hartnäckigkeit, der man nicht unentschlossen oder hinhaltend antworten konnte», wie George am 16. April ihrem Sohn schreibt.

Der wilde Reiter – Clésinger war bei den Kürassieren – ist den Frauen nach Nohant gefolgt und hat dort Tochter wie Mutter die Einwilligung zur Hochzeit abgerungen. «Zu Chopin kein Wort davon», schließt George, wissend, dass der formvollendete Musiker von Clésinger nicht viel hält. Sie könnte aber auch wissen, dass in ihrem Kreis nie etwas geheim bleibt. Chopin teilt drei Tage später seiner Familie mit: «Frau S. schreibt mir [...], sie werde Ende nächsten Monats hier sein, ich solle auf sie warten. Sicher handelt es sich um Sols Heirat (aber nicht mehr mit dem, von dem ich Euch geschrieben habe). Gebe Gott ihnen alles Gute...» Zum finalen Zerwürfnis kommt es nicht etwa, weil Chopin der ungehobelte Zukünftige Solanges nicht passt, nicht einmal, weil «Frau S.» ihm nach neunjährigem Zusammenleben nichts Geringeres als die Heirat ihrer Tochter hat verschweigen wollen. Diesen Vertrauensbruch steckt er weg, während Sand eine Woche vor der Hochzeit noch glaubt, «dass er in seinem Winkel darunter gelitten hat, dass er nichts wusste, nichts erfuhr und mir daher auch nicht raten konnte. Seine Ratschläge»,

schreibt sie dem gemeinsamen Freund Grzymała, «sind aller
dings für das praktische Leben ohne Bedeutung. Er hat weder
die Tatsachen jemals richtig gesehen noch die menschliche
Natur in irgendeinem Punkte richtig begriffen.» «Mir hatte
es gleich nicht gefallen», schreibt Chopin nach der Hochzeit
«dass ihn ihre Mutter bis zum Himmel pries, dass sie fast jeden
Tag zu ihm ins Atelier fuhren, um für die Büsten zu posieren …
Die Mutter [George Sand] ist hinreißend lieb, hat aber nicht
für einen Groschen Verstand, sie lud ihn zu sich ein aufs Land:
nichts anderes hatte er gewollt, fuhr hin, und da er wendig und
betriebsam ist, war, ehe sie sich's versahen, alles perfekt … ich
gebe ihnen nicht ein Jahr nach dem ersten Kind.» Über des
Bildhauers Vorliebe für aufreizende weibliche Akte vermerkt
Chopin sarkastisch, Clésinger werde «Sols Popochen in weißen
Marmor hauen».

Zu diesem Zeitpunkt ist sie schon schwanger. Nach kurzer
Hochzeitsreise erweist sich in Nohant, wie verspannt die Situa
tion in der Familie ist. Solange und ihr Ehemann kommen sich
so mit Maurice, Georges Sohn, ins Gehege, dass der Bildhauer
mit einem Hammer auf ihn losgeht und dessen Mutter sich mit
den Fäusten dazwischenwirft. Sie gibt ihm eine Ohrfeige, er ihr
einen Stoß vor die Brust, ein zufällig im Hause weilender Pfar
rer kann die Kämpfenden trennen, und das junge Ehepaar, «die
ses teuflische Paar, das bis über die Ohren in Schulden steckt»
schreibt George an Marie de Rozières, wird hinausgeworfen:
«Nie mehr werden sie ihre Füße in mein Haus setzen.» Straf
verschärfend untersagt sie es beiden, für die Fahrt bis Orléans
Chopins Kutsche zu benutzen. Sie warten bei Freunden in La
Chastre, bis er seine schriftliche Genehmigung an Solange ge
schickt hat. Ihre Mutter vermutet Chopin auf der Seite ihrer
Tochter und schreibt ihm, dass er nur dann wieder nach Nohant
kommen dürfe, wenn er Solange nicht erwähne.

Er liest Delacroix vor, was ihm die gemeinsame Freundin schreibt. «Ich muss gestehen, es ist ein furchtbarer Brief», notiert der Maler. «Bittere Leidenschaft und lang unterdrückte Ungeduld sind klar erkennbar, und in einem Kontrast, der fast komisch sein könnte, wäre die ganze Sache nicht so traurig, spielt sie von Zeit zu Zeit die Rolle der Frau und ergeht sich in Tiraden, die geradewegs einem Roman oder einer philosophischen Predigt entnommen sein könnten.» Chopin bezieht nun klar Position. Von Clésinger, schreibt er an Sand, sie wie eh und je mit Sie anredend, habe er nicht zu reden, aber was Solange angehe, «kann sie mir nicht gleichgültig sein». Es sei die Bestimmung der Mutter, «ihre Kinder immer zu lieben. (...) Das Unglück muss offenbar heute ungeheuer sein, wenn es bewirkte, dass Ihr Herz nicht von Ihrer Tochter hören will, (...) zu einem Zeitpunkt, da ihr physischer Zustand mehr mütterliche Fürsorge denn je erfordert.» Er bezieht sich auf Sols Schwangerschaft, von der er inzwischen weiß, anders als ihre Mutter. «Die Zeit wird das ihre tun. Ich werde warten – immer der gleiche – Ihr sehr ergebener Ch.» «Das ist wirklich die Höhe», schreibt sie daraufhin dem Fräulein de Rozières. «Sein Brief strotzt von einer lächerlichen Würde, und die Moralpredigten dieses biederen Familienvaters werden mir tatsächlich zur Lehre dienen.» Und an den Komponisten selbst: «Sorgen Sie sich um sie, denn Sie glauben ja, sich ihr weihen zu müssen. Ich werde Ihnen darum nicht grollen; aber Sie werden verstehen, dass ich mich in meine Rolle als gekränkte Mutter zurückziehe. (...) Ihr Bekenntnis ist ja aufrichtig. Es erstaunt mich ein wenig; aber wenn Sie sich so freier und wohler fühlen, werde ich unter dieser seltsamen Schwenkung nicht leiden. Leben Sie wohl, mein Freund. Mögen Sie bald von all Ihren Leiden genesen; ich erhoffe es jetzt (ich habe meine Gründe dafür) und werde Gott für dieses seltsame Ende einer neunjährigen ausschließlichen

Freundschaft danken. Lassen Sie mich gelegentlich von Neuigkeiten wissen. Es ist unnötig, auf das übrige jemals zurückzukommen.»

Wie «ausschließlich» die Freundschaft geworden war, ob George Sand das Begehren des Partners vermisste oder es ablehnte, ob es neun oder sieben Jahre waren, in denen sie «wie eine Nonne» gelebt haben will, darüber äußert sie sich in ihren Briefen an Freunde so unterschiedlich, dass nichts fest steht. Beide sind überzeugt, für den anderen Opfer gebracht zu haben. Der Mann, den sie anderen gegenüber als krankes, launisches, weltfremdes Kind darstellt, ist seinerseits sicher, «dass ich ihr half, die acht schwierigsten Jahre ihres Lebens zu ertragen, damals, als die Tochter heranwuchs und der Sohn bei der Mutter erzogen wurde; ich bedaure nichts von dem, was ich ausstehen musste, aber ich bedaure, dass sie die Tochter, diese gut gepflegte, vor so vielen Stürmen bewahrte Pflanze in der Mutterhand gebrochen hat durch Unvernunft und Leichtfertigkeit, die einer zwanzigjährigen Frau vielleicht verziehen werden können, nicht aber einer Vierzigjährigen.» Das schreibt er seiner Schwester Ludwika am Ende des Jahres 1847. Er hat offenbar auch «Lucrezia Floriani» – der Roman erscheint im Sommer des Jahres als Buch – noch einmal anders gelesen. «Ich habe nie jemanden verflucht, aber jetzt bin ich so erschöpft vom Leben, dass ich nahe daran bin, Lucrezia zu verfluchen. Aber sie leidet auch, und mehr, weil sie in Bosheit älter wird. Was für ein Jammer mit Soli. Ach! Alles geht schief in der Welt!» Das schreibt Chopin dem Vertrauten Grzymała allerdings erst im November 1848. Am Ende eines Jahres, das nicht nur in Frankreich Geschichte macht – und in dem die Clésingers ihr erstes Kind nach wenigen Tagen wieder verloren haben. Am 16. Februar 1848 hat Chopin sein erstes Konzert seit sechs Jahren gegeben, vor 300 Zuhörern in der ausverkauften Salle Pleyel in

190

der Rue Rochechouart, ein weiteres soll im März folgen. Eine Revolution kommt dazwischen.

*

Mittwoch, 23. Februar 1848. Bis gegen drei Uhr nachmittags hat Meyerbeer an der neuen Stretta gearbeitet, der rasenden Schlusspassage, erster Akt, dritte Szene, in der die drei Wiedertäufer das Landvolk schon so weit aufgebracht haben gegen die Obrigkeit, dass der Aufruhr unmittelbar bevorzustehen scheint. Während die drei Männer den Tod der Tyrannen fordern, schreien die Leute, bereits bewaffnet, nach Freiheit. «Mort, mort, mort, oui!», «Viens, liberté, viens!», «Tod, ja!» «Freiheit, komm!», das «oui» und das «viens» werden nach einer tobenden Sechzehntelkette im Orchester auf einer Viertelnote zusammenkommen, und dann: Tremolo, Stimmungswechsel ... Die neue Stretta ist viel besser als die alte. Manches braucht bestimmte Tage, um entstehen zu können, und heute ist so ein Tag. Meyerbeer hat das Gefühl, mit seiner Partitur auf dem Umweg über das Jahr 1536 direkt in die Gegenwart geraten zu sein und in das Viertel rund um das Hôtel de Paris, Rue de Richelieu 109, wo er vor gut drei Monaten wieder die vertraute Wohnung bezogen hat.

Es brodelt seit Tagen in der Stadt, und in der vergangenen Nacht sind Barrikaden errichtet worden. Es geht nur dem Anlass nach um das Bankett, das die Regierung verboten hat. Es geht vor allem um die Reform des Wahlrechts, das, dem Einkommen und den Steuerzahlungen folgend, in Frankreich nur 250000 männliche Bürger haben, während es zehn Millionen sein könnten. Dafür haben sich schon im Juli 1847 1200 Pariser Wahlberechtigte und 85 Abgeordnete eingesetzt – bei einem Bankett, um das Versammlungsverbot zu unterlaufen. Seither hat es überall im Land Hunderte solcher politischen Bankette gegeben; das jüngste hätte gestern stattfinden sollen, vor der

Kirche Sainte-Madeleine, nicht weit von Meyerbeers Wohnung entfernt. Per Maueranschlag hat das Ministerium die Zusammenkunft verboten, daraufhin kamen erst recht Neugierige und Demonstranten zur Madeleine.

Für die Studenten aus dem Quartier Latin war klar: «Die Birne ist reif.» Die Birne, das ist der füllige König Louis Philippe, der für das Prosperieren einer Handvoll von Adligen, Industriellen, Investoren steht – und der Opernhäuser – inmitten einer Stadt mit 600 000 Armen und 180 000 Arbeitslosen. Die Studenten sind im Gleichschritt um die Kirche marschiert, dann zur Place de la Concorde, und nicht nur sie haben gerufen: «Hoch die Reform! Nieder mit Guizot!» François Guizot, ein 60 Jahre alter Historiker, ist der besonders verhasste Außenminister. Ausgerechnet Guizot, der 1830 den Protest gegen die Juliordonnanzen formulierte, ist inzwischen entschiedener Gegner einer Wahlrechtsreform, und man schreibt ihm den zynischen Ratschlag zu, die Bürger mögen sich doch bereichern, *enrichissez-vous!*, um das Wahlrecht zu erlangen. Dass ihm auch ein Ausbau der Volksschulen zu verdanken ist, der zur Alphabetisierung breiter Schichten führt, fällt nicht mehr ins Gewicht. Aber ein Aufstand entsteht nicht, noch nicht, geschweige denn eine Revolution, trotz einiger Barrikaden. Linientruppen sind um Paris herum stationiert, 30 000 Mann, in der Stadt selbst agieren gut 3000 Mann der hart durchgreifenden *Garde municipale*, und natürlich die 40 000 Mann starken *Gardes nationaux*.

Aber eben diese Bürger in Uniform lassen die Lage kippen. Während Giacomo Meyerbeer am Vormittag des 23. Februar 1848 an seiner Stretta arbeitet, die fiebrige Stimmung der Stadt im Bewusstsein, ziehen 500 Nationalgardisten an der Spitze einer Menschenmenge zum Palais Bourbon, um den Abgeordneten eine Petition zum Wahlrecht zu übergeben, und überall in der Stadt verhindern Nationalgardisten, die wenigsten von ihnen wahlberechtigt, das Eingreifen von Linientruppen und *Garde municipale*. Männer aus den Vorstädten sind unterwegs, mit Flinten und alten Säbeln bewaffnet, viele tragen rote Mützen, alle singen sie die Marseillaise oder das Lied der Girondisten. Die Sympathien der Nationalgarde sind unverkennbar, und so trifft Louis Philippe, der auf sie angewiesen ist, am Mittag einen Entschluss: Er opfert Guizot und beauftragt den Grafen Molé mit der Neubildung der Regierung.

«Großer Jubel», notiert Meyerbeer, der sich nun auf die Straße wagt, «alles scheint glücklich beendigt.» Auch Gustave Flaubert, 27 Jahre alt, ist an diesem Nachmittag unterwegs, gemeinsam mit seinem Freund Louis Bouilhet aus Rouen per Eisenbahn angereist zur Gare St. Lazare, um das Geschehen in der Hauptstadt «aus der Perspektive eines Künstlers» zu erleben, wie beide ihrem Freund Maxime Du Camp erklären, der direkt gegenüber der Sainte-Madeleine wohnt. Es dämmert bereits. «Illuminez, illuminez», schreien die Leute auf der Straße, es gilt, die Entlassung Guizots zu feiern, vor den Fenstern werden Papierlampions aufgehängt. Flaubert, Bouilhet, Du Camp gehen essen, ebenso Meyerbeer, der beim Direktor des Théâtre-Italien eingeladen ist. Doch nach zehn Uhr brodelt es noch immer in den Straßen. Du Camp sieht, wie eine Kolonne unbewaffneter Nationalgardisten hinter einem großen, fackelschwenkenden Mann marschiert, der mit rauer Stimme Parolen brüllt, bekleidet mit Filzhut und blauer Tunika. Sein Bart reicht bis zur Hüfte, Du Camp erkennt in ihm einen Typen, der in den Pariser Ateliers oft als Christusmodell posiert. Fiktion und Realität scheinen sich zu vermischen. Meyerbeer, falls auch er der Erscheinung begegnet, könnte glauben, einen der Wiedertäufer aus seinem «Propheten» vor sich zu sehen, Zacharie, Mathisen oder Jonas.

Inzwischen hört man weniger «Vive la réforme» rufen als

«Vive la république!» und «A bas Philippe!» Trotz der Sperrung des Boulevard des Capucines – Flaubert und die Freunde müssen einen Umweg nehmen – hat sich vor dem Außenministerium nahe der Madeleine eine große Menge versammelt, der das 14. Regiment gegenübersteht. Die drei jungen Männer haben die Madeleine erreicht, als plötzlich hinter ihnen ein Geräusch hörbar wird «wie das Krachen eines ungeheuren Stückes Seide, das zerfetzt wird». So beschreibt Flaubert zwanzig Jahre später in seiner «Éducation sentimentale» die Salve – wodurch auch immer provoziert –, die die Soldaten in die Menge schießen. Sechzehn Menschen sind sofort tot, mehr als doppelt so viele Frauen und Männer schwer verletzt. «Viele Opfer fallen», notiert Meyerbeer gegen Mitternacht in seiner Wohnung, «was dazu Veranlassung gab, weiß ich bis jetzt nicht.»

Ein Karren mit Toten wird nun vom Boulevard des Capucines durch die Straßen gezogen, zur Bastille, wo sich die Säule zum Gedenken der Revolution von 1830 erhebt. Der Zug wird zur Rachekundgebung. «Die einen laufen in die Kirchen und läuten die Sturmglocken. Andere schlagen an Haustüren und fordern Waffen. Eisen wird geschärft, Kugeln gegossen, Patronen hergestellt», beobachtet Daniel Stern alias Marie d'Agoult. Flaubert: «Die Bäume der Boulevards, die Pissoirs, die Bänke, die Gitter, die Gaslaternen, alles wurde losgerissen, umgestürzt. Am Morgen war Paris mit Barrikaden bedeckt.»

Das «ungeheure Stück Seide», dessen Zerreißen er hörte, ist jener Luxus, den die Mittellosen in achtzehn Jahren der scheindemokratischen Julimonarchie haben gedeihen sehen. Diese Monarchie endet am nächsten Tag. Meyerbeer verbringt ihn, wie die meisten, fast nur auf der Straße, «um den Verlauf des Aufstandes mit anzusehen, der sich im Laufe des Tages zur förmlichen Revolution entwickelte. Um 2 Uhr dankte der König ab.» Das allein hätte ihn nicht vor Schlimmerem bewahrt. Der

74-jährige Regent und seine Familie fliehen in letzter Minute in drei Einspännern aus den Tuilerien, die umgehend erstürmt werden. Auf dem Weg dorthin kommt der Komponist am Palais Royal vorbei und sieht, wie Aufständische «die kostbarsten Möbel, Bücher etc aus dem Fenster werfen und dann auf einem großen Scheiterhaufen im Hofe des Palais verbrennen. Die Königlichen Wagen wurden angezündet, brennend über die Straße gefahren und dann ebenfalls in den Scheiterhaufen des Hofes geworfen. Ebenso ging es in den Tuilerien zu; ich ging in die Gemächer hinein, worin Tausende vom Volk auf- und abwogten.»

Zuerst begnügt sich die Menge dort mit dem Anschauen, doch als man den Königsthron gefunden und aus einem Fenster geworfen hat, brechen die Dämme, «als ob», schreibt Flaubert, «an Stelle des Thronfolgers ein unermessliches Glück erschienen wäre. Und minder zur Rache, als um sich sein Eigentumsrecht zu bestätigen, zerschmetterte und zerriss das Volk Spiegel und Vorhänge, Lüster, Leuchter, Tische, Rundsessel, alle Möbel, sogar Alben mit Zeichnungen und Stickereikörbchen. Da man gesiegt hatte, warum sollte man sich nicht amüsieren? Der Mob putzte sich zum Hohn mit Spitzen und Kaschmir. Goldfransen wurden um Blusenärmel gewickelt, Hüte mit Straußenfedern schmückten den Kopf von Grobschmieden, Ordensbänder der Ehrenlegion dienten Huren als Gürtel. Jeder tat nach seiner Laune; die einen tanzten, andere zechten.» «Aus den zerschlagenen Flaschen und Fässern in den Kellern», schreibt der Arzt François-Louis Poumiès, «floss so so viel Wein, dass er bald bis zu den Knöcheln stand.» Meyerbeer fährt fort: «Einen eigentümlich traurigen Anblick bot es dar, dass alle Läden ohne Ausnahme geschlossen waren, und kein einziger Wagen zu sehen war, welches auch durch die vielen Barrikaden, welche an allen Straßen aufgeschichtet waren, unmöglich gewesen wäre. Abends und morgens ein wenig an der Stretta der Prêche ge-

195

arbeitet. Abends ward die Republik proklamiert und ein Gou-
vernement provisoire eingesetzt. Zwei Minister, Crémieux, ministre de la justice, und Goudchaux, ministre des finances, sind
Bekenner der jüdischen Religion.»

Die antisemitisch geschärften Spitzen gegen ihn haben sich in
letzter Zeit gehäuft. Dass die France musicale ihn kürzlich einen
«bedauerlichen Alten» nannte, dass im Kabarett sein «Prophet»
schon verspottet wird, ehe er überhaupt fertig ist, das kann er
wegstecken, Medienprofi, der er ist. Dass der Charivari seine
Badeaufenthalte in Franzensbad karikiert mit dem Hinweis, «la
melange des races et des religions» mache diesen Kurort «Funz-
hensaussen» zu einem der beliebtesten Treffpunkte der Welt, ist
unerquicklicher. Aber dass seine geliebte Mutter herhalten muss,
die «Nonne», Amalia Beer in Berlin? «Die französischen Zeitungen, die großen Zeitungen», behauptet die France musicale vom
20. Februar 1848, «haben gemeldet, dass in dieser Woche die
Mutter von M. Meyerbeer das 81. Lebensjahr erreicht, und dass
man dieses Jubiläum in Berlin mit einem denkwürdigen Bankett
feierte. Ganz Deutschland ist in Aufregung... In allen Synagogen
erschallen Gesänge. Seinerseits hat M. Meyerbeer in dieser Woche mehrere Diners gegeben, um das Jubiläum seiner Mutter zu
feiern. (...) Ich glaube nicht, dass man je mit solchem Pomp den
Geburtstag der Mutter von Napoléon verkündet hätte!!!! Léon.»

Léon Escudier, dreißig Jahre jünger als Meyerbeer, hat im
Dezember 1847 schon Front gemacht gegen die «deutschen
Verschwörer» in Paris und einen jungen Italiener gegen sie in
Stellung gebracht: Giuseppe Verdi, der für die Académie Royale
seine «Lombardi» zur Kreuzritteroper «Jérusalem» ausbaute.
«Der Sieg ist errungen, vollständiger Sieg, entschiedener, der
diese Horde deutscher Verschwörer bis an die letzten Grenzen
Preußens zurückschicken wird, jene, deren ganzes Genie darin
besteht, Tag und Nacht den Gott der Reklame zu beweihräu-

chern. Ihr mögt noch so gut lügen, diesen Triumph übertrefft ihr nicht. Pastiche oder nicht, *Jerusalem* wird euch über den Rhein zurückschicken, den zu überspringen ihr kein Recht haben werdet: Denn aus dem Hinterhalt zu kommen in der Stunde der Schlacht, bezahlte Kämpfer aufzustacheln, das ist nicht Mut, das ist Feigheit ...» Diese Sätze sind ihrerseits hinterhältig, denn Léon Escudier und sein Bruder Marie sind nicht nur Besitzer der *France musicale*, der einzigen Konkurrenz zu Schlesingers *Revue et gazette musicale*, sondern auch Musikverleger, die alle Werke Giuseppe Verdis in Frankreich drucken, seit 1845 die treibende Kraft hinter seinen Pariser Produktionen. Giacomo Meyerbeer sieht darüber hinweg. Er interessiert sich sehr für den Italiener, besucht zahlreiche Vorstellungen seiner Opern und beschafft sich Partituren und Klavierauszüge – bei den Escudiers natürlich.

Er ist kein Mann für Feindschaften. Das weiß auch Heinrich Heine, der ihm Ende 1845 die Freundschaft aufgekündigt hat und nun, Anfang März 1848, überraschend den gemeinsamen Freund Alexander Weill schickt: Er wolle sich aussöhnen. In wachsender Empfindlichkeit und Geldnot hatte Heine sich vom Komponisten zum einen im Stich gelassen, zum anderen «an der Nase herumgeführt» gesehen wegen eines gescheiterten Liederprojekts. «Ich kann Ihnen auch nicht verhehlen, wie sehr ich in diesem Augenblicke einsehe, daß Sie nur in der Musik ein Genie sind», hatte ihm Heine geschrieben. Nach solchen Briefen kann Meyerbeer, wie nach gehässigen Artikeln, einen halben, ganzen Tag nicht arbeiten. Aber er kann warten. Er hat, geschult in Jahrzehnten der Oper, Erfahrung mit den Schwächen der Mitmenschen. Und er hält Heine unverändert für den größten deutschen Dichter nach Goethe. Heine, sagt ihm Weill, liege in der Heilanstalt Faultriers, im äußersten Süden der Stadt. Der 50-jährige Dichter ist vor kurzem mit Lähmungserscheinungen zusammengebrochen – zur selben Zeit wie die Julimonarchie, die ihm eine Apanage zukommen ließ, 4000 Francs jährlich, die nun entfallen.

Meyerbeer besucht ihn am 10. März. Er erschrickt, als ihn eine Pflegerin zu Heines Bett geführt hat. Gelähmt liegt der alte Freund auf dem Ruhebett, mühsam sich halb erhebend und halb lächelnd, während er ihm die Hand entgegenstreckt. «Verehrter Maestro», sagt Heine, «ich höre, Sie sind wieder in Ruhmgeschäften unterwegs ...» Die Ironie ist die alte, die Stimme auch, aber die gewohnte gesunde Farbe ist einer feinen Wachsbleiche gewichen, und mit dem Bart unter hohlen Wangen lässt Heines Gesicht Meyerbeer unwillkürlich an einen schönen Christuskopf denken, er wirkt vergeistigt. «Lieber verehrter Freund», setzt Meyerbeer an, «eine Aussöhnung ist durchaus nicht nötig zwischen uns ...» «Ich danke Ihnen, dass Sie gekommen sind. Wir haben uns ein Jahrhundert nicht gesehen! Unsere liebenswürdige George Sand, das Luder, lässt sich hier nicht blicken. Sie hat meinen armen Freund Chopin aufs Empörendste malträtiert in ihrem Roman. Abscheulich, aber göttlich geschrieben. Kennen Sie das Buch?» «Nein, aber ...» «Sie brauchen das nicht zu lesen. Sie haben besseres zu tun und wollen uns mit einem Propheten erretten aus diesem Weltkuddelmuddel ...» Heine unterdrückt ein Stöhnen. «Diese Kontraktionen sind mitunter schmerzhaft. Vielleicht glaube ich an Gott, aber doch manchmal nicht an einen guten. Die Hand dieses großen Tierquälers liegt schwer auf mir.» «Ich hoffe, Sie werden hier nicht allzu lange bleiben müssen.» «In dieser *maison de santé* nicht, wir werden eine Krankenwärterin haben, aber in Paris. Eine Transportierung nach Deutschland ist gar nicht möglich, eine Reise würde ich keinen Monat überleben, auch wenn es mit den Eisenbahnen ein Katzensprung ist. Ein Bleiben in Paris überleben dafür meine Finanzen nicht. Es liegt ein Fluch auf ihnen.» «Hat denn nicht Ihr Cousin ein Einsehen gezeigt?» Meyerbeer hat sich bei Carl Heine in Hamburg, der den berühmten Verwandten verabscheut, selbst dafür eingesetzt, dass die jährliche Zuwendung der Familie an den Dichter wieder aufgenommen wird. «Mein Vetter gibt mir eine höchst anständige Summe, die aber doch nicht hinreicht ...» Der Besucher versteht. «Wenn Sie es erlauben, werde ich meinen guten Gouin bitten ...» Heine lächelt matt. «Ich habe den Grundsatz, kein Geld, und sei es noch so wenig, abzuweisen. Wie schlecht kennen mich die Leute, die mich für einen Menschen ohne Grundsätze ausgeben!»

Der Komponist lacht *sotto voce*. Wie lange wird Heine noch leben? Sechs Wochen? Sechs Monate? Es werden acht Jahre sein, die er seiner rätselhaften Krankheit noch abtrotzt. Was er selbst und die meisten, die seine Lebenslust kennen, für die Spätfolgen einer Syphilis halten, ist vermutlich eine Amyotrophe Lateralsklerose, wie sie 1963 bei Stephen Hawking diagnostiziert wurde. Bald wird Heine, hellwachen Geistes, nicht mehr schreiben und lesen, noch sehr lange aber diktieren können. Meyerbeer ahnt nicht, welchen Spott der Dichter noch für ihn bereithält, welche Bitterkeiten.

Er steht vor dem Spital an der Rue de Lourcine und wartet auf einen Wagen. Er rechnet. 500 Francs für Heine, 500 Francs für die Verwundeten der Februarrevolution, 500 Francs als erste Rate von Honorar und Schweigegeld für Émile Deschamps, den Dichter, der anonym und vorbei am überlasteten, kapriziösen Großlibrettisten Eugène Scribe ein paar Änderungen am Text des «Propheten» erledigen wird. Lästig, diese Ausgaben. Aber sein «Robert» hatte am Montag die 296. Vorstellung, und obwohl wegen der chaotischen Zustände kaum Leute ins Theater gehen, kamen 6275 Francs zusammen. Und morgen der Vertrag! Er wird sich auf eine Konventionalstrafe von 30000 Francs einlassen für den Fall, dass die Partitur bis September nicht fertig

ist. Dafür müssen sie sich verpflichten, die Viardot zu engagie-
ren. Und geprobt wird viereinhalb Monate. Eine Droschke hält
«Hôtel de Paris. *À la course.*»

Die Viardot! Was hat er nicht unternommen, um dieser Frau
eine Oper schreiben zu können und sie endlich auf der Bühne
der *Grand Opéra* zu sehen! Seit er dieses Stimmwunder vor zehn
Jahren zum ersten Mal hörte, sie war siebzehn, ist er fasziniert.
Nicht nur, weil sie vom C bis zum dreigestrichenen F kommt.
Sie ist in allem außergewöhnlich, mehr noch als ihre Schwester
Marie Malibran, Rossinis Desdemona, die so früh starb. Sie hat
Klavier bei Liszt studiert, Komposition bei Reicha, Gesang bei
ihren Eltern, dem andalusischen Sängerpaar García. Überhaupt,
was für eine Familie: 1825, als Paulita vier Jahre alt war, in Paris
geboren, befand sie sich mit Mutter, Vater, Schwester und Bruder schon auf der Überfahrt nach New York, wo die Familie die
erste amerikanische Aufführung von Mozarts «Don Giovanni»
auf die Bühne brachte, im Beisein des greisen Librettisten Lorenzo da Ponte, 77 Jahre alt, der in Manhattan mit Branntwein
handelte und Italienisch unterrichtete. Der Mann, der mit Mozart den «Don Giovanni» schuf! Von da weiter nach Mexico
City, wo die Jüngste den ersten Klavierunterricht bekommt, und
zurück über Vera Cruz, wo die Familie bei einem Raubüberfall
sämtliche Einnahmen verliert – was der Vater mit schallendem
Gelächter quittiert. Sie vergisst das nie.

Ihr Leben beginnt wie ein Roman, so bleibt es, und mit
22 Jahren wird sie schon selbst zur Romanfigur der sie bewundernden George Sand. Consuelo, wie sie dort heißt, ist «so
still wie das Wasser der Lagunen und zugleich so emsig wie
die leichten Gondeln, welche die Fläche desselben unablässig
durchfurchen». Für eine Diva mit der üblichen Option zur Kurtisane ist Paulines Geist zu weit: Sie spricht außer Spanisch und
Französisch auch Italienisch, Englisch, Deutsch und Russisch;

als Komponistin und Pianistin kann sie die Partituren selbst spielen, deren Heldinnen sie singt. Und sie kommt nicht aus der bürgerlichen Welt, sie ist durch und durch Theaterkind und an ein riskantes Dasein gewöhnt. Sand entdeckt bei ihr den Gesang als Basis einer unabhängigen weiblichen Existenz. Als 1842 «Consuelo» erscheint, ein republikanischer Entwicklungsroman, hat die Sängerin bereits eine Tochter mit Louis Viardot, ihrem um 21 Jahre älteren Mann. Viardot war Direktor am Pariser Théâtre-Italien, als sie dort – genau wie vor ihr die Schwester Marie – als Desdemona debütierte. Er hat für sie seinen Posten aufgegeben und ist seither ihr Ehemann, Manager, Reisebegleiter; mit ihm wechselt Meyerbeer viele Briefe. Denn die Stimme dieser Frau, ihr Wesen, ihre Tiefe, ihre Wahrhaftigkeit entspricht genau der Gestalt, die er schon in Scribes ersten Librettoentwürfen entdeckte: Fidès, die Mutter des Propheten, als «interessanteste Figur». Nur der Viardot traut er zu, was er vorhat: auf die übliche Hauptrolle einer sopransingenden Geliebten des Helden zu verzichten, eine Mezzosopranistin als Mutter einer höchst fragwürdigen Zentralgestalt einzusetzen – und damit noch seine «Hugenotten» zu übertreffen.

Ihretwegen hat sich die Komposition so lange hingezogen, die schon 1841 hätte uraufgeführt werden sollen. Schon da machte der Komponist es aber zur Bedingung, die Fidès mit Viardot zu besetzen, während der Intendant seine eigene Freundin an dieser Stelle sah. Aber ein Intendant der Opéra, der keinen neuen Meyerbeer bringt, hält sich nie lange. Tatsächlich sind dem glücklosen Léon Pillet andere gefolgt, die es freilich nicht gern sehen, dass der Mann der Viardot auch eine sozialistische Zeitschrift herausgibt. Doch so vorsichtig der Komponist ist und sein muss, für Pauline Viardot gibt er keine Handbreit Boden auf. Für sie hat er die Oper, nach ersten Entwürfen, neu komponiert. Und gerade weil sich das alles so lange hinzieht, wird «Der Prophet» nicht zu spät kommen, sondern gerade richtig, wie so vieles bei Meyerbeer, der hinter seinen Partituren oft auch die seiner Epoche zu lesen scheint.

Es könnte Heine erstaunen, welche Worte sein Bewunderer vertont hat in der «prêche», der «Predigt», an der er inmitten der Februarrevolution saß. Drei Wiedertäufer wiegeln das Landvolk auf: «Die ihr düngt diese Felder / Mit eurem Schweiß, / Wollt ihr denn künftig nicht auch den Lohn / Für euren Fleiß?» Das ist nicht weit entfernt von den Versen, die Heine 1844 im «Wintermärchen» schrieb, als «neues Lied»: «Wir wollen hier auf Erden schon / Das Himmelreich errichten. / Wir wollen auf Erden glücklich sein, / Und wollen nicht mehr darben; / Verschlemmen soll nicht der faule Bauch / Was fleißige Hände erwarben.» Es passt fast schon zu gut, dass Heine in den Märztagen 1848, als Meyerbeer ihn besucht, auch den «liebsten Marx» empfängt, einen jungen deutschen Philosophen, mit dem er seit vier Jahren befreundet ist, der vor der preußischen Pressezensur nach Paris floh, hier aus der Emigrantenzeitung Vorwärts ein linkes Kampfblatt machte und deswegen, auf Betreiben der preußischen Regierung, aus Frankreich ausgewiesen wurde.

Wie viele der rund 80 000 deutschen Gastarbeiter in Paris sind wohl in der Lage, auch nur Notiz von den intellektuellen Emigranten zu nehmen? Die meisten Deutschen sind hier in den 1840ern als Wirtschaftsflüchtlinge gelandet und gestrandet, die allerwenigsten finden gut bezahlte Arbeit, anders als die hochgeschätzten deutschen Tischler, Schuster und Schneider, die sich schon früher etabliert haben. Nicht Heine, Marx und Meyerbeer sind im Pariser Alltag «die Deutschen», sondern Tagelöhner, Lumpensammler, Straßenkehrer, Handlanger, des Französischen nicht mächtig, die in heruntergekommenen Vierteln wie dem am Panthéon hausen, mitunter hundert Familien unter einem Dach. Mittellose, die sich die Auswanderung nach

Amerika nicht leisten können. Freilich, auch an sie denkt Marx, als er in Brüssel zusammen mit Friedrich Engels einen Text von 30 Seiten schreibt, der genau einen Tag vor der Februarrevolution erscheint, auf Deutsch, im London der Pressefreiheit gedruckt. «Ein Gespenst geht um in Europa – das Gespenst des Kommunismus», so beginnt es, und es endet mit dem Aufruf zur Revolution: «Die Proletarier haben nichts in ihr zu verlieren als ihre Ketten.» Dieses «Kommunistische Manifest» rechnet mit dem dicht bevorstehenden Sturz des Kapitalismus – der da allerdings, ganz im Gegenteil, kurz vor seinem «triumphalen weltweiten Vormarsch» ist.

Meyerbeer und Scribe ahnen das wohl. Ihre Wiedertäufer, die im frühen 16. Jahrhundert gleichsam präkommunistisch agitieren, singen in der Folge keineswegs Lieder zur Vereinigung der Proletarier aller Länder. Sie erweisen sich als opportunistische Mordbrenner, nicht besser als die tyrannische Obrigkeit und sich wie diese stets auf Gottes Willen berufend. Einer charismatischen Führungsgestalt bedürftig, machen sie einen eher hilflosen jungen Mann zum «Propheten», der sich bald selbst für berufen hält. Das Ganze endet, kurz gesagt, im flammenden Inferno. Oder auch, wie Marx sagen würde, dem «gemeinsamen Untergang der kämpfenden Klassen», wie eine gern übersehene Option im «Manifest» beschrieben wird. Und der Weltgeist sorgt dafür, Hand in Hand mit Giacomo Meyerbeer, dass das erst ein Jahr später auf die Bühne kommt, als Paris sich von einem solchen Inferno gerade knapp erholt hat. Denn der Februarrevolution folgt im Juni ein Bürgerkrieg mit Tausenden von Toten.

Dass in diesem Frühjahr nur Ruhe vor dem nächsten Sturm herrscht, scheinen alle zu wissen. «Paris ist ruhig vor Angst», hat Chopin schon am 3. März festgestellt; am 19. April reist er zu einer Konzertreise nach London, wo schon längst der gestürzte

Bürgerkönig mit Entourage weilt und bald auch Pauline Viardot eintrifft, die in Covent Garden in Bellinis «La sonnambula» singt. Meyerbeer steigt am 11. Mai um halb zehn in den Zug nach Brüssel und kommt, nach Umstiegen in Köln, Hannover und Braunschweig, am 14. Mai gegen Mitternacht in Berlin an. Marx reist nach Köln, um die Revolution in Deutschland zu befördern. Dorthin hat sich schon im Februar mit Frau und Kind ein junger Cellovirtuose zurückbegeben, dessen Ambitionen als Bühnenkomponist in Paris vorerst aussichtslos sind, Jacques Offenbach. Auch Zehntausende mittellose Deutsche verlassen in diesen Monaten die Stadt. Es gibt nichts mehr zu verdienen, und die Regierung hat arbeitsuchenden Ausländern am 19. März 1848 per Erlass klar gemacht, dass die von ihr zu vergebenden Jobs «nationalen Arbeitern» vorbehalten sind. Man treffe Vorkehrungen, «gesinnungslose Leute aus Frankreich herauszudrängen, die den Gemeinden eine Last und für die Bevölkerung ein Grund zur Unruhe» seien.

Hector Berlioz befindet sich schon seit Januar in London, von einem windigen Entrepreneur mit der Aussicht gelockt, dort als musikalischer Leiter der Oper an der Drury Lane zu reüssieren. Mittlerweile ist das Haus bankrott. Er sitzt, der bedrohlichen Pariser Zustände wegen, an der Themse fest und hat begonnen, seine Memoiren zu schreiben. Der 45-Jährige hat sein Kapitel vier mit dem Aufbruch nach Paris 1822 erreicht, als er im Juli 1848 in eben diese Stadt zurückkehrt und mitten in die Erinnerungen den Blick auf die Gegenwart montiert: «(16. Juli 1848) Nun bin ich also zurück! Paris bestattet seine letzten Toten. Die Pflastersteine sind von den Barrikaden wieder an ihre Plätze zurückgewandert, wo sie morgen vielleicht schon wieder herausgeholt werden. Kaum angekommen, laufe ich zum Faubourg St. Antoine: Was für ein Anblick! Welch entsetzliche Verwüstung! (...) Die gefällten und verstümmelten Bäume, die kurz vor dem Einsturz stehenden Häuser, die Plätze, die Straßen, die Quais scheinen noch immer unter dem mörderischen Tumult zu beben!» Ein paar Tage später erfährt er, dass sein Freund Augustin de Pons sich das Leben genommen hat. Was ist geschehen? Und wer ist dieser de Pons?

De Pons ist einer von den vielen, die sich mit Ach und Krach durchgeschlagen haben in dieser Stadt, und wie viele mag er nach der Februarrevolution auf bessere Zeiten gehofft haben. Wie jene 180 000 Arbeitslosen, denen die provisorische Regierung im Februar ein Recht auf Arbeit zugestanden hatte, das sie nicht einlösen konnte. Sie hat Nationalwerkstätten errichtet, die für Beschäftigung sorgen sollen, bei zwei Francs Arbeitslohn am Tag, vielleicht sechzehn Euro. Ein Zehntel dessen, was Chopin für eine einzige Unterrichtsstunde bekommt, aber von den Einkünften weniger berühmter Musiker nicht weit entfernt: Berlioz kennt gute Geiger an der Oper, die mit 900 Francs im Jahr auskommen müssen. Mehr wird auch sein Freund Augustin nicht verdient haben, der Gesangslehrer, der mit Berlioz gleichaltrige Sohn wohlsituierter Eltern. Ein Musikenthusiast, der ihm noch vor zwanzig Jahren 1200 Francs für die Aufführung seiner «Messe solennelle» leihen konnte, dann einer Sängerin verfiel, sich selbst erfolglos als Opernsänger versuchte und schließlich den Lebensunterhalt mühsam mit Gesangsstunden bestritt.

Nicht auszuschließen, dass de Pons, der verarmte Adelsspross, sich selbst um einen Job bei den Nationalwerkstätten bemüht hat. Der Andrang wächst dort zwischen März und Juni von 30 000 auf 120 000 Arbeitssuchende. Aber den 300 Werkstätten mangelt es an Aufträgen, da nach der Revolution die Bautätigkeit in Paris zum Erliegen kommt. Wer für zuerst drei, dann nur noch zwei Tage pro Woche von einer Werkstatt bezahlt wird, spielt Karten, schlägt die Zeit tot oder wird für Erdarbeiten eingesetzt, deren Sinnlosigkeit die Leute demütigt. Überbesetzte Trupps sind unter dem Spott der Passanten damit befasst, Brückengeländer zu reinigen. Zugleich formiert sich hier Widerstand gegen die Regierung, in der nach der Wahl im April überraschend die konservativen Kräfte gestärkt wurden. Sie betreibt die Auflösung der Werkstätten und ordnet im Juni an, Arbeitssuchende unter 25 Jahren hätten entweder in Algerien zu kämpfen oder in der Provinz zu arbeiten.

Die Veröffentlichung dieses Dekrets im *Moniteur* des 22. Juni 1848 löst den Aufstand aus. Abends um neun ist an diesem Donnerstag der Boulevard von der Porte St. Denis bis zur Porte St. Martin «nur noch ein riesiges Gewühl von Köpfen, ein einziges dunkelblaues, fast schwarzes Meer. Die Menschen, die man im Halbschatten sah, hatten alle glühende Augen, bleiche, von Hunger abgezehrte, durch Ungerechtigkeit krankhaft verstörte Gesichter», schreibt Gustave Flaubert. «Der Gewitterhimmel reizte die Elektrizität der Masse, sie wirbelte um sich selbst, schwankend, breit hin und her sich wälzend wie die Brandung, und man fühlte in ihren Tiefen eine unberechenbare, elementare Kraft.» Über Nacht wachsen Barrikaden, höher und stabiler als je zuvor, in der östlichen Hälfte der Stadt, die von Arbeitern dominiert wird. Einige reichen bis in den dritten Stock, stark genug, um Geschützen zu widerstehen, Häuser werden ins Verteidigungssystem einbezogen. Es gibt einen regelrechten Frontverlauf vom Süden, der uralten Rue St. Jaques, bis zur Rue Rochechouart im Norden, in der Pleyels Konzertsaal sich befindet, unweit des Square d'Orléans.

Diesmal kämpfen Bürger auf beiden Seiten. Die Familienväter und Bürgersöhne im Westen verteidigen als Nationalgardisten Besitz und Zukunft ihrer Kinder, die Arbeiter im Osten können von so etwas nicht einmal träumen; hier gehen die Nationalgardisten zu den 15000 Aufständischen über. Deren Barrikadenbau ist perfekt, aber nicht ihre Strategie. Über die verfügt der Kriegsminister Louis-Eugène Cavaignac, als General in Algerien bewährt. Er lässt die Barrikadeure zunächst gewähren, um in der Zeit aus der weiteren Umgebung von Paris, aus Rouen und Amiens, mit der Eisenbahn Linientruppen herbeizuschaffen. Mit 30000 Mann eröffnet er am 24. Juni die Kämpfe, unterstützt von den zunächst unberechenbaren *Gardes mobiles*. Das sind 16000 Arbeitslose zwischen fünfzehn und zwanzig Jahren, von der Februarregierung zur Truppe geformt, die nun mit entfesselter Grausamkeit gegen die Aufständischen vorgehen – wie auch umgekehrt. «Man sah Weiber siedendes Öl oder heißes Wasser auf die Soldaten gießen und dabei schreien und brüllen ... man sah Köpfe von Soldaten auf Spießen, die auf Barrikaden aufgepflanzt waren ... Es wäre unmöglich, alle die teuflischen Grausamkeiten anzuführen, welche von beiden Seiten begangen wurden, es genügt zu sagen, daß die Weltgeschichte nichts Aehnliches aufzuweisen hat», schreibt ein deutscher Augenzeuge. Nach zweitägiger Schlacht hat Cavaignac das linke Seineufer eingenommen. Das Panthéon wird zur Leichenhalle, in der Frauen nach ihren Söhnen und Männern suchen. Der Faubourg St. Antoine, durchsetzt mit 60 Barrikaden, hält sich am längsten; als dort der Erzbischof von Paris vermitteln will, der auf beiden Seiten Respekt genießt, tötet ihn die Kugel eines Fanatikers. Am 26. Juni ist die Schlacht vorbei, doch nicht das Gemetzel. Die Sieger nehmen Rache an Gefangenen, es gibt Hetzjagden, Morde, Massenhinrichtungen. Am Ende sind mehr als 5000 Menschen tot und 20000 gefangen, von mehr als 11000 Angeklagten werden fast 5000 ohne ordentliches Verfahren nach Algerien deportiert.

«Deportieren wird man sie wohl nicht», schreibt Berlioz bitter über die Musiker, die er nun trifft, «alle unsere Künstler haben gegen die Aufständischen gekämpft.» Aber: «Jetzt, wo ihre

Schüler fort sind – was soll aus diesen Unglücklichen werden?...
Alle unsere Theater sind geschlossen, alle Künstler ruiniert, alle
Schüler auf der Flucht; mittellose Pianisten spielen auf öffentlichen Plätzen Sonaten, Historienmaler fegen die Straße...» Sein
Freund de Pons hat sich mit Gift das Leben genommen. Er hatte
keine Schüler mehr, und der Verkauf seiner Möbel genügte
nicht, um posthum die Miete zu bezahlen.

Vielleicht kommt Hector Berlioz bei seiner Erkundung des
Faubourg St. Antoine bis zur Rue St. Maur, nahe der östlichen
inneren Stadtmauer, die hinaufführt dorthin, wo seit 1847 der
Embarcadère de Strasbourg im Bau ist, heute Gare de l'Est. Auf
diese Straße können wir mit den Augen eines der ersten Fotografen blicken, die je festhielten, was «Geschichte» wurde.
Zwei Daguerreotypien sind es, die Straße hinab nach Süden, aus
einem Dachfenster an einer Krümmung der Straße aufgenommen, die eine am 25. Juni «avant l'attaque», die andere am
26. Juni, «après l'attaque». Drei Barrikaden hintereinander que-
ren die leere Straße auf dem ersten Bild, etwa schulterhoch, man
sieht vor der ersten, wie dort die entfernten Pflastersteine eine
kahle Stelle hinterließen, man sieht die Speichenräder eines
zertrümmerten Wagens aus dem Schuttwall ragen und an der
Hausecke rechts davor den Schriftzug «Fabrique Chocolat». Daneben steht ein Mensch in geöffneter Haustür. Ruhig und lange
genug muss er oder sie dort gestanden haben, um so wenig zu
verschwimmen bei der fast einminütigen Belichtungszeit. Ver-
wischt sind auf dem Bild am Tag später die meisten der vielen,
die sich, Soldaten vermutlich, zwischen den Barrikaden bewegen.

*

Als Delacroix von Chopins Diener eingelassen wird am Sonn-
abend, dem 7. April des Jahres 1849, hört er Klaviermusik, die ihn
irritiert. Harmonisch der Musik seines Freundes nah, aber welch

seltsamer Rhythmus! Ach, es ist Alkan, Chopins Nachbar, der am Pleyel sitzt. Gepflegter Bart, blasses Gesicht, Mitte dreißig, mit hochgeschlossenem Kragen einem Geistlichen ähnelnd. Was für ein seltsames Stück, denkt der Maler, der sich auf das Metrum keinen Reim machen kann, während Chopin konzentriert der eigentümlich schwebenden Musik lauscht, auf seiner Récamière sitzend. Als der Gast mit einem leisen Akkord endet, deutet Delacroix höflich einen kleinen Applaus an, und Alkan wendet sich ihm mit ernster Miene zu und sagt nur: «À sept temps.» Es ist ein Stück im Siebenvierteltakt, das er soeben spielte. Charles-Henri-Valentin Alkan, aus jüdischer Pariser Familie stammend, liebt solche Experimente, er schert sich als Komponist wenig um Konventionen. Er hat schon früh ein Konzert in a-Moll beginnen und in Cis-Dur enden lassen, und im vergangenen Jahr hat er eine Sonate über die vier Lebensalter komponiert, die von Satz zu Satz langsamer wird. Dagegen zählt seine Klavieretüde über die Eisenbahn zum Schnellsten, was je für Klavier geschrieben wurde: *vivacissimamente*, zwölf Töne pro Sekunde.

Es macht ihm keine Mühe, so etwas zu spielen, schon mit elf Jahren hat er den Klavierpreis des Konservatoriums gewonnen. Doch als Professor will man ihn dort nicht haben, den scheuen, anspruchsvollen Menschen, der alle Virtuosen in die Tasche stecken könnte und sich doch selten auf einem Podium zeigt. Er kommt selbst darauf zu sprechen, als er sich vom Klavier erhoben hat und den Maler begrüßt. Alkan hat Auber, den Konservatoriumsdirektor seit Cherubinis Tod, offenbar wissen lassen, wie grotesk er dessen Entscheidung für einen mediokren Kollegen findet. «Warum Mozart nehmen, wenn man auch Salieri haben kann?», sagt er bissig, und Delacroix, zu dessen Göttern Mozart zählt, lacht, während er sich denkt, dass der Pianist es nicht leicht haben wird mit der Missgunst Aubers. Zu den wenigen lebenden Musikern, die Alkan wirklich respektiert, zählt

Chopin, auch wenn der eine Leidenschaft nicht mit ihm teilt die für die Bücher. Besorgt blickt Delacroix zum Nebenzimmer in das Chopin sich mit einem Hustenanfall zurückgezogen hat Dann meldet Pierre den Fiaker.

Delacroix stützt den kurzatmigen Freund, als sie die paar Stufen aus seiner Wohnung herabsteigen, und hilft ihm beim großen Schritt hinauf in das Fahrzeug. Der Kutscher verharrt auf dem Bock vor der taubenblauen Kabine, in langem Mantel weißen Hosen, hellgrauem Zylinder. «Schönes Pferd», sagt der Maler, mit einem Blick auf den Rappen. «Wir haben Glück» sagt Chopin, der sich rechts hingesetzt hat, «derselbe Kutscher wie letztes Mal. Er fährt umsichtig.» Er presst ein Tuch vor den Mund, hustet kurz, nimmt den Zylinder ab. «Dass Sie es nur gleich wissen», sagt Delacroix, «die Fahrt übernehme ich. Ich bin so oft Ihr Gast!» Sein Freund hebt abwehrend die Hand, sagt aber nichts. Die paar Francs, die die Ausfahrt kosten wird, hätte er früher nicht einmal wahrgenommen. Aber jetzt, da er kaum noch unterrichtet, sind seine Mittel zusammengeschmolzen «Ich möchte mir die Gegend südlich der Élysées ansehen», sagt er, «die Ärzte raten zu Landluft im Sommer.» «Helfen Sie Ihnen gut, die Ärzte?» «Ach, sie tasten herum, aber Linderung bringt das nicht. Das Klima, sagen sie, Ruhe und Erholung. Die Ruhe werde ich eines Tages auch ohne ihre Hilfe haben.» Er lacht kurz, mit geschlossenen Lippen. Er ist zu schmal für diesen Mantel, denkt Delacroix, er ist überhaupt sehr schmal. Die Au genbrauen zusammengezogen zu zwei kleinen, steilen Fältchen auf der Stirn, blickt sein Freund auf die Rue St. Lazare hinaus durch die sie rollen, die dunklen Haare umgeben fast wie ein Helm den schmalen Kopf, wie immer wohlfrisiert.

«Haben Sie gelesen», sagt Chopin, «dass der Schwiegerva ter von Thiers gestorben ist?» «Nein. Er war schon recht alt nicht wahr?» «Das war es nicht ...» «Cholera?» «Ja. Er wurde am Dienstag krank und starb vorgestern.» Tatsächlich ist die Cholera im März in die Stadt zurückgekehrt, nach siebzehn Jahren. Mehr als 19000 Menschen werden ihr bis September erliegen und wieder vor allem jene, die in beengten und unsauberen Verhältnissen wohnen, die anderes Wasser trinken und verwenden als etwa die Bewohner jener gerade mal 5300 Häuser, die bis jetzt ans Pariser Leitungsnetz und seine Reservoirs angeschlossen sind, oder jener Stadtteile, die gut mit Wasserzapfstellen versorgt sind. Anders als im weitaus fortschrittlicheren London sind es in Paris immer noch die Wasserträger, 20000 an der Zahl, die buchstäblich die Versorgung auf ihren Schultern tragen. Dass verschmutztes Wasser Übermittler der Krankheit ist, weiß man noch immer nicht. So sind, wie schon 1832, auch Wohlhabende nicht vor ihr sicher – wie Alexis Dosne, steinreicher Chef der Banque de France und Schwiegervater des inzwischen konservativen Politikers Adolphe Thiers. Aber diesmal nimmt die Seuche langsameren Anlauf. Im April 1849 beherrscht sie weniger das Straßenbild als die Anzeigenseiten. Im *Constitutionnel* kann Chopin an diesem Tag nicht weniger als zehn Annoncen für Präventionstropfen, Klistiere, indische Heilmittel, Kräutertees und medizinische Schriften lesen.

«Hoffentlich trifft es Meyerbeers ‹Propheten› nicht zu hart», sagt er. «Die Leute haben schon wieder Angst, ins Theater zu gehen.» «Ach, Meyerbeer hat doch längst ausgesorgt. Und erst recht Véron, dieses Fass! Mit dem *Constitutionnel* scheint er sogar noch besser zu verdienen als in seinen Opernjahren. Ich war vor drei Tagen bei ihm zum Diner. Man feierte in seinen Fünfzigsten hinein. Riesige Räume, Brokat an Wänden und Decken, ein Orchester für die Tafelmusik, was für eine gotische Sitte. Das Essen wird davon nicht besser, und es stört die Konversation.» «Er wird sicher der erste sein, der seine Säle elektrisch beleuchtet, sobald das möglich ist», sagt Chopin. «Wissen Sie, dass für den ‹Propheten› eine Sonne vorbereitet wird, die wun derbarer sein soll als alle Tropensonnen? Sie ist so stark, dass sie alles überschattet, ausgenommen die Musik. Sie ist aus Strahler elektrischen Lichts gebildet. Ich bin entschlossen, mir das anzu sehen.» «Und ich befürchte, dass solche Sensationen die Kunst erniedrigen. Aber wenn Sie hingehen ...»

Sie haben die Place de la Concorde erreicht, die nachmittäg liche Aprilsonne, zwischen Wolken hervorschießend, vergolde den Obelisken, der von Equipagen, Reitern und Spaziergängerr umrundet wird. Nichts lässt einen an Dreck, Armut, Aufstand Krankheit denken, ebenso wenig daran, dass man hier noch vor zehn Jahren im Schlamm versank oder Staub einatmete Nördlich und westlich der Champs-Élysées ist viel und teuer gebaut worden, die Gegend gilt als eine der besten Adressen Wer hier ein Haus hat, kann sich über Wertsteigerungen vor 60 000 Francs in einem Jahr freuen. Wie, fragt sich Delacroix will sein kranker Freund das Geld für die Miete hier aufbrin gen? Aber warum, fragt er sich, sollte er das tun müssen? Mar muss ihm die Sorgen fernhalten. «Die Pastorale ...», sagt er un vermittelt, durch das Fenster in die Sonne blinzelnd. «Sie spre chen von Beethoven?» «Ja. Ich habe dieses göttliche Werk vor drei Wochen gehört, das erzählte ich Ihnen noch gar nicht. Eir Benefiz für Habenecks Gedenkstätte. Schreckliches Publikum schmutzig und unruhig, aber das tut nichts zur Sache. Ich muss gestehen, dass mir die Musik zu lang wurde, trotz allem, was er mit den Themen macht. Jeder Künstler verdirbt den Effekt wenn er die Aufmerksamkeit zu lang beansprucht. Das kann Ihnen nicht passieren ...» «Vor allem Ihnen nicht, Eugène», sag Chopin leicht amüsiert. «Selbst dem größten Gemälde kann man in einer Sekunde den Rücken zuwenden ... Was Ihnen ar Beethoven fehlt, sind ewige Prinzipien wie die, denen Mozart folgt, bei dem jede Bewegung mit allen anderen harmonisiert

212

Beethoven wendet dieser Harmonie den Rücken zu, das lässt ihn so wild und originell erscheinen, oder auch schwer verständlich, dunkel, uneinheitlich.» «Die Proportionen der Zauberflöten-Ouvertüre erscheinen mir dagegen perfekt.» «Das sind sie auch. Die Fuge darin korrespondiert mit reiner Logik. Man sollte überhaupt in der Fuge bewandert sein, um alle Elemente von Logik und Entwicklung in der Musik zu verstehen. Es ist ja oft, als habe Mozart keine Erfahrungen machen müssen, immer sind Handwerk und Inspiration auf derselben Höhe. Aber Bach hat ihn doch herausgefordert. *Il faut toujours travailler Bach, c'est le meilleur moyen de progresser!*»

Delacroix glaubt auf einmal all die Schüler vor sich zu sehen, die von dieser sanften, rauen Stimme Ratschläge empfingen, die diese Hände in ihrer vollendeten Bewegung bestaunten. «Sie haben Bachs Fugen alle im Kopf, nicht wahr?» «So etwas vergisst sich nie.» Chopin lächelt, das Gespräch tut ihm gut. «Aber verstehen Sie mich nicht falsch, Beethoven ist oft groß, in all seiner Grobheit. Kennen Sie sein letztes Klaviertrio? Er verhöhnt darin die ganze Welt.» Er deutet den Rhythmus des Scherzo an, während sie auf die Barrière knapp vor dem Arc de Triomphe zufahren. «Kurios, sich vorzustellen, dass das Ding zehn Jahre lang nur aus Holz und Stuck bestand», meint Delacroix, auf den gewaltigen Bogen deutend, «wie eine Skizze im Maßstab eins zu eins.» Chopin schweigt, und der Maler fährt fort: «Ich bin froh, dass es fertig wurde. Ich denke, eine Skizze, eine Ruine, ein Werk im Bau beflügelt die Phantasie der Betrachter, aber es ist darum in gewisser Weise auch grenzenlos, es wuchert. Wenn ein Künstler ein Werk vollendet, ist er gezwungen, seine Persönlichkeit ganz zu zeigen, sein Talent. Natürlich auch seine Grenzen.» «Und ich», sagt Chopin trocken, «bekomme nicht einmal mehr eine kleine Mazurka fertig.» «Ich bitte Sie! Fahren wir zum Bois hinaus? Einen Wein trinken?» «Gern, aber Sie wissen ...» «Ja, ich weiß. Außerhalb der Barrières zweieinhalb Franc die Stunde. Sie sind eingeladen, *cher maître*!» Im Bois de Boulogne machen sie Halt an einem der zahlreichen kleinen Ausflugslokale, den *guinguettes*, wo, jenseits der Zollschranken, der Wein billiger ist. Und für zehn, fünfzehn Minuten setzt sich der kranke Musiker mit Delacroix an ein Tischchen unter grünen Bäumen, sie trinken einen einfachen Weißen. Doch dann fröstelt ihn, trotz milder Temperatur, und sie nehmen die Flasche mit in den Fiaker.

Auf dem Rückweg geraten sie in einen Stau an der Zollschranke, denn es ist die Stunde, da alle Ausflügler vom Bois de Boulogne heimkehren, nicht so viele wie an Sonntagen, doch ein ganzes Sortiment von Wagen umgibt den Fiaker, vom einfachen Kremser mit Ledervorhängen bis zum prächtigen Landauer mit Wappen auf der Tür, bespannt mit vier Pferden und gelenkt von zwei Jockeys in Samtwesten. Der Landauer wird sofort durchgewinkt, andere Passanten müssen ihre Wagen und Taschen öffnen. Der *octroi*, der Stadtzoll, bringt der Pariser Verwaltung in jedem Jahr gut 30 Millionen Francs ein, und die Beamten an den *barrières*, den Durchfahrten der alten Stadtmauer, sind gründlich. Einer von ihnen klopft ans Fenster der Tür, hinter der Delacroix sitzt. «Verdammt», knurrt er, sein halbvolles Glas in der Hand, und öffnet. «Haben Sie noch mehr Wein dabei, Monsieur?», fragt der Uniformierte. «Kaum», sagt der Maler. Die Flasche zwischen seinen Stiefeln ist halbvoll. «Also ein halber Liter», sagt der Mann, «das sind bei 26 Francs pro Hektoliter ...» «Dreizehn Centimes», sagt Chopin, der schnell rechnet, leise mit seinem weichen Akzent.

Die untergehende Sonne bricht unter dem Arc de Triomphe hindurch und lässt in rötlichem Licht die Radnaben funkeln, die Türgriffe und Deichselspitzen, die Ringe der Sättel. Auf Chopins Wunsch biegen sie aus dem Strom von Wagen nach rechts ab in die Rue de Chaillot, Grzymała hat ihm da eine Adresse genannt.

Die Straße ist noch ungepflastert, vor dem Haus Nr. 74 steht ein Baugerüst. «Wollen Sie warten? Ich schaue es mir für Sie an», sagt der Maler, denn sein Freund wirkt inzwischen wieder sehr erschöpft. «Und bitte, bedienen Sie sich!» Chopin zieht den Mantel enger um sich, es ist kühl geworden. Nach einer Viertelstunde ist Delacroix wieder da. «Wunderbar!», ruft er. «Ihre Wohnung ist so gut wie fertig – wenn es Ihre werden soll. Herrlicher Blick über die Wiesen bis zur Cité, man sieht Notre-Dame, das Panthéon, und Sie hätten es nicht weit zum Bois...» Es zieht ihm das Herz zusammen, als er diesem Mann die Zukunft ausmalt. «Hier werden Sie sie vollenden, Ihre kleine Mazurka, und nicht nur die!» Chopin geht darauf nicht ein, aber er lächelt ein wenig. «Wollen Sie am nächsten Mittwoch zu mir kommen?», sagt er. «Madame Potocka wird auch da sein und etwas singen.» «Oh! Sie ist göttlich, sie ist... bezaubernd.»

Diese 42-jährige polnische Gräfin ist die schönste Frau, die Delacroix je gesehen hat. Und obwohl er sich in sie verliebt hat, wünscht er, Chopin, von dem er Ähnliches vermutet, könnte mit ihr ein neues Leben beginnen, die Krankheit überwinden. Aber der kennt sie schon seit langem, zu lange vielleicht... Und er begreift noch immer nicht, warum die Liebe seines Lebens sich von ihm abgewandt hat. George Sand wohnt nicht mehr am Square d'Orléans, auch die Marliani nicht. Als Delacroix dort den Freund die paar Stufen hochgeführt hat, sagt er: «Ich werde kommen, lieber Chopin! Und ich werde mir auch diese elektrische Sonne ansehen, mit Ihnen!» Er geht zu Fuß nach Hause. Bis zur Rue Notre-Dame-de-Lorette, wo er Wohnung und Atelier hat, sind es nur ein paar Minuten. In sein Journal notiert er abends: «Gegen halb vier Chopin begleitet bei seiner Ausfahrt. Obwohl müde, war ich froh, ihm zu etwas gut sein zu können... Die Avenue Champs-Élysées, l'Arc de l'Étoile, die Flasche Wein aus der *guinguette*, angehalten worden an der barrière, etc....

Während der Fahrt sprach er mir von der Musik, und das hat ihn belebt...»

169 Jahre später ist der Square d'Orléans eine so teure Adresse, dass weder Chopin noch Sand sich ihre Wohnungen dort leisten könnten. Im Morgengrauen eines Februarsonntags bin ich am Châtelet in die Linie 7 der Metro eingestiegen, auf deren Bahnsteigbänken sich gerade die aus ihren Decken und Zeitungen schälen, die sich gar nichts mehr leisten können, denen es, während die Züge einfahren und ausfahren und sich zischend Türen öffnen und schließen, nicht viel anders geht als den Tausenden Pariser Mittellosen in Chopins letztem Jahr. Man riecht, dass es hier keine Toiletten für sie gibt. Andere Bewohner der Stadt nehmen den öffentlichen Raum auf andere Weise in Anspruch, geruchlos, subtil, unnahbar. Als ich sechs Stationen weiter wieder ans Tageslicht gestiegen bin und von der Rue St. Lazare einbiege in die Rue Taitbout, leicht hügelan zwischen perfekt sanierten Fassaden gehend zur Einfahrt in den Square d'Orléans, kommt es mir in der schmalen, leeren Straße vor, als hätte ich Privateigentum betreten. Als sei es nur eine Frage der Zeit, bis auch diese Straße, dieses Viertel mit einem schönen gusseisernen Gitter aus Lilien und Ranken abgeschlossen ist wie der Torbogen der Nummer 80.

Dunkelgrün und mit Messingknauf versehen ist die Tür, durchs Gitter erkennbar, die so vielen offen stand, hinter der so viele musizierten und lernten. Das Pflaster im Hof ist glattem Asphalt gewichen, einem Parkplatz. Den berühmtesten Bewohnern des Ensembles zollt ein Metallschild neben der Einfahrt Respekt. Weniger respektvoll hat jemand in sauberen Schablonenbuchstaben an die Fassade gesprayt: «LE ROMANTICISME C'EST UN TRUC DE BONHOMME – die Romantik ist ein Trick der Spießer.» Das stimmt nicht nur, wenn man sich die *coffee table books* anschaut, in denen das Paris der Salons und der

Künstler auf ein Paradies der Schönheit und der Liebe reduziert ist. Die «Romantik» treibt auch die Immobilienpreise in ganz besondere Höhen. In diesem Viertel kostet eine Zweizimmerwohnung im Altbau, 40 Quadratmeter, mehr als eine halbe Million Euro. Bei prominenten Vorbewohnern aus dem 19. Jahrhundert darf man das sicher verdoppeln. Aber Chopin wohnt hier nicht mehr.

«Meine gute Ninounne», schreibt am Freitag, 13. April 1849, Pauline Viardot an ihre Freundin George Sand, «mit Gottes Hilfe werden wir nächsten Montag auf die Bühne gehen, über[über] morgen. Brrrrr ...!!!! Ich bin sicher, dass ich eine schreckliche Angst haben werde, aber nicht so stark, wie ich zuerst dachte. Wir haben 5 Generalproben gehabt, in welchen ich mein erstes Feuer verschossen habe und die mich ganz in meiner Rolle eingerichtet haben. Ein neues Korsett stört die ersten Tage, die man es trägt, dann nimmt es die Form des Körpers an, man gewöhnt sich daran und man denkt nicht mehr daran. Nun bin ich für meine Rolle ausgestattet, und sie macht mir keine Angst mehr.» Alle haben sie unendlich viel gearbeitet, bis zur letzten Minute. «Happen für Happen» hat Meyerbeer seinem Star zuerst die Partie geschickt, dann mit ihr zusammen verbessert, selbst nach der Generalprobe noch die Partitur gekürzt, aus der Pauline Viardot ihrerseits am Klavier spielte, um ihren Kollegen in die Rollen zu helfen, der Sopranistin Jeanne-Anaïs Castellan, dem Tenor und Titelhelden Gustave-Hyppolite Roger, dem nun bald 60 Jahre alten Bass Nicolas Levasseur, der schon in den Uraufführungen von «Tell» und «Robert le diable» sang.

Am Montagabend des 16. April muss eine Abstimmung der Nationalversammlung ausfallen: Zu viele Abgeordnete befinden sich in der Oper, um die Uraufführung des «Propheten» zu erleben. Auf dem Schwarzmarkt sind Parkettplätze zuletzt für hundert Francs verkauft worden, was 800 Euro entspricht;

nicht einmal Meyerbeer gelingt es noch, Freunden gute Plätze zu verschaffen. Der neue Präsident der neuen Republik ist anwesend, Charles-Louis-Napoléon Bonaparte, und die meisten Offiziere seines Hauses. Man erzählt sich, allein das Bühnenbild habe 150000 Francs verschlungen, man witzelt, es gebe kein Eis mehr in den Konditoreien, da Meyerbeer alle Vorräte für ein Schlittschuhballett auf zugefrorenem See aufgekauft habe. Die Opéra – seit einem Jahr heißt sie nicht mehr Académie royale, sondern Théâtre de la Nation – hat genug durchsickern lassen, um die Spannung zu erhöhen. Wieder einmal, nun 57 Jahre alt, steht der Komponist schweißgebadet und aschfahl hinter der Bühne, einen Segensbrief seiner Mutter in der Brusttasche.

Später dann steht der Prophet, der falsche, der sich nun schon für den wahren hält, im winterlichen Morgendämmern, allein ganz vorn, noch verklärt von einer Vision, hinten drängen sich Bauern und Soldaten, auf einem Hügel wacht der Bannerträger, dann reißt Jean alle mit in seiner Hymne «Roi du ciel», und um die Silhouette der Stadt Münster am Horizont im Osten beginnt es zu leuchten, immer stärker. Aller Arme weisen dorthin, der gefrorene See – eine straff gespannte Leinwand – ist voller Soldaten. Und während man sich zur Stadt hin in Bewegung setzt, geht die Sonne auf, so hell, blendend, blauweiß in den Saal strahlend, dass die Leute dort aufschreien, die Hände vor die Augen halten, man kann nicht hineinsehen in dieses Licht, so hell ist es, es frisst die Farben weg, die zuvor im Gaslicht noch warm leuchteten, es macht die Gesichter weiß und greift bis in die entfernteste Loge. Manche, in Angst vor geheimnisvoller Strahlung, machen sich in ihren Sitzen klein, andere recken die Köpfe und erkennen das Kulissenhafte der Bühnenbäume rechts und links, die eben noch echt wirkten, weiße Winterbäume, die in dieser Sonne nur noch von Pappe sind, mit Baumwolle und Glasplättchen beklebt.

Das Licht strahlt gleichförmig, unveränderlich, starr. Léon Foucaults Konstruktion funktioniert bestens. Damit die Kohlenstäbe, die Elektroden der Bogenlampe kontinuierlich nachgeschoben werden – sie verglühen in der Spannung des Lichtbogens –, hat er eine elektromagnetische Regulierung ersonnen, wie das Licht von einer Batterie gespeist. Jules Dubosc, der Optiker, hat einen großen Reflektor gebaut, einen Parabolspiegel, der die Lichtstrahlen kreisförmig bündelt, parallelisiert und als gleißende «disque solaire» erscheinen lässt. Mittlerweile hat der Tenor, der Prophet den Hügel erklommen, vollbärtig, in weißer Tunika und schwarzem Gürtel, mit eisernem Beinschutz, das Schwert in der Hand, die Richtung weisend, «à Munster, en marche, dieu nous suit!» Die Bauern werfen ihre Hüte in die Luft, Frauen und Kinder knien nieder, das Orchester rast allein noch vierzehn Takte weit auf den Aktschluss zu, während darüber still das gleißende Licht einer neuen Zeit steht. Nicht lange blendet es die 2000 Zuschauer, der Vorhang fällt schnell über diesem *tableau*, aber keiner von ihnen wird es je vergessen.

In die Pause nach dem dritten Akt, ins Gaslicht der Korridore und Foyers taumeln sie wie in eine Dämmerung. Chopin, der sich mit schwindender Kraft und der Viardot wegen in die Uraufführung geschleppt hat, sieht noch blasser aus als sonst. «Entsetzlich», sagt er nur, und Delacroix, der ihn stützt, ist wütend. «Das nennt man also Fortschritt? Es ist monströs, es ist das Ende der Kunst! Schlittschuhe, deren Räder man donnern hört, zu einem Tanz aus dem Vaudeville, und dann dieses Licht, wahrhaftig, man will uns blenden! Wenn die Kunst die ewigen Gesetze von Geschmack und Harmonie verlässt, geht es ihr wie der Politik – nach einer Reihe von Reformen sind wir wieder unter Wilden!» «Nun, dumm ist das Stück nicht», schnauft der dicke Janin, «es ist ein großes theologisches Traktat, nur ganz ohne den Glauben.» «Oder ein politisches», sagt Gautier, der für

La Presse hier ist. «Diese Wiedertäufer und Bauern führen Reden von denen man glauben könnte, sie seien aus der Prosa kommunistischer Journale herausgeschnitten!» «Um so besser, um so besser!», dröhnt ein hünenhafter Russe, der sich dazugesellt hat. «Aber nichts geht über die Macht der Liebe! Die Viardot ist einzigartig!» Sie lächeln höflich. Wer ist dieser Mann? «Turgenjew», stellt er sich vor. «Iwan Turgenjew.»

Man wird ja sehen, dass solche kommunistischen Reden zu nichts Gutem führen, und wenn die Sonne noch so hell über dem Propheten gleißt. Nach dessen Krönung im Dom zu Münster geht es ins Kellergewölbe unter dem Stadtpalast: Fidès, von den Wiedertäufern inhaftiert, nachdem ihr eigener Sohn sie verleugnet hat, um seine Krönung zu sichern, sieht ihn dort wieder und vergibt ihm. Seine Verlobte Berthe, ebenfalls anwesend, ist von seiner Entfremdung so entsetzt, dass sie sich ersticht. Ein Vertrauter erklärt dem Propheten, dass seine Konspirateure ihn an die kaiserlichen Truppen verraten wollen, die im Anmarsch sind – woraufhin Jean die Explosion der im Gewölbe aufbewahrten Pulverfässer vorbereitet.

Als der Vorhang über diesem Gewölbe aufgeht, raunt erneut der Saal, obwohl es nur eine gewaltige, bemalte Leinwand ist hinter der sich das nächste Tableau verbirgt. Sie zeigt keinen Keller in einem pittoresken, fernen, alten Deutschland; das ist ein gigantischer Treppentunnel aus Steinbögen von den Ausmaßen einer Bahnhofshalle, vor dem der Prophet, noch im Krönungsmantel, zur hilflosen kleinen Gestalt reduziert wird. Die Zuschauer selbst fühlen sich klein angesichts dieses megalomanen Entwurfs von Charles-Polycarpe Séchan. Mancher mag sich der Angst entsinnen, die beim Hineinrasen in die neuen Tunnel aufkommt. In diesem Gewölbe, pharaonisch und futuristisch scheinen unsichtbare Züge Fahrt aufzunehmen, die es noch gar nicht gibt. Dagegen erkennen die Zuhörer in der Musik vertraute Mittel, gar solche aus dem 18. Jahrhundert, als etwa Fidès in virtuosen Koloraturen ihre Wut besingt wie eine spätere, tiefere Königin der Nacht. Doch ebenso hat sie unmittelbare, expressive Gesangslinien. Meyerbeers Stilmosaik strebt keine Verschmelzung an. Die Vielfalt der Metropole spiegelt sich darin, auch deren Alltagsmusik, und das Orchester ist Begleiter, Akzentsetzer, keine überwältigende Kraft, die selbst Bilder erzeugt. Stark leuchtet in Wut und Wärme, in Liebe und Verzweiflung die unverwechselbare Stimme der Viardot. Mit dieser Mutter fühlen sie alle, bis zu den letzten Takten des letzten Bildes. Palast, Gelage, Tanz auf dem Vulkan, dem Pulverfass, in dessen Flammen, qualmenden bengalischen Feuern, Mutter und Sohn den ersehnten Tod finden.

Heroischer Suizid in einer Stadt, in der sich an jedem Tag im Durchschnitt zwei Menschen das Leben nehmen – keine gescheiterten Propheten, sondern Verzweifelte, Verarmte wie der Gesangslehrer de Pons, oder wie jener Antonin Moine, Hersteller kleiner kunstgewerblicher Figuren, Familienvater, dem nach der Revolution das Geschäft zusammenbrach und der sich vor gerade vier Wochen, vor dem sonntäglichen Kirchgang mit seiner Frau, eine Kugel in den Kopf schoss. Großes Bühnenfeuer in einer Stadt, in der seit Einführung der Gasbeleuchtung an den Theatern mindestens neun Bühnenhäuser in echten Flammen aufgingen, apokalyptisches Feuer in einer Zeit dauernder Verunsicherung, in der die Gesellschaft selbst bereit ist für den nächsten Propheten, die nächste kleine Figur, die sich zum Retter aufblasen lässt und hier ja schon sehr zufrieden in ihrer Loge sitzt: Der 40-jährige Charles-Louis-Napoléon Bonaparte nämlich, der vor fünf Monaten mit überwältigender Mehrheit zum Präsidenten der Republik gewählt wurde und noch viel vorhat mit dem Nimbus, den der Name seines legendären Onkels ihm verleiht. Es wird nicht schaden können, denkt er sich, wenn man diesen Zauberkünstler Meyerbeer bald einmal zum Kommandeur der Ehrenlegion macht.

Neben Berlioz sitzt der 30-jährige Charles Gounod und bemerkt, dass der bewunderte Meister hemmungslos weint; ihm selbst rast das Herz nach diesem Finale, er kann nicht anders, als mit der Menge zu schreien. Die einzig wahre Kunst, denkt er, Oper! Was in aller Welt habe ich in der Kirche verloren? Als sie hinausgehen, ist Berlioz schon wieder in grüblerischer Verfassung. «Wie kann er nur!», knirscht er. «Was meinen Sie?» «So großartige Dinge, und dann erniedrigt sich Meyerbeer zum Publikumsgeschmack und schreibt der Viardot diese Cavatina! Fidès, eine alte, vom Kummer zerstörte Frau, singt bravouröse Koloraturen! Nur, weil die Viardot es kann, wählt er den völlig unangemessenen Ausdruck. Ich würde ihm am liebsten in die Hand beißen! Und doch, es ist großartig.» Schon wieder treten Berlioz die Tränen in die Augen, Harriets wegen, die er vor sieben Jahren verließ, die im November und im Februar einen Schlaganfall hatte, die allein lebt und nun täglich seine Hilfe braucht – mit ihren 48 Jahren tatsächlich eine alte, vom Kummer zerstörte Frau, die einmal die Liebe seines Lebens war und die Mutter seines Sohnes ist.

«Sei gesegnet, mein Sohn!» Ah, schon diese Arie der Fidès! Das ist ihm reine, höchste Kunst. «All ihre Haltungen, ihre Gesten, ihre Mimik, ja selbst ihr Kostüm sind mit großer Kunst ausgeführt», wird er schreiben, «und was die Perfektion ihres Gesangs betrifft, die extreme Wendigkeit ihrer Stimme, ihre musikalische Sicherheit, so kennt und schätzt man sie schon in der ganzen Welt, sogar in Paris.» Gut sechzehn Buchseiten bräuchte man für Berlioz' vollständige Rezension, die am 20. April 1849 im *Journal des Débats* erscheint, ohne übrigens die «Prophetensonne», wie man das elektrische Spektakel bald nennt, eigens zu erwähnen. Die «unvergleichliche Grandiosität des Schauspiels», schreibt er stattdessen grimmig seiner Schwester Nanci, lasse alle musikalischen Schwächen hinter sich. «Was es heute für einen Aufwand erfordert, eine Oper zum Erfolg zu machen! Wie viel Intrige und Bestechung sind zu organisieren, über wie viel Geld muss man verfügen, wie viele Diners müssen gegeben werden! Das macht mich im Herzen krank!»

Er weiß, wovon er spricht, denn er ist selbst von Meyerbeer zu einigen Journalistendiners geladen worden, wie sie sicher auch seiner «Damnation de Faust» gut getan hätten. Er hat das Desaster vom Dezember 1846 noch immer nicht verwunden. Falscher Zeitpunkt, falscher Saal, falsche Sänger für die konzertante Uraufführung, weder das Wetter noch die Zeitläufte passten, die Opéra-Comique war keine gute Adresse, kein Star lockte, das Haus war zweimal halbleer, Berlioz anschließend völlig verschuldet, da half auch die Anerkennung der Kollegen nichts. Seit er im Juli 1848 von seinen Reisen zurückgekehrt ist, schreibt er, nun Mitte vierzig, fast nur noch Kritiken für zehn Francs pro Spalte, das sind 800 Euro für Vorbereitung, Besuch und Besprechung von gleich zwei Vorstellungen des «Propheten», dessen Verlagsrechte für Frankreich, England und Deutschland dem Komponisten 44 000 Francs einbringen, rund 350 000 Euro. Die neue Oper spült allabendlich fast 10 000 Francs in die Kasse, bis im Mai «die politische Agitation der Wahlen, die furchtbare Hitze und die große Zunahme der Cholera» die Reihen leert. Mehrfach muss «Père» David seine Leute in die Vorstellungen schicken, Chef der Claque, seit Auguste auf dem Felde der Ehre gefallen ist, inmitten seiner Römer, im Parkett.

Anfang Juni bezieht Chopin seine Sommerresidenz in der Rue Chaillot 74, immer noch Mieter am Square d'Orléans und erfreut, dass die Miete für die Sommermonate am Stadtrand nur 200 Francs betragen soll. In Wirklichkeit ist es doppelt soviel, aber da er kaum noch unterrichtet und seine Ersparnisse zusammenschmelzen, springt Fürstin Natalia Obreskoff ein, Mutter einer seiner Schülerinnen. Überhaupt schließt sich ein Kreis fürsorglicher Fürstinnen um den Musiker. Anna Czartoryska schickt ihm eine Pflegerin, die am 22. Juni meldet, er habe zweimal Blut gehustet, woraufhin Fürstin Sapieha, die Schwiegermutter Adam Czartoryskis, auf eigene Kosten den Arzt Jean Cruveilhier kommen lässt, Verfasser einer bahnbrechenden «Anatomie pathologique du corps humain», der das Endstadium der Tuberkulose diagnostiziert, dem Patienten das aber nicht klar mitteilt: «Ich habe irgendeine Diarrhöe», schreibt Chopin an Grzymała. «Aber ich sehe, dass er mich für irgendeinen Schwindsüchtigen hält, weil er mir einen Kaffeelöffel voll irgendeiner Essenz mit Flechte verschrieben hat.» Er gibt sich optimistisch. «Wenn Ihr könnt, dann kommt», schreibt er der Schwester Ludwika am 25. Juni nach Warschau. «Ich bin schwach, und kein Doktor vermag mir so zu helfen wie Ihr. Wenn Euch das Geld dazu fehlt, so leiht es Euch – sobald ich mich besser fühle, werde ich es leicht verdienen (...) Heute sitze ich im Salon und bewundere meine Aussicht auf ganz Paris (...) aus fünf Fenstern, und zwischen uns lauter Gärten. Wenn Ihr kommt, werdet Ihr es sehen. Jetzt den Pass und das Geld. Rührt Euch darum, rasch, aber vorsichtig. Schreibt mir gleich ein Wort. Auch Zypressen haben ja ihre Capricen.» Zypressen, die Bäume der Toten.

Ludwika versteht. Mit ihrer fünfzehnjährigen Tochter und widerstrebendem Ehemann macht sie sich auf den Weg quer durch Europa, am 9. August trifft sie beim Bruder ein. Platz ist genug in mehreren Zimmern und großem Salon. Kurz zuvor hat auch Solange Clésinger hier für ein paar Tage Station gemacht, mit ihrer zweiten Tochter, knapp drei Monate alt, und Amme, auf Wohnungssuche. «Ihr Mann will bei Chaillot etwas finden; ein schrecklicher Esel», schreibt Chopin an Grzymała, vielleicht insgeheim gerührt von der Anhänglichkeit des Berserkers, und an seinen Lieblingscellisten Franchomme: «Mon cher, schicke mir eine Flasche von Deinem Bordeaux. Ich muss heute ein wenig Wein trinken und habe nichts.» Einen Monat später, am 17. September, teilt er Franchomme mit, er werde für den Winter auf Anraten seiner Ärzte in eine «sehr teure Wohnung» ziehen, mitten in der Stadt, fünf Zimmer nach Süden im Mezzanin, dazu Küche und Dienerzimmer im Parterre, Place Vendôme 12, wo auch der langjährige Freund Thomas Albrecht sein Büro hat, Sekretär der sächsischen Botschaft in Paris. «Endlich werde ich euch alle wiedersehen.»

Er sieht, er hört Franchomme noch einmal am 15. Oktober, als der mit seinem Instrument kommt, um für den Freund, der das Bett nicht mehr verlassen kann, die Cellosonate zu spielen. Franchomme hat Mühe, sich durch die Menschenmenge im Salon zu drängen. Nobilitäten, Bewunderer, Freunde. Chopins Sterben wird zum gesellschaftlichen Ereignis. «Alle großen Damen von Paris fühlten sich verpflichtet, in seinem Zimmer in Ohnmacht zu fallen», stellt Pauline Viardot fest, die Situation sarkastisch verknappend, denn an das Bett des Musikers dürfen nur die engsten Freunde. Es steht längs an der Wand, mit weißen Vorhängen versehen. Einem Daguerrotypisten, der trotzdem dort erschienen ist, muss ausgeredet werden, das Krankenlager ans Fenster zu schieben, um die Beleuchtung zu verbessern. Er bannt dafür Ludwika auf seine Platte, im schwarzen Kleid auf einem Sessel, gramzerfurcht, einer alten Frau eher ähnelnd als einer 42-Jährigen. Dann befördert der wuchtige Grzymała ihn hinaus. Der Maler Teofil Kwiatkowski, ein guter Freund, fertigt unablässig Skizzen an. Franchomme stellt den Kasten ab und lauscht dem Gesang. Die schönste aller Fürstinnen ist erschienen, aus Nizza angereist, und begleitet sich selbst am Pleyel: Delfina Potocka, der blonde Engel, «die große Sünderin», wie die Damen im Salon sich zuraunen in neidvoller Anerkennung.

Arien von Bellini, Stradella, Marcello. Man applaudiert nicht. Ludwika flüstert der Sängerin etwas zu: Ihr Bruder möchte mehr hören ... Danach lässt sich Prinzessin Marcelina am Flügel nieder, Franchomme baut Pult und Noten auf, sie beginnen die Cellosonate. Ein furchtbarer Hustenanfall des Freundes unterbricht ihr Spiel, und danach ist Chopin zu erschöpft.

Am nächsten Tag, nach Phasen der Bewusstlosigkeit, ist der 39-Jährige ganz klar, gibt Anweisungen für die Skizzen zu seiner Klavierschule, die Alkan erhalten soll, für die Beerdigung, zu der man Mozarts «Requiem» aufführen soll, für sein Herz, das nach Polen gebracht werden soll. Dieses Herz verstummt in der kommenden Nacht. Bei Frédéric, bei Fryderyk sind Ludwika, Marcelina, Solange, sein Schüler Adolf Gutmann und sein Freund Thomas Albrecht.

Eine hat er nicht mehr gesehen. Sie kommt auch nicht zum Trauergottesdienst am 30. Oktober in Sainte-Madeleine, bei dem 4000 Menschen sich versammeln, bis der gewaltige Sarg hinausgetragen wird, vorausgehend Fürst Adam Czartoryski und Giacomo Meyerbeer, während das Bahrtuch von Alexander Czartoryski, Auguste Franchomme, Camille Pleyel und Eugène Delacroix gehalten wird. Nein, sie ist nicht da. Da sind Hunderte von Briefen, da sind die dreißig Romane, Stücke, Essays, die sie schrieb, während sie zusammen waren, und an die vierzig Werke und Sammlungen, die er in dieser Zeit komponierte, die Hälfte seines Œuvres. Die letzte kleine Mazurka hat er nur als Skizze hinterlassen, ein Stoppelfeld von Noten auf einer einzigen Seite, aus der, wie sich erweist, das ganze Stück entfaltbar ist. In melancholischer Eleganz, so fokussiert wie anstrengungslos, erreicht es Harmonien, zu denen Wagner erst noch unterwegs ist ... Und da ist dieser kleine Zettel, den man zwischen seinen Papieren findet, mit ihrer knappen, festen Schrift über der von Marie Dorval: «On vous adore. George».

KAPITEL 5

Auf der größten Baustelle der Welt

1855 – 1859

Haussmann lässt abreißen, Rossini wird foto-
grafiert. Offenbach schickt Orpheus in die
Halbwelt des Second Empire, Berlioz brennt
Troja nieder und verliebt sich erneut.

Als er durch die altvertraute Rue de Richelieu zum Palais
Royal gefahren ist, zum ersten Mal seit zehn, elf Jahren,
traut Rossini seinen Augen nicht. Das Gedränge schmutziger
Häuser zwischen dem Palais und der Nordfront des Louvre ist
verschwunden. Der Kutscher biegt nach links auch nicht in die
enge Rue St. Honoré ein, sondern weiter südlich in eine neue,
breite Straße, auf die von Süden her Oktobersonne scheint. Zur
Seine hin geräumiges Trottoir, mit Gaslaternen bepflanzt, auf
der Nordseite eine endlose Folge heller, hoher Fassaden, unten Arkaden, darüber drei Stockwerke, dann Mansardenfenster,
oben große Kamine. Durch das mittelalterliche Herz der Stadt
ist eine Schneise geschlagen worden, als Verlängerung der alten
Rue de Rivoli, die nun schnurgerade bis zum Châtelet führt,
zum geliebten *Veau-qui-tette*. Er hat das grandiose Bankett nicht
vergessen, vor mehr als dreißig Jahren, wo er Olympe zum ersten Mal sah, blühend, die schönste der Kurtisanen, für die er
Isabella verließ, Olympe, die seit neun Jahren seine Frau ist –
und mittlerweile vor allem die Krankenpflegerin eines maladen

63-Jährigen. Er wirft einen Blick auf die Zeitung, die ihm der begeisterte Direktor des Théâtre-Italien gegeben hat, in der Salle Ventadour: eine Hymne auf die neuen Produktionen der beiden alten Opern, seiner Opern, mit denen sie die Saison begonnen haben ...

Vorn rechts erscheint die Säule mit der napoleonischen Siegesgöttin, golden wie eh und je, doch ihn wundert, dass er die ganze Säule sieht, von unten bis oben. War da nicht eine Hausecke, genauer, sein *Veau-qui-tette*? Er ruft nach vorn: «Kutscher! Wo ist das *Veau-qui-tette*?» «Das Restaurant? Ha, Monsieur! Es tut mir leid. Den Bau hat Osman-Pascha abreißen lassen. Er lässt hier ein Theater bauen, habe ich gehört.» Tatsächlich sieht man nur noch Trümmerhaufen, die von Arbeitern abgetragen und auf Pferdefuhrwerke verladen werden. «Osman-Pascha...?» So heißt der Befehlshaber der mit Frankreich verbündeten osmanischen Flotte im Krieg auf der Krim, den die Alliierten vor wenigen Wochen siegreich beendet haben, im September 1855. «Warum Osman-Pascha?» Der Kutscher lacht. «Sie sind nicht von hier, Monsieur, nehme ich an?» «Ich bin Italiener.» Es ist doch schon eine Weile her, dass ihn in dieser Stadt jeder erkannte, und der Mann auf dem Kutschbock ist noch jung. «Unser Osman, das ist Haussmann», ruft der und lenkt den Einspänner um die Säule, «Präfekt von Paris.» «Ich habe von ihm gehört...» «Ich versuche jetzt, nach Norden zu fahren. Rue de Douai, richtig?» «Ja. Versuchen Sie es», sagt Rossini erheitert, «es wird ja wohl keine Barrikaden geben auf der Rue St. Denis.» «Monsieur, Sie kommen aus einer anderen Zeit. Es gibt keine Rue St. Denis mehr. Es gibt eine große Baustelle mit dem Namen Boulevard Sébastopol. Ich weiß nicht, ob wir da durchkommen.» Sébastopol? Ist das noch so ein Pariser Witz?

Rossini ist im Mai dieses Jahres mit Olympe vier Wochen lang in der Kutsche von Florenz bis Paris gereist, da er die Eisenbahn fürchtet seit einer schrecklichen Fahrt in Belgien. Vor allem ist sie ihm zu laut, alles ist ihm zu laut. Dem Trubel der Weltausstellung in Paris, im Mai eröffnet, ist das Ehepaar für den ganzen Sommer nach Trouville entflohen. Dem Weltgeschehen freilich nicht. Auch im Seebad hat man Zeitungen gelesen und den Krimkrieg diskutiert; General Monet, dort verwundet, kam zur Erholung, und kurz vor der Abreise der Rossinis kam die Nachricht, am 8. September hätten die Russen Sébastopol nach schwerem Beschuss aufgeben müssen. «Sie werden unser Sébastopol gleich sehen», ruft vorn der Kutscher, «hier ist die Schlacht noch in vollem Gange. Und sie wird länger dauern als ein Jahr!»

Links und rechts erheben sich Ruinen, einsame hohe Mauern, gestreift von den Rußspuren der Rohre abgerissener Kamine, offene Häuser mit über dem Abgrund schwebenden Balken. Farbige oder geblümte Tapeten markieren noch die Form der Zimmer, Treppen führen ins Nichts, Keller sind ans Tageslicht geraten, Grundstück für Grundstück. Auf Ruinen, die wie Zahnstümpfe zweieinhalb Stockwerke hoch aus dem Schutt ragen, stehen Arbeiter mit Spitzhacken dicht beieinander und dicht am Abgrund, über zwei Fensterhöhlen auf Augenhöhe entziffert Rossini das Schild «Boulangerie». Weiter nördlich, wo die schnurgerade Schneise, dreißig Meter breit, zum neuen Boulevard de Strasbourg wird, werden bereits Neubauten errichtet ähnlich denen, wie er sie in der Rue de Rivoli sah. Ungeheurer Lärm. Es stampfen und pfeifen die Dampfmaschinen, mit deren Hilfe Bausteine nach oben gezogen werden, Eisenplatten landen krachend, begleitet vom Brüllen der Arbeiter, dem Lärm der Spitzhacken und Hämmer, Mörtelstaub liegt in der Luft. Auf leeren Flächen dazwischen sieht man provisorische Bauten mit Gastwirtschaften. Der neue Boulevard, notieren die Brüder Goncourt in diesen Tagen, «ähnelt der Lebensader eines planlos entstandenen Kalifornien». Rossini zieht die Vorhänge des Fiakers zu. Das Haus der Viardots wird wohl noch an der Adresse stehen, die ihm Pauline gestern mitteilte. Sie habe eine Überraschung für ihn …

Er ist mit seiner Rückkehr nach Paris in eine der größten Stadtumgestaltungen der Geschichte geraten. Diese *transformation* vollzieht sich in demselben schwindelerregenden Tempo, in dem aus der 1848er Republik ein Kaiserreich geworden ist, das Second Empire. Louis Napoléon, den wir zuletzt in seiner Loge beim «Propheten» sahen, als frisch gewählten Präsidenten der Republik, dieser Neffe des ersten Napoléon hat mit einem perfekt organisierten Staatsstreich am 2. Dezember 1851 die Nationalversammlung aufgelöst, die Verfassung außer Kraft gesetzt und, unterstützt von 60 000 Soldaten, den ohnehin nur matten Widerstand gebrochen. «Paris gab auf, Paris dankte ab, Paris ergab sich», hat entsetzt Victor Hugo notiert, nachdem er sich per Nachtzug ins Exil abgesetzt hat und über Brüssel auf die englische Kanalinsel Jersey gezogen ist. Fast 10 000 Republikaner sind in die Kolonien deportiert worden. Doch Arbeiter und Bauern vertrauten dem Sozialdemagogen Louis Napoléon, der die Armut zu bekämpfen versprach unter dem beruhigenden Motto: «Das Kaiserreich ist der Friede». Eine Volksabstimmung im November 1852 sicherte ihm 7,8 von gut acht Millionen Stimmen der Franzosen, am 1. Dezember ließ er sich zum Kaiser der Franzosen ausrufen: Napoléon III.

Einen seiner Getreuesten hat der vormalige Präsident zum Präfekten von Paris gemacht, einen Verwaltungsmann, der sich mit harter Hand als Antirepublikaner bewährte und den Innenminister Victor Fialin de Persigny als «großes Raubtier» loslässt auf das «Rudel von Füchsen und Wölfen, das sich gegen die weitsichtigen Bestrebungen des Kaiserreiches verschworen» habe. Georges-Eugène Haussmann, 1809 geboren, Urenkel eines rheinländischen Tuchhändlers, mit 1,90 Metern eine riesenhafte Erscheinung, hat 1853 sein neues Amt mit besonderem Auftrag des Kaisers angetreten: *aérer, unifier, et embellir.* Mehr Luft und Licht soll die Stadt bekommen und bessere Verbindungen, schöner soll sie werden. Überall ragen nun die hohen Holztürme der Trianguleurs über die Dächer, der Vermesser, die Daten für einen ersten maßstäblichen Plan der Stadt im Maßstab 1:5000 sammeln. Zugleich wird ein Kreuz großer Straßen in die Metropole geschnitten, die *croisée*: von Westen nach Osten die Rue Rivoli, von Norden nach Süden eine Achse, die mit dem Boulevard de Strasbourg beginnt, quer über die Île de la Cité geht und mit dem Boulevard St. Michel fortgesetzt wird. Allein dafür verschwinden 57 Straßen und Durchgänge sowie 2227 Häuser, 25000 Einwohner werden vertrieben. Für Immobilienbesitzer sind die Enteignungen gewinnbringend, für viele Mieter katastrophal. Auch das Haus in der Rue Basse-du-Rempart, in dem Rossini und seine Ehefrau Olympe im Mai 1855 eine Wohnung gemietet haben, wird mitsamt der ganzen kleinen Straße verschwinden. Nur wird er, der neben Giacomo Meyerbeer vermögendste Komponist seines Jahrhunderts, keine Mühe haben, etwas anderes zu finden. Oder, besser noch, bauen zu lassen ...

Ist er es wirklich, der da vor ihr steht? Viel schmaler geworden, auf einen Stock gestützt, in einen dunkelgrauen Mantel gehüllt an diesem Oktobertag, dicht unter dem Kinn blitzt ein schneeweißer Hemdkragen hinter schwarzer Binde hervor. Sie hat ihn erwartet, den Fiaker gehört und ist selbst hinausgegangen auf den Hof, Marianne hinter ihr hertapsend, Claudie vor ihr herlaufend. «Maestro!» «Paulina.» Diese Stimme! Melodisch, sanft tenoral, etwas rau, und diese Augen, mit einem Funkeln von freundlichem Spott darin wie in den Mundwinkeln. «Maestro! Benvenuto a Parigi!» Er breitet, den Stock hebend, die Arme aus und umarmt sie fest. Er ist es wirklich, Jupiter Rossini, wie

Meyerbeer ihn immer nennt. Wie lange ist es her, dass sie sich sahen? Musiker, die viel reisen, wissen so etwas selten genau. Er beugt sich zu Marianne und Claudie herab, die ihn beobachten, die Eineinhalbjährige hinter der Dreijährigen hervorlugend. «Haben wir hier zwei neue *primadonne in erba*?» So hat er Pauline genannt, als sie acht war und er sie zum ersten Mal singen hörte, seine «Grashalm-Primadonna». Jetzt ist sie 34 Jahre alt und kann kaum noch zählen, wie oft sie in seinem «Otello» die Desdemona war, in seinem «Barbiere» die Rosina, wie im jüngsten Sommer in London.

Das Haus in der Rue de Douai 16 ist geräumig und hell, noch fast ländlich gelegen im Norden der Stadt, nahe der alten Zollmauer, zur Straße hin mit gepflastertem Hof, Stall für Pferd und Kutsche und dem Häuschen der *concierge* versehen. Vor sieben Jahren haben sie und Louis dieses *hotel particulier* bauen lassen, eine Etage zunächst, Reihen von Bogenfenstern mit grünen Läden, und zum großen Garten hin ein Salon, aus dem man jetzt Klaviertöne hört. «Beethoven!», sagt Rossini, «spielt Ihr Mann ... Louis?» «Er kann mit Beethoven nichts anfangen. Das ist unsere Älteste», sagt sie lachend, «Louise. Sie ist dreizehn. Wir mussten uns gerade von ihrem Klavierlehrer trennen, weil ihr seine Art, Beethoven zu spielen, nicht passt.» «Und, haben Sie einen besseren?» «Nein. Sie unterrichtet sich selbst. Seitdem macht sie schöne Fortschritte.» «Trotzdem möchte ich *Sie* hören, Paulinetta. Sie brauchen ja nicht zu singen. Aber Sie haben mir eine Orgel versprochen! Und eine Überraschung ...» «Maestro!», Louis Viardot tritt aus dem Schatten, Mitte fünfzig, älter wirkend und strenger, als er ist, da der ergrauende Vollbart seine Mundwinkel verbirgt. Ob er ihn mit einem Glas Madeira begrüßen dürfe? Den Gast freut es, ohnehin pflegt er mittags ein Glas Wein zu trinken. Er lobt die Ruhe hier, der Lärm in der Stadt sei unerträglich nach so vielen ruhigen Wochen in

Trouville. «Es sieht ja bei euch an manchen Stellen aus, als befinde man sich im Krieg! Diese Ruinen! Falls es in Sébastopol auch Boulevards gibt, dürfte die Ähnlichkeit verblüffend sein. Die Franzosen besiegen die Russen, aber die eigene Hauptstadt legen sie in Trümmer!»

«Und die eigene Revolution», sagt Louis Viardot bitter. «Willkommen im Kaiserreich!» Nach dem Staatsstreich im Dezember 1851 haben Polizisten das ganze Haus durchsucht, Viardots republikanische Sympathien sind bekannt, und jede Schublade aufgezogen; nur gut, dass die verdächtige George Sand ihre Briefe an Pauline immer mit «Ninon» signiert ... Pauline ist froh, Rossini, so schmal er ist, in guter Verfassung zu sehen, vom nervösen kleinen Zucken eines Augenlids abgesehen. Wie penibel die glatten, dunklen Haare seiner Perücke gekämmt sind! Sie habe, sagt sie vorsichtig, gehört, er sei krank gewesen. Er erzählt nichts von Unterleibsschmerzen, Schlaflosigkeit, Ohnmachtsgefühlen und schwarzen Selbstmordgedanken, nicht, dass er auf die Pariser Ärzte hofft. «Ich habe alle Leiden einer Frau», sagt er lächelnd, «mir fehlt nur eine Gebärmutter.» Pauline lacht schallend, während ihr Mann in seinen Bart hineinlächelt. «Ich höre in diesem Lachen immer noch Ihren Vater, meinen wunderbaren Barbiere», sagt Rossini und stellt sein leeres Glas ab. «Und nun zeigen Sie mir Ihre Orgel, bitte!» Das Klavierspiel ist inzwischen verstummt, und als sie im Salon am Flügel vorbeikommen, ist Louise nicht zu sehen.

Ein paar Stufen hinab, und man befindet sich in einem märchenhaften Wintergarten, halb Glashaus, halb Bildergalerie, ganz auf die Orgel ausgerichtet, die eine Stirnseite ausfüllt. «Sie hat mich allen Schmuck gekostet, den ich in Russland bekam», sagt Pauline, die, neben dem Sockel stehend, den Spieltisch kaum überragt. Ihr Mann geht hinter den Prospekt, der bis zur Decke reicht, geschmückt mit harfespielenden Engeln und einem Medaillon, auf dem Pauline zur heiligen Cäcilie stilisiert ist, der Schutzpatronin der Musik. Aristide Cavaillé-Coll hat das Instrument gebaut, Rossini kennt ihn gut; er selbst hat den jungen Mann vor mehr als zwanzig Jahren ermuntert, sich in Paris fortzubilden, nachdem er eine seiner ersten Orgeln in Toulouse hörte. Mittlerweile hat Cavaillé-Coll mehr als siebzig Orgeln gebaut, davon 23 in dieser Stadt, er gilt in Frankreich jetzt als Größter und Erfindungsreichster der Zunft.

Für Pauline Viardot hat er den Spieltisch so gebaut, dass sie ihr Publikum sehen kann, so, wie sie es als Sängerin gewohnt ist, mit zwei Manualen und einem 30-Tasten-Fußpedal über vierzehn Register verfügend. «Louis», ruft sie, während sie Platz nimmt, wie im kleinen Saal Gioacchino Rossini und, auf dem Boden ans Schnitzwerk des Sockels gelehnt, ihre kleinen Töchter. Ihr Mann setzt hinten den Blasebalg in Bewegung – in diesem Haus gibt es kein fließendes Wasser und somit keine Hydraulik. Sie improvisiert ein paar Akkorde und fragt dann: «Was soll ich für Sie spielen, *caro maestro?*» «Hiller hat in Trouville viel Bach gespielt, das hat mir Freude gemacht. Sie kennen ihn ja wohl auch, Pauline? Bach, meine ich.» «Maestro!», ruft sie, theatralisch vorwurfsvoll, und hebt einen rötlich braunen Band in die Höhe. «Ich habe die Leipziger Ausgabe vom ersten Band an. Seit die Orgel hier steht! Ich werde Ihnen etwas aus dem dritten spielen.» Sie beginnt das «Kyrie, Gott Vater in Ewigkeit», die erste Choralbearbeitung aus dem «3. Theil der Clavierübung», in warmen Farben, im Diskant die *flute harmonique,* im Bass den sechzehnfüßigen *bourdon.* Es geschieht noch immer nicht oft, dass Bach in Frankreich gespielt wird. Danach ist es eine Weile still, bis Rossini sagt: «So einer wird selten geboren.»

Louis ist hinter der Orgel hervorgekommen, während am Eingang des Wintergartens unbemerkt Louise die ganze Zeit zugehört hat, ein Mädchen mit hellem, fast weißem Teint und graugrünen Augen. «Ah, das muss die Beethovenspielerin sein», sagt Rossini, sich zu ihr wendend, während Pauline bedeutungsvoll ruft: «Louise, das ist Maestro Rossini!» Das Mädchen geht zu ihm, ihn begrüßend, besorgt, dass ihre Mutter sie zum Vorspielen nötigen könnte wie so oft, wenn Gäste da sind. Doch das geschieht nicht, und Louise mag diesen Besucher, eine freundliche Wärme geht von ihm aus, anders als von ihrem Vater, der ihr oft wie ein Fremder vorkommt, «froid et sérieux», wie sie sich als 70-Jährige erinnern wird. Heute ist Louis Viardot aber anders, fast aufgeregt, erhitzt nicht nur vom Bedienen des Blasebalgs. Er redet leise mit seiner Frau, die von der Orgelbank herabgestiegen ist, und nähert sich dann mit feierlicher Miene dem Gast. «Maestro, ich weiß nicht, ob Sie sich erinnern, wie sie einmal gefragt wurden, welche Ihrer Opern Ihnen die liebste sei, ‹Barbiere› oder ‹Tell› oder ‹Otello›…» «Ich weiß nicht mehr, wie oft man mich so etwas gefragt hat…» «Sie sagten: *Don Giovanni*!» «Hoffentlich hat man mich nicht falsch verstanden! Keiner von uns kann sich mit Mozart vergleichen. Ich habe am Liceo in Bologna einmal versucht, so etwas Ähnliches wie die Ouvertüre der ‹Zauberflöte› zu schreiben, und das aufgeführt. Ich habe die Partitur und alle Stimmen in Gegenwart meiner Mitschüler und Zuhörer in tausend Stücke zerrissen.» «Und wenn ich Ihnen nun sage, dass er *hier* ist?» «Mozart? Oder ‹Don Giovanni›?», der Italiener lacht und fährt fort: «Sie sind's nicht, ich bin es auch nicht, leider, und verrückt ist auch keiner von uns, glaube ich…»

Louis Viardot kramt ein Blatt aus seinem Rock, offensichtlich schon oft zusammengefaltet. «Das ist eine Seite aus der *Musical World*. Wir lasen sie in London, als Pauline im Sommer dort auftrat. Rechts unten…» Der Italiener runzelt die Stirn, beginnt zu lesen, bricht ab: «Sie sind der bessere Übersetzer!» «Don Giovanni», liest Viardot und fährt nach einer bedeutsamen

Zäsur fort: «Herr Pauer, der wohlbekannte Pianist und Komponist, beauftragt mit dem Verkauf der originalen Partitur dieses Meisterwerks, in Mozarts eigener Handschrift, bot sie dem British Museum für zweihundert Guineas an. Sein Angebot wurde sofort abgelehnt. *They would have purchased a mummy for the same amount, no doubt.* Eine Mumie zum selben Preis hätten sie erworben, kein Zweifel.» «Zweihundert Guineen?», sagt Rossini und rechnet, devisenerfahren. «Aber das ist lächerlich! Das sind ungefähr 2500 Francs, soviel nimmt die opéra hier schon mit einem Akt ein! Wenn das Haus voll ist.» «London teilt sich diese Schande mit Wien und Berlin», sagt Viardot mit feinem Lächeln, «deren kaiserlichen und königlichen Bibliotheken das Autograph zuvor angeboten wurde. Es gehörte den Streichers, dem Klavierbauer und seiner Frau in Wien.» «Es gehörte...! Und wem gehört es jetzt?» «Allen, die uns besuchen und dieses Heiligtum zu würdigen wissen, lieber Meister», sagt Pauline sanft, «zuallererst also – Ihnen. Ich habe die Handschrift aus London mitgebracht.»

Rossini schweigt eine Weile, ehe er sagt: «Und ich alter Narr lasse mir aus dieser Stadt immer nur Cheddar und Stilton kommen.» Er erhebt sich schnaufend. «Darf ich es sehen?» Sie begeben sich, die kleinen Mädchen vorweg, Louise hinterdrein, hinauf in den Salon mit dem Flügel. Dort stellt Louis behutsam eine Schatulle auf ein Tischchen, Thujaholz mit neugotischen Messingbeschlägen, und klappt den Deckel auf, auf dessen Innenseite ein Bildnis Mozarts unter Glas und ein Vermerk des Londoner Buchbinders zu sehen sind. Pauline wiederum, fast wie eine Priesterin, entnimmt der Schatulle ein bordeauxrotes Lederetui und legt es auf ein weiteres Tischchen, dann klappt sie das Etui auf, zur Seite tretend, damit der Gast davor stehen kann. Rossini erblickt einen ebenfalls bordeauxroten Ledereinband, den obersten von acht Faszikeln, Querformat, etwa 30 mal 24 Zentimeter, «OUVERTURA» steht in Goldprägung darauf. Er klappt es auf, er sieht dasselbe Wort «Ouvertura», klein und schwungvoll an den oberen Rand der Seite gequetscht vom Komponisten selbst, vor 68 Jahren in Prag, im Oktober 1787. Darunter die vertrauten Akkorde, das d-Moll des Anfangs, die halbe Note, mit der im zweiten und vierten Takt die Bässe über die Viertelnote der anderen Instrumente hinausragen, dann die Oktaven der Bläser, und rechts oben, letzter der elf Takte auf dieser Seite, der Beginn der Synkopen in den ersten Geigen. Rossini sieht die Taktstriche, mit kleinen Unterbrechungen über die zwölf Systeme gezogen auf dem mittlerweile dunkelgelben, am Rand etwas fransigen Papier, die kleinen, klaren Noten.

Er wendet das Blatt und geht auf die Knie – so erinnert sich Louise ein halbes Jahrhundert später. Der kniende Rossini habe das Blatt geküsst und ausgerufen: «Das ist Gott selbst». Ähnliches schreibt ihr Vater schon im Januar 1856, als er zu Mozarts hundertstem Geburtstag seinen Aufsatz «Manuscrit Autographe du Don Giovanni de Mozart» veröffentlicht. Kunstreligiöse Legende? Pauline Viardot und Gioacchino Rossini sind vollblütige Theatertiere, Menschen der Bühne, denen die Handschrift eines ihrer Größten dieses ganze Wiedersehen selbst zur Bühne erhebt. Wer als Kind noch den alten Lorenzo da Ponte in New York getroffen hat wie Pauline, wem Mozart «die Inspiration meiner Jugend, die Verzweiflung meiner Reife und der Trost meines Alters» ist wie Rossini – der mag mit dieser Handschrift pathetisch umgehen. Pauline Viardot hat sie später der französischen Nationalbibliothek vermacht und sie schon vorher keineswegs nur als unantastbaren Gral enthüllt. Peter Tschaikowsky konnte 1886 zwei Stunden lang darin blättern und empfand eine kollegiale Nähe zu Mozart wie wohl auch Gioacchino Rossini an diesem Tag in der Rue du Douai.

Welcher Tag genau es war, das wissen wir nicht. Am 13. Oktober 1855 jedenfalls, einem Samstag, kann der Opernkomponist a. D. im *Journal des Débats* nicht nur die länglich geratene Hymne auf seine Werke in der Salle Ventadour lesen, sondern auch aktuelle, nur drei Tage alte Meldungen aus Odessa, telegraphisch übermittelt, betreffend das Verhalten der russischen Flotte, eine ausführliche Schilderung des Falls von Sébastopol, auf Quellen aus dem Zarenreich gestützt, die aktuelle Bilanz der Banque de France. In Rom hat sich Joseph Bonaparte, Sohn eines Neffen von Napoléon I., das Bein verrenkt, weil das Pferd vor seinem Cabriolet stürzte, und muss das Bett hüten. In Paris haben zwei soeben eröffnete neue Straßen ihre Namen erhalten, in einer anderen ist ein vierstöckiges Haus, der Nachbarhäuser beraubt und zum Abriss bestimmt, eingestürzt. Die Eisenbahngesellschaften annoncieren ihre Aktienangebote und ihre Winterfahrpläne (der früheste von sechs Zügen nach Rouen fährt um 6.30 Uhr), darüber wird auf ausgewählte Theaterstücke hingewiesen, auch «Cenerentola», «musique de Rossini», nur bei seiner Oper haben sie den Komponisten hinzugefügt, ist das nun eine Ehre, oder hat er es etwa schon nötig? Er, dessen Namen hier inzwischen sogar eine Straße an der Oper trägt? Seite drei ein Prozessprotokoll, Inserate für Mode, Möbel, Fotografien, Parfüms, Schokolade, daneben die Börsenkurse, darunter das Theaterangebot von heute, wieder «Cenerentola», er kann sich wirklich nicht beklagen, das Stück ist doch fast vierzig Jahre alt! 21 Bühnen sind verzeichnet, viele kennt er noch, aber was ist das? «Bouffes-Parisiens»? Mit gleich vier Stücken?

«Haben Sie Mitleid mit einem armen Blinden, der nicht sehen kann, ein armer Landstreicher...» Der rundliche Mann auf der kleinen Bühne trägt einen grünen Pappschirm über den Augen, in der Linken hält er eine Posaune, mit der rechten Hand greift er in den knielangen, überm Wanst spannenden Mantel. «Trinken wir ein Schlückchen, das wird mich aufwärmen.»

Wind heult über das Brückengeländer, auf dem er sitzt, im Hintergrund zittert eine Leinwand, auf die Giebel und Türme von Paris gemalt sind. «Keiner da, nicht mal eine Katze?» Er schiebt den Schirm hoch und blickt mit großen Augen um sich. Gelächter. «Jetzt singe ich mich seit einer Stunde heiser, für nichts, kein Mensch geht bei solchem Wetter über die Brücken ... Ah! Da sehe ich doch einen Herrn in meine Richtung kommen!» Er setzt die Posaune an, spielt ein paar klagende Töne, die zugleich aus dem 16-Mann-Orchesterchen kommen, und besingt dann mit provinziellem Akzent sein «vi'malhureuse» und die «charitables personnes», auf die er hofft, immer wieder die Strophen mit Posaunentönen unterbrechend.

Das Lachen wächst, als ihm die Posaune den Dienst versagt und, nachdem er das Instrument abgesetzt hat, der fehlende Ton doch noch kommt. *Pooot.* «So ist das, wenn man ein Instrument mit geschlossenen Augen spielt, da kommen die Töne eine Viertelstunde später heraus ... haben Sie Mitleid mit einem armen Blinden, der nicht sehen kann!» Der Herr, auf den der Dicke hofft, scheint sich zu nähern. «Haben Sie Mitleid», hört man ihn aus der Kulisse rufen, «mit einem armen Blinden, mit Blindheit geschlagen und sogar des Augenlichts beraubt!» Ein schlaksiger Mann erscheint, die Hosen zu weit und zu kurz, fahlblonde Haare bis zum Kragen, über den Augen ebenfalls ein grüner Schirm, dazu ein zerbeulter Zylinder, den ihm der Wind vom Kopf reißt. «Ah! Da weht meine Glocke ins Wasser!» Er beugt sich über die Brüstung. «Na dann, sie landet auf dem Boot der Wäscherinnen!» Wieder lacht der ganze Saal. Bald stellt sich heraus, dass die beiden nicht nur nicht blind sind, sondern es auch schon als Hinkende und Amputierte auf dem Pont St. Michel versucht haben ...

Rivalen also, kerngesunde, zynische Bettler, die ihre Gesänge anstimmen, eifrig der Dicke, Patachon, getragen der Lange, Giraffier, begleitet von zwei Flöten, einer Oboe, zwei Klarinetten einem Fagott, zwei Hörnern, zwei Kornetten, einer Posaune und fünf Streichern. Das ist eine durchtriebene kleine Musik, funkelnder als der schlichte Witz des Librettos von Jules Moinaux dirigiert von ihrem Komponisten, einem zierlichen, schmalen Mann mit dürrem Backenbart und sich lichtendem Haar, Ende dreißig, schweißnass die hohe Stirn, beschwingt von der Stimmung im Theaterchen am Rande der Champs-Élysées, in den neuen Bouffes-Parisiens. Es passen nur dreihundert Leute hinein, aber wieder hätte man etliche Plätze mehr verkaufen können. Und es ist kein armes Vorstadtpublikum, auch wenn ein paar herausgeputzte Dirnen nicht zu übersehen sind. Es sind Leute, die vier Francs bezahlen können, die sich hier auf steil ansteigenden Bänken aneinanderdrücken und in viel zu enge Logen zwängen, Herren mit dem Zylinder auf dem Schoß, viele mit gewaltigen Backenbärten und dem Scheitel genau in der Mitte, wie es jetzt Mode ist, so, wie die Krinolinen in Mode sind, von denen man sich fragt, wie die Damen es schaffen, sich mit diesen Ungetümen auf die Plätze zu zwängen, «mit dieser absurden Masse von Stoff, die die Frauen aussehen lässt wie Fässer», wie Delacroix spottet. Wenn zwei Damen einander in den Gängen begegnen, kommen sie nur seitwärts gehend aneinander vorbei.

Die Bouffes-Parisiens sind gefragt, das kleine Theater, das Jacques Offenbach gepachtet hat. Vor einem Jahr stand es noch leer, ein schmucker kleiner Bau mit einem Halbrund vorn, entworfen von keinem geringeren als Jakob Ignaz Hittorff aus Köln, dem Gestalter der Avenue des Champs-Élysées, 1850 fertiggestellt für einen Gaukler, der schnell bankrottgegangen ist. Offenbach, 36 Jahre alt, hat dort die letzte Chance gesehen, als Bühnenkomponist irgendwie Fuß zu fassen, nachdem er hier und da ein Stückchen unterbringen konnte, zuletzt eine Groteske in den Folies-Nouvelles. Auf dem Weg zur eigenen Bühne hat es nicht geschadet, dass er einen von zehn Tänzen in seinem frisch gedruckten Klavieralbum «Décameron dramatique» der Mätresse des Polizeipräfekten gewidmet hat, der für Theaterlizenzen zuständig ist.

Ein Unbekannter ist Offenbach keineswegs in Paris, wohin er mit seinem Vater und seinem Bruder schon 1833 zog, als Vierzehnjähriger, siebtes von zehn Kindern des Buchbinders, Musiklehrers und Synagogenkantors Isaac Juda Eberst, den man in Köln einfach den «Offenbacher» nannte, nach der Stadt seiner Herkunft. Jacob, in Köln geboren, ist dort als Junge mit seinen Geschwistern als Klaviertrio herumgezogen, ein begabter Cellist, für den Vater Isaac in Paris einen Platz am Conservatoire ergattert. Nach einem Jahr hat Jacob, Jacques, es schon wieder verlassen, in diesem und jenem Orchester gespielt, dann in der Opéra-Comique, hat Zugang zu Salons gefunden, ist als Cellosolist zuerst mit seinem geigenden Bruder Jules, später sogar mit Franz Liszt, Joseph Joachim, Felix Mendelssohn aufgetreten, als ein Paganini des Cellos gefeiert. Er hat Kompositionsunterricht bei Fromental Halévy gehabt und große Romantik für Orchester komponiert, sie aber ebenso verspottet. Lachstürme entfesselt er schon 1846 im Salon der Gräfin Bertin de Vaux mit «Citrouillard au désert», einer Parodie der enorm populären Sinfonie-Ode «Le désert» des Félicien David, der mit Orchester, Sprecher, Solist und Chor Kamelkarawanen unter brennender Sonne durch die Wüste ziehen lässt. Dorthin schickt Offenbach einen quengelnden, schwitzenden Pariser Spießer, und Gassenhauer unterbrechen die erhabenen Themen des Originals.

Da keimt schon, was 1855 den Nerv der Zeit so trifft, dass seit der Eröffnung am 5. Juli die Bouffes-Parisiens vom Geheimtipp umgehend zur Attraktion geworden sind, nicht zuletzt dank der «Deux Aveugles», die Abend für Abend gespielt werden, zusammen mit weiteren Einaktern. Die «Zwei Blinden» sind auf der Höhe der Zeit, nur wenige Minuten vom gewaltigen Industriepalast der Weltausstellung entfernt. Sie geben an mit Abenteuern, die sie in der weiten Welt erlebt haben wollen, am «Missipipi», in Ägypten, am Vesuv, mit dem Vermögen, das sie besessen haben wollen. Dann wieder zanken sie um einen Sou, den man ihnen hingeworfen hat, und erwägen, welche Pariser Brücken ihnen noch zur Verfügung stehen. Der Pont Neuf jedenfalls nicht, «il est en démolition», sagt Giraffier, denn tatsächlich verlegt Haussmann dort die Nord-Süd-Achse, und Patachon beschwichtigt: «En réparation seulement...» Da wiehern die Pariser, von Abrissen und Baustellen geplagt.

Eingriffe der Zensur muss Offenbach nicht befürchten; er hat gute Kontakte in die Politik. Der junge Ludovic Halévy, der ihm das Libretto für das Eröffnungsstück der Bouffes schrieb, «Entrez Messieurs, Mésdames», ist nicht nur Neffe des angesehenen Komponisten, sondern auch Sekretär des Innenministers. Ebenfalls im Staatsdienst arbeitet der Librettist Hector Crémieux, und zu Offenbachs Stammgästen zählt neuerdings der lebenslustige Herzog de Morny, der als Innenminister den Staatsstreich 1851 mitinszeniert hat und zum Leidwesen des Kaisers gern eine Hortensie im Knopfloch trägt. Sie verweist auf seine uneheliche Abkunft von Hortense de Beauharnais, der Mutter Napoléons III. Dem Kaiser werden die «Deux Aveugles» – falls er sie nicht sogar selbst begutachtet – so warm empfohlen, dass er zur Friedenskonferenz im kommenden Jahr eine Sondervorstellung in den Tuilerien anberaumt.

Davon lässt sich Offenbach an diesem Oktoberabend noch nichts träumen. Er freut sich, dass wieder 1200 Francs in der Kasse des Theaterchens sind, dass Berthelier und Pradeau, seine Entdeckungen, den Boléro jedes Mal noch beschwingter singen, närrische Couplets voller «amour extrême» und Himmel und

Mondschein, ehe sie sich zerstreiten, einander die Blindenstöcke auf die Köpfe dreschen und unter tosendem Applaus Platz machen für die nächsten Einakter: «Madame Papillon», eine liebessüchtige ältere Provinzlerin in Paris, von Pradeau zum Totlachen gut getroffen. Schließlich der unshakespearische «Traum einer Sommernacht», wie ihn zwei Engländer erleben, im Bal Mabille um die Gunst ein und derselben Dame buhlend, wiederum Berthelier und Pradeau, diesmal mit englischem Akzent: «Oh, Pariss, Pariss... splendid in dud lé nuits le jour...» Der Walzer daraus kursiert bereits im Druck. Man kennt das alles, man ist mittendrin, nur wenige Schritte sind es bis zum legendären Tanzlokal Mabille mit seinen 3000 Gaslichtern unter Bäumen, wo jeder hier im Publikum mindestens eine Sommernacht verbracht und durchtanzt hat, wo man auch die Engländer gesehen hat, die in diesem Jahr, einschließlich ihrer Königin, die Stadt besetzten, den unersetzlichen Galignani unterm Arm, ihren Reiseführer, der im nächsten Jahr die Bouffes-Parisiens empfehlen wird: «opposite the Cirque de l'Imperatrice, in the Champs-Élysées. At this elegant little theatre, built of stone, the Bouffes Parisiens give performances during the summer months.»

Wer hinaustritt, sieht durch die sich entlaubenden Bäume auf der anderen Seite der Avenue des Champs-Élysées die schier endlosen Fensterreihen des Industriepalasts schimmern, zwei Reihen von Arkaden übereinander, eine mehr als zweihundert Meter lange Fassade mit einem Triumphbogen als Portal in der Mitte, deren steinerner Neoklassizismus eine moderne Eisenkonstruktion verbirgt. Pfeiler, Träger, Bögen umschließen unter dem 35 Meter hohen Dach eine Halle für 40 000 Personen und viele Schaustücke der Exposition universelle. Das riesige Bauwerk, in zwei Jahren fertiggestellt als Frankreichs Antwort auf den Londoner Kristallpalast, ist im November 1855 der Arbeitsplatz von Hector Berlioz, jetzt ein schmaler Mann Anfang fünfzig, zehn Jahre älter wirkend mit zerfurchten Zügen, aber energisch wie immer. «Gestern», schreibt er am 6. November, «begann ich mit meinen Proben und meinen Schlachten mit den Architekten, den Kopisten etc. etc. Ich habe noch neun Tage vor mir, meinen Taktstock in der Hand von neun Uhr morgens bis vier Uhr nachmittags, dazu kommen Extraproben für alle Sing- und Instrumentalpartien.» 1250 Mitwirkende hat das Abschlusskonzert der Weltausstellung 1855, dem weitere Konzerte in der Riesenhalle folgen.

Ein Cousin des Kaisers hat Berlioz den mit immerhin 8000 Francs dotierten Auftrag verschafft, Prinz Napoléon genannt oder auch als «Plon-Plon» bespöttelt, der junge Napoléon-Joseph-Charles-Paul Bonaparte, und dem Komponisten *carte blanche* gewährt für ein Programm «von babylonischen Proportionen». Solche hat auch die Weltausstellung mit ihren fünf Millionen Besuchern, die «ohne Ansehen der Person durch die Drehkreuze geschleust» werden, mit 23 000 Ausstellern und so vielen Maschinen, dass für sie eigens eine 1200 Meter lange Galerie entlang der Seine errichtet worden ist, südlich vom Industrieplast. Dort riecht es nach Schmieröl, Kohlefeuer und Kaffee. Vier moderne Dampflokomotiven sind gleich hinter dem Eingang postiert wie Sphinxe vor einem Tempelbezirk, und außer ihnen bewegt sich dort fast alles: Dampfhämmer, Walzwerke, Propeller, Kräne. Man kann sehen, wie Maschinen Wolle kämmen und Getreide dreschen, wie Kohle gewonnen und Schokolade gekocht wird. Und man kann sich am «percolateur hydrostatique» einen Kaffee für 20 Centimes holen. Die drei Meter hohe Maschine, stets dicht umlagert, produziert mit Dampfdruck pro Stunde 2000 Tassen. Berlioz dürfte einige davon getrunken haben, er liebt technische Innovationen.

Bis er aber selbst zum ersten elektrischen Dirigenten der Geschichte wird, muss er warten bis nach dem Festakt am Mittag des 15. November. Für den wird das Riesenensemble auf die Galerie hinter dem Baldachin des Kaisers gequetscht, das opulente Programm auf zwei Stücke zusammengestrichen, wobei die Uraufführung einer Kantate für den Kaiser nicht einmal bis zum «Vive l'empereur» kommt, weil Reden gehalten und 6851 Medaillen verliehen werden müssen. Gleichwohl ist Berlioz beeindruckt von der Dekoration, «dem Palast des Aladin gleichend, vom Anblick der vierzigtausend Zuschauer, diesen Kostümen, diesen Uniformen aller Länder, auf dreifachem Amphitheater gestaffelt, diesen Lüstern und Trophäen, diesem Geräusch der Begeisterung, das wie Meeresbrandung klingt…» Er hört es noch öfter. Am nächsten Tag und dann noch einmal, diesmal vor zahlenden Besuchern, bewährt sich Berlioz als Experte der Extreme.

Drei Sätze aus Berlioz' «Te Deum» stehen auf dem Programm, ein Satz aus seiner «Symphonie funèbre et triomphale», die neue Kantate «L'impériale». Dazu kommen Webers «Freischütz»-Ouvertüre, eine Szene von Gluck, die letzten beiden Sätze von Beethovens Fünfter, das Gebet aus Rossinis «Moses», die Schwerterweihe aus Meyerbeers «Hugenotten», Mozarts «Ave verum» und ein Chor aus Händels «Judas Maccabaeus». Er postiert sein Orchester in der Mitte des Saales, in dem er noch fünf weitere Gruppen nebst Hilfsdirigenten verteilt. Und während er mit der Rechten den Stab schwingt, betätigt er mit der Linken eine Art kupferner Klaviertaste, die auf seinem Pult befestigt ist. Damit übermittelt er das Metrum seinen Assistenten. Über ein Schälchen mit Quecksilber unter der Taste wird bei jedem Impuls ein elektrisches Signal an die Mechanik der an Scharnieren befestigten Taktstäbe geleitet, denen die Hilfsdirigenten das Tempo des Chefs abnehmen. Er hat dieses «elektrische Metronom», diesen Tempo-Telegraphen selbst beim belgischen Erfinder Henri Verbrugghe bestellt und ist überglücklich: «Mein Riesenorchester funktionierte wie ein Quartett», schreibt er seiner Schwester Adèle, und an den Freund Franz Liszt: «Ich hielt dieses immense musikalische Mammut buchstäblich in der Hand.»

Die Kasseneinnahmen belaufen sich auf rund 60 000 Francs pro Abend. Die Pariser Karikaturisten nehmen vor allem die Lautstärke aufs Korn. «Und wo hat sie ihr Geld gemacht?», lässt Nadar im *Journal pour rire* zwei abgerissene alte Frauen mit Blick auf eine feine Dame fragen. «Baumwolle. Sie verkauft Baumwollohrstöpsel bei den Monsterkonzerten von Berlioz.» Und Cham, eine andere Größe der Zunft, zeichnet Sitzplätze auf der Place de la Concorde, fünfhundert Meter vom Industriepalast entfernt: «Für empfindliche Ohren. Reserviert für das nächste *concert monstre* von M. Berlioz in der Salle de l'Exposition.» Cham, geborener Comte de Noé, ist es auch, der im *Charivari* das elektrische Metronom als Vorboten der Globalisierung zeigt: Berlioz, zu erkennen an der wilden Mähne, die er in Wirklichkeit nicht mehr trägt, die aber in Paris seit jeher sein Markenzeichen ist, steht oben auf einer kleinen Erdkugel und berührt mit seinem Stab ein Netz von Telegraphendrähten, das ihn mit Musikern in Schottland, der Sahara und Asien verbindet.

Es dauert noch dreißig Jahre, bis die Telegraphie zum ersten *world wide web* wird, aber das Grundmuster ist vorhanden. Seit 1844 ist die elektrische Überlandtelegraphie in Gebrauch, nebst Morsecode, seit 1851 gibt es ein Unterseekabel, das Frankreich mit England verbindet, der technisch führenden Nation. Tausend Wörter pro Stunde kann jetzt ein *transcripteur* der Pariser Agentur Havas übermitteln – ein Umfang, der sich bis 1874 versechsfacht. In acht Büros der Stadt lassen sich Nachrichten auf diesem Weg empfangen und senden; die Zentralstation steht im Innenministerium. «Tatsächlich entquellen diesem Jahrhundert die Ideen in solcher Überfülle, in so glorreicher Hast, dass sie gar keiner Inkubationszeit zu bedürfen scheinen», schreibt einer, der das alles mit vorantreibt. «Der Gedanke jagt der Tat zu. Kaum hat der Dampf die Entfernungen verkürzt, wird er durch die Elektrizität verdrängt. (...) Doch müssen nicht all diese neuen Wunder vor dem allerunbegreiflichsten verblassen – dem Wunder, das endlich auch dem Menschen Schöpfermacht zu verleihen scheint, wenn er das körperlose Phantom materialisiert, das, kaum erblickt, verschwindet, ohne einen Hauch auf dem Kristall des Spiegels, ohne ein Zittern auf der Oberfläche des Wassers zurückzulassen?» So blickt Félix Tournachon später auf das Wunder zurück, mit dem er in den 1850er Jahren sein Vermögen zu machen beginnt – die Fotografie.

Tournachon, das ist jener Nadar, der schon als Karikaturist Bekanntschaft mit allen Prominenten gemacht hat. Ein Spross von Paris, 1820 als *fils naturel* zur Welt gekommen, als uneheliches Kind eines Buchhändlers und einer Bürgerstochter aus Lyon, aufgewachsen in der Rue de Richelieu und auf der Rive Gauche, hat Félix den Ruin des Vaters miterlebt, welchem dieser mit Frau und zweitem Kind nach Lyon entflohen ist, und ist seit seinem dreizehnten Lebensjahr auf sich gestellt in der Metropole – ein quicklebendiger rothaariger Kerl mit großen blauen Augen, der in der Schule durch Brillanz und Chaos auffällt, sie abbricht, sich irgendwie durchschlägt, einer, der immer auf die Füße fällt. Mit Anfang zwanzig haust er in dreckigen Kammern im Quartier Latin, umgeben von Tieren und einem gewaltigen Freundeskreis, der ihm die Familie ersetzt, darunter Henry Murger, der das Milieu mittelloser Künstler in den «Scènes de la vie bohème» schildert – später zum geschmeidigen Idyll geworden in Giacomo Puccinis Oper «La bohème». Félix wird zuerst Journalist, Feuilletonist, Satiriker, mit neunzehn gründet er ein Literaturmagazin, das eingeht, ehe noch die Novelle erscheinen kann, die der große Balzac dem quirligen Jungunternehmer für 500 Francs geschrieben hat.

Der fällt erneut auf die Füße mit einer vielgelesenen Doku-
fiktion über einen legendären Chirurgen, er schreibt seinen
ersten und letzten Roman, wird Sekretär eines Oppositionspoli-
tikers ... Und er lernt zeichnen, so nebenher. Zuerst, 1847, erscheinen karikierte Literatenköpfe in einem Sonntagsmagazin,
das nur einen Sommer hält. Dann entdeckt Charles Philipon
den Newcomer, ein Großer der grafischen Zunft, der als politischer Karikaturist den Bürgerkönig zur Birne machte, einer,
für dessen *Charivari* auch Daumier und Doré arbeiten. Kurz vor
der Februarrevolution ruft Philipon das *Journal pour rire* ins Leben, ein langes Leben in diesem Fall, und in diesem Blatt wird
der Zeichner Nadar berühmt – wobei politische Karikaturen im
Zweiten Kaiserreich untersagt sind.

Hier ist einer in seinem Element, der selbst zwischen Literaten, Künstlern, Musikern groß wurde, der sie alle kennt und
mit Charles Baudelaire besonders eng befreundet ist, der ihre
Gesichter, ihre Eigenheiten ebenso erfasst wie den Alltag seiner
strapazierten Stadt, der für den enormen Druck in diesem Kessel eine Feder hat, für die Spottlust und den Stolz der Pariser.
Aber dieser Mann, der zwischendurch auch noch als Spion des
Außenministeriums durch Preußen gereist ist, bleibt neugierig.
Die Fotografie fasziniert ihn, wie so viele andere, seit die Belichtungszeit auf wenige Sekunden reduziert ist, was die Kosten
gesenkt hat. Aus dreizehn professionellen Pariser Fotografen im
Jahr 1848 sind mehr als hundert geworden, als Nadar sich 1854
die Technik von einem Freund erklären lässt, kurz darauf sein
Atelier in der Rue Saint-Lazare 113 eröffnet und als einen der
ersten seinen fast gleichaltrigen Freund Charles Baudelaire porträtiert: zurückgelehnt in einen Sessel, wie nur für Sekunden
entspannt, knapp an uns vorbei blickend auf eine Weise, in der
man sich selbst als Betrachter des Bildes wie aus großer Distanz
geprüft fühlt. Hier kommt alles zusammen – ein Porträtist, der

begreift, wen er vor sich hat, der als Literat gelernt hat, etwas zu erzählen, als Karikaturist, scharf hinzusehen, als Freund, niemanden zu entblößen ... Nadars Qualität spricht sich schnell herum.

Am Mittag des 6. März 1856 hat er einen Besucher, der nichts bezahlen muss für sein fotografisches Porträt, einer, um den er sich seit langem bemüht hat. Es ist ein Uhr mittags, als Gioacchino Rossini mit seinem Verleger Léon Escudier, der ihn dazu überredet hat, den Empfangsraum in der Rue St. Lazare betritt und zwischen den Bildern Gustave Dorés, die dort hängen, von einem munteren, vergnügt funkelnden und sofort losplaudernden Mann enthusiastisch begrüßt wird. Wild abstehendes, knapp schulterlanges rotbraunes Haupthaar, Schnauzbart, die Unterlippe fast trotzig vorgeschoben, wenn er nicht spricht. Aber er spricht viel, während er, Rossini stützend, ihn die Treppe hinaufführt ins Atelier unter dem Dach. «Gerade erst umgebaut, ausgebaut», sagt Nadar, «im vorigen Jahr hätte ich Sie noch im Garten frieren lassen müssen.» Große Fenster nach Norden verteilen das Licht. Er folgt dem Blick des Gastes zu einigen Gemälden und erklärt stolz: «Daumier, Géricault, Corot, Jongkind ... an diese Kunst reicht meine natürlich nicht heran, auch wenn sie um einen ganz kleinen Platz in der Kunst bittet. Aber dafür brauchen Sie mir nicht so lange zu sitzen. Oder zu stehen, wenn Sie das bevorzugen.» «Ich muss stillhalten, nicht wahr? Wie lange, ein paar Minuten?» «Ich bitte Sie, das war einmal! Drei bis fünfzehn Sekunden. Bei diesem Licht... ich würde sagen, acht. Sie tragen noch Ihren Mantel, Maestro ... wollen Sie ihn anbehalten?» «Gern, es ist noch kühl.»

Rossini sieht sich um. Tische aus dem Ancien régime, chinesische Vasen, Dutzende gerahmter Gemälde, Buchregale, ein barocker Keramikofen, der samtene Lehnstuhl, in den er sich hat sinken lassen. «Möchten Sie sitzend porträtiert werden?»

«Nein, so gebrechlich bin ich noch nicht», sagt der Gast, «nur ein wenig eitel.» Nadar bricht in kreischendes Gelächter aus. «Ein wenig! Wunderbar. Da sind Sie eine Ausnahme, cher maître. Zu welchen Höhen des Wahnsinns sich die männliche Eitelkeit aufschwingen kann, damit nimmt es kein weibliches Wesen auf. Ich hatte hier schon zwei anglikanische Pastoren, die hatten sich Rouge auf die Wangen gelegt! Als könne man Farben fotografieren!»

Er bringt gegenüber einer mit Tuch bespannten Wand die Kamera in Positur, einen dreißig Zentimeter hohen Kasten aus hellem Holz, vorne das Objektiv, mit Messing eingefasst. Die Kamera steht auf einem rollbaren Stativ aus Holz, versehen mit allerlei Verstellrädern. «Maître, erproben Sie bitte, ob Sie sich wohlfühlen dort an der Wand. Sie könnten sich etwas abstützen auf der kleinen Holzsäule, das wird man nicht sehen. Gut?» Mit leisem Ächzen bringt sich der Komponist in Positur, und Nadar wirft ein schwarzes Tuch über sich und den Kasten, um die Mattscheibe auf der Rückseite zu betrachten. Er schiebt die Kamera vor und zurück und etwas zur Seite, dann ruft er: «Wunderbar, Sie stehen genau in der Mitte auf dem Kopf! So machen wir's.» Er zieht das Tuch weg. «Monsieur, Sie haben mich im Kopfstand ... wie heißt es ... fotografiert?» Nadar lacht schallend. «Ich habe nur meinen schönen Kasten hier an die richtige Stelle gebracht. Jetzt geht es erst los. Charles!», ruft er, und der Assistent steckt seinen Kopf durch die Tür. «Ich glaube, wir können die erste Platte belichten, mach' uns eine fertig. Und schließ' die Tür!» Es entwickle einen ziemlichen Gestank, dieses Kollodium, erklärt er seinem berühmten Gast.

«Es riecht nach Äther und Alkohol, und man sollte nicht zu viel davon einatmen», sagt Thilo Nass am Telefon, ein Fotograf, der im Hannover des frühen 21. Jahrhunderts diese Technik wieder einsetzt. Man verdankt sie Frederick Scott Archer, einem englischen Bildhauer, der fotografische Vorlagen für seine Arbeit brauchte und mit dem lichtempfindlichen Papier seines Landsmannes Talbot experimentierte. «Revolutionär war, dass er Glas anstelle von Papier nahm und es mit Kollodium bestrich.» Diese Lösung dient, mit Bromsilber oder Chlorsilber «gesalzen», als Klebstoff für das lichtempfindliche Silbernitrat, in das die Glasplatte dann getaucht wird, «senkrecht gebadet, in einer aufrechtstehenden Cuvette. Der Nachteil ist, die Platten müssen in nassem Zustand belichtet und entwickelt werden, dafür bleiben fünf bis zehn Minuten. Wenn's vorher trocknet, kriegst du kein Bild. Darum muss alles am selben Ort und schnell stattfinden.» Archer machte seine Erfindung 1851 bekannt, ohne ein Patent anzumelden, «dadurch ist das Gewerbe dann förmlich explodiert, vor allem in London und Paris. Er ist arm gestorben, heute wird er in der Szene sehr verehrt. Das Nassplatten-Verfahren ist fast besser als das, was wir heute haben, in Schärfe, Auflösung und Tonwerten.» Dazu komme noch das lichtstarke Objektiv, das der Österreicher Petzval konstruierte, der Objektive erstmals berechnen ließ. Damit wurden kürzere Belichtung und bessere Porträtfotografie möglich. Wie geht es weiter in der Dunkelkammer? «Der Assistent muss das Glas aus der Cuvette nehmen, in die Kassette einlegen und sie dem Nadar bringen. Der wird sie sicher selbst in die Kamera einsetzen wollen, ich würde das jedenfalls tun ... Und davor müssen er und Rossini sich fünf Minuten lang unterhalten haben.»

«Man könnte fürchten, erschossen zu werden», hat Rossini gescherzt, den der Anblick des auf ihn gerichteten Objektivs doch ein wenig beunruhigt. «Im Gegenteil, man wird verewigt», sagt Nadar, «wenn man nicht ohnehin schon so unsterbliche Werke wie ...» Mit raschem Blick erkennt er, dass Rossini in seinem Leben schon genug Komplimente gehört hat. «Wissen Sie, was Balzac mir sagte?», fährt er unverdrossen fort. «Dass bei der Daguerre'schen Fotografie eine Schicht, eine Spektralschicht des Körpers abgelöst würde, um auf die Platte gebannt zu werden. Bei jeder Sitzung eine weitere. Selbst wenn er recht gehabt hätte, er war doch so rund, dass er ein paar Schichten gut entbehren konnte!» Der Fotograf kichert. «Vielleicht hätte ich heute etwas stärker frühstücken sollen ...», sagt Rossini amüsiert und schiebt die Rechte unter seinen Mantel, über den Bauch. «Ah, das ist gut! So sollten Sie bleiben. Imperial! Es erinnert mich ein wenig an die Haltung, in der unser geliebter Balzac sich doch noch hat daguerrotypieren lassen, im offenen Hemd.» Und er erzählt ihm, wie dreist er einmal war, mit dem Großen zu feilschen, «da war ich neunzehn, denken Sie sich das, und er ... er könnte vierzig gewesen sein. Das war in seiner Wohnung in der Rue de Richelieu, fünfter Stock, violett tapeziert! Wir hatten 500 Francs vereinbart für eine Novelle, die er für unsere kleine Zeitschrift ... und ich wagte noch zu feilschen! Da sagt er mir ... ah, die Kassette, danke, Charles, jetzt muss es schnell gehen, Maestro, einen Moment, nehmen Sie Haltung an, retuschiert wird bei mir nie ...» Nadar nimmt die Mattscheibe von der Rückseite der Kamera ab und setzt die hölzerne Kassette mit dem nassen Glas ein, zieht den Schieber hoch, «jetzt ist die Platte geöffnet! Da sagt mir also Balzac, Sie können nicht beides haben. Entweder Sie machen Geschäfte mit einem Verkäufer von Baumwollmützen oder mit einem berühmtem Schriftsteller.» Rossini muss lächeln, er sieht den Freund vor sich. «Achtung, Signore, nicht bewegen, nichts, erst, wenn ich bis acht gezählt habe!» Nadar nimmt den mit Samt gefütterten Deckel vom Objektiv. «Einundzwanzig, zweiundzwanzig, dreiundzwanzig ...»

In diesen Sekunden gerät an diesem Donnerstagmittag Rossinis Abbild auf die Silbernitratschicht einer Glasplatte von 18 mal 24 Zentimetern, getreulich bis in die Winkel des Mundes, in denen das Lächeln von eben gerade noch zu ahnen ist, während es in seinen Augen noch funkelt, so, dass die ins Mantelrevers geschobene Hand fast ein wenig wie das ironische Zitat einer napoleonischen Pose wirkt ... Deckel drauf. «Wunderbar.» Nadar schließt den Schieber, nimmt die Kassette heraus, gibt sie dem hinter ihm stehenden Charles Praetorius. Der eilt in die Dunkelkammer und entwickelt sofort die Platte, mit Eisensulfat, eine halbe Minute dauert das, dann wird fünf Minuten fixiert, und Nadar geht rasch das Negativ begutachten. Er ist zufrieden, aber wenn er schon einen so berühmten Gast im Atelier hat, darf es noch eine Platte sein. Dann wird die Zeit knapp, und Rossini ermüdet rasch, obwohl er sich für diesen munteren Teufel gern Mühe gibt. Im zweiten Bild kommt noch einmal der Mann zum Vorschein, der vor elf Monaten erschöpft, krank und depressiv nach Paris gereist ist. Das erste aber zeigt einen, dessen Lebensgeister in dieser Stadt, dieser Riesenbaustelle, wiederkehren.

Bald hat er sogar wieder Lust zum Komponieren. Doch zuvor braucht er für sich und Olympe einen Sommersitz. Während das Ehepaar eine schöne Villa besichtigt, die der Musikverleger Jacques-Léopold Heugel anzubieten hat, in Passy, wo Rossini sich selbst ein Palästchen zu bauen gedenkt, stellt Hector Berlioz fest, dass er demnächst die Miete nicht mehr wird bezahlen können. «Das Geld verliert seinen Wert, man zwingt mich, das *appartement*, das ich seit acht Jahren bewohne, zu verlassen – durch eine Mieterhöhung um zwei Drittel. Der Eigentümer des Hauses verlangt fünfzehnhundert Francs, wo ich vorher neunhundert bezahlt habe», also eine Jahresmiete von etwa 12 000 statt von 7200 Euro. «Nach acht Tagen Suche», schreibt am 8. April 1856 Berlioz seinem Schwager Camille in Grenoble, dem Witwer, «habe ich nahe der *barrière* eine Wohnung im fünften Stock gefunden, viel kleiner als die, die ich zum nächsten Termin verlasse, und für die ich mich glücklich schätzen darf, nicht mehr als 1300 Francs herzugeben.»

Er ist nicht der Einzige, dem der durch Haussmanns großen Umbau fiebrig gewordene Immobilienmarkt zu schaffen macht. Zehntausenden Parisern wird unter dem Einsatz von Spitzhacken buchstäblich das Dach über dem Kopf weggerissen. Über viertausend Häuser werden allein bis 1860 eingeebnet, aus 25562 Wohnungen werden Menschen vertrieben, und den meisten von ihnen hilft es wenig, dass auf jeden Abriss irgendwann zwei Neubauten kommen. «Was der listige Baron nicht sagt, ist, dass die neuen Wohnungen wegen des Preises für die Arbeiter, die Angestellten, die Kleinbürger nicht erschwinglich sind», konstatiert der Rechtsanwalt Dabot. Da die bis zu 30 Meter breiten neuen Straßen Fläche verschlingen, steigen die Bodenpreise, weswegen die Grundbesitzer es bevorzugen, Luxuswohnungen zu bauen. Sogar baufällige Häuser erzielen durch Wohnraumvernichtung und Zuwanderung Höchstpreise. 3000 Maurer aus der Creuse tun sich zusammen und mieten Bauten, in denen sie Schlafsäle mit acht Pritschen für sechzehn Männer einrichten – Wochenmiete pro Mann: sechs Francs. Jeder dieser stinkenden Säle bringt den Vermietern also gut dreitausend Euro im Monat ein. Eine Alternative ist der Umzug in billigere Viertel im Osten. Von «Nomadenstämmen» spricht angesichts der Migration aus dem Zentrum der Präfekt Haussmann verächtlich, während Friedrich Engels feststellt: «Die Brutstätten der Seuchen, die infamsten Höhlen und Löcher, worin die kapitalistische Produktionsweise unsere Arbeiter Nacht für Nacht einsperrt, sie werden nicht beseitigt, sie werden nur – *verlegt*!» Die Karikaturisten zeichnen Menschen, die auf Bäumen, in Fässern, Hundehütten und Droschken leben. Und die Ratten von Paris werden mit Möbelkarre im Abwasserkanal gezeigt: Sie ziehen nun noch häufiger um als je zuvor.

Berlioz kann sich schon glücklich schätzen, dass seine neue Wohnung in der Rue de Vintimille 17 – in einem dieser lukrativen Neubauten – im selben Viertel wie seine alte liegt, einen Katzensprung von den befreundeten Viardots entfernt, im vertrauten Viertel zwischen Gare St. Lazare und Gare du Nord, und dass er vom Balkon aus einen schönen Blick auf den Montmartre hat, dorthin, wo er mit Harriet lebte vor 22 Jahren, als ihr Louis zur Welt kam – und wo dessen Mutter seit zwei Jahren begraben liegt. Der Verschlag, wie Berlioz sein Zimmer nennt, ist zu klein, um sich darin zu bewegen, geschweige denn Besucher zu empfangen. Dann gibt es ein Schlafzimmer für ihn und seine zweite Frau Marie, den Rest der kleinen Wohnung teilt sie sich mit ihrer Mutter, einer Spanierin. Marie Recio, geborene Marie-Geneviève Martin, jetzt 42, ist seit vierzehn Jahren seine Geliebte; nach Harriets Tod hat er sie geheiratet. Eine Sängerin, von der missbilligende Freunde wie Ferdinand Hiller verbreiten, sie singe «wie eine Katze», eine Scharfzüngige, die Richard Wagner zu der Überlegung veranlasst, ob Gottes Schöpfung nicht ohne Frauen eine bessere gewesen wäre, eine Diva, von der Eduard Hanslick berichtet, wie sie ihren Gefährten in Prag herumkommandierte – «Hector! Mein Schal!» Von attraktiven Frauen wie Marie Recio erwarten solche Männer Charme und Entgegenkommen, andernfalls gelten sie als Furien.

Berlioz hat Marie in seinen Memoiren wenig erwähnt, wenn auch oft in Briefen; also ist unter männlichen Biographen ausgemacht, dass sie ihm intellektuell und emotional nichts bedeutete, wenn sie nicht gar «den Rest seiner Existenz vergiftete», wie ein Autor 1979 verkündet. Noch Berlioz' bester Dokumentarist David Cairns ist 1999 überzeugt, die Beziehung sei «primarily sexual» gewesen, hingegen nicht inspirierend. Wir erfahren aus all dem mehr über die Sozialisierung der Kommentatoren als über diese Frau, in deren steter Nähe Hector Berlioz das größte

Werk seines Lebens zu schreiben beginnt und vollendet. Es ist allerdings eine Carolyne, die ihn dazu bringt – oder zwingt.

«Wenn Sie vor den Mühen zurückweichen, die dieses Werk Ihnen bereiten kann und muss, wenn Sie so schwach sind, davor Angst zu haben und Dido und Kassandra zuliebe nicht allem zu trotzen, dann lassen Sie sich nie wieder bei mir blicken, ich will Sie nicht mehr sehen.» Von einer 37-Jährigen hat er sich das sagen lassen, im März 1856, weit entfernt von Paris auf einer Anhöhe in Thüringen, in einer Villa beim Städtchen Weimar. Es ist die russische Fürstin Carolyne zu Sayn-Wittgenstein, gebo rene Iwanowa, mit der Franz Liszt hier seit 1848 zusammenlebt unverheiratet, ein Dauerskandal in der 12 000-Einwohner-Resi denz, deren Hofkapellmeister der berühmte Pianist und Kom ponist jetzt ist, mit Carolyne als liebevoller Zuchtmeisterin und Herrin der Villa «Altenburg». Liszt realisiert im Theater Pro gramme, die einer Metropole würdig wären, setzt 46 Proben für die Uraufführung von Wagners «Lohengrin» an, kämpft aber nicht weniger für den Freund Berlioz. Im Februar hat er dessen Oper «Benvenuto Cellini» zum wiederholten Mal aufgeführt «strahlend wie ein frisch geputztes Schwert», und für die erste vollständige Aufführung der «Damnation de Faust», von Berlioz selbst dirigiert, hat Liszt einen Chor von Amateuren perfekt vorbereitet. Mit Wagners «Lohengrin», soeben aus der Taufe ge hoben, kann der Gast aus Paris nicht viel anfangen – um so lieber tauscht er sich mit Carolyne über seine eigene Opern vision aus. Und das ist eine, die tief in Jugendtagen wurzelt im Arbeitszimmer des Vaters in La Côte-Saint-André, als der Dr. Berlioz mit seinem Sohn das Latein des Vergil erkundete, als Hector Tränen über das Los der von Aeneas verlassenen Dido vergoss und sein Vater gerührt und verlegen das Buch schloss: «Genug, mein Junge, ich bin müde!»

Jetzt, im Mai 1856, da Berlioz sich in seinem Verschlag an

der Rue Vintimille an die Dichtung für seine Trojaner setzt, ist sein eigener Sohn Louis 22 Jahre alt und dort unterwegs, wo einmal die Helden und Krieger der Änäis segelten. In der Ägäis sammeln sich die französischen Truppen nach dem Ende des Krimkriegs. Louis, der mit sechzehn Jahren die Schule abgebrochen hatte, um zur See zu fahren, um eines Tages Kapitän zu sein, Louis, den die Seuchen verschonten, an denen in diesem Krieg mehr Menschen starben als durch Kämpfe, schreibt dem stets besorgten Vater von der Insel Tenedos, er befinde sich dort an Bord der Fregatte «La Zénobie», die am Rücktransport der Soldaten beteiligt ist. Napoléon III. hat den Krieg als Prestigeprojekt betrieben, während es für die beiden Großmächte der Zeit, das britische Empire und das Zarenreich, um ihren Einfluss auf das Osmanische Reich geht. Die Engländer brauchen es zur Sicherung ihrer Verbindung mit Indien, während sie den Bau des Suezkanals, den die Franzosen planen, zu verhindern trachten.

Es berührt Berlioz, sich seinen Louis auf Tenedos zu denken, «reich vordem an Besitz, als Priamos' Herrschaft noch blühte», jene Insel, von der aus Odysseus' Schiffe nach scheinbarem Rückzug heimlich wieder gen Troja segeln, wo Prinz Chorèbe seine Unheil prophezeiende Braut Kassandra zu beruhigen versucht. «Et cette mer qui brise / Si mollement ses flots / Aux caps de Ténédos ...», so dichtet der Komponist auf Vergils Spuren, «das Meer, das so sanft seine Wellen an den Gestaden von Tenedos bricht». Immer wieder muss er die Arbeit zum Geldverdienen unterbrechen, für seine «höllischen Feuilletons», wie er Carolyne schreibt, «über Debütanten, männlich und weiblich, Wiederaufnahmen alter Opern, Premieren alter Opern, Konzerte am Saisonende, die zwischen meinen Beinen explodieren wie Raketen, die nach einem Feuerwerk vergessen wurden ...» Aber Carolyne wartet in Weimar auf sein Libretto. Es beginnt, seinen Sog zu entwickeln, und es ruft, während er schreibt, schon die Musik herauf. «Die Musik macht mich wahnsinnig, sie will herauskommen. Aber ich widerstehe; zuerst muss die Dichtung fertig werden. Aber ich mache Notizen.» Es ist nicht nur die Musik, die wartet in diesem «großen Biest von einer Oper», für die es keinen Auftrag gibt und kein Haus, das darauf wartet, es sind auch seine frühesten Träume und Sehnsüchte.

Ganz früh in der Partitur geschieht etwas Eigenartiges, in jener Szene, in der Chorèbe die sanften Wellen von Tenedos beschwört, um seine Kassandra aus den furchtbaren Visionen blutüberfluteter Straßen zu holen. «Komm wieder zu dir, bewunderte Jungfrau... hebe den Blick zum azurnen Himmel...», singt er in sanften Dreiviertelbögen, während sie hastig, auf einem Ton stammelnd, abwehrt: «Schon jetzt schwebt Tod in der Luft... und ich habe den finsteren Blitz seines eisigen Blickes auf uns gesehen!» Chorèbe führt seine Hoffnungstöne darüber hinaus, sie enden über trockenem pizzicato. Und dann hört man, wieder mit dem Bogen gespielt, zwei Geigen, auf dem h beginnend, mit dem Thema, das in der «Symphonie fantastique» von Lieben und Leiden erzählt und noch früher beginnt: die Melodie des hoffnungslos in die schöne Estelle verliebten fünfzehnjährigen Hector. Hier erscheint sie unvollständig, als Chiffre. Im Dreivierteltakt, aber ohne Zuversicht. Nur die ersten sieben Töne werden gespielt, alle auf der G-Saite, lauter werdend hinauf bis zum a, eine Septime über dem ersten Ton, dann leiser werdend zum gis, das erlösungshungrig in der Luft schwebt. Aber da ist keine Erlösung. Da ist nur das Schicksal: Troja wird fallen.

Wie Odysseus' Männer dem gewaltigen hölzernen Pferd entsteigen, die Pforten der Stadt dem griechischen Heer öffnen, Paläste in Flammen stehen, Blut durch die Straßen fließt, das alles ist zu Beginn des zweiten Aktes gedrängt in ungeheuerliche vier Minuten, wie aus Alptraumfetzen gefügt. Schwer lastende Posaunen, in kleinen Terzen sich vorwärtswälzend, ein rasend nach oben stürmendes Bassmotiv, das sich mit punktiertem Rhythmus festbeißt, Trompetenfanfaren, die wie Zitate von Trompetenfanfaren klingen, große Gesten von Akkorden, die Rezitative anzukündigen scheinen, die niemand singt, jähe Schnitte, Sprünge der Harmonik ins Bodenlose ... Nicht die Nachahmung eines Gemetzels ist das, sondern eine dichte Prosa der Töne, durch die hindurch man alles sehen kann, von allem angefallen wird. Eine Welt zerbricht, Chiffren werden Realität. Und dabei träumt und schläft Aeneas noch, Enée, der Held.

Er träumt in diesen Tönen gleichsam, dass schon die halbe Stadt in Flammen steht, während genau das geschieht, und es ist Hector, der ihn weckt. Jener Held, nach dem 1803 ein Arzt in einer kleinen Stadt bei Lyon seinen Sohn benannt hat: Hector, stärkster, mutigster der Trojaner, einst im Kampf um diese Stadt gefallen und nun ein Schatten, der sich in einer fast zwölftonmusikalischen Folge gedämpfter Horntöne dem Lager des Aeneas nähert und ihm sein Los verkündet: Trojas Kinder retten, in Italien ein Weltreich gründen. Im tiefsten Bass, über den unberechenbar sich entfaltenden Harmonien tiefster Streicher erklärt Hector, der Geist der Antike, was Hector, den Komponisten der Moderne, noch bis zum April des Jahres 1858 beschäftigen wird – und dann noch lange, sehr lange über den Abschluss der Partitur hinaus.

Seit Oktober 1856 arbeitet er im vierten Stock eines Neubaus in der Rue de Calais 4, denn wieder sind er, Marie und ihre Mutter umgezogen, noch immer im selben Viertel, noch immer so beengt, dass kein Platz für Gäste ist, nur für die Geister der Antike, die Aromen des Mittelmeeres, über das Aeneas nach Karthago segelt. Die Düfte im Garten der Königin Dido am Meer mischen sich mit dem Gestank der gewaltigen Teerkessel, die überall in Paris zum Einsatz kommen, wenn die rasselnden Makadamisier-Maschinen ihre Arbeit getan haben, dampf getriebene Walzen. Mit ihnen werden Schotterschichten dort aufgebracht, wo zuvor Pflastersteine oder Schlamm die Straßen deckten – oder wo neue Straßen entstehen. Unter dieser asphaltierten Oberfläche, untauglich für den Barrikadenbau mit Pflastersteinen, verschwinden nach und nach auch die übelsten Geheimnisse von Paris, jene engen Abwasserkanäle, durch die Victor Hugo seinen Jean Valjean hat kriechen lassen.

Wo das Trinkwasser aus der Seine gepumpt wird, rieselte bis jetzt auch das Schmutzwasser in den Fluß, aus 147 Kilometern enger, niedriger Kanäle. Auf Haussmanns Betreiben werden daraus 553 Kilometer, und das Abwasser von den Straßen wird nun in einer Cloaca Maxima gesammelt, die außerhalb des Stadtgebiets in die Seine mündet: ein Tunnel mit einem Durchmesser von gut fünfeinhalb Metern, 4,40 Meter hoch. Selbst die kleinsten der neuen Kanäle sind mit 2,30 Metern so hoch, dass der große Präfekt sich darin nicht bücken müsste. Die, die oben den Dreck wegmachen, für dreieinhalb Francs am Tag, haben wenig davon – Tausende von Straßenkehrern aus Oberhessen etwa, die mit ihren Familien in den Vorstädten unter sich bleiben, wo es oft kein Pflaster und kein Gaslicht gibt, wohin vorerst weder die neue Wasserversorgung noch die modernen Kanäle reichen. Die schöne neue Unterwelt wird sogar elektrisch beleuchtet – wenn auch vorerst nur vom Fotografen Nadar. Dutzende von Bunsenbatterien, in Serie geschaltet, schafft er nach unten, um beim Licht von zwei Volt die moderne Kloake auf seine Platten zu bannen. Weil das bei diesem Licht achtzehn Minuten dauert, setzt er lebensgroße Arbeiterpuppen in die neu konstruierten Reinigungswaggons. Wo ist Nadar eigentlich nicht?

In eine andere neue Unterwelt kommt man durch Jacques Offenbachs Büro in der Passage Choiseul. Dort hat der Musiker und Theatermacher nach dem großen Erfolg seiner Sommerbühne im Weltausstellungsjahr ein Winterquartier für die Bouffes-Parisiens bezogen, ein Theater mit zwei Rängen und 668 Plätzen in zentraler Lage, nahe dem Boulevard des Italiens. Am Donnerstag, 21. Oktober 1858, am Nachmittag vor der Premiere von «Orphée aux Enfers» ist der Teufel los. Nur zwei Herren sind vorerst ganz ruhig. Ein Rothaariger, der unter den Zeichnungen von Doré auf dem Sofa sitzt, ins *Journal amusant* vertieft, und Offenbach selbst, Theaterdirektor, Komponist und Dirigent, magerer denn je, an seinem mit Partituren, Libretti und Kostümskizzen beladenen Tisch. Er schreibt noch schnell eine Flötenstimme um, als Henri Duponchel hereinkommt, der große Duponchel, einst Intendant der Opéra, jetzt Anfang 60, Vertrauter Offenbachs, blassgelb im Gesicht wie ein Totengräber. «Das geht nicht, das kann nicht gehen, Ihre Kostüme sind unmöglich. Sie bringen mich um den Verstand; ich habe Ihnen gesagt, dass das durchfallen wird, aber Sie können dann ja gerne an jedem Kerzenstummel sparen. Ich wasche meine Hände in ...» «Aber ...» «So viel ist sicher, bei so etwas mache ich nicht wieder mit. Bonsoir!»

In der Tür stößt Duponchel fast mit dem Verwaltungsdirektor zusammen. «Diese Mademoiselle Tautin», ruft Charles Comte. «Im letzten Moment erklärt sie, dass sie nicht auftritt, wenn sie für das letzte Bild kein echtes Tigerfell bekommt! Dabei sind die Kostüme sowieso schon zu teuer. Sie haben die Kleine verdorben, das haben wir davon!» Offenbach schaut durch seinen Zwicker nachdenklich auf das geöffnete Klavier an der Wand, den Kontrabass in der Ecke, den stillen Gast mit der Zeitung. «Tja, ein echtes Fell wäre wirklich nicht schlecht», meint er. «Dann gehen Sie aber selbst zum Kürschner!», ruft Comte. «Machen wir, machen wir», murmelt der Komponist und blickt ergeben auf die beiden Männer, die inzwischen das Büro betreten haben, sein Orphée und einer, den er nicht kennt. «Was gibt's, mein lieber Tayau?» Tayau signalisiert, dass besser zuerst der Unbekannte den Raum verlässt. Da redet der schon. «Herr Offenbach», erklärt er auf Deutsch, «ich bin Ihr Landsmann, aus Köln, und wenn wir uns auch nicht kennen, so dachte ich doch …» «Wir haben keine Freikarten mehr, bedauere.» Abgang. Désiré Tayau hat ihm mitzuteilen, dass Bacchus sturzbesoffen angekommen ist und bis zur Premiere kaum wieder wird aufrecht stehen können. Ein kleineres Problem, da er nichts zu singen hat. Er kann ja auch sitzen. Als Nächster erscheint ein schmuddeliger kleiner Mann: «Mein Herr Offenbaach, je être Folf, de Köln … födre gombadriote …» «Welcher Wolf?», sagt der Komponist, gereizt und auf Französisch, «es gibt 7076 Wolfs in Köln!» «C'être fodre gussin, mein Herr Isaac, qui m'enfoie fers fus …» Es stellt sich heraus, dass der kleine Deutsche ihm eine Schuhpolitur verkaufen möchte.

Der Rothaarige auf dem Sofa, angestrengt in seine Zeitung starrend, bebt inzwischen vor unterdrücktem Gelächter. Es ist der schier allgegenwärtige Nadar, mit Offenbach befreundet, der diese Szene später aufschreibt und, für das *Journal amusant*, natürlich maßlos übertreibt: Es erscheinen noch drei Gerichtsvollzieher, der Concierge, der darauf hinweist, dass die Gasröhren unter der Straße undicht seien und man das Pflaster aufreißen müsse, die Sängerinnen der Eurydice und der Venus, die jeweils die Partie der Rivalin gekürzt sehen möchten, der Überbringer eines anonymen Briefes, in dem für den Abend ein Skandal angedroht wird, und noch vier weitere lästige Deutsche. Nadar selbst kommt in der szenischen Satire nicht vor: An seiner Stelle befindet sich auf dem Diwan im Büro des Theaterleiters «der Hut einer fremden Person».

Für die stolze Summe von 80 000 Francs hat Offenbach vor drei Jahren das Theater frisch polstern, tapezieren und vergolden lassen. Seitdem ist dort ein neuer Einakter dem andern gefolgt – längere Werke waren ihm vorerst nicht erlaubt. Schon «Ba-ta-clan» hat zur Eröffnung Furore gemacht, eine auf die Pariser Ereignisse von 1848 gemünzte Chinoiserie, nach deren Premiere der mächtige Jules Janin vermerkt: «Man lacht, man klatscht, man schreit wie über ein Wunder.» Die attraktive Sängerschauspielerin Hortense Schneider, eine Entdeckung Offenbachs, ist ebenso ein Erfolgsgarant wie ein Pool gewitzter Librettisten. Siebzehn neue Einakter hat Offenbach mit ihnen inzwischen produziert, die Truppe ist in Wien und London aufgetreten, wo die Queen ihr die Ehre gab, das Haus ist winters wie sommers gut besucht, in der Passage wie in den Champs-Élysées. Man gibt auch bewährte ältere Bouffonerien, den «Signor Bruschino» von Rossini etwa. Der Alte wird zum väterlichen Freund, er nennt Offenbach den «petit Mozart des Champs-Élysées», schenkt ihm die Aufführungsrechte am «Bruschino», hilft ihm, Mozarts «Schauspieldirektor» neu zu arrangieren. Die Finanzen knirschen trotzdem, denn die Gewinne investiert der Chef in immer neue aufwendige Ausstattungen, und er bezahlt seine Künstler generös. Dass Nadar in seiner satirischen Nahaufnahme auch Gerichtsvollzieher auftreten lässt, ist realistisch: In diesem Jahr 1858 ist Offenbach, Vater von jetzt vier Töchtern, so verschuldet, dass er, wie einst Balzac, sich gelegentlich in Hotels vor Gläubigern versteckt.

Sein Theater braucht einen Kassenschlager besonderer Dimension – und die öffnet sich durch den Wegfall der Limitierung auf vier Personen und einen Akt. Der Weg ist frei für ein abendfüllendes Werk, zwei Akte, vier Tableaus, zwölf Sänger, eine Frechheit: Man wird mit «Orphée aux Enfers» ausgerechnet die Sage von Orpheus, in der Oper durch Christoph Willibald Gluck verewigt, zur Posse machen, sie in die Gegenwart verlegen, statt eines unsterblich liebenden Paares einen Mann und eine Frau zeigen, die einander nach Strich und Faden betrügen, während sich die Götter des Olymps als dekadente Bande erweisen.

Danach klingt es noch nicht, als der Komponist am Donnerstagabend die ersten Töne seiner Musiker dirigiert – je zwei große Flöten, Klarinetten, Hörner, eine Oboe, ein Fagott, eine Posaune, ein Mann für Pauke und Schlagzeug, zwanzig Streicher. Eine anmutige Hirtenweise wird gefolgt von einem anmutigen Menuett, in dem nur gelegentliche Paukenschläge für Irritation sorgen. Derweil erscheint vor dem Vorhang eine Dame, die sich als «opinion publique» vorstellt, als «öffentliche Meinung». Sie vertrete den Chor des antiken Theaters, erklärt sie, und werde mit Lob und Tadel ins Geschehen eingreifen. «Da kommt, seht nur, die Eurydice, / ich geh', bin aber immer da / bereit zum Sprung aus der Kulisse, / wie ein deus ex machina!» Als der Vorhang aufgeht, lachen die Leute: Im Vordergrund einer arkadischen Landschaft mit Pinien und Tempel stehen zwei Häuschen mit Ladenschild. Links «Aristée, Honigfabrikant, gros et détail, Warenlager auf dem Hymettos», rechts liest man: «Orphée, Direktor des Orphéon zu Theben, Lektionen, Honorar monatlich zahlbar». Das sind also die Männer, zwischen denen, im von Gustave Doré entworfenen antikischen Gewand, Eurydice steht, spielt, singt, spricht, sprudelt. Lise Tautin ist hinreißend, die «Malibran der Passage Choiseul», jeder versteht, warum ihr Ehemann Orphée, der Konservatoriumsgeiger im Notenkittel, betrogen werden muss. «Sagen Sie nichts meinem Mann», erklärt sie dem Publikum. Sie sagt es ihm dann selbst, so wie er ihr gesteht, eine andere zu lieben. Mit seinem Geigenspiel – Tayau beherrscht das Instrument tatsächlich! – und der neuesten Komposition, die sie sich noch anhören muss, kann Eurydice sowieso nichts anfangen. «Séparons-nous donc!» Man trennt sich mal so eben.

Hat es nicht die Païva auch so gemacht? Wieder und wieder sogar? «Ha, die Païva!» «Oder diese ... diese Emma Bovary!» «Aber nein, die hat sich nicht getrennt. Sie hat Gift genommen.» Darüber wird man sich in der Pause unterhalten können. Oder schon jetzt, die Umbaupause vor dem zweiten Bild scheint länger zu dauern. Die Païva ist Stadtgespräch, immer noch und jetzt erst recht, da an der Avenue des Champs-Élysées das Palais wächst, das ihr neuester Bewunderer ihr spendiert, ein steinreicher deutscher Graf und Besitzer sibirischer Zinkminen. «Es soll Millionen kosten, das Treppenhaus aus gelbem Onyx, der Kamin im Schlafzimmer vollständig aus Malachit!» «Ah, das Schlafzimmer! Sie ist und bleibt eine ...» Sie ist eine jener rund hundert Kurtisanen, die es in Paris nach ganz oben geschafft haben. Geboren vor jetzt 39 Jahren im Moskauer Ghetto als Tochter armer polnischer Juden, als Ester Lachmann, hat sie dort Mann und Kind verlassen, in den späten 1830ern als Prostituierte in Paris angefangen und ist an den Pianisten, Komponisten, Klavierbauer Henri Herz geraten, mit dem sie eine Tochter hat. Ihm folgt ein Lord in London, dann, wieder in Paris, ein französischer Graf und diesem ein portugiesischer Marquis, den sie heiratet: Francisco de Païva schenkt ihr ein Haus an der Place Saint-Georges, wird aber ebenfalls ausgetauscht, während die Feste der Païva, wie man sie nun nennt, bereits legendär sind. Derzeit ist es der Preuße Guido Henckel von Donnersmarck, elf Jahre jünger als sie, der sie mit Luxus überschüttet. «Unverschämter Luxus, sie ist mit Diamanten behangen!» «Aber eigentlich soll sie langweilig sein.» «Dumas ist jede Woche bei ihr!» «Ja, weil er da ein ausgezeichnetes Essen bekommt, der arme Alte! Seine Mätressen fressen ihm ja die Haare vom Kopf, wussten Sie, dass ihm 800 000 Francs fehlen?» Eine Einladung zur Païva oder zur Mogador lehnt niemand ab, man kann ja hinterher immer noch die Augenbrauen heben, wie die Brüder Goncourt und Eugène Delacroix es gern tun. Über den sagenhaften Etat, die

Häuser, die Kleider dieser Frauen berichten die Zeitungen, sie sind *reality stars* und *influencer*, deren Verbindungen in höchste Kreise reichen.

Sie können sich ihre Männer aussuchen, anders als die mehr als 34 000 Prostituierten in Paris, aber sie bleiben immer Demi-Monde, Halbwelt, *grandes horizontales*, ganz gleich, wie reich und wie verheiratet sie sind. Eben das führt zu den tragischen Verwicklungen, denen die «Kameliendame» ausgesetzt ist. Schriftsteller Alexandre Dumas der Jüngere hat diese Romangestalt 1848 nach seiner Geliebten Marie Duplessis modelliert und danach zu jener Bühnenfigur gemacht, die den Parisbesucher Giuseppe Verdi zu «La Traviata» inspiriert: eine «vom Wege Abgekommene», die endlich treu sein will, an der Eifersucht des Geliebten und der Strenge seines Vaters scheitert und an der Tuberkulose stirbt. Diese erste große realistische Oper hat nach Wien, London, Moskau und zehn weiteren Städten vor zwei Jahren, im Dezember 1856, auch ihren Schauplatz mit Erfolg erreicht: Paris. Nur eine todgeweihte Kurtisane taugt zur Heldin.

Doch die lebenden Lebedamen wecken Wünsche, die sich zuallerletzt frustrierte Ehefrauen gestatten dürfen. Männer brüsten sich mit ihren Mätressen, der Ehebruch seitens des Mannes genießt Anerkennung. Frauen werden für so etwas geächtet. Die Rechtspraxis fällt teils sogar hinter das 18. Jahrhundert zurück: Seit 1816 können sich Ehepaare in Frankreich nicht mehr scheiden lassen. Es gibt nur die Möglichkeit einer «séparation», wie Eurydice und Orphée sie beschließen, und nach einer solchen hat die Frau dem Mann ihren Wohnsitz mitzuteilen. Auch das schwingt mit im «Séparons-nous», nach welchem Eurydice mit dem Honighändler, der in Wahrheit Pluton ist, in eine luxuriöse Unterwelt entschwindet – heraus aus der Bürgerlichkeit.

Jupiter erfährt davon und zitiert Pluton auf den Olymp. Monsieur Désiré ist der würdeloseste Göttervater, den die Welt je

sah: Ein dicker, kleiner Bariton mit feistem Gesicht und freundlichem Grinsen, über dessen Wanst ein breiter Gürtel sein Gewand zusammenhält. Die Borte endet über den Knien, und
seine roten Schnürstiefel machen ihn auch nicht schöner. Dazu
kommen die Insignien der Macht: eine goldene Krone und die
Blitze, die er in der Rechten hält wie einen überdimensiona-
len Schraubenschlüssel. «Gruß dem mächtigen Beherrscher der
Himmel und der Erde...», sagt Pluton feierlich, «genug, genug»,
winkt Jupiter ab, «ich erlasse dir die Formeln!» Der Gott der
Unterwelt verlegt sich aufs Schmeicheln: Wie schön es unter
diesem immerblauen Himmel sei, verglichen mit der Kloake
des höllischen Königreiches! «Hier atmet man den Hauch der
Göttin und der Nymphe ... man lauscht dem Gurren der Tauben... die Grazien sind nicht fern... alle Düfte sind entfesselt, die
Düfte der Nacht, des Tages, des Himmels, und die Düfte der Grazien, der Musen, der Nymphen!» «Bist du bald fertig mit deiner Parfümerie?» Dieser Jupiter ähnelt eher einem abgebrühten
Großstädter als einem Gott. Auch Plutons blumige Wendungen
sind Pariser Blüten, nämlich zitiert aus dem *Journal des Débats*.
Librettist Crémieux hat es sich nicht verkneifen können, eine
Passage von Kritikerpapst Jules Janin zu veralbern, und das wird
Folgen haben... «Man verliert den Respekt vor Papa Piter», sagt
der Göttervater beleidigt, als es zur Revolte der Götter gegen ihn
kommt. «Dieses Regime ist stumpfsinnig!», singen sie zum kurz
aufblitzenden Beginn der verbotenen Marseillaise. Das alles ist
gewagt, da bei Jupiter jeder an Napoléon III. denkt – aber Duc
de Morny, vom Kaiser ernannter Präsident des Corps législatif,
hat das Libretto an der Zensur vorbeigewunken.

Die kleine Palastrevolution auf dem Olymp tröstet die Thea-
terbesucher darüber, dass sie sich ihre 1848er Revolution haben
abkaufen lassen, dass die Bürger politisch entmachtet sind in
diesem kapitalistischen Kaiserreich. Es tut ihnen gut, hier alles

ridikülisiert zu sehen – und in der Musik zu hören, wie die Spottlust einen Elan gewinnt, der über das Lachen hinausgeht Nicht für die zensierte Presse, sondern für die Ehemoral er klimmt nun die «Öffentliche Meinung» den Olymp, mitsamt Orphée. Der Geiger, der über den Abgang seiner Frau genau so erfreut ist wie sie selbst, soll beim promisken Jupiter um Eu rydices Rückkehr aus dem Reich der Schatten ersuchen. «Die Öffentliche Meinung ist da!», ruft Jupiter, «benehmt euch! Alles für den schönen Schein und nur für den schönen Schein!» Fern dahinter meint man zu hören, wie Emma zu Rodolphe sagt «Man tut doch gut daran, ein bisschen der Meinung aller Welt zu folgen und ihrer Moral zu gehorchen.»

Die Pause nach dem ersten Teil ist lang genug, um essen zu gehen und Seitensprünge zu besprechen, reale und literarische «Haben Sie es gelesen?» «Nein, aber man hat mir gesagt, es sei ein Roman ohne Moral...» Seit einem Jahr darf man den Roman «Madame Bovary» von Gustave Flaubert nun drucken, verkau fen, lesen, der erst durch einen Prozess bekannt geworden ist Ein rasender Erfolg ist das nicht nur, weil Emma in freier Natur «mit einem langen Erbeben» ihre eheliche Treue beendet, son dern weil der Autor sie nicht verurteilt. Jeder versteht, warum sie sich bei einem Opernbesuch aus ihrem Leben hinausträumt an die Seite des Sängers, in «dieses reichbewegte, glänzende, au ßergewöhnliche Leben». Auch die bürgerlichen Hausfrauen in der Provinz sind beeindruckt von der «Propagierung des neuen Lebensstils», jenes Stils, den sich berühmte Kurtisanen leisten. Vielleicht inspirierten sie schon Delphine Delamare, die junge Frau eines Landarztes bei Rouen, von deren Suizid Flaubert 1848 erfuhr – mit umso größerem Interesse, als der gehörnte Me diziner ein Student seines Vaters war. Fünf Jahre lang arbeitet der Autor an der Geschichte der Emma Bovary, die an der Seite eines Biedermannes zu verwelken droht. Sie betrügt ihn nacheinander mit zwei anderen und umgibt sie und sich mit einem Luxus, der ihren Mann in Schulden stürzt, von denen er ebenso wenig weiß wie vom Liebesleben der Mutter seiner Tochter. Von beiden Geliebten im Stich gelassen, nimmt sie sich mit Arsen das Leben. Nachdem der Text als Fortsetzungsfeuilleton in der *Revue de Paris* erschienen ist, 1856, werden Autor und Verleger wegen «Verstoßes gegen die öffentliche Moral und Religion und die guten Sitten» verklagt. Flauberts Chancen vor dem Tribunal Correctionnel de Paris wären schlecht ohne seinen großbürgerlichen Hintergrund, seine finanzielle Unabhängigkeit und seinen exzellenten Anwalt. Die Richter erkennen an, dass der Angeklagte eine literarische Charakterstudie und nichts Sittenwidriges habe schreiben wollen.

«In Paris macht man's so!» Mit diesen Worten gelingt es Emmas zweitem Liebhaber Léon, sie zur Lustfahrt in einer Droschke mit geschlossenen Vorhängen zu bewegen. Tatsächlich können in der Hauptstadt auch Frauen offenbar mehr riskieren. Zufrieden beschreibt Edmond de Goncourt 1855, wie er eine verheiratete Dame aus der Nachbarschaft nach offenbar gängigem Rezept herumkriegt: einige Spaziergänge, dann eine chambre separée im *Père Lathuile*, ein paar Schritte von Berlioz' Wohnung entfernt, Champagner, Erdbeeren, Kaninchenragout... Die Frage, die sich vor und nach einer *infidélité* in der Metropole erhebt, ist keine moralische, sondern die nach dem Gelingen der Vertuschung: «Wenn mein Mann mich suchte, wo soll ich sagen, dass ich hingegangen bin?» Das ändert indessen nichts an einer Gesetzgebung, die Ehemännern die Tötung von Frau und Liebhaber unter bestimmten Umständen als «entschuldbar» durchgehen lässt. «Wenn sie dich betrügt, TÖTE – SIE!», so endet noch 1872 ein Pamphlet gegen fünf Jahre Haft für einen Mann, der seine untreue Frau ermordet hat. Diese Streitschrift – vom selben Dumas wie die «Kameliendame» verfasst! – wird in drei Wochen 50000 Mal verkauft, aber auch scharf kritisiert Die Haltung zum Thema ändert sich unter anderem mit der Verbreitung der Fotografie. Nadar berichtet, wie sich das öffentliche Verständnis für Ehrenmorde ins Gegenteil gewandelt habe nachdem das Polizeifoto eines Opfers publik wurde. Doppelte Moral spiegelt sich in Komödien wie «Le Demi-Monde», und damit sie jungen Frauen nicht zu früh bekannt wird, ist ihnen vor der Ehe der Besuch der Boulevardtheater untersagt – auch Jacques Offenbach wird das bei seinen Töchtern durchsetzen.

Die Unterwelt seines neuen Stücks ist noch geräumiger als die neuen Kanäle des Präfekten Haussmann. Wuchtige Säulen mit kannelierten Kapitellen tragen die geschmückte Decke über dem Boudoir des Pluton, in dessen Abwesenheit sich Eurydice schon wieder nach Orphée zu sehnen beginnt, bedrängt von John Styx. Das ist ein Domestik der Schattenwelt, den Narren Shakespeares verwandt. Debruille-Bache ist lang und hager wie ein Strich, unberechenbar mit seinem Putzfeudel in der Hand, einer jener Typen, die nur im Theater ihren Platz auf der Welt finden können. Mal die Rede sinnlos beschleunigend, mal verlangsamend, mit Fistelstimme, buhlt er um Eurydice: «Elle est bien belle ... elle est bien belle ... ah, wenn ich es wagte!» Sie ist angewidert, er insistiert: «Glauben Sie mir, Madame, dass ich die beste Natur der Welt bin, ich habe ein zartes Herz und einen schwachen Kopf ... die Frau, die mich lieben würde, wäre glücklich ...» Man belächelt den Erbärmlichen und seinen Liebeshunger.

Doch dann geschieht Erstaunliches, eingeleitet von sanft schaukelndem Sechsachteltakt. Er singt. Und wie er singt! Und was er singt! «Quand j'etais roi de Béotie ...» Styx erzählt von seinem Erdenleben, als er noch König von Boethien war, oder gewesen sein will, und dieses Lied, gerade eine Oktave umfassend, einfach wie ein Volkslied, gibt dem Sonderling auf einmal

Würde, verbindet sich mit alten Weisen, die jeder im Kopf hat, als sei es schon immer eine von ihnen gewesen, und Debruille-Bache füllt es mit Wärme, wie eine Kindheitserinnerung. Die Leute wollen das gleich noch mal hören, sie erzwingen die Wiederholung. Auch das streckt, mitsamt den Pausen, den Abend von 90 Minuten auf ganze vier Stunden. Am Ende, an dem Eurydice, zwischendurch noch von Jupiter verführt, für immer zur Bacchantin wird, sind die Leute erschöpft, und als Offenbach seine heißeste Nummer abfeuert, einen «Galop infernal», wird der keineswegs sofort als Cancan aller Cancans gefeiert.

Der Zweiakter hat seine durchschlagende Gestalt noch nicht; am nächsten Morgen kürzt Offenbach. Die Kritiken sind durchwachsen. Selbst der *Figaro* des Verbündeten Villemessant weist darauf hin, dass Jupiter langweilig singe, dass Venus «durch die skulpturale Schönheit ihrer Arme und ihres Torso» erfreue, aber besser stumm bliebe, dass «Orphée» seit der zweiten Vorstellung in gekürzter Fassung geboten werde. Von da an aber strömt das Publikum in wachsenden Scharen herbei, daran ändert auch der Kritiker von *L'illustration* nichts. Das vielgelesene Wochenblatt, in dem auch Emma Bovary in Yonville gern blätterte, teilt mit, Offenbach habe Orpheus den Krieg erklärt und zeige sich sonst inspirierter als in dieser kühl parodierenden Musik. Wirklich komisch sei nur das Couplet des John Styx. «Glücklich jene, die über diese Albernheiten lachen können! Es wird wohl kaum die ganze Welt dieses Vergnügen haben.» Tatsächlich aber wird «Orphée aux Enfers» einer der größten internationalen Erfolge im Musiktheater bis ins 21. Jahrhundert, schon in der ersten Saison wird das Stück 227 Mal hintereinander gespielt. Gut 250 Jahre, nachdem Claudio Monteverdi mit «Orfeo» die Oper erfunden hat, 80 Jahre, nachdem Christoph Willibald Gluck sie mit «Orphée et Eurydice» reformiert hat, eröffnet Offenbach mit «Orphée aux Enfers» ein Nebengleis in die Zukunft, auf dem bald Hochbetrieb herrscht: die moderne komische Oper, nicht mehr comique, sondern bouffe, fast durchgeknallt, aus der in Wien die Operette, in den USA das Musical werden. Das Zerbrechen der großen Erzählung spiegelt sich bei Offenbach, die Entzauberung der Welt in einer Zeit der Beschleunigung, ihre «transformation», über deren Baustellen man in Paris täglich stolpert. Er wird als erster einen Bahnhof auf die Bühne bringen und eine Reise zum Mond...

«Er war immer *pressé*, unter Druck. Seine Zeitgenossen haben ihn mit der Eisenbahn identifiziert. Sie meinten, er wäre der Richtige, den Fahrplan zu vertonen!» Gut tausend Kilometer östlich von Paris und 160 Jahre nach «Orphée» sitzt in einem Konferenzraum am Berliner Lützowufer ein Mann, der äußerlich die denkbar geringste Ähnlichkeit mit Offenbach hat und doch dessen Stellvertreter auf Erden genannt werden kann. Was Jean-Christophe Keck selbst niemals tun noch erwarten würde. Er ist ein gelassener Typ Anfang fünfzig, mit knapp geschnittenen grauen Haaren über dem Gesicht eines Genießers, im kurzärmeligen weißen Hemd, von einer Gemütlichkeit, die seine elsässischen Wurzeln merken lässt. In ihm brennt eine lebensgroße Passion: die für Jacques Offenbach. Ohne Keck gäbe es selbst von den meisten populären Werken keine verlässlichen Noten und Texte. Ohne ihn lägen jetzt nicht mehr als dreißig Bühnenwerke als penibel recherchiertes und kommentiertes Aufführungsmaterial vor, zusammengefügt aus Tausenden zuvor in alle Winde zerstreuten Handschriften, aus alten Klavierauszügen, aus Quellen, die nur ein Besessener finden kann, einer, der weiß, wo er suchen muss. Einer, der zur Ermittlung der Orchestergröße in den Bouffes-Parisiens sogar noch die Bestandsaufnahme jenes Gerichtsvollziehers auftreibt, der die Pulte im Orchestergraben zählte: dreißig!

All die Details trägt er seit zwanzig Jahren in einem gewaltigen Projekt zusammen, der «OEK», der Offenbach Edition Keck, die nicht etwa in Paris, sondern in Berlin erscheint. Frank Harders-Wuthenow, der mit Keck in sommerlicher Hitze über den aktuellen Druckausgaben von vier Bühnenwerken brütet und die Edition beim Verlag Boosey & Hawkes betreut, nennt mehrere Gründe dafür. «Die Franzosen», meint der Musikwissenschaftler, selbst mit einer Französin verheiratet, «sind Literaten, und vor allem auf die leichtere Muse wird von den so genannten Intellektuellen sehr von oben herabgeschaut. Eine wissenschaftliche Edition Offenbachs wäre in Frankreich undenkbar gewesen.» Zudem verfüge der Verlag über ein riesiges Offenbach-Archiv, nämlich das von Bote & Bock, bis 1871 der Originalverlag des Komponisten für den deutschen Sprachraum. Mit diesem Verlag tat sich Boosey 1997 zusammen – und bald auch mit Keck. Der nippt am Kakao aus dem Automaten. «Kaffee ist nicht so gut für mein Herz», meint er. Auf ihn wirkt schon Offenbach selbst wie Koffein. «Das war ein Maniac. Er sagte, er habe drei Leidenschaften, Zigarren, Frauen, Spiele. Aber die wichtigste hat er nicht genannt, die Arbeit. Er starb mit 61 und hinterließ einen gigantischen Katalog, 150 Bühnenwerke und 550 weitere.»

Jean-Christophe Keck stieß auf Offenbach, als er dreizehn Jahre alt war, in seinem Geburtsort Briançon in den französischen Alpen. «Im Fernsehen lief ein Sechsteiler, ‹Les folies Offenbach› mit Michel Serrault in der Hauptrolle. Im zweiten Teil ging es um ‹La belle Hélène›, davon besaß mein Vater eine Platte, nie ausgepackt. Die habe ich dann gehört, und da hat es mich erwischt. Ich kann das nicht erklären, es ist nichts Intellektuelles. Es war Vibration, Ekstase, Freude. Manchmal kommt es mir vor, als hätte nicht ich mir Offenbach ausgesucht, sondern er mich.» Keck lacht, beinahe verlegen. «Mich interessiert er auch als großer Melancholiker. Die Mondseite, die so viele nicht kennen. Lange wurde er reduziert auf Cancan und Barcarole. Nach seinem Tod kam erstmal das *purgatoire*, er wurde kaum noch gespielt, das ist normal. 1930 begann seine Renaissance in Frankreich, aber das war eine Berühmtheit, die mit Verachtung einherhing, einem *image péjoratif.*» «Das setzt sich in Deutschland bis heute fort», ergänzt Frank Harders-Wuthenow. «99 Prozent der Intendanten, Musikwissenschaftler und Journalisten sind betriebsblind. Sie begreifen nicht, dass Offenbachiaden etwas anderes als Operetten sind, sie sehen nicht die dramaturgischen, librettistischen, musikalischen Meisterleistungen, vor allem nicht das Nonkonformistische, das sie viel radikaler macht als Verdi und Wagner. Ich hoffe, dass seine Zeit noch kommen wird ...»

Mit Keck könnte es klappen. Er ist ausgebildet in Musikwissenschaft, Tonsatz, Gesang, Klavier, Orchesterleitung. Er sang als Tenor an der Pariser Oper, er dirigierte eigene Werke und solche seines Idols. Er weiß, wie man Theater macht, und darum kommt er klar damit, dass Offenbach immer neue Versionen seiner Werke anfertigte, je nach Zeit und Ort. «Es gibt bei ihm *das* verbindliche Kunstwerk nicht, und deswegen glaubte man, sich alles erlauben zu können, Uminstrumentierungen, Kürzungen ...» Und natürlich, weil so viele Handschriften nicht zugänglich waren. «Das hängt mit der Familie zusammen. Er hatte vier Töchter und einen Sohn, Auguste, der auch komponierte, aber schon zwei Jahre nach seinem Vater starb. Das war eine Katastrophe für den Nachlass. Drei der Töchter interessierten sich nicht so für die Musik, ihre Nachkommen lebten auf großem Fuß und verkauften die Manuskripte, die sie besaßen.»

Keck steht auf, ergreift einen dicken Filzstift und kritzelt die Namen der Kinder auf ein großes Flipchart. «Nur Jacqueline, seine Lieblingstochter, hielt ihre Noten zusammen und behauptete immer, sie habe keine. Aber ihre Tochter Paulette hat geplaudert, daraufhin wurde der Bestand geviertelt.» Er schreibt die Nachkommen untereinander: Von Paulette zu François, von dem aus Striche zu den jetzt Lebenden führen. Im alten Haus der Familie, in Vincennes bei Paris, war Keck mittlerweile vielleicht schon dreißig Mal. Vom Boden bis zum Keller stapeln sich dort alte Kopistenabschriften, dazwischen Rezepte für Offenbachs Medikamente, gedruckte Partituren mit seinen Anmerkungen, vor allem aber 20 000 Manuskriptseiten, in denen Keck unschätzbare Funde machte.

Er setzt sich wieder und sucht im Smartphone nach Fotos. Offenbach mit seiner jungen Frau in Marseille, Offenbach vor einem Boot in Étretat in der Normandie, wo er ein Ferienhaus besaß. «Er hat es mit einer Hypothek belastet, als 1874 sein Theater bankrottging. Er wollte seine Leute auszahlen, anstatt sich aus dem Staub zu machen. Das erzählt viel über seinen Charakter.» Und während Keck im Familienalbum blättert, kommt es mir vor, als säße in diesem Berliner Konferenzraum ein weiterer, späterer Sohn von Offenbach, dessen Liebling Auguste nur 21 Jahre alt wurde. «Hier», sagt er, «sein Dirigentenstab, den bekam er zur Eröffnung der Bouffes im Oktober 1858.» Schwarz, mit silberner Plakette in der Mitte. Vielleicht hat er damit auch «Orphée» dirigiert.

Den Erfolg der ersten Wochen in Paris beflügelt noch ein Presseduell, auf das es Offenbach und seine Leute wohl gezielt angelegt haben. Vermutlich wird Jules Janin, dem 54 Jahre alten Großkritiker des *Journal des Débats*, beizeiten zugetragen, dass einer der Lacherfolge sich seinen eigenen blumigen Worten verdankt. Eigentlich ist Janin der Komik zugetan und steht auch der ehrfürchtigen Rezeption der Antike skeptisch gegenüber: «Lasst diese athenischen Schöngeister in Billigversen und mit geballter Faust reden», hat er 1855 den zeitgenössischen Dramatikern empfohlen. Im Mai des Jahres 1858 aber hat er liebevoll einer großen alten Dame des Ballets nachgerufen, der in Passy gestorbenen Émilie Bigottini, und ihre nun verlorene Kunst der «glücklichen Mythologie» gepriesen, eine getanzte Antike, in der «die drei Grazien nicht fern» und «alle Düfte entfesselt» waren. Solches Schwärmen gehört wie die selbstgewisse Subjektivität zu den Qualitäten, die Janin zur journalistischen Persönlichkeit machen. Aber dieser Stil hat sein Verfallsdatum, und das wird ihm grausam klar, als er erfährt, der junge Crémieux habe seine Zeilen im Wortlaut zum Lacherfolg gemacht. Zuerst belässt es Janin, der «Orphée aux Enfers» nicht besucht hat, bei einem Seitenhieb im *Journal des Débats* – in den Bouffes werde der Mythos besudelt, schreibt er in einer Kritik zu einem ganz anderen Stück –, aber das genügt Offenbach schon für eine spöttische Antwort im *Figaro*, auf die der Großkritiker eine schäumende Polemik folgen lässt: «Man lacht Eurydice ins Gesicht! Man verspottet Ovid! Entrüstung über diese Spaßmacher von Paris! Sie haben Orpheus beleidigt! – Ich war nicht da, aber man hat es mir gesagt! – Nein! Ich werde diesem Attentat auf den Gemeinsinn nicht assistieren!» Einen größeren Gefallen könnte Jules Janin dem kleinen Theater gar nicht tun. Bequem kann Crémieux nun im *Figaro* die Polemik als grotesk bloßstellen und ihren Autor als unfreiwilligen Zitatlieferanten. Noch im Januar legt der Komponist selbst genüsslich nach und beendet einen offenen Brief an den Empörten auf Deutsch: «Lieber Janin, obschon Sie nicht sehr artig gegen mich sind, so lade ich Sie doch zu einem classischen Braten mit Kartoffeln und Sauerkraut ein. Dixi! Jacques Offenbach».

Der Erfolg, der Zank, die Ridikülisierung des klassischen Erbes bringt einen jungen Theaterleiter auf eine Idee. Vielleicht hat sich Léon Carvalho selbst angehört, wie Offenbach eines der berühmtesten Opernthemen des vorigen Jahrhunderts zerlegt, «Ach, ich habe sie verloren», das Lamento des Orphée aus Glucks «Orphée ed Eurydice», das in den Bouffes kurz vom

Titelhelden angestimmt, von Göttern fortgesetzt und von der Geige zum raschen Ende geführt wird. Diese Töne sind das Einzige, was im kollektiven Bewusstsein noch von Christoph Willibald Gluck geblieben ist. Gut achtzig Jahre ist es her, dass dessen Oper in Paris einer neuen Form zum Durchbruch verhalf, in der Rezitative, Arien, Chöre, Zwischenspiele zusammenflossen, Akte zu geschlossenen Einheiten wurden, Texte und Gesangslinien nicht mehr in Ornamenten erstickten. Eine Oper, die das Musiktheater veränderte, aber auf den Bühnen jetzt keine Rolle mehr spielt. Gluck, das ist nur noch eine Marmorbüste und eine der gemalten Gestalten in der Apsis über Säulen, mit der sich die schmale, hübsche Fassade des Théâtre Lyrique zum Boulevard du Temple öffnet. An dieser Vergnügungsmeile, wo sieben weitere Bühnen Vaudevilles und Farcen zeigen, kleine Dramen und große Militärshows, Seiltänzer, Marionetten und Clowns, hier schlägt sich Léon Carvalho erstaunlich gut mit anspruchsvollen Opern für Karten ab 1,50 Francs.

Deutsche Raritäten – Webers «Oberon», Beethovens «Fidelio» – interessieren ihn ebenso wie Werke junger Franzosen, sofern der Aufwand sich in Grenzen hält. Ursprünglich ein Schauspielhaus, hat der Bau für große Orchester keinen Platz, und anders als die Opéra, die Opéra-Comique und das Théâtre-Italien bekommt das Haus keine Subventionen. Man muss sich etwas einfallen lassen, um seinen Teil der allabendlich 20 000 Pariser Theatergänger zu sichern. Carvalho hat einen sicheren Instinkt, eine zugkräftige Diva – seine Frau –, und er hat einen wichtigen Mitstreiter in der Presse: Hector Berlioz, ständiger Kritiker des *Journal des Débats*. Im März 1859 hat er die jüngste Produktion zum «Erfolg der Zukunft» erklärt, ausführlich, und er behält recht: «Faust», die neue Oper des 40 Jahre alten Charles Gounod, wird dessen meistgespielte. Die Arie «Salut, demeure chaste et pure», findet Berlioz, habe zwanzig Mal so viel Applaus verdient. Wie Faust die Keuschheit besingt, in geschmeidig ausgreifender Linie, von einer Sologeige umspielt, das wird für mehr als ein Jahrhundert eine der Glanznummern jedes Tenors. Das Publikum der Uraufführung beklatscht sie nur freundlich, und Berlioz spottet über den typischen Pariser: «Er kann die Melodie nicht fassen, das Tempo ist ihm zu langsam, die Farben sind zu süß, die Betonungen zu intim. Er sagt: ‹Ja, das ist nicht schlecht›, macht eine Handbewegung dazu und denkt nicht weiter daran.»

Was wird dieser typische Pariser von der vergessenen Oper einer Marmorbüste halten? Wie führt man sie auf, wer kann sie singen? Carvalho wendet sich an seinen Unterstützer. Für Berlioz ist Gluck der Größte, seit er sich in Jugendtagen mit der Gitarre in der Hand durch die Sammelbände seines Vaters sang; erst recht, seit er vor bald vier Jahrzehnten in Paris die «Iphigénie en Tauride» erlebte und im Konservatorium die Partitur abschrieb. Und mit Berlioz' «Troyens», für die sich Carvalho interessiert, ist der Opernreformer aus dem vorigen Jahrhundert eng verbunden: «Wenn Gluck auf die Erde zurückkäme», hat Berlioz seiner Schwester Adèle mit Blick auf seine eigene Oper geschrieben, «und das hörte, würde er sagen: ‹Wahrlich, dies ist mein Sohn›.» Er übernimmt die Aufgabe, eine neue Fassung von Glucks «Orphée» zu erstellen, eine Fusion der frühen Wiener Fassung mit einem Kastraten in der Titelpartie und der längeren Pariser Fassung für Tenor, die, da der Stimmton gestiegen ist, kein Tenor mehr gut singen kann. Eine Frau soll die Titelpartie übernehmen, die einzige, die für so ein Wagnis in Frage kommt, die Glucks Musik kennt: Pauline Viardot.

Sie sieht am 18. September 1859 mit etwas gemischten Gefühlen dem Besuch des Komponisten entgegen, mit dem sie schon so lange befreundet ist, der im 9. Arrondissement beinahe ihr Nachbar ist und sich nun auf den Weg nach Courtavenel gemacht hat. Das ist der Landsitz der Viardots seit 1844, sechzig Kilometer südöstlich der Hauptstadt bei Rozay-en-Brie gelegen, ein kleines Schloss aus der Zeit Henris IV., umgeben von Ländereien. Seit sie und Berlioz sich im August in Baden-Baden trafen, seit sie dort, vor kleinem Publikum und mit großem Erfolg, Partien aus seinen «Troyens» vorgetragen hat, hat sich der alte Freund verändert. «Er liebt mich sehr, das weiß ich», hat sie ihrem Vertrauten Julius Rietz nach Deutschland geschrieben, hier in ihrem Turmzimmerchen, ihrem Allerheiligsten. «Aber er liebt mich zu sehr! ... Wer hätte so etwas voraussehen können?» Wer, wenn nicht sie? So viele haben sich schon in sie verliebt, die keine Schönheit im gängigen Sinne ist, keine Göttin, wie es ihre Schwester Marie Malibran war. So klug hat ihr Mann, ihr Freund Louis, der um 21 Jahre ältere, der sie tiefer liebt, als sie es erwidern kann, hinweggesehen über so viele Spaziergänge, die sie hier mit Iwan Turgenjew unternahm und anderen Bewunderern; er hat vielleicht nicht einmal nachgerechnet, ob der kleine Paul, jetzt zwei Jahre alt, sein Sohn sein kann. Von der Provinz einer Emma Bovary ist man in dieser Welt jedenfalls mehr als nur 200 Kilometer entfernt. Als Berlioz am Sonntagnachmittag ankommt, ist er leidend, die Sache mit dem Darm. Aber es ist auch eine Sache des Herzens, wie Madame Viardot an der Weise bemerkt, wie ihr Freund sich zu beherrschen versucht. Die ganze Familie bemüht sich, ihn aufzumuntern, er muss von seinem Sohn erzählen – noch ein Louis! –, und der Hausherr selbst leistet ihm Gesellschaft, als Berlioz sich in seinem Zimmer hinlegen muss.

Am Montag geht es ihm besser. Sie und er arbeiten an Glucks «Orphée», am großen alten Pleyel im großen Salon, zwei Etagen hoch, mit Galerie und viel Licht aus hohen Fenstern, dann fragt sie nach den Trojanern. Berlioz hat die Partitur der ersten beiden Akte mitgebracht. «Darf ich mich hindurchstümpern?»

Dann spielt Pauline Viardot aus der Partitur und singt dazu die Kassandra, und er deutet die Rolle des Chorèbe an. «Quel bonheur», sagt sie, «wie schön das ist! Wenn ich könnte, würde ich lieber sofort die Kassandra spielen als den Orfeo.» «Pauline, ich kann mir keine andere Kassandra vorstellen. Und die Dido ebenso. Sie sind ...» «Ich bin eine Sängerin, die allmählich zu alt wird», Pauline lacht und schließt die Noten. «Haben Sie noch Schmerzen?» «Weniger.» «Würden Sie gern etwas spazieren gehen? Es sind noch zwei Stunden bis zum Essen.» Sie gehen durch den Flur zur Vorhalle, wo sie kurz verschwindet, um ihren Umhang zu holen, und aus dem Portal über die Freitreppe, den grasbewachsenen Vorplatz, die Brücke. «Früher hatten wir viel Wasser im Graben, aber jetzt ist es beinah trocken, und statt Fischen sind Frösche da – Sie hätten das im Sommer hören müssen!» Er schweigt, und sie redet weiter. «Wie froh ich bin, dass Sie kein Jäger sind wie Louis und Iwan. Mit denen kann man nicht spazieren gehen. Sie interessieren sich nur für Wachteln und Rebhühner ... Jetzt führe ich Sie erst einmal zu meinem Lieblingsplatz.»

Eine Viertelstunde ist es bis dahin, und Pauline, die merkt, dass ihren Gast bedrückt und umtreibt, wonach sie ihn nicht fragen möchte, kommt wieder auf die Trojaner. «Mein lieber Hector, ich werde glücklich sein an dem Tag, an dem diese Oper aufgeführt wird. Ich weiß nicht, ob ich Ihnen das sagen darf ...» «Ich bitte Sie!» «Ich bin aber nicht so sicher mit den Worten wie Sie. Es ist mit Ihrer Musik, als hätten Sie sich noch einmal verwandelt. Das ist melodisch, vokal, klar, orchestriert mit Maß, es sind darin Seiten von einem unglaublichen Schwung!» Sie singt die Worte fast, mit einem Lächeln um ihren großen Mund. «Bedanken Sie sich bei Gluck und Vergil, bei meinen Vätern ...», sagt er und blickt vor sich hin. «Hector, was bedrückt Sie?» Nach einer Weile sagt er: «Sie verstehen alles so gut.» Sie haben eine Ebene mit Kornfeldern erreicht, man blickt zehn Kilometer weit nach allen Seiten. Pauline bleibt stehen. «Sehen Sie die Ulme auf der Anhöhe, mitten in den Feldern? Da gibt es einen großen Stein, manchmal sitze ich da stundenlang mit einem Buch. Aber meistens lausche ich lieber dem Blätterrascheln.» Sie stehen unter dem weiten Septemberhimmel, bis in der Nähe knarrend ein Rebhuhn auffliegt. «Das hat Monsieur Turgenjew wohl übersehen», sagt sie, und sie gehen weiter, die Felder entlang. «Er müsste jetzt bald in Petersburg ankommen. Vielleicht kann er dort etwas für die Trojaner tun. Und natürlich Madame Kalergis, wie Sie schrieben.»

«Madame ...», sagt er nach einer Weile. «Ja?» «Sie fragen mich, was mich bedrückt. Ich weiß nicht, ob ich Sie damit behelligen sollte, Pauline. Mein ganzes Leben ist nichts anderes gewesen als eine lange und brennende Annäherung an ein Ideal, das ich mir geschaffen habe. Mein Herz ist hungrig nach Liebe, und wo immer es auch nur eine der Qualitäten dieses Ideals fand, einen kleinen Zauber davon, hat es sich daran geheftet.» Sie blickt auf den Weg und hört weiter zu. «Leider hat mir die Enttäuschung immer bald gezeigt, dass ich mich geirrt habe. Auf diese Weise ist mein Leben vergangen. Und jetzt, da ich merke, dass sein Ende näherkommt ...» «Hector!», sagt sie erschrocken und vorwurfsvoll und berührt ihn am Arm. Er blickt nach vorn, aber sie sieht die Tränen in seinen Augen. «Ausgerechnet jetzt», sagt er, «nachdem ich dieses Ideal endlich aufgegeben habe, als fantastische Schöpfung einer närrischen Vorstellungskraft ... da erscheint es mit einem Schlag, dieses Ideal ... wird es ganz wahr, während mein Herz schon stirbt.» Er fährt sich mit dem Ärmel durch das Gesicht und sagt: «Wie können Sie erwarten, dass ich es nicht bewundere?»

«Ich bin Ihnen nah, Hector», sagt sie ruhig und traurig, «ich bin Ihnen nah.» Er schweigt eine Weile, während man von irgendwo eine Glocke schlagen hört. «Lassen Sie mich in den Tagen, die mir bleiben, Sie segnen dafür, Ihnen danken dafür, dass Sie mir bewiesen haben, dass ich nicht verrückt war ...» Er bleibt stehen und wendet sich ihr zu, mit seinem zerknitterten Adlergesicht, das von immer noch störrischen, nun ergrauenden Locken gerahmt ist. «Sie haben noch so viele Tage und Jahre», sagt sie, während sie durch die vielen Tage und Jahre seines Lebens hindurch in den intensiven graublauen Augen einen Jungen sieht, den ungeheure Abenteuer locken, all die Abenteuer, die in der Musik sind, die ihn zu ihr führten und sie zu ihm. Das ist etwas, was Louis Viardot nie besaß; sie konnte nie das Kind in ihm finden. Sie weiß nicht, was sie fühlt, während sie vor diesem Mann steht, der aussieht wie ein alter Mann und in dem ein Junge steckt, dem sie jeden Wunsch erfüllen möchte. «Ich möchte Sie um etwas bitten», sagt er. «Sagen Sie es.» «Wenn ich ernstlich erkranke und nach Ihnen schicke, kommen Sie zu mir, gegen welche Hindernisse auch immer.» Sie streckt ihre Hände aus, er ergreift sie, während er weint. «Ich werde kommen», sagt sie.

Sein Bekenntnis trübt das Verhältnis zwischen beiden nicht. Gemeinsam bereiten sie in Paris «Orphée» vor und arbeiten daran, den «Troyens» den Weg zu bahnen. Sie macht Korrekturen in den Partituren beider Teile, Troja und Karthago, «schöner, wenn sie zerfetzt sind», bedankt er sich, «sie kehren von Ihnen zurück wie Fahnen aus dem Krieg». Er nennt sie chère critique, chère collaborateur, er kokettiert: «Falls Sie heute abend zu Hause sind, würden Sie ein großes Risiko eingehen, mich wiederzusehen?» Dabei sehen sie sich ohnehin oft und beraten einander, sie trägt in der Rue de Douai Arien aus den «Troyens» vor. Als er mit dem Klavierauszug, den er davon anfertigt, nicht weiterkommt, erlebt Paulines Besucher Camille Saint-Saëns, achtzehn Jahre alt, wie sie, «die Feder in der Hand, das Auge voller Feuer, das Manuskript der ‹Troyens› auf dem Klavier, das Arrangement der ‹Chasse royale› schreibt.» «In gewissen Momenten», gesteht Berlioz der Freundin, «bin ich geneigt, Ihnen die Hand zu zerquetschen, und vermeide es daher, sie auch nur zur ergreifen.»

«Je vous serre la main» ist oft sein Gruß für weniger vertraute Adressaten, und er steht auch in einem Briefchen vom 18. November 1859, an einen Kollegen aus Deutschland, der seit Mitte September in Paris weilt. «Mein lieber Wagner, vielleicht haben Sie noch keinen Platz für die Premiere von *Orphée*, die heute abend um 8h stattfindet. Für diesen Fall ist hier einer. Kommen Sie, Mme Viardot ist bewundernswert und das Werk auch. Es wird mit Sorgfalt aufgeführt.» Immerhin hat er selbst nicht nur die fusionierte, auf Pauline zugeschnittene Fassung hergestellt, sondern auch den Dirigenten bei den Proben beraten: Es müssen die Tempi der Pariser Produktion von 1820 sein! Bei einer Bühnenprobe hat sein Eingreifen die Sängerin der Eurydice verwirrt. Sie ist das eklatante Gegenteil von Pauline Viardot. Man hat die Sopranistin Marie Sax als Sängerin in einem Café chantant entdeckt, sie ist vollkommen ungebildet, und als Hector Berlioz am Pult die Tempi verändert, fragt sie, ob das der Komponist Gluck sei. «Nein», antwortet Pauline, «einer seiner Freunde.» «Er ist ja ganz schön frech, das in seiner Abwesenheit zu machen!»

Aber Marie Sax macht ihre Sache sehr gut am großen Abend, zu dem, wie ihre Bühnenpartnerin schreibt, alles kommt, «was Paris an Musikern, Liebhabern, Pedanten, Kahlköpfen, blasierten Leuten, Schönlingen usw. usw. zu bieten hat». Für Pauline Viardot ist der Orphée eine der ganz großen Rollen ihres Lebens, ihre letzte auf der Opernbühne auch. Sie selbst hat ihr Kostüm gemeinsam mit dem Freund Eugène Delacroix entworfen, sie tritt auf mit entblößten Armen und einer weißen Tunika, die nur bis zu den Knien reicht – für Frauen jenseits der Bühne wäre das unanständig. Dazu ein weißer Umhang, langes, lockiges Haar mit Lorbeerkranz, eine goldene Kette für Schwert und Scheide, eine rote Kordel als Gürtel, weiße Schaftstiefel, rot geschnürt. In diesem Kostüm verwandelt sie sich ganz – nicht einfach in eine «Hosenrolle», sondern in eine große, tragische Gestalt, deren warme, farbenreiche, fokussierte Stimme jedem ins Herz dringt. Wie Orphée anfangs, da Eurydice gestorben ist, Hoffnung fasst und seine verlassene Leier vom Grab nimmt! Wie er später spürt, dass Eurydice von hinten zart ihre Hand in die seine, in die ihre legt! Jede ihrer Gesten, jeder Schritt fesselt das Publikum. «Ihre Bewegungen sind so schön und dabei ganz männlich», schwärmt eine Sängerin.

Als nach Orphées verhängnisvollem Blick zurück Eurydice entseelt zusammenbricht, spricht Pauline das Rezitativ «Malheureux, qu'ai-je fait?» mit dumpfer, tonloser Stimme, wie vom Blitz getroffen. Dann beginnt sie zu singen: «J'ai perdu mon Eurydice.» Zuerst nahezu unbeweglich, wie erstaunt an der Seite des leblosen Körpers stehend, ohne Nuancen, bis sie fordert: «Höre meine Stimme, die dich ruft!» Und sie beginnt erneut, «J'ai perdu...», diesmal aber leise, schluchzend, gebrochen. Orphée kniet nieder. «Welche Qual zerreißt mein Herz...» Es reißt ihn hoch, in Schuld und Schmerz, «J'ai perdu...», er stürzt nach vorn, singt verzweifelt, in rasendem Tempo, fällt wieder zurück, das Publikum rast. Man applaudiert zwei Minuten lang, die Arie muss wiederholt werden, aber nichts wiederholt sich, auch Trauer ist eine weite Welt. Pauline lässt ihr ganzes Leben hineinfließen, man hängt an ihren Lippen, Tönen, Blicken, alles ist wahr. Beim letzten Ton liegt Orphée neben der Geliebten, als sei er selbst schon tot. Dann erheben sich Pauline und Marie in den Applaus hinein, und Marie sagt: «Uff! Ich dachte schon, das würde nie aufhören!»

Es hört auch eigentlich nicht auf, denn bis in den März des nächsten Jahres wird «Orphée» nun an jedem Freitag gegeben. Insgesamt 142 Vorstellungen erlebt Glucks Oper am Théâtre Lyrique, in Europa beginnt damit eine Renaissance des halbvergessenen Komponisten. Berlioz besucht zwanzig Vorstellungen nacheinander und ist nicht der Einzige, der dabei weint. Auch seinen geliebten Sohn Louis nimmt er mit, jetzt 25 Jahre alt, der bald Kapitän sein wird und für ein paar Tage in der Stadt ist. Es spricht sich herum, dass Erstaunliches geschieht in dem hübschen Opernhaus, das bereits auf der Abrissliste des Präfekten steht. «Ich war in diesem Winter nur zwei Mal im Theater, beide Male, um Madame Viardot in ‹Orphée› zu hören», schreibt Gustave Flaubert, der am Boulevard du Temple eine Wohnung hat, einer Freundin. «Das ist eine der größten Sachen, die ich kenne. Seit langem war ich nicht mehr so enthusiastisch. Was den Rest angeht, was man Novitäten nennt und was oft nur alter Plunder ist, davon braucht man nichts zu erwähnen. Ich bin allerdings nicht auf dem Laufenden ...»

Dass nun zwei «Orphées» zu den Pariser Attraktionen zählen, eine halbe Stunde Fußweg und dabei Welten voneinander entfernt, bringt manche Theatergänger durcheinander. Louise Viardot, jetzt siebzehn Jahre alt, die kaum eine Vorstellung mit ihrer Mutter in der Titelrolle versäumt, belauscht ein Paar in der Nachbarloge, während Orphée am frischen Grab der Eurydice weint und hinten Priesterinnen zum Altar schreiten. «Was ist das? Was tun sie?», fragt die Frau ihren Mann. «Es sind vielleicht jüdische Riten», meint er ratlos. Später, als Eurydice durch elysische Felder schreitet: «Und was passiert jetzt?» «Ich weiß nicht, aber es ist in den ätherischen Regionen ...» «Also wirklich ...! Man hat uns gesagt, das sei amüsant! Und du findest das komisch. Du!»

KAPITEL 6

Tannhäuser und die Kaiserdämmerung

1860 – 1867

Wagner fällt durch, Nadar stürzt ab, Berlioz wird
gekürzt. Im letzten Glanz des Napoléon III.
triumphiert Offenbach mit einer Militärposse
neben einer 50-Tonnen-Kanone.

Zuallererst möchte ich Ihnen sagen, dass Sie mir das
größte musikalische Glück bereitet haben, das ich je erlebte. Ich bin in einem Alter, in dem man sich kaum noch damit unterhält, an berühmte Männer zu schreiben, und ich hätte
lange gezögert, Ihnen meine Bewunderung brieflich zu bezeu-
gen, fiele nicht täglich mein Blick auf unwürdige, lächerliche
Artikel, in denen man alle erdenklichen Versuche unternimmt,
Ihr Genie zu diffamieren. Sie sind nicht der erste, Monsieur, bei
dem so etwas mich an meinem Land leiden und erröten lässt.»
Richard Wagner, seit fünf Monaten wohnhaft in Paris, versteht,
liest, spricht das Französische inzwischen weit besser als vor
zwanzig Jahren. Aber in diesem Brief vom 17. Februar 1860 stehen Zeilen, die er langsam lesen muss. Der Name ihres Verfas-
sers ist ihm neu, «Ch. Baudelaire» steht am Ende.

In schlechter Verfassung und voller übler Vorurteile, gesteht
ihm dieser Mann, habe er sich kürzlich ins Théâtre-Italien begeben und sei «sofort besiegt» gewesen von den Orchesterstü-
cken und Chören aus «Holländer», «Tannhäuser», «Lohengrin».

«Es schien mir, diese Musik sei *die meine*, und ich erkannte sie wieder, so wie jeder Mensch das erkennt, was er zu lieben bestimmt ist. Für jeden anderen als den Mann von Geist mag dieser Satz immens lächerlich erscheinen, dazu noch geschrieben von einem, der sich, wie ich, *in der Musik nicht auskennt* ...» Er habe, schreibt Baudelaire, in dieser Musik «oft die Majestät eines Lebens empfunden, das größer ist als das unsere», dazu noch «den Stolz und das Glück, zu verstehen, mich durchdringen, in mich eindringen zu lassen in wahrhaft sinnlicher Lust, jener ähnelnd, wie man sie beim Aufstieg in die Luft, beim Fahren über das Meer erlebt.» Überall sei da etwas Exzessives. «Zum Beispiel, um mich der Vergleiche aus der Malerei zu bedienen, habe ich vor meinen Augen die gewaltige Fläche eines schattigen Rot. Wenn dieses Rot die Leidenschaft ist, sehe ich, wie es sich nach und nach, mit allen Übergängen von rot und rosa, bis zur Weißglut steigert», «bis schließlich eine letzte Rakete eine noch weißere Spur durch das Weiß dieses Hintergrunds zieht.»

Welches Stück mag er meinen? Das Vorspiel zum «Tristan» wohl nicht, er erwähnt es nicht einmal, und gerade dieses Stück ist Wagner so wichtig, daran hat er am meisten proben müssen, von Note zu Note hat er das Orchester geführt. Wie auch immer, diesen Mann muss er kennenlernen. «Ich füge meine Adresse nicht hinzu», liest er unter der Signatur, «da Sie sonst vielleicht glauben könnten, ich wollte Sie um etwas bitten.» Nun, er möchte, er muss also aufgespürt werden! Wagner braucht in Paris jeden Verbündeten nach dem katastrophalen Presseecho, nach dem finanziellen Fiasko der drei Konzerte, die er in der Salle Ventadour gegeben hat, dem Théâtre Impérial Italien, das erste am 25. Januar dieses Jahres 1860, das dritte und letzte vor zehn Tagen, zu dem auch Berlioz noch einmal kam, einen Tag, ehe sein Text erschien, ein seltsamer Text mit einem schrecklichen Ende, wie der gekrümmte Stachel eines Skorpions ... Wagner hat ihm kürzlich geantwortet, «Mon cher Berlioz», für die Öffentlichkeit bestimmt, professionell übersetzt, noch immer hat das *Journal des Débats* diese Antwort nicht gedruckt. Aber die Zeilen dieses Unbekannten, ein Dichter mag er sein, tun ihm gut wie ein Elixier, ein Wind aus der Zukunft.

Er pfeift Fipps, dem Spaniel, und verlässt mit ihm das Haus an der Rue Newton. Das Nachbarhaus wird gerade abgerissen sonderbar. Wagner hat für sein Haus, pavillonartig mit Gärtchen, drei Jahresmieten im Voraus bezahlt, dreimal 4000 Francs, das ist viel, aber eine gute Adresse ist er sich schuldig, mit jetzt 46 Jahren und sieben vollendeten Opernpartituren und großen Plänen, genug Platz auch, da ihm Minna nachgereist ist und sie, längst kein Paar mehr, getrennte Wohnungen brauchen und einen Salon für Gäste dazu. Eine Etagenwohnung durfte es nicht sein, da er dort mit Klavierlärm aus der Nachbarschaft rechnen müsste. Hier, an den Champs-Élysées nahe dem Triumphbogen, wohnen die Reichen und Erfolgreichen. Am Palast der Païva, noch immer im Bau, betrachtet er interessiert die Säulen und den Zierat im Stil der Neorenaissance. Er sieht seine Zukunft in dieser Stadt, auch die seines «Tristan», diesem Kind einer Liebe in der Schweiz. In Deutschland bekommt er im wahrsten Sinne des Wortes weiterhin keinen Fuß an den Boden; seit seinem Eintreten für die 1848er Revolution in Dresden droht ihm, noch immer, in allen deutschen Staaten die Verhaftung. «Paris ist also dann der vom Schicksal mir bestimmte Ort», hat er schon vor einem Jahr an Liszt geschrieben und im August: «Ich wünschte Paris zu meinem – übrigens ganz zurückgezogenen – Wohnorte zu machen.»

Zurückgezogen? Paris ist nach London die größte Stadt der Welt, mit jetzt mehr als dreimal so vielen Einwohnern wie Berlin, mit acht Bahnhöfen, wo es vor 20 Jahren einen gab, und in diesem Jahr ist sie sprunghaft über sich hinausgewachsen:

Von 34 auf 78 Quadratkilometer, von 1,2 Millionen auf 1,7 Millionen Einwohner. Denn eine halbe Million Menschen leben in der Zone zwischen der alten Zollmauer und dem Festungsring von 1844 – und die gehört seit Jahresbeginn zu Paris. Aus zwölf Arrondissements sind zwanzig geworden, was nichts an den teils slumartigen Zuständen ändert. Östlich von Père Lachaise gibt es weder Straßenpflaster noch Kanalisation, in Bercy und Montrouge keine Straßenbeleuchtung. Ärmere, die vor den steigenden Mieten nach Osten und Süden gezogen sind, finden dort keine öffentlichen Brunnen und müssen Wasserträger bezahlen – und nun dazu noch die Pariser Zölle.

Von dieser Welt ist Wagner weit entfernt, als er auf den Champs-Élysées über seinen neuen Bewunderer nachsinnt und über das sonderbare Verhalten von Berlioz. Ihm hat er doch wie keinem anderen bekannt, was er ihm verdankt! Er hat sich um ihn bemüht, ihn zu Hause aufgesucht, ihn eingeladen und empfangen, er hat ihm ein außergewöhnliches Geschenk gemacht. «Nehmen Sie ihn an und bewahren Sie ihn in Freundschaft für mich», hat er in seinem Brief zum «Tristan» geschrieben, wenige Tage vor dem ersten Konzert, als er dem Älteren die druckfrische Partitur von Härtel aus Leipzig ins Haus schickte, versehen mit der Widmung an jenen Komponisten, dessen Musik ihn hier vor gut zwanzig Jahren überwältigte und auf den eigenen Weg brachte, bei dem er jenen Akkord hörte, der der erste im «Tristan» ist, Keimzelle entfesselter Modulationen. «Au cher et grand auteur de ‹Roméo et Juliette›, l'auteur reconnaissant de ‹Tristan et Yseult›», hat er vorne in die Partitur geschrieben.

Vorher schon hatte ihn Berlioz um Angaben zum Programm gebeten und im *Journal des Débats* für die Ankündigung gesorgt, «un grand concert, dont l'attrait est fort spécial», unter der Leitung des «auteur de ‹Rienzi›, du ‹vaisseau fantôme›, de ‹Lohengrin›, de ‹Tristan et Iseult› et de la trilogie des ‹Niebelungen›».

Es hätte nicht besser gehen können, die Nachricht schlug ein. Selten war das Publikum in der Salle Ventadour so bunt und so fiebrig wie am 25. Januar 1860, und das nicht bei einer Oper, sondern einem Konzert, in dem nicht einmal Sänger und Virtuosen auftraten, und von dem man sich erzählte, es werde dort grauenhafte Zukunftsmusik zu hören sein, *musique de l'avenir*. Die elegante und die weniger elegante Welt war gekommen, der Hof, das Geld, die Künste, die Presse. In den Applaus mischten sich Pfiffe wie Hochrufe. Aber der «Holländer» ging gut, das aufwühlende Vorspiel, das Wagner vor fast 20 Jahren in dieser Stadt schrieb, auch «Tannhäuser», Einzug der Gäste, Vorspiel zum dritten Akt, der Pilgerchor. Im Vorspiel zum ersten «Tannhäuser»-Akt sind sogar ein paar Enthusiasten in Applaus ausgebrochen. Das ist ja auch alles keineswegs neu, sondern fünfzehn bis achtzehn Jahre alt, und fast enttäuscht stellten manche Hörer fest, dass es Melodien gibt und sie durchaus folgen können. In der Pause sollen manche Kontroversen fast in Tätlichkeiten übergegangen sein, danach stand «Prélude – Tristan et Iseult» auf dem Zettel. Die 128 Takte machten dem Orchester zu schaffen mit ihrer Chromatik, in der oft unklar ist, auf welche harmonischen Funktionen sich die Töne beziehen; auch wohlmeinende Hörer hatten Mühe, in der schillernden Intonation eine Struktur zu erkennen. Aber die Reaktion war nicht feindselig, offenbar hatte man sich in der Pause genug ausgetobt. Für «Lohengrin» gab es Applaus, Vorspiel zum ersten Akt, Brautchor, das Vorspiel zum dritten Akt, Musik zur Hochzeitsnacht. Da hatte Wagner noch gedacht, er käme in drei Konzerten auf seine Kosten – 8000 Francs Miete für drei Abende, wozu noch Personal und Beleuchtungskosten kamen. Noch mal 8000 für das Orchester, 3000 für den Chor, außerdem die Miete für den Probensaal, die Salle Hertz, für die Kopisten, die Reklame ...

Aber die Besprechungen sind höhnisch bis vernichtend mit

der Ausnahme von Berlioz, der die «Lohengrin»-Stücke «in jeder Hinsicht bewundernswert» findet, aber ein Problem mit «Tristan» hat: Er kann nur «eine Art chromatisches Stöhnen» erkennen. «Ich habe diese seltsame Seite wieder und wieder gelesen, mit größter Aufmerksamkeit zugehört und mit dem lebhaften Wunsch, den Sinn zu entdecken, (...) und habe nicht die geringste Idee, was der Autor da hat machen wollen.» Am Ende sieht er in dieser Musik gar eine «Schule der Zukunft» drohen: «Reihen verminderter Septakkorde, aufsteigend oder absteigend wie ein Bündel sich windender Schlangen, die einander zischend zerreißen, dissonante Dreiklänge ohne Vorbereitung und ohne Auflösung, (...) fürchterliche Modulationen, die in einer Ecke des Orchesters eine Tonart einführen, ehe noch die vorhergehende Tonart die andere Ecke verlassen hat.»

Diese Zeilen seines bewunderten Kollegen haben Wagner tiefer getroffen als das finanzielle Desaster. Zu den nächsten beiden Konzerten sind jeweils nur etwa 400 zahlende Gäste erschienen, die ein Drittel der Plätze füllten; großzügig verteilte man Freikarten. Am Ende stehen Einnahmen von rund 10 000 Francs Ausgaben von mehr als 20 000 Francs gegenüber, aber mit solchen Differenzen lebt er von jeher. Es wird sich schon eine Fürstin finden, die das ausgleicht. Hilflos macht ihn der Spott, den ein gewisser Offenbach mit ihm treibt, ein jüdischer Spaßmacher offenbar, der in seinem Theater einen «Komponisten der Zukunft» auftreten und schauerliche Missklänge dirigieren lässt, Tonballungen, Chromatik und bitonale Trompetenfanfaren, ehe ihn Mozart, Gluck, Grétry und Weber von der Bühne jagen. Freilich wird in diesem «Carnaval des revues» nicht nur Wagner aufs Korn genommen, sondern auch Meyerbeer, der allerdings, wenn er in Paris ist, zu den Stammgästen der Bouffes zählt und Parodien seiner Musik auf das Konto ihrer Popularität verbucht. Wagner sieht sich den Spaß nicht an, kann dem *Figaro* aber das Fazit entnehmen: «Wenn die Parodie in Frankreich die Kraft hätte zu töten, wäre Richard Wagner in diesem Moment ein toter Mann.»

Wann Charles Baudelaire erstmals zu Wagners Mittwochssalon kommt, wissen wir nicht. Es mag ihm als Dandy immerhin gefallen, dass ein livrierter Diener aus der Schweiz ihm öffnet. Der freilich spricht kaum ein Wort Französisch und will sofort die Visitenkarte sehen. Drinnen riecht es nach Kräutertee und türkischem Tabak. In einem Umhang aus grünem Samt gewickelt, mit einer großen Kappe aus demselben Stoff auf dem Haupt, sitzt Wagner da und saugt an einer langen Pfeife. Einen neuen Gast könnte zuerst befremden, wie reserviert der Komponist ist. Kalt wirkt er, so lange das Gespräch nicht seine Interessen berührt, fast unbewegt sind seine Gesichtszüge, sodass der große Kopf auf dem kleinem Körper wie gemeißelt wirkt mit der hohen Stirn und dem starken Kinn. Herzlicher ist Madame Wagner, älter als ihr Mann, die in sehr gebrochenem Französisch die Gäste begrüßt, etwa den Romancier Champfleury, wie Jules Husson sich nennt, 38 Jahre alt wie Baudelaire, an einer Studie über Wagner arbeitend, den gewitzten Arzt und Musikenthusiasten Auguste de Gaspérini, Émile Ollivier, einen 34-jährigen Oppositionspolitiker – einer der fünf Republikaner, die es in die Abgeordnetenkammer geschafft haben. Mit ihm ist seine junge Frau Blandine gekommen, die älteste Tochter von Franz Liszt und Marie d'Agoult. Dann ist da ein belgischer Amateurpianist, eine deutsche Schriftstellerin mit ernstem Gesicht und straffem Dutt, Malwida von Meysenbug heißt sie, und noch dieser und jene und vor allem Hans von Bülow mit Zwicker und Bärtchen, der vorzüglich Französisch spricht, ein Schwager von Mme Ollivier ist und sich ans Klavier setzt, um aus seinem Klavierauszug des «Tristan» zu spielen.

Das Vorspiel erklingt zunächst und, als Wagner neben den

Pianisten tritt, etwas ganz anderes, mit einsamen Tönen zu Beginn. Dazu spricht Bülow halb singend ein paar Worte, «die alte Weise, was weckt sie mich?», woraufhin Wagner, das Kinn vorgereckt, «Ha!» brüllt und in der Folge die Partie des Kurwenal übernimmt, der den verwundeten Helden auf Kareol begrüßt. Man kann das nicht Gesang nennen, Wagner hat keine Stimme dafür, er säuselt, spricht, schreit, Tonhöhen eher andeutend, er gestikuliert, während der grüne Samt um ihn flattert, reißt die Augen auf wie dem Wahnsinn nah. Minutenlang geht das so; sollte Baudelaire zugegen sein, verstünde er kein Wort. «Auf eigner Weid und Wonne, / im Schein der alten Sonne, / darin von Tod und Wunden / du selig sollst gesunden», so endet der Komponist. Bülow führt den punktierten, rasch marschierenden Rhythmus noch ein paar Sekunden weiter bis zu einem leisen Schlussakkord, in den hinein ein zartes Schnarchen dringt. Es kommt von einer matronalen Erscheinung in einem Ecksessel, eine Madame Schwab, die den Komponisten möglicherweise fördern will, Witwe eines englischen Kaufmanns. «Vielleicht ist es ganz gut, dass sie jedesmal einschläft», meint Gaspérini leise und süffisant, «Sie können sich denken, wie er erst ist, wenn er dazu auch noch selbst Klavier spielt. Monsieur Carvalho ist Hals über Kopf geflohen, als er den Meister so erlebte, sonst hätten wir schon längst seine Zusage für den ‹Tannhäuser›...» Freilich, dieser Komponist ist exzessiv in allem, auch im Hochmut, wie sich später am Abend erweist – einem Abend, wie er gewesen sein könnte, wenn man die Erinnerungen von Gästen zusammenbringt.

Als Madame Schwab schon heimgefahren ist, mitsamt der deutschen Schriftstellerin, erkundigt sich der belgische Amateurpianist, Michotte heißt er, unvorsichtigerweise nach Wagners Meinung über seine Pariser Kollegen. «Halévys Opern – bloße Fassade! Könnt ihr glauben, dass ich sie in meiner Jugend heftig bewunderte? Und ein kalter Mann ist er ... Den alten Auber mag ich sehr, er ist ein guter Musiker, von Grund auf Pariser, intellektuell ist seine Musik, und natürlich kokett ... Rossini habe ich noch nicht getroffen. Stimmt es, dass er jetzt alles mit Mortadella ausstopft, wo früher Musik in ihm war? Gounod? Ja, unwiderstehlich im Gespräch! Immer schwärmt er! Aber seine Melodien sind gekünstelt, ihm fehlt die Tiefe wie die Breite, auch wenn er beides streift ...» «Aber», wendet Champfleury bescheiden ein, «man sollte nicht unterschätzen, dass Gounod in so melodiösen Rollen wie Faust und Marguerite, vor allem in der Gartenszene, eine Art von Ausdruck erreicht, die man vorher in der französischen Oper nicht kannte.» «Ah, Faust!», Wagner springt hoch. «Ich habe diese Bühnenparodie unseres deutschen Faust gesehen! Er und sein Kumpan Mephisto wirken auf mich wie zwei lächerliche Studenten aus dem Quartier Latin, die einem Mädchen nachstellen. Und die Musik, das ist oberflächliche Sentimentalität, gerade in dieser faden Juwelenarie!»

Er singt, schräg: «Ah! Je ris de me voir si belle ...» Wobei er das «ris» wie «riess» ausspricht, um anschließend dem «wirklich talentierten» Kollegen überhaupt jede Fähigkeit abzusprechen, tragische Sujets zu behandeln. Betreten blickt Champfleury zu Boden. Michotte hat andächtig gelauscht, schreibt zu Hause alles auf und ergänzt 46 Jahre später: «Ein strenges Urteil, aber hätte irgendetwas [musikalisch] anderes sicher sein können vor dem Mann, der gerade ‹Tristan und Isolde› vollendet hatte?» Was Baudelaire von Wagners Tiraden hält, die er, bald steter Gast in der Rue Newton 16, in der einen oder anderen Form erlebt haben muss, ist nicht überliefert. Er wird jedenfalls dem Komponisten, der ihn «dem Großen zurückgegeben hat», treu bleiben und über ihn einen der wichtigsten Essays jener Zeit schreiben, eine Pioniertat.

Berlioz hat unterdessen Pauline Viardot die Klavierauszüge

von «Holländer», «Tannhäuser» und «Lohengrin» zurückgeschickt, die sie ihm lieh. «Ich habe Angst, dass die verminderten Septimen darin entkommen und an meinen Möbeln nagen. Passen Sie auf Ihre auf…» Aber der deutsche Kollege macht ihm weiterhin zu schaffen. Am 22. Februar 1860 erscheint dessen offener Brief im *Journal des Débats*, ein Versuch, die eigene Ästhetik zu erklären. «Verworren und aufgebläht», meint Berlioz, «kein Mensch hat das verstanden.»

Mitte März 1860 trifft ihn wie ein Schlag die Nachricht, dass der Kaiser persönlich die Produktion des «Tannhäuser» an der großen Oper, dem Théâtre Impérial de l'Opéra, angeordnet habe – gut fünfzehn Jahre nach der Uraufführung am Dresdner Hoftheater. Dahinter steckt ein wenig der Marschall Magnan, begeisterter Gast in allen drei winterlichen Konzerten des Deutschen, vor allem aber Pauline von Metternich, eine 24-jährige österreichische Diplomatengattin von atemberaubender Eleganz. Binnen kurzem ist sie zur Vertrauten der Kaiserin geworden. Tonangebend in Fragen der Mode, bewandert in den Künsten, ist sie so selbstbewusst, dass sie für Damen von Welt sogar den Zigarrengenuss gesellschaftsfähig macht. Klemens von Metternich, der kürzlich gestorbene legendäre und reaktionäre Staatsmann, ist ihr Großvater und Schwiegervater in einem, da sie einen Bruder ihrer Mutter geheiratet hat.

Wie eine Göttin scheint nun diese andere Pauline in Wagner den Achill gewählt zu haben, der den unermüdlichen Hektor niederstrecken und anstelle von dessen Troja und Karthago eine thüringische Ritterburg in Paris errichten wird. Um die Protektion Napoléons III. für sein *opus summum* hat sich Berlioz seit langem bemüht. Wagner ist gerade ein halbes Jahr in der Stadt und schon an einem Ziel, das nicht sein letztes sein kann. Wenn «Tannhäuser» hier Erfolg hat, wird «Tristan» folgen und, wer weiß, was noch alles. Zwar kommt es völlig anders, aber auf

Umwegen doch so, dass Wagners Ästhetik einen Einfluss entfalten wird wie die keines Komponisten vor ihm. Ein kleines Gespräch beim Hofball, ein Augenaufschlag in passender Sekunde, federleicht werden Weichen gestellt.

Doch immer noch sind da zwei, die einander respektieren. Berlioz ist in Paris der einzige Kollege, über den sich Wagner nicht irgendwo herablassend äußert, Rossini eingeschlossen, den er im März besucht. Überrascht von dessen souveräner Aufgeschlossenheit, erklärt er nach dem halbstündigen Gespräch: «Was hätte er nicht hervorbringen können, hätte er eine gute musikalische Erziehung genossen? Besonders wenn er, weniger italienisch und weniger skeptisch, in sich die Religion seiner Kunst gefühlt hätte?» An Berlioz aber ist ihm so sehr gelegen, dass er ihm wieder schreibt. Anlass ist ein Artikel, den der andere über die Wiederaufnahme von Beethovens «Fidelio» verfasst hat und dessen zweite Folge am 22. Mai 1860 erscheint. Er fühle, schreibt Wagner in bemühtem Französisch, «eine ununterbrochene Kette inniger Verwandtschaft zwischen den großen Geistern, die – durch dieses Band allein – niemals ins Unverstandensein stürzen.» Feierlich ergänzt er unter seinem Namen «Paris, au jour de ma naissance» und schreibt diesen Brief auch gleich stolz noch einmal ab für Liszt in Weimar, dem er gesteht: «Nichts destoweniger erfüllte es mich mit einer eigenen Wärme, diese Zeilen an den Unglücklichen abzuschicken.»

Der «Unglückliche» antwortet freundlich, offen, mit Wärme zunächst, erwähnt seine Erschöpfung, der Brief tue ihm gut, nicht aber die Anrede. «Cher maître, wie bei einem Zeremoniell? Unter uns, so geht das nicht.» Was Geburtstage betreffe, schienen sie den Deutschen ja sehr wichtig zu sein. In seiner Familie, bei seinen Freunden gebe es dreißig Geburtstage im Jahr, «von denen mir niemand ankündigt, auch nur einen einzigen zu feiern, so bedauerlich ich das auch finde. Lachen Sie nicht, ich bin so krank. Adieu, bonjour, courage; und nennen Sie mich nicht wieder cher maître. Das ärgert mich. Mille amitiés, Ihr sehr ergebener Hector Berlioz». Damit endet die Korrespondenz der beiden.

Doch einmal treffen sie sich noch, Ende Juni, bei Pauline Viardot. Ihr kann Berlioz nichts abschlagen, ihr schreibt er stolz von jedem Examen, das sein Louis auf dem Weg zum Kapitänspatent besteht, ihr nahe zu sein macht ihn glücklich. Sie traut sich wohl zu, die ungleichen Männer einander wieder näherzubringen, nachdem sich Richard Wagner an sie gewandt hat. Denn tatsächlich und wie immer in seinem Leben ist gerade noch rechtzeitig eine Gräfin aufgetaucht, die seine Schulden bezahlt, diesmal eine polnische, und nicht irgendeine, sondern Marie Kalergis, ausgerechnet die, auf die auch Berlioz gehofft hat, seit sie vor drei Jahren in Baden so begeistert war von seinem «Roméo». Selbst eine sehr gute Pianistin, einst von Chopin zu den begabtesten Schülerinnen gezählt, an neuer Musik interessiert, hat sie Wagners Defizit aus den Konzerten mit 10 000 Francs ausgeglichen. Nun möchte er ihr zum Dank und natürlich in Erwartung weiterer Zuwendungen Eindrücke aus dem «Tristan» vermitteln. Ihr, aber auch Hector Berlioz, den Pauline Viardot tatsächlich zu der Audition in ihrem Haus in der Rue de Douay 16 bewegen kann.

Sie führt ihn in den vertrauten Salon, und dort steht er Wagner und der Gräfin Kalergis gegenüber, neben welcher der Sachse noch gnomenhafter als sonst wirkt. Die 37-Jährige ist eine Dame «von hohem Wuchs und weißem Leib», die schon vor fünfzehn Jahren nicht nur Heinrich Heine zu Versen animiert hat, sondern auch Théophile Gautier. Eine «Symphonie en blanc majeur», in Weiß-Dur, hat Gautier dieser auffallend hellhäutigen Frau gewidmet, achtzehn Strophen voller Schwäne und Schnee, Meeresschaum, Mondlicht, Marmor, Milch, Blässe und Gletschern. «Oh! Wer da einen Hauch von Rosa erweckte / in dieser unerbittlichen Weiße!» Heine hat ihn verspottet: «Die Dichter jagen vergebens nach Bildern, / Um ihre weiße Haut zu schildern; / Selbst Gautier ist dessen nicht kapabel – / O diese Weiße ist implacable!» In seinem Gedicht verliebt sich ein weißer Elefant hoffnungslos in die «große weiße Dame», gleichsam stellvertretend für alle Pariser Poeten, die sich nach der Gräfin verzehren. Aber sie begeistert sich vor allem für Musik. Wagner hat für die Audition des zweiten Akts eigens Karl Klindworth kommen lassen, einen exzellenten Pianisten.

Pauline Viardot wird die Isolde vom Blatt singen, der Komponist selbst den Tristan geben. Es wird eine höchst sonderbare Stunde, in der Pauline den enormen Anforderungen der Partie begegnet, indem sie mit halber Stimme singt, während Wagner in der bekannten Weise seine vokalen Defizite kompensiert und Klindworth schwitzend in die Tasten greift. Vom Wintergarten her hört man gedämpft die Vögel, und am nahen Zolltor, der Barrière Blanche, arbeiten die Hacken, unter deren Hieben die alte Stadtmauer in Trümmer fällt. Reglos sitzen Berlioz und die Gräfin auf ihren Sesseln, der graue Adler und die weiße Sphinx, und lauschen einer «Nacht der Liebe», wie man sie so nie wieder hören wird. Als es vorbei ist, beglückwünscht Berlioz den Kollegen zur «Hitze seines Vortrags». Dann verlässt er das Haus und eilt heim in die nahe Rue du Calais.

Berlioz hat nichts hinterlassen über diese Begegnung, die letzte der beiden innovativsten Komponisten ihrer Zeit. Wäre es so, man fände einen Hinweis darauf in Windeseile auf einer der erstaunlichsten Websites, die einer Person gewidmet sind und auf der das Thema «Berlioz und Wagner» allein schon den Umfang von fünfzig Buchseiten hat – als eines von Hunderten Themen –, nicht gerechnet die Texte, Bilder, Partituren, Dokumente, die mit der präzisen Darstellung verlinkt sind, nicht gerechnet die Tatsache, dass diese Darstellung in exzellentem Französisch und ebensolchem Englisch verfasst ist. Jeder, der sich im 21. Jahrhundert auf die Spur von Hector Berlioz begibt, entdeckt irgendwann hberlioz.com – ob wir nun dem komplexen Verhältnis zweier Künstler nachgehen oder dem Komponisten anno 1860 in die Rue du Calais 4 folgen. Allein von dort führen 32 Links zu Briefen, Personen, Werken, Schriften, weiteren Adressen und schließlich ins Universum von mehr als 130 000 Dateien. Darunter Briefe, die man nirgendwo sonst lesen kann, in Faksimile und Transkription, die nahezu 400 Artikel, die Berlioz für das *Journal des Débats* schrieb, im Volltext, vieles andere erstmals ins Englische übersetzt. Keine Werbung, keine Kommentare, keine Spendenaufrufe, kein Hinweis auf eine Institution. Nur unten auf jeder Seite der kleine Copyrightvermerk: Monir Tayeb and Michel Austin. Sicher sitzen diese Leute irgendwo in Paris, denke ich, als ich ihnen eine Mail schreibe. Die Antwort kommt umgehend: «Naturally if you were ever to make a visit to Scotland you would be most welcome to come and see us.» Schottland?

«Auch Louis war in Edinburgh», sagt Michel Austin und rührt im Tee, in einer kleinen Wohnung in der Cumberland Street, vierte Etage. Er ist Anfang 70 wie seine iranische Frau Monir Tayeb, ein großer, schmaler Intellektueller mit hoher Stirn, ein paar weißen Haaren drumherum und einer leichten Heiterkeit im Gesicht, die an Menuhin denken lässt. Monir reicht ihm, wenn sie steht, gut geerdet, wie sie ist, gerade bis zur Schulter. Die beiden haben sich 1989 in dieser Stadt am Bahnhof kennengelernt, passenderweise der Waverley Street Station, da war er 46 und sie 43 Jahre alt, «ein großes Jahr in der europäischen Geschichte», sagt er lachend, «ja, und dann begann die Berliozpest zu wüten». «Waverley», sollte man ergänzen, hieß der erste Roman des in Edinburgh geborenen Walter Scott, dem

299

Berlioz eine Ouvertüre widmete. Monir wusste nicht viel über den Komponisten, ehe sie Michel über den Weg lief. Sie hatte in Teheran Wirtschaftswissenschaften studiert, das 1976 in Oxford fortgesetzt, schließlich in Edinburgh «cross culture studies of management» betrieben und gelehrt. Er hingegen war an der Universität in St. Andrews Spezialist für alte griechische Geschichte, seit 1968, «aber in Wirklichkeit war ich die ganze Zeit ein Kryptoberliozianer, der sich als Altertumshistoriker ausgab». Nie würde Michel von sich aus darauf hinweisen, dass er ein mittlerweile zwölf Auflagen starkes Grundlagenwerk zu den Quellen der Hellenistik publizierte. Michel, nicht Michael, denn seine Mutter war Französin und sein Vater Australier, und nach dem Krieg zog die Familie aus Australien in die Nähe von Paris.

«Mein Vater liebte die Musik, mit einer großen Leidenschaft für Wagner. Jeden Sommer lauschte er mit religiöser Andacht den Bayreuther Festspielen im Radio. Aber das erste, was ich in einem richtigen Orchesterkonzert hörte, war die ‹Damnation de Faust› von Berlioz, die üblichen drei Auszüge aus der Oper. Ein Onkel ging mit mir und meinen zwei Brüdern dorthin und mäkelte hinterher, *ça manquait de nuance*, da fehlten die Finessen. Ich kann mich nur erinnern, wie sich der Dirigent verbeugte. Mein Vater besaß einen Klavierauszug der ‹Damnation›. Ich fing an, darin herumzustöbern, plong, plong, auf unserem alten Klavier, das kaum noch zu gebrauchen war. Mein Interesse kam erst richtig in Gang, als wir 1956 nach Manchester zogen. Als Schuljunge bekam ich billige Karten für das Hallé Orchester, es gab eine Bibliothek mit Partituren, wo ich dauernd hinging, und sehr schnell wurde Berlioz einer der Großen für mich ...»

Monir mochte Musik, kannte aber nicht viel. An Berlioz, den ihr der Mann vom Bahnhof nahebrachte, hat sie zuerst den Schriftsteller geliebt. «Ich kam ganz einfach so zur Welt, ohne irgendwelche Vorzeichen, wie sie in sagenhaften Epochen üblich waren...», zitiert sie aus seinen Memoiren. «Wer so schreibt, muss faszinierend sein, dachte ich. Ich habe Französisch gelernt, um das im Original lesen zu können.» Und dann brachten die beiden sich das Internet bei, in den 1990ern eine Technik so neu wie die Dampflok 160 Jahre davor. Zuerst gab es eine schwarzweiße Seite mit Konzertankündigungen rund um Berlioz. Es folgte eine Seite mit Fotos aus seinem Geburtsort La Côte-Saint-André bei Lyon, den sie besucht hatten. Dann fing Michel an, sämtliche Orchesterpartituren mit der Software Sibelius abzuschreiben und ins Netz zu stellen, denn das International Music Score Library Project gab es noch nicht. «Das dauerte zwei Jahre. Dann dachte ich, warum nicht auch die Texte von Berlioz?» Der Altphilologe ließ sich vorzeitig pensionieren, während sich die Website der beiden so rasant entwickelte wie die Technik. Microsoft FrontPage, HTML 5, Doctype 401 transitional, Adobe Dreamweaver ... Während das *short bread* im Schälchen schwindet, durchrasen wir die digitale Revolution bis zu diesem sonnigen Nachmittag im April.

Auf schlichten Tischen an der Wand stehen zwei gewaltige Rechner unter dem Jugendporträt von Berlioz, daneben ein uraltes beigefarbenes Telefon, das einmal klingelt, als riefe jemand aus den 1970ern an. Mittlerweile läuft die Website über den Server des Conseil Général de l'Isère in Grenoble, denn in der Heimat des Komponisten schätzt man das Engagement der beiden Edinburgher hoch. An sie wandte man sich, als dem Museum in La Côte-Saint-André mehr als zweihundert Briefe der Familie Berlioz vermacht wurden. Michel Austin hat sie transkribiert und kommentiert, auf hberlioz.com sind die Originale zu sehen. Monir weist mich auf ein rares Dokument hin, einen Brief der Mutter jener Frau, mit der Louis Berlioz ein Kind hatte. Madame Mallet, eine Büglerin in Le Havre, hat nie Rechtschreibung gelernt, aber eine schöne Handschrift. Sie schreibt dem jungen Mann: «Jai resut votre laitre que vous adresse amafille zelia jenelui et pas doné car je voudres bien savoirre avans de luir remaitre vos intansions pour elle et lacherre petite clemantine qui est tres interresante ...»

«Ich habe Ihren Brief erhalten, den Sie meiner Tochter Zelia sandten; ich habe ihn ihr noch nicht gegeben, da ich zuvor Gewissheit haben möchte über Ihre Absichten betreffend sie und die kleine Clémentine, die sehr bemerkenswert ist.» Zu dem Zeitpunkt, April 1864, ist die Kleine drei Jahre alt. Und Hector Berlioz ist ahnungslos werdender Großvater, als er im Sommer 1860, erschöpft und zerschlagen von der «Tristan»-Darbietung, das Haus der Viardots verlässt.

Die Zeitungen in diesen Tagen sind voller Depeschen aus Italien. Dort ist das Abenteuer außer Kontrolle geraten, auf das sich Napoléon III. im Vorjahr eingelassen hat, mit gleich 170 000 Soldaten zur Befreiung des Piemont von österreichischer Herrschaft. Inzwischen will ganz Italien die Einigkeit. Am 10. Mai ist, von Norden kommend, der Revolutionär Garibaldi mit tausend Rothemden in Marsala gelandet, am 20. Juli ist ganz Sizilien unter seiner Kontrolle, Anfang August auch Neapel, womit das «Königreich beider Sizilien» endet. Nun sieht sich der römische Kirchenstaat bedroht, dem Napoléon III. verpflichtet ist. Der 52 Jahre alte Franzosenkaiser, mit einem einigen Italien sympathisierend, agiert halbherzig, als «schwacher Cäsar», als allzu viele Parteien bei Laune halten will. Die Unterstützung der französischen Katholiken bröckelt. Außerdem zürnen ihm die Unternehmer, seit er im Januar mit England einen Freihandelsvertrag unterzeichnet hat. Dieser Regierungschef, der von allem etwas ist, Kapitalist und Sozialist, Katholik und Aufklärer, Liberaler und Autoritärer, gerät von allen Seiten unter Druck. Er reagiert durch vorsichtiges Entgegenkommen. Ein Dekret wird

302

vorbereitet, das dem Corps législatif, bis dahin die Karikatur eines Parlaments, mehr Möglichkeiten verschafft.

Von der nächsten Sitzungsperiode an dürfen in einer Generaldebatte alle Aspekte der Regierungspolitik zur Sprache gebracht werden. Drei neue Staatsminister sollen antworten, eine stenographische Mitschrift der Debatte wird in voller Länge im Regierungsblatt *Moniteur* veröffentlicht. Freilich, mehr als Wünsche und Ratschläge werden die Abgeordneten des Unterhauses und die Senatoren des Oberhauses nicht äußern können, praktische Macht haben sie nicht. Zudem sind die 150 Senatoren ein Werkzeug des Staatsoberhaupts – all die Militärs, Geistlichen und vom Kaiser selbst ernannten Personen erhalten aus der Staatskasse jeder bis zu 30 000 Francs jährlich. Und was die Abgeordneten angeht – gegenüber den 750 in der kurzlebigen Republik sind es nur 270, und die Zahl der Mandate ist so justiert, dass die weniger gebildeten Wähler der ländlichen Wahlkreise großes Gewicht haben (von einem Frauenwahlrecht ist ohnehin noch lange nicht die Rede). Das Département de la Seine stellt nur neun Abgeordnete statt wie früher 24. Wer gewählt ist und ins «Parlament» will, muss seinen Eid auf den Kaiser schwören, der auch den Präsidenten des Corps législatif ernennt. Dies allerdings ist schon seit 1852 der Duc de Morny, schillernder Halbbruder Napoléons III. und anonymer Librettist Offenbachs, ein so skrupelloser wie liberaler Geist, der vielleicht auch hinter dem Dekret steckt. Es wird am 24. November 1860 verabschiedet, und falls Napoléon glauben sollte, er habe nur etwas Kosmetik betrieben, irrt er sich. Debatte und Öffentlichkeit sind Schritte zu einer echten Demokratisierung.

Davon können Jacques Offenbach und sein Librettist Eugène Scribe noch nichts wissen, als sie Ende September 1860 dem Staatsministerium, Abteilung Theater, den Text einer komischen Oper vorlegen. Beauftragt hat Alfred Beaumont das Werk, neuer Direktor der Opéra-Comique. Er hat wohl nicht mit der schärfsten musikalischen Politsatire des Jahrhunderts gerechnet – und das ist «Sultan Barkouf», die Geschichte eines Hundes, der es zum Vizekönig bringt, installiert von einem skrupellosen Großmogul. «Kriecht alle vor mir! So ist's gut! (...) Ich werde einige Tage in den Königreichen von Kaschmir und Kandahar gebraucht... zwei aufständische Städte, die ich einnehmen und niederbrennen werde ... es dauert nicht lange. Ich komme zurück, und wehe dem, der die Autorität des neuen Vizekönigs nicht geachtet hat!» Dieser neue Statthalter ist naturgemäß sehr bissig, bis seine frühere Herrin auftaucht, die Marktfrau Maïma. Ihr frisst er aus der Hand, sie wird zur Dolmetscherin ernannt und interpretiert Barkoufs Gebell im Sinne der Opposition. Die Steuern werden gesenkt, Todesurteile kassiert und eine Hochzeit verhindert, die Maïmas Geliebten gegen dessen Willen mit einer lächerlichen Hofschranze verbunden hätte. Am Ende ist zwar der Hund in einer Schlacht gefallen, doch der Mogul muss die neuen Verhältnisse legitimieren.

Das alles ereignet sich «in einer komischen Stadt», die nicht Paris heißt, sondern Lahore. Jeder Autokrat zu jeder Zeit würde das sofort auf sich beziehen, das frühe 21. Jahrhundert von Caracas bis Istanbul eingeschlossen. Die Zensoren des Jahres 1860 lesen es aufmerksam und nicht ohne Respekt. Immerhin ist Eugène Scribe, jetzt 68 Jahre alt, hochdekoriert, eine Legende, ein Genie der Produktivität, dessen Komödien und Libretti keiner zählen kann, darunter die größten Erfolge Meyerbeers, angefangen mit «Robert», der jetzt schon seit fast drei Jahrzehnten gespielt wird. Und Scribe, dieser Miterfinder der Grand opéra und sarkastische Begleiter jeglicher Regierungsform, schreibt nun – als Chef seiner Textfabrik zumindest federführend – für ein kaiserliches Theater eine beißende Hundeposse, die auf die «Verspottung aller staatlichen Autorität in jeglicher Zeit, in jeglichem Land» hinausläuft, wie das Zensorentrio am 10. Oktober feststellt. «Die Autoren, deren Absichten in Verdacht zu ziehen uns fernliegt, haben ohne Zweifel geglaubt, von den Bedenklichkeiten dieses bizarren Sujets und den Anspielungen, von denen es wimmelt, durch die possenhafte Form des Werks und die Verlegung des Schauplatzes nach Indien, das Land der Fabeln und der Phantasie, abzulenken. Der Milderungen bewusst, die aus diesen Umständen resultieren können, kommen wir jedoch nicht umhin, im Hintergrund des Stücks, den ihm innewohnenden Details und deren unvermeidbarer Umsetzung auf der Bühne die fortwährende Verspottung aller staatlichen Autorität in jeglicher Zeit, in jeglichem Land zu erkennen. Dem folgend können wir eine Genehmigung zur Aufführung des Sultan Barkouf nicht befürworten und haben die Ehre, das seltsame Werk Seiner Exzellenz vorzulegen.» Der Staatsminister Comte Walewski verbietet daraufhin die Aufführung.

Und am 24. Dezember 1860 findet sie statt. «Wenn einer wie Morny sagt, lasst das durchgehen, dann passiert das auch», sagt Offenbachs bester Kenner Jean-Christophe Keck, der den Komponisten selbst nicht für so politisch hält wie viele seiner Stücke. «Die Franzosen lieben politische Satire. Offenbach verwendet das Genre, weil es erfolgreich ist, er kann es wahnsinnig gut und hat die richtigen Librettisten dafür, mit ihnen identifiziert er sich voll. Aber er ist nicht angetreten, um das Kaiserreich lächerlich zu machen. Er nimmt nie einzelne Personen aufs Korn, außer vielleicht Napoléon, er meint das System, die Kasten, das Militär, die Kirche, den Dünkel in den Institutionen immer dann, wenn sie sich verselbständigen und lächerlich werden.» Damit die Zensoren sich ernst genommen fühlen, wird ihnen eine zweite Fassung vorgelegt. Aus dem Vizekönig ist ein Gouverneur geworden, die Oper ist «bouffe» statt «comique» und heißt einfach nur noch «Barkouf». Merklich zähneknirschend formulieren die Zensoren ein ergebnisoffenes Statement, vier Tage nach dem liberalen Dekret des Kaisers vom 24. November 1860.

Es ist dann gar nicht der Text, der zum Skandal führt. Es ist die Musik, eine Musik, wie Offenbach sie vorher nicht geschrieben hat und nie wieder schreiben wird – und die lange niemand hören wird nach denen, die die acht Pariser Vorstellungen besuchten. Schon im Januar 1861 wird dieser Hund begraben und verschwindet für die nächsten 157 Jahre: «Barkouf», ein Meisterwerk der Avantgarde, verfasst von einem Komponisten, der seinen Kollegen weit vorausfliegt. Jean-Christophe Keck – wer sonst? – hat die verlorene Partitur gefunden, im alten Haus der Offenbachs bei Paris. Selbst wenn man nur im Klavierauszug stöbert, stößt man auf eine erstaunliche Mischung aus Schmerz, Melancholie und Witz, auf harmonische Gewagtheiten, die in die Nähe Prokofjews geraten. Offenbach überspringt das Vermittelnde in Schnitten und Schritten, es gibt keine Polster, stattdessen ein trauriges Lächeln und wahnwitzigen Übermut. Beiläufig wirft er chromatische Modulationen hin, in denen ein Tristanakkord nicht auffiele, zugleich lauter Melodien, die man immer wieder hören möchte. Was er für das große Haus komponiert hat, für die luxuriöse Salle Favart mit ihren 1500 Plätzen nebst gastronomischer Versorgung der Logen, ist formal ein Schritt zur großen Oper und inhaltlich der Abschied von ihr, die ebenso schwächelt wie ihr langjähriger Beherrscher Meyerbeer. Offenbach liefert Randbemerkungen wie die der Goncourts, knapp und genau, Blicke auf die Straße. Seine Doppelbödigkeit ist nicht mehr nur komisch.

Die Kritiker reagieren nicht erheitert. Der wichtigste unter ihnen tut den Dreiakter als Stümperei eines Possenreißers ab, dessen Namen er nicht einmal nennt. Und es ist ein kluger Kritiker und Komponist, selbst ein Erneuerer, der da wutentbrannt die Spalten einer großen Tageszeitung füllt. Elf Takte lang spielen einmal die Geigen in der Ouvertüre rasend schnelle Achtel, g und f, schon das hat ihn geärgert, «ein Summen vergleichbar dem von Wespen, die man in ein Glas gesperrt hat». Dass Dur und Moll sich kreuzen, dass von B-Dur direkt in einen G-Dur-Sextakkord gesprungen wird, «all das lässt sich ohne Zweifel machen, aber mit Kunstfertigkeit. Hier wird es mit einer Nachlässigkeit, einem Unkundigsein der Gefahren vorgeführt, das ohne Beispiel ist. Man denkt dabei an das Kind, das einen Knallkörper in den Mund steckt und wie eine Zigarre rauchen will.» Schlimmer: «Sie spritzen mir einen Schwall Tinte durchs Schlüsselloch in mein Zimmer und sagen mir anschließend: ‹Das soll ein Witz sein! Das ist komisch! Ah! So ein Spaß! Man muss sich doch ein bisschen amüsieren! Man kann nicht immer ernst sein!› Ich möchte lieber bei einem Leichenbestatter wohnen als bei einem derartig spaßigen Gastgeber.»

Was ist in Hector Berlioz gefahren? Woher weht der Wind? «Ganz entschieden geht es verrückt zu in den Hirnlein gewisser Musiker. Der Wind, der durch Deutschland weht, macht sie wahnsinnig ... Ist die Zeit nahe? Welchem Messias geht der Autor von Barkouf als Johannes der Täufer voraus?» Oh ja, die Zeit ist mehr als nahe: Die Proben zum «Tannhäuser» in der großen Oper haben längst begonnen. Auch Oscar Comettant in L'Art musical sieht Offenbach, der doch in der Pariser Opéra-Comique schon als Fünfzehnjähriger Cello gespielt hat, in dessen Esprit sich die Pariser wiederfinden, nach der verwirrenden Bescherung am Weihnachtsabend als Teil einer anstehenden deutschen Invasion: «Das neue Werk von M. Offenbach wimmelt von harmonischen Exzentrizitäten, die die missgestimmten Apostel der Zukunftsmusik nicht verleugnen. (...) Die neue deutsche Musik setzt, mit dieser Melange aus Scharlatanerie und Narrheit, die den deutschen Genius charakterisiert, ihre Reise zur Entdeckung eines musikalischen Ideals fort, welches sie schemenhaft zu erblicken glaubt jenseits eines tobenden Ozeans falscher Noten und nervtötender Modulationen.»

Das ist das Vokabular, mit dem sich inzwischen weite Teile der Presse auf Richard Wagner eingeschossen haben. Unversehens wird Offenbach als deutscher Vasall eines Komponisten angegriffen, dem er nicht ferner sein könnte. Seine Parodie einer *musique de l'avenir* wird immer noch gespielt, im vergangenen April auf kaiserliches Geheiß sogar als Teil einer Gala – einen Monat, nachdem seine Majestät die Produktion des «Tannhäuser» befohlen hatte. Napoléon III. scheint zwischen den musikalischen Fraktionen der Stadt ebenso zu lavieren wie in der Politik. Das hilft indes wenig, da Wagner seither alles getan hat, um sich in Paris unbeliebt zu machen. Schon im Juli hat er im *Journal des Débats* die Konvention kritisiert, im zweiten Akt ein Ballett zu bieten. Das ist aber für die Grand Opéra so unabdingbar wie ein französisches Libretto und das Teamwork, mit dem in Paris die Opern auf das Publikum so zugeschnitten werden, dass sie im Erfolgsfall regelrechte *blockbuster* werden. Auf diese Bedingungen hat sich Wagner hinter den Kulissen eingelassen, während er sie öffentlich abkanzelt. Ein französischer Kollege soll eine Tanzmusik für den zweiten Akt schreiben, er selbst will das Vorspiel des ersten Akts zum Ballett ausbauen. Während Haussmanns Abreißer ihn zum Auszug nötigen, komponiert er so exzessiv, dass sein «Tannhäuser» verstörender beginnen wird, als es die restlichen drei Stunden sind. Denn mit der fünfzehn Jahre alten Musik, voller eingängiger Melodien und klar abgegrenzter Nummern, hätte man hier, von ihren Längen abgesehen, kein Problem; Auszüge waren ja schon in den drei 1860er Konzerten erfolgreich.

Den taktischen Fehltritten rund um das Ballett hat Wagner im Dezember einen «Lettre sur la musique» folgen lassen, in dem er von der unendlichen Melodie, der Sinfonie als Drama – beides für «Tannhäuser» noch gar nicht bestimmend – und seiner Abneigung gegenüber allen zeitgenössischen Opern spricht, durchsetzt von missverständlich bis falsch übersetzten Passagen. Hätte er stattdessen wahrheitsgemäß erklärt, dass er ohne Meyerbeer nicht den Weg zur großen Oper, ohne Berlioz nicht den zu seiner Klangsprache gefunden hätte, dass ihn die Klugheit Rossinis, eines lebenden Heiligen der Stadt, tief beeindruckt, dass er es zu schätzen weiß, wenn man seinem Werk hier einen Etat von mindestens 100 000 Francs, eine phantastische Sängerbesetzung, ein Orchester von rund 160 Musikern und ein Produktionsteam erster Güte zur Verfügung stellt – dann hätte diese Produktion auch ohne Skandal Musikgeschichte gemacht, nur anders, nicht polarisierend. Mit einem Künstler, den die Pariser als einen der ihren begrüßt hätten wie so viele «Ausländer», von Rossini bis Verdi, von Chopin bis Offenbach, den Architekten Hittorff, den Autor Heinrich Heine und Tausende andere, die diese Metropole zur Hauptstadt Europas machen.

Aber die Schreckensnachrichten aus dem Opernhaus reißen nicht ab, und die Spaßvögel sind in Fahrt geraten. «Wir brauchen noch eineinhalb Monate Proben mit den Hunden», sagt der Wagner im Spaßblatt *Charivari* zum Direktor, «in der Jagdzene bellen sie im falschen Ton.» «Der ‹Tannhäuser› wird nie gespielt, wenn das so weiter geht!» «Meine Musik ist die Musik der Zukunft», erwidert Wagner entschlossen, «nichts beweist das besser, als wenn sie nie gespielt wird!» Ja, es wird tatsächlich Hunde geben, eine ganze Meute, und dass die Zahl der Proben, seit sie am 24. September begonnen haben, über alles Maß hinauswuchs, ist ebenso zutreffend. Nach mehr als fünf Monaten ist man bei 164, davon 73 Klavierproben und vierzehn mit Bühne, Kostümen, Orchester, allen Beteiligten. Zwischendurch haben Wagner und der Erstübersetzer des Librettos auch noch prozessiert mit der Folge, dass nun Wagner als einziger Autor auf den Plakaten genannt wird – allerdings in weitaus kleinerer Schrift als sein Wunschtenor aus dem fernen Hannover: «Débuts de M. Niemann» steht fett über dem «Tannhauser». Und ganz unten liest man schon den Verweis auf die nächste Attraktion im großen Haus: Offenbachs Ballett «Papillon».

Ballettdirektor Lucien Petipa, der sich mit «Tannhäuser» alle Mühe gibt, erzählt, der Komponist sei bei einer Probe auf allen vieren über die Sitze geklettert, in Eile, vom hinteren Teil des Parketts zur Bühne zu gelangen, von wo aus er nicht selten ins Orchester hinabdirigiert, weil ihm das Dirigat des *chef d'orchestre* missfällt – ausgerechnet jener Dietsch, der einst aus dem «Holländer»-Exposé eine eigene Oper machte! Anders als Meyerbeer, der jeden Musiker mit *monsieur le professeur* anspricht, findet Wagner für das Riesenensemble des renommiertesten Hauses der Welt mehr verachtende als lobende Worte und möchte es sogar selbst dirigieren, in den ersten drei Vorstellungen. Das wird von Staatsminister Comte Walewski militant untersagt: Noch nie und für keinen Komponisten sei in Frankreich einem Orchesterleiter das Recht genommen worden, an der Spitze seiner Phalanx zu stehen. Mittlerweile, scherzt man, sei Venus in Paris die Einzige, die Tannhäuser liebt. Aber diese Venus, Fortunata Tedesco, ist erschöpft von den Extraproben, die durch immer neue französische Textfassungen nötig wurden. Und «père» David, der *chef de claque*, sieht sich samt seinen «Römern» brüskiert, da Wagner auf seine Dienste verzichtet.

Sie kommen alle, wirklich alle zur ersten französischen Aufführung des «Tannhäuser» am 13. März 1861, auch Napoléon III., nur Jupiter Rossini fehlt, und Meyerbeer ist immer noch in Berlin. In den Reihen hinter den Orchestersesseln haben sich einige Komponisten versammelt. Hector Berlioz, der die Kritik für das *Journal des Débats* einem alten Freund überlässt. Der vollbärtige Charles Gounod. Fromental Halévy, dessen Neffe Ludovic einen der Orchesterplätze errungen hat. Jacques Offenbach, der Berlioz höflich ignoriert und durch seinen Zwicker amüsiert Camille Doucet zufunkelt, jenem Abteilungsleiter, der als Zensor von «Barkouf» unterzeichnete und auch hier hinten sitzt, neben dem Chef der kaiserlichen Sonderpolizei. Wo ist die Prinzessin? Sie muss da sein. Ja, in der Loge links, erster Rang. Tausend Franc soll die Loge an diesem Abend gekostet haben. Pauline von Metternich bewegt sanft den kostbaren Fächer und nickt über das Parkett hinweg ihrem Verbündeten im Kampf für Wagner zu, dem Marschall Magnan unten in einer der Logen rund um die Orchestersessel. Auf diesen versammeln sich Botschafter, Juristen, Millionäre, Kritiker, Herausgeber, zwischen ihnen ein paar Wagnerianer: Roche, der Verfasser der Versübersetzung, Gaspérini, der Arzt, auch Théophile Gautier, dessen Tochter Judith – noch immer ist das Parkett den Damen verwehrt – bei Freunden in einer Loge untergekommen ist.

Das Orchester stimmt sich ein, Kammerton A mit 435 Hertz, seit zwei Jahren offiziell. Und Baudelaire? Wo ist Baudelaire? Auch er muss da sein, einer von zweitausend. In der Loge von Madame Haussmann wird er kaum sitzen. Sie ist ohne ihren Mann gekommen. «Falls er sie nicht gerade betrügt, plant er jetzt in aller Ruhe den Abriss dieses Hauses», ulkt einer. «Wenn es nicht heute schon einstürzt», meint der Nachbar und lässt beiläufig ein Jagdpfeifchen sehen. Eine Loge unten links bleibt leer, die Herren kommen erst nach dem Diner. Es ist viertel vor acht. Die Gaslampen im gewaltigen Leuchter bleiben wie immer hell.

Zwei Klarinetten, zwei Fagotte, zwei Ventilhörner beginnen. Dunkler Klang, getragene Weise, man lauscht gern, wo ist denn da die Zukunftsmusik? Ein Thema zum Mitsingen, wenn auch fast endlos, immer bombastischer, Größe und Glanz des

Orchesters entfalten sich. Dann wird es leiser, wieder nur die Bläser, weiteres *decrescendo*, während mit einer eilig aufsteigenden Bratschenlinie ebenso rasch die Vorhänge hochgehen, schräg nach rechts und links oben. Ein Raunen: welche Märchenpracht! Édouard Despléchin hat alle Register gezogen. Wie Orgelpfeifen ragen Stalaktiten von oben in die Höhle der Venus hinein, an den Kanten golden funkelnd. Felsbrocken von rotem Granit türmen sich auf zum Gewölbe, versteinerte Riesenpflanzen meint man zu erkennen. Zur Linken öffnet sich das Gestein zu einer blauschimmernden Grotte, nach hinten führt eine schier endlose Reihe von Säulen bis hinein in das Wasser, in welchem Sirenen baden. Ganz vorn rechts erhebt sich der Thron, gefügt aus Muscheln von schimmerndem Perlmutt, von wo aus Venus, den schlafenden Tannhäuser zu Füßen, dem Treiben zuschaut. Nymphen beginnen zu tanzen, männliche und weibliche Fabelwesen jagen einander voller Wollust – soweit es eben die Schicklichkeit des Hauses zulässt. Die Musik geht weit darüber hinaus, man kann ihr kaum folgen, kaum eine Melodie mehr, eine Steigerung nach der anderen, das hört gar nicht mehr auf, vergessen ist der Pilgermarsch. Es ist, als habe Monsieur Wagner selbst eine Parodie seiner Zukunftsmusik geschrieben!

Erste Lacher. Man sieht die Bühne, die Tänzerinnen und Tänzer einer glänzend ausgestatteten Grand Opéra, und man hört Chaos. Freilich auch, weil die Instrumentalisten nicht eben minutiös spielen und da, wo mal ein Durakkord sich ausbreitet, gern eine Mollterz hineinmogeln. Die Rache hat begonnen. Als die Venusgrotte dem Thüringer Wald gewichen ist, hilft der grandiose Blick zwischen mächtigen Tannen hindurch auf die hell schimmernde Wartburg hinten wenig, weil der Englischhornist kaum zufällig quackst, weil Mlle Reboux ihr Hirtenlied von der Dame Holda ziemlich unsauber singt und man die an ihren Leinen zerrenden Jagdhunde des Landgrafen Hermann zu den Klängen von zwölf Waldhörnern auch sehr komisch finden kann. «Wozu sollen die Hunde gut sein?», fragt der weißbärtige Kritiker Gustave Héquet seinen Nachbarn nach dem ersten Akt und testet schon mal eine Pointe: «Man hätte sich mehr Melodien gewünscht, aber es war wohl leichter, zwölf Hunde zu finden als zwölf Melodien.» Der Kollege Paul Scudo kichert. «Zehn, mein Lieber, zehn Hunde. Aber die sind teuer genug! Tausendfünfhundert Francs pro Tier, und dann noch hundert Francs monatlich für das Futter und die Führer!» «Man wird die armen Viecher billig weiterverkaufen müssen», Hequets Schultern zittern vor Lachen, «aber ich gestehe es gern: Es kommen auch ein paar schöne Stellen, ohne Hunde, ich habe das Stück vor drei Jahren in Wiesbaden gehört.» «Und ich war in der Generalprobe. Wenn er mal eine Idee hat, ist es nicht seine», sagt Scudo und streicht sich den grauen Spitzbart. «Und dann ruiniert er sie noch wie mit diesen Spiralen der Violinen in der Ouvertüre. Und was sind das für Figuren, was für Verse! Ich erkenne keine Menschen, nur Symbole, die können Sie in einem Dialog von Plato unterbringen, und da bliebe einem immer noch diese drittrangige Poesie erspart.» Scudo, ein gebürtiger Venezianer von 54 Jahren, fletscht die Zähne, er hat viel Platz in der *Revue des Deux Mondes*, sehr viel Platz...

Für den Einzug der Gäste in zweiten Akt gibt es so viel Applaus, dass viele sich anerkennend zu Pauline von Metternich in ihrer Loge umwenden. Doch den Sängerwettstreit findet man viel zu lang, das Finale geht im Gelächter unter. Und die *abonnés* vom Jockey-Club, Herren der Hocharistokratie, die inzwischen ihre Loge bezogen haben, stellen fest, dass sie ihren Harem vom *corps de ballet* nicht einmal am Aktende bewundern können. Wagner hat sich für die ersten Vorstellungen geweigert, das an seiner Stelle vom Pariser Kollegen Théodore Labarre komponierte

Ballett aufzunehmen, nicht in die Mitte und auch nicht ans Ende.

In der Pause trifft sich Judith Gautier mit ihrem Vater, sie gehen in die Passage de l'Opéra. Die Fünfzehnjährige ist begeistert von der Aufregung, der Spannung, der Musik, der 49-Jährige hört ihr zu, in seinen dichten Bart lächelnd, wuchtig durch die Menge der Opernbesucher pflügend, als ein Mann auf ihn zutritt, ein alter Freund offenbar, den Judith noch nicht kennt. «Eher klein, mager, hohlwangig», erinnert sie sich, «mit einer Adlernase und sehr lebendigen Augen.» Hassflammend spricht er über die Vorstellung. Sie kann nicht an sich halten, obwohl sich das für eine junge Dame nicht gehört: «Wenn man Sie hört, Monsieur, ahnt man sofort, dass es sich um ein Meisterwerk handelt und dass Sie über einen Kollegen sprechen.» «Eh bien!», sagt ihr Vater knurrend, wobei er sich ein Lachen verkneifen muss, «was ist in dich gefahren, du ungezogenes Mädchen!» Er wechselt noch einige begütigende Worte mit dem zornigen Mann. «Wer war das, Papa?», fragt sie später. «Hector Berlioz.»

Berlioz weiß, was es heißt, an diesem Haus durchzufallen. Vor 23 Jahren scheiterte hier der «Benvenuto Cellini», das hatte Folgen für sein ganzes Leben und Arbeiten. Damals trat Gautier für ihn ein, später hat er dessen Lyrik in seinen «Nuits d'été» in Musik gesetzt ... Und dann brachte Gautier es fertig, Wagner gegen ihn auszuspielen! Nachdem er den «Tannhäuser» in Wiesbaden gehört hatte, ihn den Parisern dringend ans Herz legte und schrieb, neben so wilder Inspiration erscheine ihm sogar Berlioz «fade und klassisch»! Aber was ist das für eine Venus hier? Eine Kurtisane in einer deutschen Grotte! Bei ihm, in den «Troyens», ist Venus eine Göttin, die man nicht sieht, die man ahnt über dem Glanz und den Wolken des Mittelmeeres, die Mutter des Aeneas, angefleht von der Königin Karthagos ... Erschöpft, widerwillig, dankbar, nicht schreiben zu müssen, begibt er sich durch die vertrauten Korridore der Salle Le Peletier in seine Reihe, schenkt dem verdutzten Offenbach ein müdes, freundliches Lächeln, lässt sich auf seinen Platz neben Fromental Halévy fallen. «Bringen wir es hinter uns», sagt der und blättert im Klavierauszug. «Mademoiselle Sax muss noch ein Gebet sprechen.» Wieder das Bild mit Burg, Steinkreuz und Tanne, wieder das schon bekannte Pilgerthema, diesmal mit Gesang. Nicht sehr sauber, dennoch gibt es Applaus. Man langweilt sich mit dem Gebet, aber auch mit der Elisabeth von Marie Sax. Wolframs «Abendstern» gefällt, als Letztes. «Viel zu kurz, so wie alles andere viel zu lang ist», notiert unten Gustave Héquet für *L'illustration*. Alles Weitere geht in Pfiffen unter, auch die Romerzählung. Ein Fiasko.

«Möge Gott auch mir einen solchen Absturz gewähren!», ruft Charles Gounod mit leuchtenden Augen, als das Toben nachlässt und sich alle von den Plätzen erheben, die nicht ohnehin schon standen, pfeifend und miauend. Pauline von Metternich sitzt gelassen in ihrer Loge und fächert sich zu. «In fünfundzwanzig Jahren wird ganz Paris Wagner applaudieren», sagt sie nur. Am 15. März notiert Giacomo Meyerbeer in Berlin in sein Tagebuch: «Heute trafen die Nachrichten von der 1. Vorstellung des Tannhäuser ein, der einen vollständigen Fiasco gemacht haben soll. (...) Eine so ungewöhnliche Art des Mißfallens eines doch jedenfalls sehr beachtenswerten und talentvollen Werkes gegenüber scheint mir ein Werk der Cabale und nicht des wirklichen Urteils zu sein und wird meiner Ansicht nach dem Werke bei den folgenden Vorstellungen sogar von Nutzen sein ...» Das ist prophetisch, auch wenn jetzt in Paris nur noch zwei Vorstellungen folgen. Bei jener am 18. März, zu der wiederum Napoléon III. und Eugénie in der kaiserlichen Loge erscheinen, geht es noch wilder zu. Es wird weniger gelacht, aber nicht nur die Herren vom Jockey-Club haben sich Jagdpfeifen besorgt. Von der Stelle an, wo spätestens ein Ballett erwartet werden dürfte, Mitte des zweiten Aktes, wird die Musik kaputtgepfiffen. Applaus und Jubel kommen dagegen nicht an. Solche Brutalität hat man noch nie in einem Theater erlebt. Die Opposition gilt auch dem erneut anwesenden Kaiser, der, um nicht getroffen zu wirken, selbst lacht.

«Diese Oper ist ihre Rache für Solferino», sagt Prosper Mérimée, Verfasser der Novelle «Carmen», über die Fürstin von Metternich, die Frau des österreichischen Botschafters; schließlich ist es keine zwei Jahre her, dass Napoléon an der Spitze seiner Truppen die Österreicher in Norditalien schlug. Wagner selbst vergleicht später die Ereignisse im Opernhaus mit einer Schlacht. Ein weiteres Mal wird sie mit gesteigerter Brutalität fortgesetzt, ehe man «Tannhäuser» absetzt. Danach ist der Komponist ein Messias seiner Zunft, bereit für die Himmelfahrt zu allen Bühnen der Welt. Am 21. März schreibt Hector Berlioz seinem Sohn Louis: «Was mich betrifft, ich bin grausam gerächt.»

*

«Die Leute, die meinten, Wagner los zu sein, haben sich zu früh gefreut», hat Charles Baudelaire 1861 geschrieben. Nun, im Sommer 1862, ist die Oper fern. Der Dichter steht im Schatten einer der Platanen, ihm ist heiß unter dem Zylinder, wie allen Herren hier und den verheirateten Damen unter ihren Hauben, die neidvoll auf die Strohhüte der jungen Frauen schauen; auf keinen Fall nimmt man die Kopfbedeckung ab. Nicht einmal Baudelaire, skeptisch inmitten all dieser Sorglosen, im baumreichen Garten der Tuilerien. Ist er es denn? Ein Farbwisch nur ist sein Profil auf dem Bild, das sein Freund Édouard Manet in diesem Sommer vollendet, mit vielen Damen und Herren, die da gewesen sein könnten im Gedränge einer «Musique aux Tuileries». So nennt Manet das Bild, für das er hier draußen auf der

Staffelei recherchiert hat, von Baudelaire oft begleitet, unter den erstaunten Blicken der Passanten und der Gouvernanten, die in den Tuilerien zu ruhigen Stunden Kinder beaufsichtigen, auf den neuen Eisenstühlen sitzend, wie sie auch auf dem Gemälde glänzen. Erstaunte Blicke, weil Maler, wenn sie im Freien ihre Staffelei aufbauen, Landschaft malen oder eine Stadtansicht – und seit Courbet auch einmal geschundene Steineklopfer irgendwo draußen auf dem Land. Aber hier? Will er die Städter malen? Das ist etwas für Karikaturen, nicht für die Kunst...

Baudelaire steht, in leicht vorgebeugter Haltung, zusammen mit Théophile Gautier und dem sich fast militärisch straff haltenden Baron Taylor, der sich den Spazierstock unter den linken Arm geklemmt hat. Isidore Taylor, im Revolutionsjahr 1789 geboren, kennt alle und jeden. Er war Theatermann und brachte Hugos «Hernani» auf die Bühne, er organisierte den Transport des Obelisken von Luxor nach Paris und gründete mit Balzac die *Société des gens de lettres*, er schuf die Sammlung spanischer Kunst im Louvre, die für Manet so wichtig ist; er wird auch dieses zweite Kaiserreich noch in bester Verfassung überleben... Eine Kapelle ist nicht zu sehen auf dem Bild, man meint sie von hinten zu hören. Dafür wird zweimal in der Woche ein Areal abgesperrt, dann ist Eintritt zu entrichten. Es ist eine wohlhabende Gesellschaft, der man die vielen nicht ansieht, die sich vor der Absperrung drängen, um auch etwas von der Musik zu hören. Oder sieht man den Glücklichen an, dass Aussperrende auch Eingesperrte sind? Kein Horizont, keine Ausflucht, nur ein Dreieck blauen Himmels über grünen Kronen. Ist nicht eine seltsame Starrheit zu bemerken, da sich die dunklen Stämme der Bäume in den schwarzen Röcken und hohen Zylindern der Männer fortsetzen und der Weise, wie Manet sie komponiert?

Er selbst blickt direkt zu uns wie außer ihm nur der heitere Maler Henri Fantin-Latour. Schärfen und Unschärfen der Gesichter sind unabhängig von ihrer Position, sie entsprechen dem Blick, der durch eine Menschenmenge irrt, mal verweilt und mal nicht, der beiläufig zwischen dem Rücken eines Schreitenden, dem Bruder Manets, und dem Viertelprofil einer jungen Dame auch Jacques Offenbach erkennt, klein, fast eine Karikatur mit dunkelglasigem Zwicker und Schnauzbart. Sein Theater ist in Konkurs gegangen, seine Stücke spielt man überall, in Wien, Berlin und London. Seine schöne Frau Herminie, jetzt 36 Jahre alt, sitzt mit einer älteren Dame im Vordergrund, beide mit blauen Hauben, deren lange Bänder über beige Gewänder fallen. Ganz vorn spielen Kinder. Man sieht von den Bewunderern Wagners außer Baudelaire und Gautier auch Champfleury, sodass beiläufig zwei Musikwelten vertreten sind, die unterschiedlicher nicht sein könnten, die von Offenbach und die von Wagner, während die für uns unhörbare Blasmusik Schlager dieser Tage bringt, «Joies et peines» von Émile Waldteufel vielleicht und Walzer von Olivier Métra, «festliche, triumphierende oder lüsterne Klänge», wie Charles Baudelaire über so eine Belustigung schreibt. «Die Schleppen der Kleider glitzern am Boden; Blicke begegnen sich; die Müßiggänger, müde vom Nichtstun, schlendern hin und her, als ob sie gleichgültig der Musik lauschten. Hier gibt es nur Wohlhabende und Glückliche; nichts, das nicht die Sorglosigkeit und die Freude des Lebens und Lebendigseines teilt und mitteilt; nichts, außer dem Anblick der Menge, die sich im Hintergrund vor dem Gitter drängt, um wenigstens einen Fetzen Musik zu erhaschen, den ihr der Wind kostenlos zuträgt ...»

Aber es gibt auch eine Musik für alle, einen Klang, der in Paris so schön und gewaltig ist wie nirgends sonst. Denn für die bedeutendsten Kirchen der Stadt baut Aristide Cavaillé-Coll die Orgeln, der jetzt 51 Jahre alte *maître des maîtres*, dessen kleinstes Instrument bei Pauline Viardot steht. In der Madeleine, in

St. Roch, in Ste. Clotilde hat der Farbenzauberer seine samtigen, libidinösen Register zu Orchestern der Empore gefügt, das gewaltige Instrument für Notre-Dame ist schon in Arbeit, und das wohl schönste, das er je schuf, erklingt seit Ostern dieses Jahres 1862 in Saint Sulpice, jener großen Kirche, in der Heine und Hugo sich trauen ließen, in der Baudelaire getauft wurde, für die vor kurzem Delacroix Fresken gemalt hat. Sie steht im sechsten Arrondissement, unfern dem Jardin du Luxembourg und dem Théâtre de l'Odéon.

Mehr als 6000 Menschen kommen, als nach fünf Jahren Bauzeit die besten Organisten Frankreichs sich an den Spieltisch setzen, als Ältester der *titulaire*, der Hauptorganist Georges Schmitt, gebürtiger Aachener und 41 Jahre alt, als Jüngster der 25-jährige Alexandre Guilmant. Ein Jahr älter nur ist der Alleskönner Camille Saint-Saëns, es folgen Auguste Bazille – bei dem später Claude Debussy Klavier studieren wird – und César Franck, der mit 39 Jahren seine großen Werke noch vor sich hat. Improvisationen und eigene Werke spielen sie, mit fünf Manualen und hundert Registern über 7000 Pfeifen gebietend, und wenn die beiden 32-Fuß-Pfeifen vibrieren, ist es, als gerate der Erdboden in Bewegung. Doch nirgendwo wird sich Paris weniger und langsamer ändern als hier, wo der Farbenrausch des Second Empire auch im 21. Jahrhundert noch unverändert leuchtet. Es sind wenige *titulaires*, die sich den Schlüsselbund für den Zugang zu diesem Wunderwerk durch die Zeiten reichen. Georges Schmitt bleibt zwar nur ein Jahr, und sein Nachfolger stirbt 1869. Doch Charles-Marie Widor ist so viele Jahre lang Organist, wie man Stufen zur Orgel hochsteigen muss: dreiundsechzig. Nach ihm, der 1933 stirbt, bleibt Marcel Dupré bis 1971, und nach einem vergleichsweise kurzen Intermezzo tritt 1985 Daniel Roth die Stelle an, der sie, nun 76 Jahre alt, noch immer innehat ...

Hector Berlioz' Welt ist weder die der Orgeln noch der Tuilerien, am wenigsten in diesem Sommer 1862. Während das Schicksal der «Troyens» noch immer ungewiss ist, hat er eine kleine, heitere Oper für Baden-Baden komponiert, «Béatrice et Bénédict» nach Shakespeares «Much ado about nothing», die im August uraufgeführt werden soll, und probt mit den Sängern in Paris. Marie und ihre Mutter erholen sich bei Freunden in Saint-Germain en Laye, wohl auch, weil im billig errichteten Haus Rue de Calais 4 massive Reparaturen nötig wurden, die den Umzug der Familie vom vierten in den zweiten Stock erzwangen. Als Berlioz dort am Freitag, dem 13. Juni 1862, eine Probe leitet, wird ihm eine *dépêche télégraphique* gebracht: Marie gehe es nicht gut, er möge kommen. Er springt in den nächsten Zug, Gare St. Lazare, zwanzig Minuten Fahrt. Das Geschehene fasst er für Pauline Viardot so zusammen: «*Foudroyée*, vom Schlag getroffen innerhalb einer Minute, als sie um elf Uhr ihre Toilette machte. Mme Delaroche, da sie sie nicht herabkommen sah, ging in ihr Zimmer und fand sie ausgestreckt am Boden, noch warm … Man schickt mir eine Depesche … ich eile hin … und …»

Am 18. Juni wird Marie auf dem Friedhof Montmartre beerdigt, danach kommt Louis aus Marseille, um seinem Vater beizustehen. Vieles hat sich geändert zwischen beiden seit dem Tiefpunkt, seit Berlioz' verheerender Reaktion auf Louis' Heiratspläne kurz vor der Geburt seines Kindes im März 1861, von dem er dem Vater nichts erzählte. «Deine Heiratswut könnte mich zum Lachen bringen, wäre es nicht so traurig, dich nach der schwersten Kette streben zu sehen, die man nur tragen kann …» «Mein Herz, meine Selbstachtung, du hast sie wie einen Schwamm ausgedrückt», hat ihm Louis ein halbes Jahr später geschrieben, nachdem er die Mutter seines Kindes verlassen hat. «Du liebst mich, aber auf seltsame Weise. Ich bin sicher, du littest entsetzlich, wenn man dir morgen von meinem Tod berichten würde; aber ich bin auch sicher, dass, hättest du übermorgen ein Festival zu dirigieren, ich übermorgen vergessen wäre. Ich fühle, deine Kinder heißen Roméo und Juliette, Faust ... etc, ich verstehe, dass deine Meisterwerke, die Jahre der Freude bedeuten und die später deinen Ruhm begründen werden, Vorrang haben müssen vor mir, der nichts bedeutet als ein oder zwei Sekunden des Vergessens oder der Nachlässigkeit, und 27 Jahre Last.» Das war im November 1861. Als Louis im Juni 1862, nach zehn Tagen mit seinem Vater in Paris, wieder nach Marseille aufbricht, hat er den just gedruckten Klavierauszug der «Troyens» bei sich, mit Widmung: «Mein lieber Louis, bewahre diese Partitur gut auf; indem sie dich an die Mühsal meiner Laufbahn erinnert, möge sie die Schwierigkeiten der deinen erträglicher machen. Dein liebender Vater, H. Berlioz. Paris, 29. Juni 1862.»

*

Als sich Berlioz am Nachmittag des 7. Oktober 1863 auf den Weg in die Chaussee d'Antin macht, ist er so gut gelaunt wie selten, er gönnt sich sogar einen Fiaker. «Petits Moulins Rouges», sagt er und ergänzt für alle Fälle «aux Champs-Élysées», denn das Restaurant ist keines von den ganz berühmten. Ab und zu trifft er sich mit Janin zum Frühstück dort, diesmal aber hat Giacomo Meyerbeer eingeladen. Er ist wieder in der Stadt, der alte Zauberer, seit ein paar Wochen. Alt ist er nun ja wohl, mit seinen 72, und immer noch produktiv, er bereitet endlich wieder eine Oper vor, hört man. Wie viele von diesen Diners bei Meyerbeer hat Berlioz früher nicht besucht! Er weiß nicht, wer noch da sein wird, außer Héquet von *L'Illustration*, den er bei der letzten Premiere traf, Bizets «Pêcheurs des Perles»... die letzte Premiere, über die er geschrieben haben wird. Endlich, nach fast dreißig

Jahren, viel zu vielen, wird er es wagen, sich von diesem Joch zu befreien. Ob ihm das jetzt schon klar ist oder nicht – heute vormittag hat Berlioz seinen letzten Text im schattigen alten Büro in der Rue des Prêtres-Saint-Germain 17 abgegeben. Morgen wird die Besprechung der neuen, der ersten Oper des jungen Georges Bizet erscheinen, uraufgeführt im selben neuen Theater an der Seine, in dem im November auch seine «Troyens» uraufgeführt werden sollen – oder was vorerst davon übrig bleibt.

Das alte Théâtre Lyrique ist abgerissen, das neue an der Place du Châtelet 1862 eröffnet worden, wieder mit Carvalho als Direktor. Man wird auf die ersten beiden Akte verzichten müssen, hat der ihm beigebracht: kein Troja, nur Karthago. Und Berlioz, der nicht mehr warten kann, hat zugestimmt und sich in die Proben gestürzt. Die Tantiemen aus Musik und Text werden es ihm erlauben, dem *Journal des Débats*, dieser immerwährenden Quelle und Qual, adieu zu sagen. Da sind schließlich noch die Eisenbahnaktien, die Pacht aus dem geerbten Gut bei La Côte, der Anteil am Weinverkauf, der Vertrag mit Verleger Choudens über seine Opern, den er im Juli unterzeichnet hat ... Seine Laune hebt sich noch, als er vor dem Petits Moulins einen Mann stehen sieht, wie er britischer nicht aussehen könnte, eine Strähne dunklen Haars elegant und glatt über die Stirn fallend, schmale Augen im schmalen Gesicht, mächtiger Oberlippenbart, der noch mächtigeren Koteletten zuwächst. «Ah, mein Faulpelz!» ruft Berlioz. «Wie hast du es nur wieder bis hier geschafft in all deiner Faulheit!» Er umarmt ihn. James William Davison, Kritiker der *Times* und der *Musical World*, ist außer Franz Liszt einer der wenigen Freunde, die Berlioz mit «du» anredet. Sie kennen einander, seit Berlioz vor fünfzehn Jahren «Roméo» und «Faust» in London dirigierte und Davison, musikalisch eigentlich erzkonservativ, eine fulminante Besprechung schrieb, wie später auch, von Paris aus, über Glucks «Orphée». Arm in Arm

322

gehen sie hinein und werden in einen Nebensaal geleitet, wo ihnen der Gastgeber entgegenkommt.

Gealtert ist Meyerbeer, knochig das Haupt, die Bewegungen noch kontrollierter als immer schon, aber er ist merklich beglückt. Er führt sie zum wuchtigen, weißbärtigen Héquet, der schon da ist und, wie die anderen drei, das exotische Werk des jungen Georges Bizet gesehen hat. Noch hält er sich darüber zurück, seine Besprechung ist noch nicht geschrieben, «und auf Ihre warte ich seit einer Woche, mein lieber Berlioz!» «Morgen!» François Dufour kommt, Partner von Meyerbeers Pariser Verleger Brandus, Édouard Monnais, alter Theaterhase und Autor der *Gazette Musicale*, mit Berlioz angespannt, aber respektvoll verbunden, und Georges Hainel, neuer Kapellmeister an der Opéra, Nachfolger von Dietsch, dann Blaze de Bury, Schriftsteller und Sohn jenes Castil-Blaze, der einst das große Bankett für Rossini organisierte. Schließlich trifft, mit standesgemäßer Verspätung, der Älteste ein, Baron Taylor, der alle Kreise verknüpft. «Es scheint mir», sagt Taylor, «nach Austern zu duften ...» «Das ist mir lieber als die Düfte Indiens», knurrt Héquet, «wenn sie jedenfalls den Klängen ähneln, die ...» «Ah, erzählen Sie!», sagt Meyerbeer, der nicht erwähnt, dass er die «Perlenfischer» schon besucht hat, wie immer brennend vor Neugier. «Nun», sagt Héquet und streicht sich den seidigen Bart, «ohne dem einzig gültigen Urteil vorgreifen zu wollen, das morgen im *Journal des Débats* verkündet wird ...» Berlioz winkt ab: «Ich sage nicht viel mehr, als dass Bizet aus Rom zurückgekommen ist, ohne die Musik vergessen zu haben ...»

«Ich würde niemals behaupten», meint Héquet und hebelt behutsam das Muschelfleisch aus der Schale, «dass das ein Musiker ohne Talent und Zukunft ist. Seine Harmonien sind reich, vielleicht ein bisschen gesucht ...» «Wie ist es mit der Instrumentierung?», fragt Meyerbeer. «Er kennt seinen Verdi, seinen

Gounod, hier ein bisschen David, da ein bisschen Wagner, er imitiert dauernd ...» «Wie alle jungen Leute», sagt Meyerbeer milde. «Oh, es gibt da ein wunderbares Bläsertrio... hinreißend sogar...», erinnert sich Berlioz. «Das ist seine starke Seite», sagt Héquet, «die Instrumentierung. Wenn er nicht so viel Lärm machen würde! Immer dieser Exzess, dieses Ungestüm!» «Drei Stunden *fortissimo*, las ich!», sagt Monnais. «Und wenn er sich begnügen könnte, Menschen aus seinen Figuren zu machen», fährt Héquet fort, «nicht wilde Tiere oder Titanen!» Die Hechtkroketten werden serviert, dazu ein Muscadet von der Loire. «Vielleicht braucht er andere Figuren?», wendet der alte Baron ein. «Keine indischen Märchengestalten, auch keine historischen, sie sind bei unserem Gastgeber in besten Händen», er hebt anerkennend das Glas, «sondern... nun ja... Menschen aus unserer Zeit?» «That might be funny», sagt Davison amüsiert, «what about a Flaubert opera? La Bovary?» «Ha, Flaubert!», ruft Berlioz, «er hat uns beraten mit den Kostümen für Karthago! Du musst ‹Salammbô› lesen, James! Bewundernswert, entsetzlich, man träumt davon! Ein und derselbe schreibt über unsere und über die Zeiten Hamilkars, er scheint in beiden zu leben.» «Menschen aus unserer Zeit», sagt Meyerbeer nachdenklich, «vergessen Sie nicht, dass ‹La Traviata› schon seit Jahren bejubelt wird! Eine Pariser Lebedame! Ich werde nächste Woche hingehen, La Grange singt...»

Vom Hecht mit einer geschmeidigen *mayonnaise verte* kommt man über geschmorte Endivien zur Hasenterrine, neben der Steinpilze duften, von den Sujets der Opern zu den Sängern und einer heftigen Diskussion über Mme Monrose, über die Héquet kürzlich schrieb, diese Sopranistin sei, keine dreißig, am Ende ihrer Laufbahn, das Timbre dumpf und mehlig, die Aussprache unklar, kein Ton ohne Tremolo, keine schnelle Passage geglückt... «*Blancmanger, pureé d'abricot*», erklärt der Küchenchef zum nächsten kleinen Gang, «Mandelsulz mit Aprikosen, ein Intermezzo ...» Das Thema Monrose hätte Meyerbeer, der die Sopranistin förderte, gern vermieden, zumal nun Berlioz verstimmt ist: Er war vor einem Jahr sehr glücklich mit der frischen Stimme, mit der Eugénie Monrose in Baden seine Hero sang. Gut, sehr musikalisch ist sie nicht! Aber nach der Lektüre von Héquets grausamem Verriss hat er ihr noch in seinem jüngsten, letzten Feuilleton ein Kompliment mitgegeben. Man einigt sich, dass es das Publikum sei, welches die Stimmen bedroht: Den Schreihälsen werde zuviel applaudiert. Um den Belcanto, weiß Meyerbeer, mache sich auch Rossini Sorgen, «ganz wie Sie schreiben, mein lieber Héquet. Mögen Sie die Rübchen? Ich habe unseren Jupiter in Passy besucht. Wissen Sie, dass er eine Messe komponiert hat?» «Hoffentlich doch nicht sein Testament!», ruft Blaze de Bury, und kurz denkt Meyerbeer daran, dass er das seine schon verfasst hat.

«*Cuisse de sanglier*, Wildschweinkeule ... Maestro, wollen Sie den St. Julien dazu probieren?» Meyerbeer hat ihn selbst ausgesucht und herbringen lassen. Kein Hauch Säure, perfekt. Er hebt sein Glas. «Auf die Zukunft!» «Ja, nur nicht auf die Zukunftsmusik!», sagt mit breitem Lächeln Davison, dem die neudeutsche Schule zuwider ist. «Wissen Sie, wo die Zukunft liegt?», sagt Berlioz und lässt ein Kügelchen Rosenkohl auf der Gabel nach oben steigen, ihm mit den Blicken folgend. «In der Luft! So, wie Nadar es vorschwebt, ich habe einen seiner Vorträge gehört. Heiliger Propeller!» «Was für ein Propeller?», erkundigt sich Hainel, der bis dahin schweigsame Kapellmeister. «Früher oder später steuern wir unsere Flüge. Wir werden Grenzen, Eisenbahnen, Kaiserreiche hinter uns lassen. Stellen Sie sich vor, welcher Austausch der Ideen, welche Vermischung der Rassen und Fusion der Sprachen! Man wird auf dem ganzen Globus europäisch sprechen. Ein angereichertes Französisch also.» «Certainly it has to be French, then ...», sagt Davison trocken, während Taylor und Bury kichern, die beide englische Elternteile haben. Berlioz funkelt sie an. «Natürlich ist Shakespeare der Größte! *I am very happy to call myself your friend!*» «Wir breiten nur den Mantel aus, der soll uns durch die Lüfte tragen», deklamiert auf Deutsch Bury, profunder Kenner Goethes, und wirft mit der begleitenden Geste ein leeres Glas um. «*Excusez!*» «Und wenn ich», sagt Berlioz, «einen Virtuosen wie Vieuxtemps brauche und er ist in Sidney, *alerte*, Leinen los, in fünf Tagen musst du hier sein!» «Mit seinem Riesenballon ist Nadar vor drei Tagen nur bis Meaux gekommen», sagt Gustave Héquet grimmig, «ein paar Meilen weit. Und für dieses grandiose Ereignis muss in unserem Blatt meine *chronique musicale* entfallen!» Doch entzückt blickt er auf das Dessert, eine *Charlotte russe aux figues* ...

*

Das grandiose Ereignis wird wiederholt und übertroffen. *Le Géant* ist der größte aller Ballons, die je mit Passagieren in die Lüfte stiegen. Man sieht ihn am kühlen Sonntagnachmittag des 18. Oktober 1863 auf dem Pariser Marsfeld, dem Paradeplatz der Armee, deren oberster Befehlshaber Napoléon III. selbst einer von rund 200 000 Zuschauern ist. Auch Giacomo Meyerbeer lässt sich das nicht entgehen. 50 Meter hoch schwankt die pralle Seidenhülle, gefüllt mit 6000 Kubikmetern Gas, das von der Pariser Gasgesellschaft über eine Extraleitung geliefert wird. Militärkapellen spielen, Sonderzüge sind angereist. 50 Centimes kostet das billigste Billett zum Betreten des Areals, die Einnahmen werden mehr als die Kosten decken, die Félix Tournachon aufbringen musste. Dass man einen Ballon nicht steuern kann, ist gerade sein Motiv. Nadar hat *Le Géant*, den Giganten, bauen lassen, um mit dem Erlös des Spektakels die Entwicklung eines Helikopters zu finanzieren. So etwas fasziniert auch Jules Verne, einen erfolglosen Jungdramatiker, der in diesem Jahr mit seinem Roman «Fünf Wochen im Ballon» bekannt geworden ist.

Die beiden haben sich im *cercle de la presse scientifique* befreundet, inzwischen treffen sie sich wöchentlich in Nadars Studio, wo die «Gesellschaft zur Förderung der Luftfahrt mit Apparaten schwerer als Luft» tagt. Sie inspirieren einander – es ist kein Zufall, dass die *Victoria* in Vernes Roman aus zwei Hüllen besteht, einer inneren und einer äußeren, wie *Le Géant*.

20000 Meter Seide mussten zusammengenäht werden; sie tragen, mit Gas gefüllt, eine Gondel wie aus einem Kindertraum: eine Weidenkabine mit Tür, Fenstern und sechs Abteilen, ausgestattet mit Küche und Bad, Druckerpresse, Dunkelkammer und Weinkeller. Darüber eine Plattform, groß genug für zwanzig Passagiere. Vor der staunenden Menge steigen über ein Treppchen 35 Artilleriesoldaten in die Gondel – eine kleine Zirkusnummer vor dem Abflug mit neun Passagieren, nur um zu zeigen, dass der Ballon mit diesen Männern schweben kann. Neben ihm erhebt sich, weitaus kleiner, der *Aigle* der Brüder Godard, die auch beim Entwerfen des *Géant* halfen. Aus dem Fehler in der Gasregulierung beim ersten Start vor zwei Wochen hat man gelernt. Diesmal werden sie weiter kommen, viel weiter. Meyerbeer fröstelt, es ist nach fünf, die Sonne sinkt, aber das «monter de ballon» muss man erleben. Die Menge raunt, man reckt die Köpfe, der Kaiser wird gesehen, wie er sich der Gondel nähert und Nadar die Hand schüttelt, die Reisenden begeben sich hinein.

Madame Nadar hat darauf bestanden mitzufliegen, als einzige Frau. Ängstlich sieht Paul ihr nach, der siebenjährige Sohn. An Bord sind auch der Autor Thirion, der Dichter Saint-Félix, der Journalist d'Arnoult, der 20-jährige Fernand de Montgolfier, blass im Gesicht, jüngster Abkomme der berühmten Brüder, deren Heißluftballon an eben dieser Stelle vor 80 Jahren aufstieg, zum ersten bemannten Flug aller Zeiten. Es folgen die Ballon-brüder Louis und Jules Godard und ihr Assistent, der Seilma-cher Gabriel Yon. Alle versammeln sich oben auf der Plattform, als Letzter erscheint dort Nadar und gibt den Befehl: «Lachez tout!!!» «Bon voyage, Monsieur Nadar!», brüllen die Leute. Die Ballons steigen, der kleinere etwas schneller als der große. Paul winkt wie wild. Er wird nie vergessen, wie seine Eltern ent-schweben, in der Dämmerung, von den Rufen Zehntausender Zuschauer begleitet.

Die Menschen unten werden rasch kleiner. Hinter den Bäu-men entlang dem Marsfeld werden die Schlote der Fabriken sichtbar. Der Wind kommt von Südwesten, an den Seilen flat-tern lange weiße Papierbanderolen, um Windrichtung und Aufstiegswinkel anzuzeigen. Wolken werden durchflogen, de-ren Feuchtigkeit in die Mäntel dringt. Paris verschwindet. Man diniert, aber in Hast, den Anbruch der Dunkelheit wollen alle draußen erleben. Noch immer ist der kleine Ballon in der Nähe. Als Nadar die beiden Bordglocken läutet, antwortet ihm durch den Nebel einer Wolke das Lachen der beiden anderen Luft-schiffer. Dann ist die Sicht klar, der Ballon von unten immer noch zu sehen: Ab und an hört man die Rufe von Menschen. Größere Orte erkennt man an ihren Lichtern, den Gaslaternen. Um zehn Uhr ist der kleine Ballon verschwunden, abgestiegen. Dunkelheit, dann sich drehende fahle Lichter. Leuchttürme. «Das Meer!» Als das letzte der Lichter verschwindet, breitet sich Angst aus: Wird man im Atlantik landen? Was ist unten? Ir-gendwann Feuerschein, Fabrikgeräusche, sie fliegen tief genug, Nadar brüllt durch seinen Trichter hinab: «Ho ... he ... ho ... ou sommes-nous?» Tatsächlich eine Antwort: «Erquelinnes! ... Bel-gique!» Nach einer Weile erscheint zur Rechten ein Meer von Gaslampen, das muss Brüssel sein. Der Gigant fliegt wieder nach Norden.

Im frühesten Morgenlicht wird Holland erkennbar, wieder droht das offene Meer, Möwen schreien, der Wind dreht nach Osten. Vor ihnen wandelt sich Blau in Violett, in Rot, in Bänder von Orange. Um sieben Uhr trifft sie der erste Sonnenstrahl, sie bewundern das satte Grün unter sich, Hollands rote Häuser, während in der Sonnenwärme das Gas sich ausdehnt und der Ballon rapide steigt, auf viertausend Meter, schätzt Nadar. Das Wasser unten, ist es die Yssel oder schon die Weser? Auch Karte und Kompass helfen nicht, und die Ballonhülle ist beängstigend prall. Wenn sie reißt? Louis Godard zieht am Ventilseil, der Ballon sinkt so rasant, dass der Wind um die Ohren pfeift. Alle sind auf der Plattform. Keine Zeit, Säcke abzuwerfen aus der viertausend Kilo schweren Gondel, nur noch dreißig Meter, die Bäume ganz nah. Félix legt die Hände seiner Frau um ein Seil, stellt sich schützend hinter sie. Der Wind von Westen ist jetzt so stark, dass er den Fall verlangsamt. «Tenez-vous bien! Haltet euch fest!» Ein Schlag, der allen fast die Hände von den Seilen reißt. Dann wieder Höhengewinn, es geht über Häuser und Gärten. Ein zweiter Stoß. Das Seil des ersten ausgeworfenen Ankers reißt wie ein Faden, der zweite Anker pflügt die Erde auf. Wieder ein Schlag, noch einer, dann Schlag auf Schlag. Der zweite Anker ist weg. Es stürmt, man steigt. Das Gas muss raus! Aber Godard hat die Ventilleine verloren. Rasende Geschwindigkeit, mal fünf, mal fünfzig Meter Höhe. Zwei Pferde flüchten in gestrecktem Galopp und werden überholt. Schienen voraus, von links naht eine Lokomotive mit Tender und Waggons. Entsetzlich langsam scheint der Zug zu fahren. Sie schreien. Ein Pfiff, die Maschine bremst, die Gondel rast knapp davor über die Schienen unter ihrem riesigen Ballon; Nadar sieht, wie der Mechaniker seine Mütze schwenkt, wie vier Telegraphendrähte knapp verfehlt werden. «Jules! Kletter hoch!», schreit Louis Godard seinen jüngeren Bruder an. Er soll das Ventil öffnen.

Thirion will mit seiner Pistole Löcher in den Ballon schießen.
«Nein! Das Gas explodiert!»
Beim dritten Versuch schafft es Jules. Die Gondel wird nun
über den Boden geschleift, sie zählen die Erschütterungen nicht
mehr, aber die Mitreisenden, einer fehlt, noch einer, vier fallen
oder springen über Bord. Dabei scheint der Ballon Fahrt aufzunehmen, auf Bäume zu, vereinzelte, dahinter ein Flüsschen,
ein Wald, die Gondel wird ins Wasser gerissen, jäher Halt, mit
Wucht werden sie über Bord geschleudert, in mannstiefes Wasser. Der Ballon zerrt noch immer an der schweren Gondel, die
drückt Félix und Ernestine gegen das Steilufer. Trotz rasender
Schmerzen im Bein versucht er, seine Frau, die aus dem Mund
blutet, aus der Klemme zu zerren, dann verliert er das Bewusstsein. Es ist Montag, der 19. Oktober 1863, gegen 10 Uhr morgens, am Ufer des Flüsschens Alpe fünf Kilometer südlich der
Bauernstadt Rethem im Königreich Hannover. Eine abgelegene,
unbesiedelte Moorlandschaft, an die östlich ein Wald grenzt. Auf
den Wipfeln liegt nun die Hülle wie ein riesiger toter Vogel.
Unter den Wipfeln sind an diesem Vormittag Holzfäller an der
Arbeit. Sie retten Ernestine. Von allen ist sie am schwersten verletzt. Alle neun Passagiere haben überlebt.

Das Flüsschen Alpe ist zehn Kilometer von meinem Arbeits-
tisch entfernt. Wenn ich nach Westen blicke, stelle ich mir die
Silhouette des Ballons über den Wäldern vor, über Feldern und
Dörfern, in denen man heute wie damals kaum etwas von Nadar weiß und von den meisten, die er fotografierte und kannte,
und fern dahinter scheint mir im Paris von heute noch immer
die ungeheure, magische Stadt zu leuchten, aus der er kommt.
Dort erfahren die Leser, darunter sogar Gustave Flaubert, bald
nach Nadars Rückkehr von der Existenz so exotischer Orte wie
Rethem und Eystrup, denn der Reisende schildert in den «Mémoires du Géant» nicht nur Vorbereitung, Flug und Fall, son-

dern auch den schmerzensreichen Transport aus dem wegelosen Moor ins 1000-Einwohner-Städtchen Rethem, wo er und seine Gefährten «um die Wette ausgeplündert» werden, ehe sie zum nächsten Bahnhof in Eystrup und von da nach Hannover gelangen. Dort weht ein besserer Wind. Dort regiert seit zwölf Jahren der blinde Welfe Georg V. das Königreich Hannover, politisch rückständig, aber den Künsten aufgeschlossen und ein glühender Bewunderer von Hector Berlioz. Ein Blinder, dem man nicht erklären muss, wer der berühmteste Fotograf seiner Zeit ist. Er sorgt für beste medizinische Versorgung und lässt den Nadars morgens und abends Früchte und Blumen bringen, während das imposante Wrack des *Géant* in der Halle des Central-Bahnhofs zu besichtigen ist. Ich fahre mit dem Auto zum Frankenfelder Bruch; ein 92-jähriger Ortschronist zeigt mir von einer Holzbrücke aus die Stelle, wo der rasende Flug endete. Immer noch ist das eine menschenarme Gegend. Der Fluss ist reguliert worden, schmal und flach, von Bäumen auf beiden Ufern sommerlich überschattet. Kein Hinweis, keine Spur. Doch mein rüstiger Begleiter ist ein Zeitzeuge der Luftschiffahrt: Er wurde 1943 von der Schule zur Marineflak abkommandiert. Die Eroberung der Lüfte hat, anders als von Nadar und Berlioz erträumt, keinen Frieden gebracht.

Meyerbeer hat sich erkältet in den zwei Stunden auf dem Champ du Mars, und er bleibt angeschlagen. In zäher Disziplin ringt er sich täglich, soweit es geht, drei bis vier Stunden Arbeit an seinem «Vasco da Gama» ab, seiner nächsten Oper für Paris, lauscht in den Theatern Sängern, die für das Werk in Frage kommen, ein weiteres Mal auch Bizets Erstling, wo es viele leere Plätze gibt. Für die Premiere der «Troyens à Carthage» ist er zu krank, doch in gleich drei der folgenden Vorstellungen sieht man ihn auf seinem Lieblingsplatz, zweiter Sessel links vor der Loge Nr. 27. Für Berlioz ist die Produktion ein schmerzhafter

Erfolg. Louis, der dabei ist, schneidet für seinen Vater mehr als sechzig zustimmende Artikel aus, denen gegenüber die Verrisse der verlässlichen Erzfeinde Scudo und Jouvin kaum ins Gewicht fallen, und Marie d'Agoult, «ins Mark getroffen», ist nicht allein mit ihrer Begeisterung über Königin Dido in Berlioz' Traumbesetzung, die 42-jährige Sängerin Anne Charton-Demeure. Der einst so begeisterten Pauline Viardot traut der Komponist die Partie nicht mehr zu. Sie besucht keine einzige Vorstellung.

Aber von Abend zu Abend wird gegen den Willen des Autors mehr gekürzt von dem, was ohnehin nur Torso ist, während immer mehr Plätze frei bleiben. Gut drei Wochen nach der Premiere zeigt das *Journal amusant* den Komponisten in antiker Rüstung neben einem Papierkorb voller Noten, die Hand auf dem Griff einer Schere. «Oh, Monsieur Berlioz!», sagt der Harlekin ihm gegenüber. «Das alles gefällt dem Publikum nicht? Gefährliches Zugeständnis! Oh Meister, da haben Sie noch viel zu tun!» Im langen Weg bis zur Produktion der halbierten und dann noch weiter tranchierten «Troyens», die vor dem Ende des Jahres 1863 vorzeitig abgesetzt werden, kurz nach dem 60. Geburtstag des Komponisten, in all den Zugeständnissen, zu denen er sich gezwungen sieht, scheint sich schon das spätere Schicksal dieser Oper zu spiegeln. Berlioz wird sie nie vollständig auf der Bühne sehen – und auch die folgenden Generationen nicht. Es dauert mehr als hundert Jahre, bis sie zum ersten Mal vollständig in Szene gesetzt wird, so, wie sie komponiert ist – und zwar nicht in Paris, sondern in Glasgow.

Meyerbeer ist gegen ärztlichen Rat aufgestanden, als er sich am Sonntagmittag des 13. März 1864 in die Rue Moncey 12 begibt, ins märchenhafte neue Stadtpalais des Comte Alexis Pillet-Will und seiner Gemahlin Louise. Man erzählt sich, das Vermögen des Comte, Chef der Caisse d'épargne de Paris, belaufe sich auf mehr als 20 Millionen Francs. Es hat dem Bankier wohl auch nicht geschadet, dass die beiden bestverdienenden Komponisten des Jahrhunderts zu seinen Kunden zählen – der, der gerade eintritt, und der, der in der neu eingerichteten Privatkapelle vormittags schon geprobt hat. Meyerbeers Gesicht leuchtet, als Gioacchino Rossini ihm entgegenkommt, sogleich die Erwartungen dämpfend: Seine kleine Messe sei wirklich kein Grund, die halbe Stadt einzuladen! Er meint die Elite von Geld und Geist, die hier zwischen Gold und Marmor, Brokat und Samt versammelt ist, darunter die Komponisten, vom jetzt uralten, gebeugten François Auber über Ambroise Thomas bis zu dessen Schüler Jules Massenet. Ja, er hat eine Messe komponiert, nach Dutzenden und Aberdutzenden durchtriebener und profunder Kleinigkeiten, die er bei seinen Samstagsempfängen aufführen lässt und «Alterssünden» nennt.

In der Sommervilla, die Rossini in Passy hat bauen lassen, halb im Grünen am Rand von Paris, ist die «Petite Messe solennelle» entstanden – ohne Auftrag, ohne Honorar, so etwas hat er nicht nötig. Nur zum Vergnügen und für Gott, zu dem dieser italienische Katholik in säkularisierter Zeit seine eigene besondere Beziehung hat. «Lieber Gott», hat er hinter seine Partitur geschrieben, «voilà, nun ist diese arme kleine Messe beendet. Ist es wirklich heilige Musik, die ich gemacht habe, oder ist es vermaledeite Musik? Ich wurde für die Opera buffa geboren, das weißt du wohl! Wenig Wissen, ein bisschen Herz, das ist alles. Sei also gepriesen und gewähre mir das Paradies.» Da man nicht weiß, ob Gott auch Noten lesen kann, ist es wohl besser, ihn das Werk hören zu lassen, und die Einweihung einer Pariser Privatkapelle ist dafür ein guter Rahmen, der es auch möglich macht, vor dem «Credo» eine Pause mit kaltem Buffet einzuschieben. Und da es sich inzwischen bis nach Amerika herumgesprochen hat, dass Rossini, gut dreißig Jahre nach dem «Stabat Mater» und dem «Tell», wieder ein größeres Werk schuf, wird aus der Einweihung der Kapelle an diesem Sonntagmittag eine mit Spannung erwartete Uraufführung, die als Generalprobe vor geladenen Gästen getarnt ist und in geradezu franziskanisch bescheidener Besetzung einen Musiker zeigt, dem nichts entgangen ist, der nichts verloren hat, der jeden ins Herz treffen kann. Meyerbeer, der Gleichaltrige, merkt vielleicht als Erster, was dem alten Freund gelungen ist, der dort mit gleichmütig freundlicher Miene neben dem ersten Pianisten sitzt, ihm umblättert und mit Kopfbewegungen das Tempo angibt. Georges Mathias sitzt am Pleyel, einer der besten Schüler von Chopin, am anderen Klavier Andrea Peruzzi. Am Harmonium mit seinen Tretbälgen sitzt rotfleckig vor Aufregung der achtzehnjährige Albert Lavignac. Zwei Akkorde der Klaviere, im *piano*, die zur Ruhe mahnen. Dann ein Rhythmus, fast ein bisschen trivial und unwiderstehlich munter. Kyrie!? Das Legato des Harmoniums, leicht näselnd, kommt eigentümlich über dem Klavierstaccato zur Geltung. Keine Töne der Weihe, doch nicht diesseitig. Man merkt kaum, wie Rossini in den paar Takten schon die Harmonik ausweitet. Dann gibt der Dirigent Jules Cohen seinen fünfzehn Choristen ihre Einsätze. Meyerbeer ist es, als gehe Rossini, als gehe er selbst mit den emsigen Schritten der Klaviere ganz unermüdet und zuversichtlich noch einmal durch all die Jahrzehnte, durch all die Veränderungen, die Revolution, die Beschleunigungen, und gerate nun mitten im Zentrum dieser Raserei, in seinem Paris, in eine sanfte Gewissheit. Der Hustenreiz ist verschwunden. Und was macht der Freund da im «Gratias»? Mitten im Terzettino von Mezzo, Tenor und Bass eine Chromatik im Klavier, die ... nun ja, es ist nicht Wagner, es ist wie ein amüsiertes Mitnehmen seiner Harmonik. Und das «Quoniam», ist das nicht Mozart? Auch mit einem Lächeln, aber einem anderen, hat sich Rossini nahe an Donna Anna herankomponiert, an «Or sai chi l'onore» im «Don Giovanni», so raffiniert, dass in dem Moment, in dem es auch nur drei Hörer bemerkt haben könnten, Rossini wieder Rossini wird. Welch ein Gruß an den Größten der Oper, der starb, als Jakob Liebmann Meyer Beer gerade drei Monate alt war! Und was für ein guter Bassbariton! Der rundgesichtige Louis Agniez steht noch am Beginn der Sängerkarriere. Der 30-jährige Belgier nennt sich nun Luigi Agnesi und wird in diesem Jahr als Assur in Rossinis «Semiramide» in Paris debütieren. Eine gute Wahl und nicht die einzige. Rossini ist immer noch bestens vernetzt, überall werden seine Opern gespielt. Die Schwestern Carlotta und Barbara Marchisio, Sopran und Mezzosopran, haben vor wenigen Jahren in Mailand «Semiramide» zu neuem Erfolg mit 33 Vorstellungen in einer Saison geführt, Tenor Italo Gardoni, bekannt für die vibratoarme Reinheit seiner Stimme, wird derzeit in England gefeiert. So muss *belcanto* klingen wie in diesem «Domine deus»! Mit einer Stimme wie eine Stradivari, in aller Ruhe aus bestem Material entstanden, vollendet, gepflegt; mit guter Technik, die ein solides Halten des Tons erlaubt und die Register verschmelzen lässt; und mit Geschmack, keine unmäßigen Fioituren und Portamenti, Verzierungen und Verzögerungen!

«Heute nehmen sich die jungen Sänger keine Zeit mehr für die Ausbildung», erklärt der 72-jährige Rossini in der Pause, nach einigen Happen vom Chaud-froid de volaille mit Entenleber, Trüffeln und aspiküberzogenen Hühnerbrüsten, «und das liegt an dieser teuflischen Erfindung.» Meyerbeer muss lächeln, er weiß, was jetzt kommt. «Die Eisenbahn hat die junge Generation dazu gebracht, in allem schnell zu sein, schnell ans Ziel zu kommen! Denken Sie sich, die achtzehnjährige Tochter meiner Concierge glaubt, sie könne singen lernen so, wie man ins Theater geht, und nach einem Jahr in den ‹Huguenots› debütieren!» «Aber, cher maître», wendet Comte Alexis ein, «Sie haben den Fortschritt auch selbst unterstützt, wenn ich daran erinnern darf, dass Ihre Signatur, so, wie Sie geschrieben haben, wie ein Bild von Paris nach Amiens telegraphiert wurde, in Sekunden!» «Dank der Telegraphie», meint Rossini lächelnd, «erfahren wir jetzt auch schneller von jedem Zugunglück …» «Und von jedem Ihrer Erfolge in Europa», sagt Baron Taylor, der selbstverständlich auch da ist. «Werden Sie die Messe orchestrieren?» «Vielleicht sollte ich es tun», sagt Rossini, «sonst tut es Herr Sax mit seinen Saxophonen oder Herr Berlioz mit einem Riesenorchester, und sie schlagen mir meine paar Singstimmen tot.»

Als nach dem Credo, das beginnt wie ein Gruß an Offenbach, die Sopranistin Carlotta Marchisio das Crucifixus singt, weiß Meyerbeer nicht, ob da die Oper in den Schoß der Kirche geführt wird oder umgekehrt. Ein sanft schaukelndes Liebeslied, erotisch, wie der Anfang einer großen Liebe, einer unendlichen Verheißung, in der alles leuchtet. Das ist Musik, die ein Opernpublikum zur Raserei bringen kann. Dann wieder wendet sich Rossini dem Meister zu, der ihn seit zehn Jahren fasziniert, und lässt den jungen Albert Lavignac am Harmonium ein Offertoire spielen, vierstimmig, das sich dem Bach des «Wohltemperierten Klaviers» bis zur Stilkopie nähert und ohne Bruch ins Jahr 1864 zurückführt. So kann nur einer schreiben, der die Kämpfe hinter sich hat. Im finalen «Agnus Dei» öffnet Rossini die Privatkapelle seiner Freunde zur Bühne. Zuerst lässt er die Ödnis der Welt erahnen in dürren Staccatoakkorden der Klaviere, die dann in einen ostinaten Rhythmus verfallen. Darüber entfaltet sich in weiten Bögen die Friedensbitte der Mezzosopranistin, dreimal, in e-Moll, in C-Dur, in es-Moll beginnend. Der Chor antwortet – eine Szene von einer Weite, wie sie selbst in Rossinis Opern nicht ihresgleichen hat. Die Tableaus der Grand Opéra, wie Meyerbeer sie schuf, erscheinen in diesen Klängen, ihre Raumeffekte, die großen Gebete ihrer Heldinnen, und zugleich ist es, als erscheine hinter dieser Welt ein noch größeres

Tableau, ohne Rahmen, in dem, je inniger Solistin und Chor zusammenfinden über der einfachen Begleitung, diese große Zeit der Oper schon in die Ferne rückt. Als das Stück mit den stockenden Tönen des Anfangs endet, hat es Giacomo Meyerbeer aufgegeben, seine Tränen zu trocknen. Er ist danach so aufgelöst, dass Rossini sich Sorgen macht. «Armer Meyerbeer!», sagt er zu Freunden auf dem Heimweg. «Wie ist er empfindlich! So war er schon immer. Potrà la sua salute supportare questi emozioni? Wird seine Gesundheit diese Gefühle aushalten? Er lag schon seit drei Tagen im Bett und wollte unbedingt aufstehen!» Zur zweiten, offiziellen Aufführung am Montagabend des 14. März 1864 erscheint Gioacchino Rossini nicht, aber sein Freund hört die Musik dort noch einmal und schreibt ihm dann, dem «Jupiter Rossini, divino maestro», Französisch und Italienisch mischend, er möge hundert Jahre alt werden, um weitere solcher Meisterwerke zu schaffen, «und Gott gebe mir ein ebensolches Alter, damit ich sie hören und bewundern kann!»

Sechs Wochen später, am 2. Mai 1864, stirbt Giacomo Meyerbeer, und Paris erlebt ein Tableau, für das jedes Opernhaus zu klein wäre. Zwei Stunden dauert am 6. Mai der Leichenzug. Vor der Kutsche mit dem Sarg des Künstlers, von sechs Pferden gezogen, gehen Militärmusiker der *Garde nationale* und der *Garde impériale*, und hinter ihr folgt, außer dem Kaiser selbst, alles, was in der Metropole Rang und Namen hat. Man bewegt sich keineswegs zum Père Lachaise. Weil der Komponist auf dem Jüdischen Friedhof seiner Heimatstadt Berlin bestattet sein will, wird der Gare du Nord zu seiner letzten Bühne in Paris – genauer, die Baustelle dieses Bahnhofs. Dem letzten großen Entwurf des Architekten Hittorff folgend, entsteht seit drei Jahren die neue Station anstelle des alten Embarcadére du chemin de fer du Nord, dreimal so groß, mit acht Gleisen anstelle der längst überlasteten zwei. Während die Eingangshalle noch im Bau ist und die Abrissarbeiten dahinter noch nicht abgeschlossen sind, hat man den Schienenbetrieb vor einigen Wochen wieder aufgenommen. James de Rothschild, Eigentümer der Nordlinie, lässt für diesen Freitag die Bauarbeiten ruhen. Im Zentrum der Beschleunigung wird für Giacomo Meyerbeer die Zeit angehalten. Émile Perrin, der erfahrene Bühnenbildner und neue Direktor der Opéra, hat den Abschied grandios inszeniert. Die Wände unter der Gleishalle – noch steht die alte Konstruktion von 1846 – sind mit pompösen Draperien verhängt, auf Tafeln liest man die Titel der Werke Meyerbeers, für den auf dem verdeckten Gleis ein gewaltiger Katafalk errichtet wurde, wohl acht Meter hoch. Auf mannshohem Sockel erhebt sich fünfstufig so etwas wie ein Zikkurat, ein babylonischer Tempelturm, darüber ein mit Tuch verhüllter Sarkophag. Sieben silberne Säulenkandelaber lassen ihren Schalen Feuer und Rauch entsteigen. Die Werkstätten der Opéra müssen drei Tage und Nächte durchgearbeitet haben für ihren Größten. Weiter hinten steht auf dem Gleis der Waggon bereit, der seinen Sarg nach Berlin bringen wird, während am Anfang des Bahnsteigs eine Orgel thront. Zu ihren Klängen entfernt man zwei mit dem «M» geschmückte Tafeln im Sockel des provisorischen Monuments; der verhüllte Sarg wird hineingeschoben. Sänger und Orchester der Opéra und der Opéra-Comique intonieren Werke des Verblichenen, natürlich auch den Chor aus dem Kirchenakt des «Prophète»; auf einer Tribüne folgen einander acht Trauerredner, darunter der Großrabbiner von Frankreich. Um sechs Uhr setzt sich der Zug in Bewegung. Hector Berlioz geht traurig heim. «Ein solcher Geist», hat er Louis geschrieben, «verschwindet nicht von der Welt, ohne dass die Überlebenden merken, wie es dunkler wird.»

*

Auch im März 1867 fährt ein Sonderzug. Zwölf Achsen hat der
eigens gebaute Waggon, der das schwerste Exponat der Weltausstellung von Essen nach Paris bringt, durch die ganze Stadt bis
auf das Marsfeld rollend: eine alles in allem 50 Tonnen schwere
Kanone der Firma Friedrich Krupp, die aus gut fünf Meter langem Stahlrohr 500 Kilogramm schwere Geschosse speien kann.
Das weiß Victor Hugo sehr gut, als er im Mai seine große Einführung zum Paris-Guide schreibt, einem opulenten, zweibändigen
Führer durch Geschichte und Gegenwart der Stadt, der mit etwa
elf Millionen Lesern rechnen kann. So viele Besucher wird diese
bislang größte aller Weltausstellungen haben. Hugo beginnt mit
der Zukunft, und er entwirft sie aus der Distanz eines mittlerweile freiwilligen Exils – schon 1859 hat Napoléon III. die
Verbannung seines wortmächtigsten Kritikers aufgehoben, der
inzwischen von der britischen Kanalinsel Jersey auf die Nach-
barinsel Guernsey umgezogen ist. Dort beschwört er nun ein
20. Jahrhundert herauf, in dem man in Frankreich keine Waffen
mehr braucht und keine Guillotinen. Eine Schlacht zwischen
Preußen und Franzosen werde den Menschen so weit entrückt
vorkommen wie den Franzosen des Jahres 1867 die Kämpfe zwischen Picardie und Burgund um 1500. Man werde sich undank-
bar zeigen gegenüber den Fortschritten in der Anfertigung von
Gewehren, gegenüber jenem Antoine Chassepot, dessen frisch
patentiertes Gewehr auf der Weltausstellung ebenso zu sehen
ist wie das Monster aus Deutschland. Man werde sich wundern,
dass im 19. Jahrhundert für die Zerstörung einer Festung wie
Sébastopol so viele Menschen geopfert wurden, wie in einer
Hauptstadt leben: 784 991 zählt Hugo zusammen, alle Toten, die
der Krimkrieg auf allen Seiten gefordert hat. Und das wird gedruckt unter den Augen jenes Napoléon III., der diesen Krieg zu
seinen Triumphen zählt!

Besser dürfte dem Kaiser gefallen, was er am 24. April 1867 im

Théâtre des Variétés erlebt, dem alten, schmalen Bau am Boulevard Montmartre, der seit dem 12. April dauernd ausverkauft ist, seit der Premiere von Jacques Offenbachs «Grand-Duchesse de Gérolstein». Eine irrwitzige Militärparodie, als deren Titelheldin die 33-jährige Hortense Schneider aus ihrer Lebenslust keinen Hehl macht. Ein deutsches Phantasieländchen regiert diese Dame, halb Salonlöwin, halb Säbelweib. Zur schieren Zerstreuung der Großherzogin wird ein Krieg mit dem Nachbarländchen herbeigeführt, funkelnd und rasselnd springt ein Märschlein nach dem andern aus dem Orchester. Es ist, als würde die Musik, mit Worten gefüttert, sich selbst hervorbringen. Wie eine Maschine, die nicht mehr zu stoppen ist, wenn sie läuft – doch in der Hand lächelnder Genies, dem Offenbach'schen wie dem der Librettisten Ludovic Halévy und Henri Meilhac, die schon «La belle Hélène» geschrieben haben und später auch «Carmen» für Bizet schreiben werden. Offenbach komponiert unzählige Themen, die auf Anhieb einleuchten, die ihren Rhythmus anschmiegsam den Sätzen nachbilden oder sie zuspitzen: Das Couplet «Ah, que j'aime les militaires» ist an Koketterie nicht zu überbieten, die Sängerin selbst auch nicht, die von einer Konkurrentin boshaft als «passage des princes» bezeichnet wird.

Den zur Weltausstellung angereisten Kriegsherren gefällt der Dreiakter bestens, obwohl Offenbachs respektloser Blick auf das Militär dem pazifistischen Blick nicht so fern ist, den Victor Hugo auf dieses Jahr 1867 wirft. «Genau so ist es», befindet zufrieden Preußens Ministerpräsident Otto von Bismarck über Offenbachs fiktiven deutschen Kleinstaat. Er teilt sich mit General von Moltke eine Loge, dem Erfinder jenes Zangenmanövers, mit dem Preußen im vergangenen Jahr die österreichische Armee und ihre sächsischen Verbündeten geschlagen hat – anders gesagt, an einem Julitag in Böhmen den Tod von 7587 Menschen herbeiführte, neben fast 15000 Verwundeten. Krupp hat auf beiden Seiten gut verdient. Man hat in Paris jetzt also Vertreter der gefährlichsten Militärmacht Europas zu Gast, den König und den Kronprinzen Preußens eingeschlossen. Dazu fast sechzig weitere Monarchen: Zar Alexander kommt mit seinen Söhnen, der österreichische Kaiser erst, als der preußische König abgereist ist. Bei soviel Macht und Dekor verschmelzen Schein und Wirklichkeit. «Irgendwann in diesem Sommer», schreibt Siegfried Kracauer, «fuhr eine auffällig elegante Dame am Ausstellungsportal vor, wo ihr Wagen von den wachhabenden Beamten angehalten wurde. Nur Prinzen und Prinzessinen, erklärten die Beamten, hätten das Recht, in die Ausstellung einzufahren. ‹Platz da!›, rief die Dame. ‹Ich bin die Großherzogin von Gerolstein!› Die Beamten verbeugten sich ehrfüchtig, und ihnen huldvoll wie ihrer Armee zulächelnd, fuhr Hortense Schneider durch das Portal.»

Dieses Portal führt auf dem Marsfeld, wo früher der *Géant* abhob und später der Eiffelturm wachsen wird, zur gigantischen Ausstellungshalle in Form eines Ovals, 482 Meter lang, 370 Meter breit, darin sieben konzentrische Galerien, ringsherum Gärten mit Attraktionen diverser Nationen, eine begehbare Enzyklopädie der Kulturen und Techniken, über der nachts die Strahlen elektrischer Leuchttürme rotieren. «Abends sind wir dann mit Gautier um dieses große Monster von Dingen geirrt, das man Weltausstellung nennt», notieren die Goncourts, «ein Babylon der Zukunft, das Paris des 20. Jahrhunderts, blendend vom Gaslicht, verzehrt von Schlaflosigkeit, überschwemmt von der Begegnung der Völker und der Verbrüderung des Universums...» Aber später kippt das Bild. «All diesen Schaukästen, in denen die Gegenwart katalogisiert ist, entströmt ein Bild der Vergangenheit, des Todes und der Geschichte. Die Zeit, in der man lebt, nimmt das Rückwärtsgewandte und Archaische eines Museums an.» Es weht ein Duft von Verfall hinter der *fête impé-*

riale, eine süßliche Morbidezza, in die sich wie von jeher die Ausdünstungen der Senkgruben unter den Häusern mischen. Denn Baron Haussmanns neue Kanalisation, an die bislang ohnehin nur das gehobene Drittel der Bauten angeschlossen ist, dient ausschließlich dem Küchenabwasser. Inmitten der Stadt aber erhebt sich wie ein mastenloses Schiff die ungeheure Masse des neuen Opernhauses, seit fünf Jahren im Bau, von außen zu bestaunen.

Der Kaiser, mittlerweile 59 Jahre alt, ist angeschlagen. Zu Beginn des Jahres schon hat er den Oppositionsführer Émile Ollivier zu sich gebeten, um über Liberalisierungen zu sprechen, die gesetzliche Bestätigung der Pressefreiheit, die Erweiterung der Parlamentsvollmachten. Man finde, erklärt Ollivier dem Kaiser offen, seine Macht nehme ab. «Das deckt sich mit all meinen Meldungen», soll Napoléon III. erwidert haben. Das deckt sich auch mit der Außenpolitik, nicht nur der Preußen wegen. Der Sieg der Nordstaaten im amerikanischen Bürgerkrieg führt dazu, dass die Regierung in Washington ein scharfes Auge auf die französischen Truppen in Mexiko wirft. Napoléon versucht dort eine Art Satellitenstaat einzurichten, der Rohstoffe und Exportmöglichkeiten wegen, und deswegen ist auch Louis Berlioz, zum Stolz seines Vaters inzwischen Kapitän der Compagnie Générale Transatlantique, häufiger dort. Zuletzt im Februar 1867, um den Frachtdampfer «Sonora» zu übernehmen. Ganz Mexiko sei in Aufruhr, schreibt er, und er habe Männer durch das Gelbfieber verloren. Er nimmt Kurs auf Kuba. Unterdessen zieht Napoléon sein Militär aus Mexiko ab, mit fatalen Folgen. Am 19. Juni wird Maximilian, der «Kaiser von Mexiko», jüngerer Bruder des österreichischen Kaisers Franz Joseph, in Querétaro von republikanischen Truppen füsiliert.

Noch ehe das in Paris bekannt wird, erhält Hector Berlioz am 28. Juni eine entsetzliche Nachricht. Es ist die erste Liebe seines

Lebens, der er sie zuerst schriftlich mitteilt. «Chère Madame», schreibt er an Estelle Fornier, «entschuldigen Sie, dass ich mich zu Ihnen wende in dem Moment, da ich den schrecklichsten Schmerz meines Lebens erleide: mein armer Sohn ist gestorben, in Havanna, 33 Jahre alt. Ihr ergebener H. Berlioz.» Louis hat sich mit dem Gelbfieber infiziert, durch Stechmücken übertragen, in schweren Fällen zum Versagen der Leber führend, noch im frühen 21. Jahrhundert nicht therapierbar. Er ist am 5. Juni 1867 im Krankenhaus gestorben, schon vor drei Wochen. Louis, das Kind der Wahnsinnsliebe hinter der «Symphonie fantastique», Louis, der mit fünf Jahren der Uraufführung von «Roméo et Juliette» zuhörte, Louis, der ihm so viele Sorgen machte und der ihm innig beistand, Louis, der tapfere Seemann und selbst verzweifelt Liebende, der ihn zuletzt so gut verstand, kein Kind mehr, ein Mann, und nicht mehr nur Sohn, fast schon ein Bruder.

Estelle Fornier hat sich erschrocken, als Berlioz sie vor drei Jahren unverhofft besuchte, in Lyon, ein zerfurchter, vorzeitig gealterter Mann mit wildem grauen Haar und Augen, in denen offenbar keine Zeit vergangen ist seit fast fünfzig Jahren – seit sie achtzehn war und er zwölf. Nun ist sie lange schon Witwe, mit vier erwachsenen Kindern. Er hat sie angesehen, als trüge sie immer noch rosa Schnürstiefel und nicht die rüschige Haube auf grauem Haar, und ihr die Hand geküsst wie ein Mann, der sich Hoffnungen macht. «Sie sind im Herzen noch sehr jung geblieben», hat sie ihm danach geschrieben, «auf mich trifft das nicht zu, ich bin wirklich alt ...» Aber er ließ nicht locker, nicht einmal, als sie ihm ihr fotografisches Porträt schickte in der Hoffnung, dass es «die Trugbilder der Vergangenheit zerstören wird». Und dann fand sie den ganzen Briefwechsel mit «Madame F******» gleichsam tintenfrisch wieder im Privatdruck seiner Memoiren, den er ihr 1865 schickte, Finale einer Sinfonie in Prosa, deren Komponist ein frühes Motiv zum Epilog verbreitet. Aber sie hat ihm das verziehen, es gab weitere Briefe, weitere Besuche. Er hat ihre Söhne kennengelernt; der jüngere, in Paris sein Glück suchend, hat sich sogar Geld von ihm geliehen. Davon weiß Estelle Fornier nichts, und noch vor ihr erfährt Berlioz im April 1867 vom Suizid dieses jungen Auguste, einem der vielen, für die die *fête impériale* nur ein Traum ist. Dieser Frau also schreibt Berlioz als Erster, als er vom Tod seines Louis erfährt. Es sind zwei traurige Menschen, die einander am 9. September, einem Montag, mittags noch einmal begegnen, in Estelles Haus in Saint-Symphorien d'Ozon, einer Kleinstadt nicht weit südlich von Lyon.

Zwei Tage danach besteigt Berlioz im nahen Vienne den Zug nach Paris, gleichgültig die Reihe der Waggons entlangblickend, sieben oder acht, alle in der rostroten Farbe der ersten Klasse. Billig ist der Express nicht, 60 Francs hat das Billett gekostet. Vorn die gedrungene Lokomotive mit ihren großen, durch Pleuelstangen gekoppelten Antriebsrädern an zwei Achsen und den kleinen Rädern davor unter der Dampfkuppel, vor der sich der Schornstein erhebt. Es beginnt zu nieseln, der Lokführer spannt das Verdeck auf. Um 10.50 Uhr ist der Zug in Marseille gestartet, pünktlich um 17.51 Uhr setzt er sich in Vienne in Bewegung, um fünf Uhr morgens wird er in Paris ankommen. Als Berlioz zum ersten Mal dorthin reiste, vor bald einem halben Jahrhundert, brauchte er für die 500 Kilometer ab Lyon vier Tage und vier Nächte in der Diligence mit zwölf Passagieren. Daran denkt er nicht; er ist schon oft auf der «PLM» gefahren, wie man die Linie Paris-Lyon-Méditerranée nennt. An Sankt Petersburg mag er denken, wohin er bald aufbrechen wird, ein weiteres Mal nach zwanzig Jahren, in den russischen Winter, um seine Stücke zu dirigieren. An die Hochzeit gestern in Vienne, die er durchgestanden hat seiner Nichten wegen, die ihn auch zum

Zug gebracht haben, Nanci und Joséphine. An die Kur in Néris-les-Bains, wo er es einen Tag aushielt, ehe er nach Vienne zu seinem Schwager fuhr. Es waren nicht nur die Darmschmerzen, die ihn weitertrieben. Er musste Estelle sehen. Lyon ist vorbei. Beim Halt in Macon ist schon die Sonne untergegangen. Louis, pauvre Louis. Chalon. Chagny. Dijon. Louis ... Louis. «Ton fils ... Je t'aime ... *Remember me* ... je suis ton fils ... Au revoir, père, je t'aime de tout mon cœur.»

*

Es fliegt so herein, dieses lichte Stück, nur eine kleine dunkle Welle von Akkorden geht ihm voraus, als wenn einer die Jalousien aufdrücken muss, damit aus dem Garten Sonne ins Landhaus fällt. Aber man befindet sich mitten in Paris und im Winter, Sonntagmittag, 29. Dezember 1867, Rue Drouot 11, nahe der Oper im Salon der Klavierfabrikanten Kriegelstein. Vielleicht kommt auch Prinzessin Mathilde nach ihrer Privatmesse, ganz sicher nicht ihre Freunde, die Goncourts, die mit Musik nicht das Geringste anfangen können und heute sowieso mit Sainte-Beuve verabredet sind. Uraufgeführt wird, vor kleinem Publikum, ein Klaviertrio von Camille Saint-Saëns – ein schmaler, zerbrechlich wirkender, funkelnder 32-Jähriger, dem alles zufällt, der alles kennt außer der Unerfahrenheit, wie Berlioz liebevoll gespottet hat. Er hält Saint-Saëns für eine der größten kompositorischen Hoffnungen der Zeit, diesen Prokuristensohn, der mit drei Jahren lesen, schreiben und Klavier spielen konnte, zehnjährig als Solist mit Orchester debütierte, mit dreizehn studierte, mit 23 Organist an der Nobelkirche Madeleine wurde; Saint-Saëns, der die alte wie die neue Musik so rasch begreift und liebt, Bach und Berlioz, Gluck und Wagner, dem jeder Horizont zu nah ist, der mit einem Teleskop die Sterne studiert ...

Was die drei Musiker spielen, auf Klavier, Violine, Cello, das ist eine Musik, die es fast nicht geben kann. Sie fliegt so leicht und klar herein und ist doch von einer Bewusstheit, die ständig anecken müsste, reflektieren, mit der Gravitation des Wissens kämpfen. Aber die ist aufgehoben. Wie in sanftem, raschem Flug nimmt die Musik mit, was Beethoven, Mendelssohn, Schumann erfanden, aber sie verzichtet auf die Kämpfe, ohne die Substanz zu verlieren. Sie kennt Bachs Kontrapunktik wie die Raffinesse der Salons, sie weiß von der *morbidezza* des Kaiserreichs, in dem dieser gebürtige Pariser zu Hause ist, doch was er daraus gekeltert hat, während einer Sommerreise, das berauscht und vernebelt nicht, es beglückt in seiner Klarheit. Es ist ein neuer Aufbruch der Kammermusik, die in Frankreich, im Schatten der Oper, so lange kaum eine Rolle spielte. Man spürt im ersten Satz ein Glück, das nicht lange währen kann, doch wenn die Musik sich zur Wehmut neigt, kommt wieder ein heller Gedanke.

Camille Saint-Saëns hat das Trio vor drei Jahren komponiert, nun spielen es der Pianist Jean-Henri Bonewitz, in Deutschland geboren, der aus Warschau kommende Joseph Télesinski, an der Opéra erster Violinist, und der Cellist Émile-Alphonse Norblin, Sohn jenes polnischen Cellisten, bei dem Offenbach ebenso lernte wie Chopins Freund Franchomme. Eine europäische Besetzung, die im zweiten Satz von einer Volksweise aus der Auvergne zu den umfassenden Leiden verlorener Liebe gerät. Es folgt ein Scherzo, in dem Beethoven der Schweiß von der Stirn getupft wird und er unter den Wonnen metropolitaner Koketterie den deutschen Idealismus aufgibt. Keine drei Jahre sind es noch, bis Frankreich in einen Krieg gegen Preußen hineinstolpert, bis ein Ring von 150000 deutschen Soldaten das zur Festung gewordene Paris einschließt, bis eine neue Zeit der Nationen und der Kriege beginnt.

Davon ahnt diese Musik nichts, glücklich, wie sie ist. Sie wendet sich nur im Finale einmal um mit einer fragenden Linie im Klavier, einer Insel in der Zeit, wie der Blick auf eine alte Kathedrale in einer großen Stadt, im archaischen, sanften Wechsel von B-Dur zu Ges-Dur, von später Sonne konturiert. Und dann springt sie weiter, eilig wie die Passanten, ungeduldig, dem Ende zujagend in Erwartung des nächsten Anfangs, des nächsten Abenteuers, der Zukunft. Er wird viel erleben, dieser Musiker, er wird sogar noch Filmmusik schreiben. Gehen wir hinaus mit ihm, an der nahen Oper vorbei, noch steht ja die Salle Le Peletier, ein paar Jahre noch, auch wenn Jules Verne, der Visionär, sich schon ausgemalt hat, dass an dieser Stelle einmal ein Geldhaus stehen wird, und natürlich recht behält. Ein paar Schritte, ein paar Straßen weiter Richtung Seine, bei sinkender Winternachmittagssonne über die Avenue de l'Opéra, während der Nachklang des Trios im Rauschen des Verkehrs verweht, die Signale der Rettungswagen überschneiden einander, der 21er fährt vorbei, oben pfeift ein Jet, im Nordwesten leuchtet das Palais Garnier wie eine riesige weißgoldgrüne Torte, der Sockel liegt schon im Schatten. War da nicht neulich noch, vor ein paar Wochen oder Jahren, eine Baustelle, eine Reihe leerer Bögen, von Holzgerüsten überwachsen? Im RER zum Aéroport CDG rappt ein Paar, vielleicht Geschwister, vielleicht aus dem Libanon, Mitte zwanzig, er mit dichtem Bart, sie mit langem Zopf, vor den Türen einander gegenüber, halb tanzend, gesprochener Text, gesungener Refrain, harter Beat aus der Box, Leben.

ANHANG

Anmerkungen

Kapitel 1 – Ein junger Mann aus der Provinz (1821–1830)

9 «Wir müssen doch vernünftig sein!» Die Szene in der Anatomie folgt Berlioz' Darstellung in HB Mem Kap. 5.

10 Die «Danaiden»: Berlioz sah die Oper vermutlich am 14. 11. 1821, es gibt keinen Grund zu Zweifeln an seiner Darstellung in HB Mem 69, es sei seine erste gewesen: Laut Almanach des Spectacles, 1821, 260, wurden Salieris «Danaiden» am 5. 11. wiederaufgenommen. Die nächste Vorstellung folgte laut JdD am 14. 11.

11 «Orphée» im Regal des Vaters: Cairns 77

12 Im Haushaltsbuch verzeichnet: Cairns I 86

12 Hugo über die Restauration: Hugo Misérables dt. 939

13 Seit Napoléons finalem Sturz: Pelzer 350 ff.

13 vier Tage und Nächte: Cairns I 100

14 Neuville l'Archévêque: Heute Neuville sur Saône

14 20 000 Francs: Vgl. Balzac Illusionen 176

15 ihre rosa Schnürstiefel, ihre Augen: HB Mem 57

15 Mit zwölf Personen: Galignani 1819 nennt noch lediglich 6–8 Personen, die Aarauer Zeitung 1821 aber einen Unfall mit 12 Personen bei Lyon. Diese großen Diligences wurden ab 1820 eingesetzt (Marchand 5)

16 Sie wuchert nicht in das Umland hinein: Cairns I 106

16 Brachliegendes Land: vgl. Hugo Misérables dt. 670

16 3402 ha, 32 qkm ab 1819: fr.wikipedia.org/wiki/Mur_des_Fermiers_g% C3%A9n%C3%A9raux

17 vereinzelte Bauten: vgl. Stadtplan 1821

17 «Ein Elefant!»: Das gewaltige Modell von 1814 wurde, völlig verrottet, erst 1846 abgerissen und später von Victor Hugo als Unterschlupf des Gassenjungen Gavroche berühmt gemacht (Misérables IV, 6. Buch)

18 Dach an Dach: Balzac Chagrin 110 f.

18 Hühner und Schweine: Balzac Goriot 11

18 Viele Straßen sind nicht gepflastert ... *socques articulés* ... von oben bis

unten bespritzt: Chevalier 209, Balzac Goriot dt. II, JdD, 1.11.1826, Börne, Schilderungen 143

353

Kapitel 2 – 18 000 Tote und etwas Salonmusik (1831–1836)

Kapitel 3 – «Unendlich viel für mein ganzes Leben» (1839–1841)

ohne das wir es wissen, ein großer politischer Gedanke. Es ist sicher nicht übereifrig, diesen Winkel des jetzigen Paris zu beschreiben, denn später wird man ihn sich nicht mehr vorstellen können.» (Übers. VH)

121 Er möge sich am Freitag ...: GM III 201 «25. [November 1839] Um 12 hohlt mich H. Wagner zu Joly ab.»

121 ... aus dem Text vorlas: GM III 193

121 «Wie unendlich viel ... zur Aufführung anzubieten»: GM III 25 ff.

121 ... wegen einer Prügelei ...: RW Bauer 240 f.

122 Noch keine Rettung: GM III 45. Belegt ist nur, dass Meyerbeer an Wagner nach Königsberg schrieb

122 recht und links einer Drehtür: Flaubert, Éducation dt. 31, 51. Gustave Flaubert hatte sich bei einer Begegnung im Seebad Trouville in Élisa, Frau des Musikverlegers Maurice Schlesinger, verliebt und hielt sich, als er 1842 sein Jurastudium in Paris begann, häufig in Schlesingers Geschäft und Wohnung auf. In «L'éducation sentimentale» hat er aus Schlesinger den Kunsthändler Jacques Arnoux gemacht, aus Élisa Marie und das Geschäft von der Rue de Richelieu 97 an den Boulevard Montmarte verlegt

122 der schrullige Anders: RW ML I 179 f.

123 Einen Meter und 66 Zentimeter: Drüner 102

123 Eine ganze Etage ... «Sie sprechen doch deutsch?»: Alexander Weill, «Ein Morgenbesuch bei Meyerbeer», Zeitung für die elegante Welt, 18.3.1839

123 Das hier ist zweckmäßig...: vgl. Carl Baermann über Meyerbeer in Paris 1839: «Er lebt so ruhig und einfach, daß er nicht einmal Equipage hat.» (GM III 690 und Heine DHA Bd. 12/1 490)

123 Artistenseele: Constitutionnel, 25.10.1839. Der Autor der Abhandlung wird als «docteur au médecine» angeführt

124 mit einer Novelle gewürdigt: «Gambara» erschien, von Meyerbeers Verleger Schlesinger beauftragt, 1837 in dessen Revue et gazette musicale. Balzac lässt den fiktiven Komponisten Gambara darin eine begeisterte Analyse von «Robert le diable» vortragen (256 ff.). Dolan sieht hier den Versuch, den Dualismus zwischen Metaphysik und Materialismus, zwischen Geist und Maschine aufzulösen (bes. Dolan 25)

124 7000 Francs ... Tantiemenregelungen: Döhring 46, GM III 206, Walter 347

125 regt es ihn auf: GM III 207

125 «ein seltener Fall»: GM III 185

125 «Das Judentum ...»: zit. in GM III 695

126 «Meister sein müssten»: Zimmermann 215, Übersetzung von VH bearbeitet

126 Was sie ihm im Sommer schrieb: «Ich fühle daß die Liebe, die unwill-

kührlich und ungebeten blühet, für mich verschwunden ist» (GM III 191)

137   am Vorverkauf verdient: Der Andrang war so groß, dass Besucher heimgeschickt werden mussten (Cairns II 194)

137   Links vier Bässe: vgl. HB Grand Traité. Die Sitzordnung folgt den Angaben, die Berlioz in Le Chef d'Orchestre speziell zum Conservatoire macht

138   Auch Louis ist hier: von Janin im JdD 29.11.1839 erwähnt

138   140000 Euro: vgl. Kapitel 1 Anm. 26 «Beide sitzen hier...»

138   von einem Kinnbart gesäumt: Litho von 1839, hberlioz.com

141   Garricks Version: Berlioz bezog sich auf die Fassung von Shakespeares Stück, die er 1827 im Odéon erlebte, erstellt von David Garrick, einem englischen Schauspieler des 18. Jahrhunderts. Darin gibt es eine Trauerprozession für Julia, die noch einmal erwacht, ehe Romeo dem Gift erliegt.

141   Eine Probe ansetzen: Meyerbeer besucht am 28.11.1839 eine Probe (GM III 200)

141   aufgeblasene Kröte: HB Mem 299

141   Für seine Ergüsse: JdD 25.11.1839. Janin hatte Berlioz 1838 zur Komposition ermuntert (HB CG II 497)

141   Auf Seite eins: JdD, 29.11.1839

143   Durch Stahl und Beton ersetzt: vgl. The Misadventures of the Salle du Conservatoire, hberlioz.com

143   Noch eine Probe: GM III 209

144   Wagners Rezension: Dresdner Abendzeitung, 5.5.1841, vgl. hberlioz.com/ Predecessors/wagner1841e.htm

145   Das Broggi... Parmesan: Heine HSA 14 I 136, 1. Mai 1844

145   braunrote Samtweste: Laube 398, 403

146   Germania, die alte Bärin: vgl. Heines Brief an Meyerbeer, 6.4.1835, HSA 21 102

146   In dieser Runde: Pecht (184ff.) hat das Treffen ohne genaue Datierung überliefert. Da er am 13.1.1840 erstmals Post von Heine bekommt (und ihn bald darauf porträtiert), muss er ihm zuvor vorgestellt worden sein

146   Hofmaler geköpfter Majestäten: Heine, Lutetia 19.12.1841, DHA 13/1 148

147   Austern mit Sauternes: Bei Höhn/Liedtke (32) als Spezialität des Broggi genannt. Die edelsüßen Weißweine aus dem südlichen Bordeaux können jung noch genug Säure haben oder auch trocken ausgebaut werden

147   Stockfisch bei Meyerbeer: Heine DHA Bd. 12/1 490

148   und ihr vertraut ist: GM III 210

149   faltet andächtig die Hände: laut Heinrich Laube, bei Gregor-Dellin 132

149   Sie gehen nicht: Heine DHA 14/1 54

149   Chopin hat er verloren: 1839 hatte Chopin mit Schlesinger gebrochen («S. verehrt mich, weil er mich ausnehmen kann»), ab 1840 veröffentlichte Troupenas seine Werke, Zieliński 613f.

149   obgleich Herr Schlesinger...: Heine an Liszt 12.10.1836, HSA 21, 597

Kapitel 5 – Auf der größten Baustelle der Welt (1855–1859)

373

375

Kapitel 6 – Tannhäuser und die Kaiserdämmerung (1860–1867)

innerungen diese Rekonstruktion einer Soiree hauptsächlich zurück-
geht

308 Haussmanns Abreißer: vgl. RW Briefe XII 272–274

309 Lettre sur la musique: Fauser 244, Servières 34

309 100 000 Francs: Servières 51. Es wurde von Summen bis 300 000 Francs, also 2,4 Millionen Euro, geredet, realistisch ist eine Summe zwischen 100 000 und 160 000 (HB CG VI 206)

309 Orchester von rund 160 Musikern: Servières 35, 58. Zu knapp 50 Streichern und 27 Bläsern und Schlagzeugern kommt in Paris ein rund 50-köpfiges Bühnenorchester. Die Zahl der Streicher ist auf den Hinweis gestützt, dass 21 Violinen mitwirkten

309 im Spaßblatt Charivari: Servières 39

309 164 Proben: Servières 35

310 auf allen vieren über die Sitze: Servières 39

310 von Staatsminister Walewski untersagt: Servières 39 f.

310 auf die Claque verzichtet: Fauser 239

310 hinter den Orchestersesseln: Servières 48 ff. spricht vom *amphithéâtre*. Diese ansteigenden Reihen gab es sowohl hinter dem Parkett als auch im 4. Rang, wo Musikprominenz und Funktionäre eher nicht saßen.

311 Gäste, Platzierungen, Kartenpreise der Premiere: Servières 48–50. Napoléon III. wird dort nicht genannt, aber bei Scudo (Anm. «Viel Platz in der Revue ...»)

312 wie Orgelpfeifen ragen Stalaktiten: vgl. Servières 53

312 soweit es die Schicklichkeit zulässt: Gaspérini spricht enttäuscht von einer «Pensionatsorgie», Servières 56

313 Jagdhunde des Landgrafen: Servières 58

313 viel Platz in der Revue des Deux Mondes: Scudos Text in der RddM vom 1. 4. 1861 würde gut 20 Buchseiten umfassen; er bietet neben schäumender, anregender Polemik eine sehr griffige Inhaltsangabe. Paul Scudo zählte zu den treuesten Feinden auch von Berlioz, der ihn einen «Jupiter der Kritik» und «Monomanen» nannte

314 «klein, mager, hohlwangig»: zit. in Servières 66. Mit Judith Gautier hatte Wagner 1876 in Bayreuth seine letzte Liaison. Ihre Erinnerung an 1861 erschien 1882 in ihrem Buch «Richard Wagner et son oeuvre poétique»

314 «fade und klassisch»: Gautier im Moniteur Universel, 29. 9. 1857, vgl. HB CG V 516.

315 «Viel zu kurz ...»: vgl. L'illustration, 23. 3. 1861

315 «In fünfundzwanzig Jahren ...»: Servières 114

315 ruft Charles Gounod: Dass Gounod «Que Dieu me donne une pareille chûte!» gerufen habe, wurde Wagner zugetragen (RW ML III 653). Zur 2. Aufführung schenkte er Gounod eine Partitur mit Widmung (Drüner 791)

315 «ein Werk der Cabale»: GM VIII 197

326 «meine *chronique musicale*»: Vgl. *L'Illustration*, 10.10.1863. Héquets Bi-
zet-Besprechung erschien erst am 17.10.1863

326 *Charlotte russe aux figues*: Russische Charlotte mit Feigen. Das Menu
wurde von Ulla Bundies für diese Passage entworfen auf Basis des Li-
vre de Cuisine, in dem Jules Gouffé, Schüler von Meisterkoch Carême,
1867 die französische Kochkunst seiner Zeit zusammenfasste

326 Meyerbeer lässt sich das nicht entgehen: GM VIII 558 f.

326 Sonderzüge sind angereist: JdD, 20.10.1863

326 50 Centimes...: Zuschauer in den inneren Ringen zahlten 1 und 5 Francs,
wie der Reklamezettel zeigt. parismuseescollections.paris.fr/fr/musee-
carnavalet/oeuvres/18-octobre-champ-de-mars-ici-billets-d-avance-
pour-la-double-ascension#infos-principales, abgerufen 7.8.2018

330 Alle neun Passagiere haben überlebt: Die Schilderung des Fluges folgt
Nadars Mémoires du Géant 329–389 und Begley 138–147

330 darunter sogar Gustave Flaubert: vgl. Brief an George Sand, 28.1.1872

331 Früchte und Blumen: Nadar Géant 389

332 Sie besucht keine Vorstellung: Viardot befand sich in Baden, schrieb
aber nicht an Berlioz (HB CG VI 526)

332 «Da haben Sie noch viel zu tun!»: Braam Berlioz 258 f.

333 «Lieber Gott – voilà...»: Gossett 8

333 Pause mit kaltem Buffet: vgl. Risch

333 bis nach Amerika herumgesprochen: laut choralpractice.com schon
1863 im «Aesthetic Magazine»

334 am Harmonium: am 13. und 14. März 1864 war es ein «Harmonicord»
von François Debain, ein Hybrid aus Harmonium und Klavier, bei dem
Pfeifen oder zusätzlich Saiten aktiviert werden (Gossett XI)

334 George Mathias... fünfzehn Choristen: alle Angaben zu den Mitwirkenden bei Gossett 8

335 So muss *belcanto* klingen: Rossinis Ansichten dazu bei Michotte
105–108

335 «Die Eisenbahn... die Tochter meiner Concierge»: vgl. Michotte 119

336 ein Bild nach Amiens telegraphiert: Der «Pantelegraph», frühes Fax-
gerät, Erfindung des italienischen Physikers Giovanni Caselli, sorgt
mit Pendel und Elektromagneten für die Synchronisierung der sich
schrittweise bewegenden Zylinder und stromführenden Nadeln bei
Sender und Empfänger. Beim Probelauf im November 1860 wurde die
Signatur von Gioacchino Rossini über 140 Kilometer von Paris nach
Amiens telegraphiert

336 «sonst tut es Herr Sax...»: Emil Naumann, *Italienische Tondichter*, Berlin
1883. Später hat Rossini die Messe tatsächlich orchestriert; diese Fassung wurde erst nach seinem Tod aufgeführt

336 dem Bach des Wohltemperierten Klaviers: das Werk kursierte bereits
in mehreren Druckausgaben. Band 14 der Gesamtausgabe, der diesen

Zyklus enthält, erhielt Rossini erst 1866. Sein Abonnement begann 1856 mit Band 6, h-Moll-Messe (Jacobshagen 268)

337 «Armer Meyerbeer!»: GM VIII 918

337 «Jupiter Rossini, divino mastro»: GM VIII 606 f.

337 Paris erlebt ein Tableau ...: Angaben zu Meyerbeers Trauerfeier in Paris vor allem in GM VIII 922 ff. / RGM, 8.5.1864, 146–149, Abbildungen in Henze-Döhring 192, *L'Illustration*, 14.5.1864

338 acht Trauerredner: darunter auch Isidore Taylor, zu dem die Goncourts am 5.5.1864 notierten: «Eine Erfindung unseres Jahrhunderts ist das Weinen an Gräbern, sich nach Art des Barons Taylor mit Tränen Aufmerksamkeit, Werbung und Renten zu schaffen.» (Goncourt IV 56)

338 «Ein solcher Geist»: HB CG VII 56, Brief vom 3. oder 4.5.1864

339 500 Kilogramm schwere Geschosse: vgl. «L'exposition universelle 1867 Illustrée» I 178

339 Dort beschwört er nun ein 20. Jahrhundert herauf ...: Hugo, Introduction I ff.

340 als «passage des princes» bezeichnet: Kracauer 278

341 als der preußische König abgereist ist: Münchhausen 172

341 «Irgendwann in diesem Sommer ...»: Kracauer 278

341 «Abends sind wir mit Gautier ...»: Goncourt IV 460

342 dient ausschließlich dem Küchenabwasser: Willms 331 f.

342 von außen zu bestaunen: Eine Enthüllung der Fassade fand am 15.8.1867 statt, fertig war der von Charles Garnier entworfene Bau erst im Januar 1875

342 «Das deckt sich mit all meinen Meldungen»: Goncourt IV 425 f.

342 Ganz Mexiko sei im Aufruhr: HB CG VII 539

342 zieht sein Militär aus Mexiko ab: ausführlich dazu ZEIT 2017 Nr. 27

342 von republikanischen Truppen füsiliert: Manets Bild von 1868 zeigt diese Exekution

343 fast schon ein Bruder: vgl. Louis' Brief HB CG VII 21 f.

344 zum Epilog verbreitert: vgl. HB Mem 597–617, «Reise in die Dauphiné»

344 Um 10.50 Uhr ...: Fahrzeiten und Preise wurden dem Indicateur Illustrée des Chemins de Fer September 1871, Nr. 524 entnommen und können daher für das Jahr 1867 vergleichbar, aber nicht verbindlich sein. Für die Jahre vor 1871 ist auf gallica.bnf.fr kein Digitalisat dieses Kursbuchs vorhanden.

345 «Ton fils ...»: Zitate aus Briefen von Louis an seinen Vater

345 eine der größten Hoffnungen der Zeit: HB CG VII 559

347 Jules Verne, der Visionär: Die Dystopie eines durchkapitalisierten «Paris au XXe siècle» entstand 1863, wurde aber von Verleger Hetzel als karrieregefährdend abgelehnt und erst 1994 gedruckt. Vernes fiktives Bankhaus Casmodage befindet sich «in einem jener Häuser, die an der Stelle der alten Oper erbaut worden waren».

Verwendete Literatur und Quellen

Tageszeitungen

Constitutionnel (1815–1914)
Figaro (1836–1840, 1854–1942)
Journal des Débats (1814–1944) **JdD**
La Presse (1836–1930)
Le siècle (1836–1932)
– alle online abgerufen über Gallica: gallica.bnf.fr/html/und/presse-et-revues/les-principaux-quotidiens

Periodica

Le Charivari (1832–1937), online über Gallica
Revue des Deux Mondes (gegr. 1829), online über fr.wikisource.org
Revue de Paris (1829–1970), online über Gallica
Revue et gazette musicale de Paris (1835–1880), online über archive.org **RGM**
Revue musicale (1827–1835), online über Gallica
France musicale (1837–1870), online über Gallica
L'Illustration (1843–1944), online über hathitrust.org
Journal amusant (1856–1933), online über Gallica
Journal des chemins de fer (1842–1848), online über Google Books
Le Ménestrel – Journal de musique (1833–1940), online über Gallica
The Musical World, London 1855, online über Google Books

Publikationen

Atwood, William, *The Parisian worlds of Frederic Chopin*, New Haven 1999
Austin, Michel; Tayeb, Monir, *Site Hector Berlioz / The Hector Berlioz Website* hberlioz.com

Azevedo, Alexis Jacob, G. *Rossini*, Paris 1864, online über archive.org
Balzac, Honoré de, *Béatrix*, Paris 1838–1844/1855, online über wikisource
Balzac, Honoré de, *Le peau de chagrin*, Paris 1831, *Das Chagrinleder*, Frankfurt 1990
Balzac, Honoré de, *Gambara*, 1837, in *Musikalische Novellen*, Hrsg. Emil Staiger, Zürich 1951/1991
Balzac, Honoré de, *Illusions perdues*, Paris 1837–1843, *Verlorene Illusionen*, München 1986
Balzac, Honoré de, *Le Père Goriot*, Paris 1834, 1855, Bd. 9, online über wikisource, *Vater Goriot*, Zürich 2007
Balzac, Honoré de, *La Cousine Bette*, Paris 1848/1874, online über wikisource
Balzac, Honoré de, *Le Cousin Pons*, Paris 1847, *Cousin Pons*, Zürich 2009
Barbier, Patrick, *La Vie quotidienne à l'Opéra au temps de Balzac et Rossini*, Paris 2003
Baudelaire, Charles, *Les Fleurs du mal / Le spleen de Paris* (frz./dt.), München 1979
Baudelaire, Charles, *Wein und Haschisch* (Essays), Zürich 2017
Baudelaire, Charles; Claude Pichois und Jean Ziegler (Hrsg.), *Correspondance I*, Paris 1973
Bauer, Hans-Joachim, *Richard Wagner Lexikon*, Bergisch Gladbach 1988
Bauer, Oswald Georg, *Der falsche Prophet oder Die fatalen Folgen eines Theaterbesuchs von Richard Wagner in Paris*, 2005, online über studylibde.com
Beale, Robert, *Charles Hallé – A Musical Life*, Aldershot 2007
Beauvert, Thierry, *Rossini – Bonvivant und Gourmet*, München 1997
Benjamin, Walter, Hrsg. Rolf Tiedemann, *Das Passagen-Werk* (1927–1940) Frankfurt 1991
Begley, Adam, *The great Nadar – the man behind the camera*, New York 2017
Berlioz, Hector, Hrsg. Frank Heidlberger, *Memoiren*, Kassel 2007, *Mémoires*, Paris 1870 (online über hberlioz.com) **HB Mem**
Berlioz, Hector, Hrsg. Pierre Citron, Hugh J. Macdonald, *Correspondance générale* (1803–1869), 8 Bde., Paris 1972–2002 **HB CG I-VIII**
Berlioz, Hector, Hrsg. Frank Heidlberger, *Schriften – Betrachtungen eines musikalischen Enthusiasten*, Kassel 2002
Berlioz, Hector, *Grand traité d'instrumentation et d'orchestration moderne*, Paris 1855, online über hberlioz.com
Boissier, Auguste, *Liszt als Lehrer*, Berlin 1930/Düsseldorf 2016
Börne, Ludwig, *Schilderungen aus Paris* (1822–1824), New York 1858, online über digitale-sammlungen.de
Börne, Ludwig, *Briefe aus Paris* (1830–1833), Frankfurt a. M. 1986
Borchard, Beatrix, *Pauline Viardot-Garcia*, Köln 2016
Braam, Gunther, *The Portraits of Hector Berlioz*, Kassel 2003
Braam, Gunther, *Richard Wagner in der zeitgenössischen Fotografie*, Kassel 2015
Brandstetter, Gabriele et al., *Szenen des Virtuosen*, Bielefeld 2017
Brown, Emily Freeman, *A Dictionary for the Modern Conductor*, Lanham (Maryland) 2015

Brown, Frederick, *Flaubert – A Life*, London 2007

Cairns, David, *Berlioz*, Vol I 1803–1831, London 1989, Vol II 1832–1869, London 1999

Cazaux, Thierry, *Paris Romantique – La capitale des enfants du siècle*, Paris 2012

Chevalier, Louis, *Labouring Classes and Dangerous Classes in Paris During the First Half of the Nineteeth Century*, London 1973, zuerst erschienen als *Classes Laborieuses et Classes Dangereuses*, Paris 1958

Chevallier, Fabienne, *La naissance du Paris moderne – l'essort des politiques d'hygiène*, 2009, online über biusante.parisdescartes.fr

Chopin, Frédéric, Krystyna Kobylańska (Hrsg.), *Briefe*, Frankfurt a. M. 1983

Cohen, H. Robert, Gigou; Marie Odile (Hrsg.) *The original staging manuscripts for twelve Parisian operatic premieres*, New York 1991

Conway, David, *Jewry in Music – Entry to the Profession from Enlightenment to Richard Wagner*, Cambridge 2012

Crosten, Loran, *Auguste and his Claque*, in: The Musical Quarterly, Vol. 32 No. 2, 1946, 215–226

Delacroix, Eugène, Hrsg. Paul Flat, *Journal 1823–1863*, Plon 1893, online über wikisource

Delvau, Alfred, *Histoire anecdotique des barrières de Paris*, Paris 1865, online über Gallica

Dolan, Emily; Tresch, John, *A Sublime Invasion: Meyerbeer, Balzac, and the Opera Machine*, The Opera Quarterly Vol. 27, No. 1, 4–31, 2011, online über oq.oxfordjournals.org

Doncourt, A. S. de (Contesse de Drohojowska), *Les expositions universelles*, Paris 1889, online über archives.org

Drouet, Juliette, *Lettres à Victor Hugo*, online über juliettedrouet.org

Drüner, Ulrich, *Richard Wagner – Die Inzenierung eines Lebens*, München 2016

Eigeldinger, Jean-Jacques, *Chopin – pianist and teacher as seen by his pupils*, Cambridge 1986, zuerst erschienen als *Chopin vu par ses élèves*, Neuchâtel 1970

Fauser, Annegret, *Cette musique sans tradition – Wagner's Tannhäuser and its French ctritics*, in: *Music, theatre, and cultural transfer – Paris, 1830–1914*, Chicago 2009, 228–255

Fierro, Alfred, *Histoire de Paris illustrée*, Toulouse 2010

Flaubert, Gustav, *Madame Bovary*, Paris 1857, online über wikisource; *Madame Bovary*, Übers. Hans Reisiger, Hamburg 1956

Flaubert, Gustave, *L'Éducation sentimentale*, Paris 1869, online über wikisource; *Die Erziehung des Herzens*, Übers. Paul Wiegler, Berlin 1979

Flaubert, Gustave, *Die Reisetagebücher 1849–1850*, Leipzig 1993

Flaubert, Gustave, *Correspondance*, online über flaubert.univ-rouen.fr/correspondance

Friedrich, Juri, *Jacques Offenbach und die Opéra-Comique*, Würzburg 2016

Galignani, [Anthony?] und Peter Hervé, *The New Picture of Paris*, London 1829

Gaspérini, Auguste de, *Richard Wagner*, Paris 1866, online über Google Books

Galignani, Anthony und William (Hrsg.), *Galignani's New Paris Guide*, Paris 1839 und 1846 (online über Google Books), 1856 (online über archive.org), 1860 und 1868 (online über Google Books)

Gautier, Théophile, *Émaux et camées* (1852), Paris 1872, online über Gallica

Gerken, Rosemarie, *«Transformation» und «Embellissememt» in der Karikatur – zur Umwandlung der französischen Hauptstadt im Zweiten Kaiserreich durch den Baron Haussmann*, Hildesheim 1997

Gerhard, Anselm, *Die Verstädterung der Oper – Paris und das Musiktheater des 19. Jahrhunderts*, Stuttgart 1992

Goncourt, Edmond und Jules, *Journal – Erinnerungen aus dem literarischen Leben, 1851–1896*, 12 Bde. und Supplement, Leipzig 2013

Gosling, Nigel, *Nadar – Photograph berühmter Zeitgenossen*, München 1977

Gossett, Philip; Brauner, Patricia, *[Vorwort zur Ausgabe der Petite Messe solennelle von Gioacchino Rossini]*, Kassel 2014

Grafinger, Christine Maria, *Die Choleraepidemie in Frankreich im Jahre 1832*, 1994, über francia.digitale-sammlungen.de

Gregor-Dellin, Martin, *Richard Wagner – sein Leben, sein Werk, sein Jahrhundert*, Berlin 1987

Grove: *The New Grove Dictionary of Music and Musicians*, London 2001

Heine, Heinrich, *[Sämtliche Werke und Briefe]*, Düsseldorfer Heine-Ausgabe (DHA), Heine-Säkularausgabe Weimar (HSA), online über Heinrich-Heine-Portal uni-trier.de/Projekte/HHP

Henze-Döhring, Sabine; Döhring, Sieghard, *Giacomo Meyerbeer – Der Meister der Grand Opéra*, München 2014

Héritte-Viardot, Louise, *Une famille des grands musiciens*, Paris 1923, online über Gallica

Hiller, Ferdinand, *Plaudereien mit Rossini*, 1855, in: *Aus dem Tonleben unserer Zeit*, Bd. 2, Leipzig 1868, online über digitale-sammlungen.de

Hiller, Ferdinand, *Künstlerleben*, Köln 1880, online über archive.org

Hiller, Ferdinand, *Felix Mendelssohn-Bartholdy – Briefe und Erinnerungen*, Köln 1874, online über archive.org

Hillmes, Oliver, *Liszt – Biographie eines Superstars*, München 2011

Höhn, Gerhard, *Heine-Handbuch – Zeit, Person, Werk*, Stuttgart 1997

House, Edward H., *Wagner and Tannhauser in Paris, 1861*, in: New England Magazine, Boston 1891 Vol. IV/Issue4, 411–427, online über babel.hathitrust.org

Hugo, Victor, *Le dernier jour d'un condamné*, Paris 1829, online über Gallica

Hugo, Victor, *Les Misérables* (1862), I–V, Paris 1879–1882, online über Gallica; *Die Elenden*, Übers. Paul Wiegler und Wolfgang Günther, Düsseldorf 1998/2006

Hugo, Victor, *Introduction*, in: Paris Guide I, Paris 1867, I-XLIV, online über Gallica

Hugo, Victor, *Choses vues* II, Paris 1900 (posth.), online über wikisource

Jacobshagen, Arnold, *Gioacchino Rossini und seine Zeit*, Regensburg 2015

Jordan, David, Die *Neuerschaffung von Paris – Baron Haussmann und seine Stadt*, Frankfurt/M., 1996

Keck, Jean-Christophe et al., *Supplément* zu *Orphée aux Enfers*, Berlin 2000, CD-ROM

Kendall-Davies, *Life and Work of Pauline Viardot-Garcia*, Vol. 1 1836–1863, Vol. 2 1863–1910, Newcastle upon Tyne 2013

Kenrick, John, *Musical Theatre – a history*, London 2008

Kern, Bernd-Rüdiger; Müller, Reto (Hrsg.), *Rossini in Paris*, Leipzig 2002

Klein, Tobias Robert, *Musik in Passagen – Walter Benjamin und die Musik in der Haupstadt des 19. Jahrhunderts* (online über publikation.ub.uni-frankfurt. de), in: *Klang und Musik bei Walter Benjamin*, Paderborn 2013

König, Mareike (Hrsg.), *Deutsche Handwerker, Arbeiter und Dienstmädchen in Paris – eine vergessene Migration im 19. Jahrhundert*, München 2003

Kohler, Alain, *Les pianos Pleyel chez Chopin pendant sa relation avec George Sand*, Sion 2015, online über musicologie.org

Kohrs, Klaus Heinrich, *Hector Berlioz'«Les Troyens»*, Basel 2011

Kracauer, Siegfried, *Jacques Offenbach und das Paris seiner Zeit*, Amsterdam 1937/Frankfurt a. M. 2005

Laube, Heinrich, *Gesammelte Schriften in 15 Bänden/1. Band/Erinnerungen 1810–1840*, Wien 1875

Litzmann, Berthold, *Clara Schumann*, 3 Bände, Leipzig 1902, 1905, 1908

Lütteken, Laurenz (Hrsg.), *Richard Wagner Handbuch*, Kassel 2012

Marchand, Patrick, *Voyager en France au temps de la poste aux chevaux*, www.laposte.fr/chp/mediasPdf/PMarchand.pdf

Maurois, André, *Balzac – Eine menschliche Komödie*, Paris 1965, Düsseldorf 1976

Maurois, André, *Das Leben der George Sand (Lélia ou la vie de Georg Sand)*, Paris 1952/München 1992

Mendelssohn Bartholdy, Felix, Hrsg. Helmut Loos, Wilhelm Seidel, *Sämtliche Briefe in 12 Bänden*, Kassel 2008–2917 **FMB I-XII**

Mey, Dorothea, *Die Liebe und das Geld – zum Mythos und zur Lebenswirklichkeit von Hausfrauen und Kurtisanen in der Mitte des 19. Jahrhunderts in Frankreich*, Weinheim 1987

Meyerbeer, Giacomo, *Briefwechsel und Tagebücher*, 8 Bände, Hrsg. Heinz Becker (1–4), Sabine Henze-Döhring (4–8), Berlin 1960–2016 **GM I-VIII**

Meyer-Petit, Judith (Hrsg.), *Nadar – caricatures et photographies*, Paris 1990

Michotte, Edmond (Hrsg. Herbert Weinstock), *Richard Wagner's Visit to Rossini (Paris 1860) And An Evening at Rossini's in Beau-Sejour (Passy) 1858*, Chicago 1982

Münchhausen, Thankmar von, *Paris – Geschichte einer Stadt. Von 1800 bis heute*, München 2007

Nadar, eigentl. Felix Tournachon, *Mémoires du Géant*, Paris 1864, online über Gallica

Nadar, *Als ich Photograph war*, Zürich 1978, zuerst erschienen als *Quand j'etais photographe*, Paris 1900

Neill, Edward, *Niccolò Paganini – Eine Biographie*, München 1993

Newman, Ernest, *The Life of Richard Wagner*, New York 1933–1946

Nicolaiewski, Boris, et.al., *Karl Marx – Man and Fighter*, New York 1936

Oberzaucher-Schüller, Gunhild, *Meyerbeer – Wagner: Eine Begegnung*, Wien 1998

Osborne, Richard: *Rossini – Leben und Werk*, München 1988

Osterhammel, Jürgen, *Die Verwandlung der Welt – Eine Geschichte des 19. Jahrhunderts*, München 2013

Paillard, H. *Histoire statistique du choléra-morbus qui a regné en France 1832*, Paris 1832, online über Google Books

Patocka, Ralph-Günther, *Operette als Moraltheater – Jacques Offenbachs Libretti zwischen Sittenschule und Sittenverderbnis*, Tübingen 2002

Pecht, Friedrich, *Aus meiner Zeit – Lebenserinnerungen*, München 1894, online über dfg-viewer.de

Pelzer, Erich, *Restauration und Vormärz*, in: DIE ZEIT Welt- und Kulturgeschichte, Bd. 10, 341–379, Hamburg 2006

Penesco, Anne (Hrsg.), *Défense et illustration de la virtuosité*, Lyon 1997

Picketty, Thomas, *Das Kapital im 21. Jahrhundert*, München 2014, zuerst erschienen als *Le capital au XXIe siècle*, Paris 2013

Protzies, Günther, *Studien zur Biographie Franz Liszts und zu ausgewählten seiner Klavierwerke in der Zeit der Jahre 1828–1846*, Bochum 2004, online über ruhr-uni-bochum.de

Proust, Antonin, *Édouard Manet – Souvenirs*, Paris 1913, online über archive.org

Rader, Daniel L., *The Journalists and the July Revolution in France*, Den Haag 1973

Risch, Joachim, *Rossinis letzte Alterssünde* (Programmtext), Köln 1999, online über mh-koeln.de

Sand, George (Dudevant, Aurore), *Geschichte meines Lebens*, Leipzig 1863 / Berlin 2016, zuerst erschienen als *Histoire de ma vie*, Paris 1855

Sand, George (Hrsg. Georges Lubin), *Correspondance*, Paris 1987-1991, I-XXV

Sand, George (Hrsg. Annedore Haberl), *Nimm deinen Mut in beide Hände – Briefe*, München 1990

Sand, George, *Lettres d'un voyageur*, Paris 1857, online über Gallica

Sand, George, *Lucrezia Floriani* (zuerst erschienen 1846/47) Paris 1880, online über archive.org

Schivelbusch, Wolfgang, *Lichtblicke – zur Geschichte der künstlichen Helligkeit im 19. Jahrhundert*, München 1983

Schivelbusch, Wolfgang, *Geschichte der Eisenbahnreise – zur Industrialisierung von Raum und Zeit im 19. Jahrhundert*, Frankfurt/M. 1977/2000

Schmierer, Elisabeth (Hrsg.), *Jacques Offenbach und seine Zeit*, Stuttgart 2009

Senelick, Laurence, *Jacques Offenbach and the making of modern culture*, Cambridge 2017

Servières, Georges, *Tannhæuser à l'opéra en 1861*, Paris 1895, online über archive.org

Shapiro, Ann-Louise, *Housing the poor in Paris 1850–1902*, London 1985

Szulc, Tad, *Chopin in Paris – The Life and Times of the Romantic Composer*, New York 1998

Traubner, Richard, *Operetta – a theatrical history*, New York 2003

Ventach, Bernard, *Le suffrage censitaire (1815–1848)*, 2006, online über racines-alvignac.fr

Véron, Louis-Désiré, *Mémoires d'un bourgeois de Paris*, Bd. III, Paris 1857, online über digitale-sammlungen.de

Viardot, Louis, *Manuscrit Autographe du Don Giovanni de Mozart*, in: *Espagne et beaux-arts – mélanges*, Paris 1866, 426–438, zuerst erschienen in RGM 13./27.1.1856, online über Gallica

Vogel, Oliver, *Der romantische Weg im Frühwerk von Hector Berlioz*, Stuttgart 2003

Wagner, Richard, *Sämtliche Briefe*, Leipzig 1967 ff.

Wagner, Richard, *Autobiographische Skizze*, 1842, in Wagner Briefe Bd. I

Wagner, Richard, *Ein deutscher Musiker in Paris – Novellen und Aufsätze von 1840/41*, München 1989

Wagner, Richard: *Mein Leben*, Erstdruck als Privatdruck in vier Teilen: Basel, 1870–1880. Erste öffentliche Ausgabe: München 1911. München 1963. Online über zeno.org **RW ML**

Walker, Alan, *Franz Liszt – The Virtuoso Years 1811–1847*, New York 1983

Walter, Michael, *Die Oper ist ein Irrenhaus*, Stuttgart 1997

Walter, Michael: *Oper – Geschichte einer Instution*, Stuttgart 2016

Walton, Benjamin, *Rossini in Restauration Paris – The Sound of Modern Life*, New York 2007

Westfehling, Uwe et al. (Hrsg.), *Jakob Ignaz Hittorff – Ein Architekt aus Köln im Paris des 19. Jahrhunderts*, Ausstellungskatalog, Köln 1987

Willms, Johannes, *Paris – Hauptstadt Europas 1800–1914*, München 2000

Willms, Johannes, *Napoléon III. – Frankreichs letzter Kaiser*, München 2008

Wüst, Hans Werner, *Frédéric Chopin – Briefe und Zeitzeugnisse*, Köln 2006

Ziebura, Gilbert, *Frankreich 1789–1870: Entstehung einer bürgerlichen Gesellschaftsformation*, Frankfurt/M. 1979

Zieliński, Tadeusz A., *Chopin – sein Leben, sein Werk, seine Zeit*, Bergisch Gladbach 1999

Zimmermann, Reiner, *Giacomo Meyerbeer: Eine Biografie nach Dokumenten*, Berlin 1998

Zola, Émile, *Au bonheur des dames*, Paris 1883, Edition Charpentier 1883

Zweig, Stefan, *Balzac – Dichter und Abenteurer des Lebens*, Frankfurt/M. 1956

Stadtpläne

Plan routiers de la ville de Paris, Ch. Picquet, 1821
upload.wikimedia.org/wikipedia/commons/6/6e/Plan_routier_Paris_1821.jpg

Plan de Paris en 1839, Ambroise Tardieu, erschienen bei Furne et Cie. Editeurs
photostereo.org/photos/coll/marques/coll_planparis1839.pdf

Nouveau plan de Paris ou guide des étrangers, 1845
collections.leventhalmap.org/search/commonwealth:3f4632137

Plan général de la ville de Paris et de ses environs, 1866
bibliotheques-specialisees.paris.fr/ark:/73873/pf0000935006#prettyPhoto

Nouveau plan complet illustré de la ville de Paris en 1871
gallica.bnf.fr/ark:/12148/btv1b53085542v/f1.item.zoom

Websites zur historischen Topographie:
parisrevolutionnaire.com, terresdecrivains.com

Namenregister

Werkregister

Nachbemerkung

Der «Ozean», wie Honoré de Balzac seine Stadt nannte, dieses Paris im 19. Jahrhundert, ist schon oft kartiert, beschrieben und interpretiert worden. Doch ein Bereich blieb für die Nachwelt immer seltsam im Schatten – die Musik, die hier doch in der Mitte der Gesellschaft stattfand und an der Spitze der europäischen Szenerie. Nicht, dass es an Sekundärliteratur zu Fachthemen mangelt oder gar an Primärquellen – aus ihnen allein lässt sich schon ein Golfstrom im Ozean speisen. Doch im allgemeinen Diskurs werden Musiker und Musik schon von dem Großen ignoriert, den Paris als «Hauptstadt des 19. Jahrhunderts» faszinierte. Walter Benjamin erwähnt Offenbach und Wagner flüchtig, an Meyerbeer interessiert ihn nur der Bahnhof, in dem dessen Sarg stand; fast vollständig übersieht er einen Komponisten, der auch als wortgewaltiger Zeitzeuge direkt neben ihm steht – Hector Berlioz.

Besonders aus deutscher Sicht ist die Musikgeschichte des 19. Jahrhunderts meist eine des deutschen Sprachraums, vorangetrieben von Beethoven bis Wagner, der selbst wirkungsvoll kleinredete, was er der europäischen Metropole verdankte. Pariser Musik in seinen Jahren, das sind in der Wahrnehmung der Nachwelt oberflächliche Spektakel der Grand Opéra und ein paar Salons, in denen Chopin am Klavier die Seelen massiert. Tatsächlich waren die Musiker in Paris Seismographen der

Zeit nicht weniger als die Literaten, ihnen eng verbunden und von ihnen gewürdigt. Von Berlioz' «Symphonie fantastique» bis zu Offenbachs «Orphée aux enfers» entfesselte die rasch wachsende Stadt enorme musikalische Innovationsschübe. Technischer Fortschritt kam, vom Gaslicht bis zur Bogenlampe, in der Oper oft eher zum Einsatz als im Alltag; als erstes Telefax der Geschichte wurde eine Signatur Rossinis versandt.

Als häufig Reisende waren die Musiker dem rasanten Wandel nahe, der 1837 mit der Eröffnung der ersten französischen Eisenbahnstrecke begann – dreißig Jahre später standen in Paris acht Bahnhöfe. Hier bündelte sich die «große Transformation aller gesellschaftlichen Verhältnisse», wie Nicolaus Sombart es 1985 nannte, der uns empfiehlt, jenes Paris zu erkunden, damit wir die «Chiffren der Gegenwart» entziffern können. Inzwischen entdeckt Thomas Piketty bei Balzac aktuelle Diagnosen zur Einkommensungleichheit, der Hasardeur Napoléon III. erinnert manche an Trump, und die digitale Revolution hat unsere Welt so rasant verändert wie zuletzt Eisenbahn und Telegraphie. Musik kann bei der Annäherung an diese gar nicht sehr ferne Zeit zum *time tunnel* werden. Denn Töne sind physisch, fühlbar, sie vergehen zwar, sind aber immer Gegenwart.

Die «Symphonie fantastique» des Hector Berlioz ist von der Julirevolution 1830 so wenig zu trennen wie Giacomo Meyerbeers Oper «Le prophète» von der Revolution 1848. Wenn dieser Komponist und der junge Gustave Flaubert am selben Februarabend in Paris den Beginn des Aufstands erleben und ihre Eindrücke notieren, kommen wir diesen Tagen sehr nahe. Die Oper «La Traviata» und der Roman «Madame Bovary» spiegeln dramatisch die Doppelmoral einer männlich beherrschten Gesellschaft, Jacques Offenbach macht sich federleicht über sie lustig und trifft mit seinen Politsatiren den Nerv des Zweiten Kaiserreichs. Es gibt die poetischen Gegenwelten des Frédéric Chopin, die souveräne Rückschau des Gioacchino Rossini. Und es gibt neben diesen prominenten «Migranten» Zehntausende andere, die zu den Armen von Paris zählen – eine verzweifelte Mehrheit, deren Situation durch den größten Stadtumbau der Geschichte keineswegs verbessert wird. Steigende Mieten zwingen auch Berlioz zum Umzug, während er in Tönen Troja niederbrennt.

All diese Perspektiven können nur Klarheit erzeugen, wenn man fokussiert, einzelne Fenster in diese Zeit öffnet, an Situationen heranzoomt, in jedem Kapitel bestimmte Protagonisten in den Vordergrund rückt und ihnen folgt. Berlioz, der Neuling aus der Provinz, George Sand, die das Debüt Paganinis erlebt und Chopin kennenlernt, dem wir später in den Abschied von seiner Liebe folgen, der junge Wagner, der den Opernstar Meyerbeer besucht, Rossini, der als alter Mann auf eine Großbaustelle zurückkehrt. So gern ich allen Anregungen nachgegangen wäre, wie sie etwa das «Centre de musique romantique française» mit seinen Einspielungen liefert, beispielhaft für die Neuentdeckung der französischen Musik des 19. Jahrhunderts – dieses Buch ist nicht enzyklopädisch, sondern erzählerisch konzipiert. Um seinen Protagonisten nahezukommen, habe ich neben der dokumentarischen Erzählung fiktionale Nahaufnahmen eingesetzt, Dialoge, die sich aus Quellen speisen, Collagen aus Briefen, Zeitungen, Prosa – das alles immer wieder auf die Musik zulaufend. Und damit auch auf die Gegenwart, auf Begegnungen mit Musikern, Instrumentenbauern, Forschern und Enthusiasten des 21. Jahrhunderts, mit dem Paris von heute.

Primus inter pares unter den Protagonisten ist Hector Berlioz, der sein Leben selbst als eine Art Roman sieht und 1867 ein letztes Mal auf der Strecke fährt, auf der er 1821 nach Paris aufbrach, weitaus schneller diesmal. Aber nicht nur deswegen wurde dieser Zeitraum gewählt. 1821 markiert der Tod Napoléons auf St. Helena den Beginn einer «Übergangszeit» (Victor Hugo), die zum Vormittag unserer Moderne wird. Und den «Klang von Paris» mit der Belagerung durch die Preußen 1870 zu beenden, das hieße, einen dumpfen Schlussakkord in eine Partitur zu schreiben, die viel weiter reicht. Claude Debussy ist ein Fünfjähriger, als Berlioz ein letztes Mal die Liebe seines Lebens trifft, Camille Saint-Saëns und Gabriel Fauré haben mehr als fünf Jahrzehnte vor sich, «Carmen» muss noch komponiert werden und ebenso die allererste Reise zum Mond ... Das alles klingt schon an auf unserem Weg durch diesen Ozean einer Metropole.

Unterstützt wurde diese Arbeit durch ein Stipendium der Fondation Jan Michalski in Montricher. Als Wegbegleitern und Fährtensuchern danke ich vor allem den Berliozians Monir Tayeb und Michel Austin in Edinburgh, dem Klavierbauer Olivier Fadini in Méréville, dem Forscher und Offenbach-Herausgeber Jean-Christophe Keck in Paris und, *enfin et surtout*, dem unermüdbaren Lektor Uwe Naumann.

VOLKER HAGEDORN

Bachs Welt

Die Familiengeschichte eines Genies

Das Buch erzählt die Geschichte der «Bachs vor Bach» –
eine außergewöhnliche Familiengeschichte, ein faszinie-
rendes Kapitel der europäischen Musikgeschichte und
zugleich ein farbenreiches Zeit- und Sittengemälde des
Barock. Die Wurzeln des musikalischen Genies Johann
Sebastian Bach werden auf überraschende Weise lebendig.

*«Eines der vergnüglichsten, spannendsten, sogar poetischsten
Bücher, in denen Musik und ihre Protagonisten im Mittelpunkt
stehen.»* (Harald Eggebrecht, Die Zeit)

*«Neben diesem wilden, wild verzweigten Bach-Clan wirken die
Wagners wie Papiertiger.»* (Eleonore Büning, Frankfurter
Allgemeine Sonntagszeitung)

416 Seiten

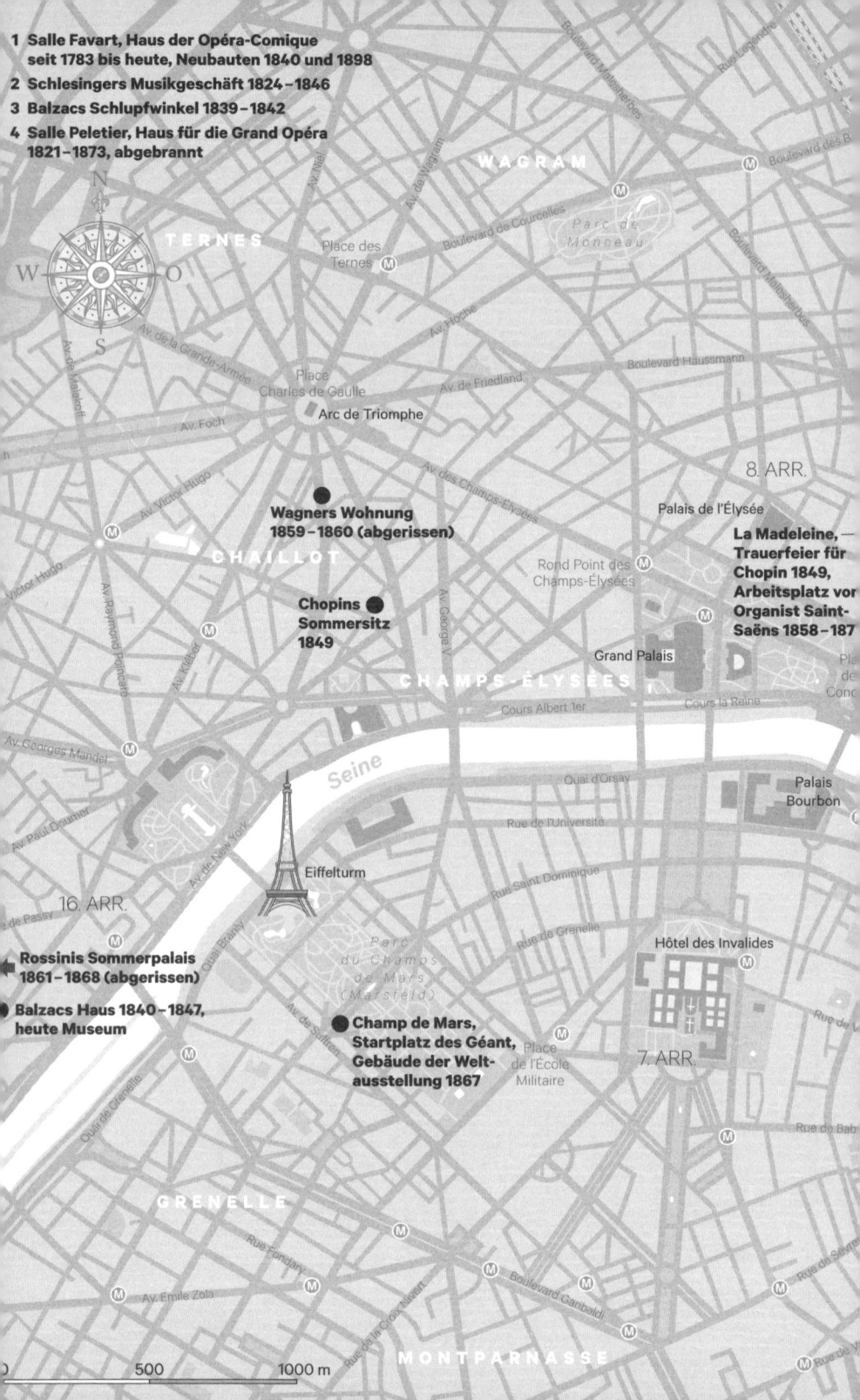

1 Salle Favart, Haus der Opéra-Comique
  seit 1783 bis heute, Neubauten 1840 und 1898
2 Schlesingers Musikgeschäft 1824–1846
3 Balzacs Schlupfwinkel 1839–1842
4 Salle Peletier, Haus für die Grand Opéra
  1821–1873, abgebrannt

WAGRAM

TERNES

Place des Ternes

Parc de Monceau

Boulevard de Courcelles

Boulevard des B

Av. de Wagram

Boulevard Haussmann

Boulevard Malesherbes

Boulevard Haussmann

Av. de la Grande-Armée

Av. Hoche

Av. de Friedland

Place Charles de Gaulle

Arc de Triomphe

Av. Foch

8. ARR.

Palais de l'Élysée

Av. des Champs-Élysées

Wagners Wohnung
1859–1860 (abgerissen)

CHAILLOT

La Madeleine, –
Trauerfeier für
Chopin 1849,
Arbeitsplatz vor
Organist Saint-
Saëns 1858–187

Rond Point des Champs-Élysées

Av. Victor Hugo

Av. Raymond Poincaré

Chopins
Sommersitz
1849

Av. George V

Grand Palais

Pla
de
Con

CHAMPS-ÉLYSÉES

Av. Georges Mandel

Cours Albert 1er

Cours la Reine

Seine

Quai d'Orsay

Palais
Bourbon

Av. Paul Doumer

Av. de New York

Eiffelturm

Rue de l'Université

Rue Saint Dominique

16. ARR.

Av. de Passy

Rossinis Sommerpalais
1861–1868 (abgerissen)

Balzacs Haus 1840–1847,
heute Museum

Quai Branly

Parc
du Champs
de Mars
(Marsfeld)

Rue de Grenelle

Hôtel des Invalides

Rue de L

Av. de la Bourdonnais

Champ de Mars,
Startplatz des Géant,
Gebäude der Welt-
ausstellung 1867

Place
de l'École
Militaire

7. ARR.

Rue de Bab

GRENELLE

Quai de Grenelle

Rue Fondary

Rue de Sèvres

Av. Émile Zola

Boulevard Garibaldi

MONTPARNASSE

Rue de

0   500   1000 m